Hessen 1

Herausgegeben von
Martina Flath
Ellen Rudyk

mit Beiträgen von
Martina Flath
Frank V. Kühnen
Susanne McClelland
Jürgen Neumann
Ellen Rudyk
Yvonne Schleicher
Johanna Schockemöhle

unter Mitarbeit der Autoren von
„Magellan" und „Unsere Erde" Bayern

in Zusammenarbeit
mit der Verlagsredaktion

Redaktion: Dr. Frank Erzner
Atlasteil: Michael Kunz
Webcode: Ralf Kasper, Sarina Hoff
Bildredaktion: Elke Schirok
Grafik: Dr. Volkhard Binder, Franz-Josef Domke, Matthias Pflügner, Klaus Puth,
Dieter Stade, Hans Wunderlich, Wolfgang Zieger
Karten: Cornelsen Kartographie, Berlin; Peter Kast, Ingenieurbüro
für Kartographie, Wismar

Umschlaggestaltung: Zweimanns Grafik
Layout und technische Umsetzung: Visuelle Gestaltung Katrin Pfeil, Mainz
Titelfoto: Hopfmannsfeld (Lautertal/Vogelsberg)

www.cornelsen.de
www.oldenbourg-bsv.de

Die Internet-Adressen und -Dateien, die in diesem Lehrwerk angegeben sind,
wurden vor Drucklegung geprüft. Der Verlag übernimmt keine Gewähr für die
Aktualität und den Inhalt dieser Adressen und Dateien oder solcher, die mit
ihnen verlinkt sind.

1. Auflage, 1. Druck 2012

Alle Drucke dieser Auflage sind inhaltlich unverändert und können
im Unterricht nebeneinander verwendet werden.

„National Geographic" ist eine eingetragene Marke der National Geographic
Society; für die deutsche Ausgabe lizensiert durch National Geographic
Deutschland (G+J/RBA GmbH & Co KG), Hamburg, 2009

© 2012 Cornelsen Verlag, Berlin; Oldenbourg Schulbuchverlag GmbH, München

Das Werk und seine Teile sind urheberrechtlich geschützt.
Jede Nutzung in anderen als den gesetzlich zugelassenen Fällen bedarf
der vorherigen schriftlichen Einwilligung des Verlages.
Hinweis zu den §§ 46, 52a UrhG: Weder das Werk noch seine Teile dürfen ohne
eine solche Einwilligung eingescannt und in ein Netzwerk eingestellt oder sonst
öffentlich zugänglich gemacht werden.
Dies gilt auch für Intranets von Schulen und sonstigen Bildungseinrichtungen.

Druck: Druckhaus Berlin-Mitte GmbH

ISBN 978-3-06-064168-0

 Inhalt gedruckt auf säurefreiem Papier aus nachhaltiger Forstwirtschaft.

Inhaltsverzeichnis

6/7 Unsere Erde – dein Erdkundebuch

8/9 1 Die Erde erkunden

10/11 Unsere Erde – ein Planet im Sonnensystem
12/13 Unsere Erde hat eine lange Geschichte
14/15 Menschen erforschen die Erde

16/17 Der Globus – ein Modell der Erde
18/19 Das Gesicht der Erde: Ozeane und Kontinente
20/21 **Geo-Methode:** Wir erkunden unsere Schule aus dem Weltraum mit Google Earth
22/23 **Geo-Aktiv:** Wir orientieren uns nach Himmelsrichtungen
24/25 **Geo-Aktiv:** Schulrallye – eine erste Orientierung in der neuen Schule
26/27 **Geo-Methode:** Wir arbeiten mit dem Stadtplan und dem Maßstab
28/29 **Geo-Bilingual:** Let's explore Limburg
30/31 **Geo-Aktiv:** Ein sicherer Schulweg
32–34 **Geo-Check:** Die Erde erkunden

35–37 2 Landschaften Deutschlands entdecken

38/39 **Geo-Methode:** Wir beschreiben Bilder
40/41 **Geo-Methode:** Wir lesen physische Karten
42/43 Deutschland zwischen Küste und Alpen
44/45 Die Nordseeküste – das Wasser kommt und geht
46/47 Deiche – Küstenschutz und Landgewinnung
48/49 Das Watt – einzigartiger Lebensraum
50/51 Ökosystem Wattenmeer
52/53 **Geo-Aktiv:** Die Nordsee in Gefahr
54/55 **Geo-Methode:** Der Atlas – gewusst wo, gewusst wie!
56/57 Zwischen Rheinischem Schiefergebirge und Rhön
58/59 Der Taunus – ein Mittelgebirge
60/61 **Geo-Aktiv:** Wir erkunden die Natur in unserer Umgebung
62/63 **Geo-Methode:** Wir zeichnen eine Kartenskizze
64/65 Das Mittelrheintal – ein Durchbruchstal
66/67 **Geo-Methode:** Wir zeichnen ein Profil
68–70 **Geo-Check:** Landschaften Deutschlands entdecken

INHALTSVERZEICHNIS

71–73 3 Nutzung der Alpen untersuchen

74/75 Die Alpen – ein Hochgebirge
76/77 Grünlandwirtschaft im Allgäu
78/79 **Geo-Bilingual:** When snow becomes dangerous
80/81 Die Alpen – ein attraktiver Erholungsraum
82/83 Tourismus in den Alpen – Chance oder Gefahr?
84/85 **Geo-Aktiv:** Wir planen eine Skifreizeit
86/87 Schnelle Wege über die Alpen
88–90 **Geo-Check: Nutzung der Alpen untersuchen**

91–93 4 Stadt und Land als Lebensräume vergleichen

94/95 Landeshauptstadt Wiesbaden – eine Stadt mit vielen Gesichtern
96/97 Bundeshauptstadt Berlin
98/99 Unterwegs in der Stadt
100/101 **Geo-Methode:** Wir orientieren uns auf Verkehrsnetzplänen
102/103 Stadt und Umland – eng verflochten
104/105 Vielfalt auf dem Land
106/107 **Geo-Aktiv:** In der Stadt bleiben – oder aufs Land ziehen?
108–110 **Geo-Check: Stadt und Land als Lebensräume vergleichen**

111–113 5 Europa betrachten

114/115 Orientieren in Europa
116/117 Die Naturräume in Europa
118/119 **Geo-Methode:** Wir lesen Klimadiagramme
120/121 Das Klima in Europa
122/123 Das Klima beeinflusst die Vegetation
124/125 Europa wächst zusammen
126/127 **Geo-Aktiv:** Wir entdecken Europa spielerisch
128–130 **Geo-Check: Europa betrachten**

131–133 6 Tourismus in Europa untersuchen

134/135 Flughafen Frankfurt – Zentrum des Luftverkehrs
136/137 Das Mittelmeer – Badewanne für Millionen
138/139 Benidorm – Wolkenkratzer am Badestrand

140/141 **Geo-Methode:** Wir orientieren uns auf Straßenkarten
142/143 Ein Tag in Budapest
144/145 **Geo-Aktiv:** Wir planen eine Radtour in Hessen
146/147 **Geo-Bilingual:** Welcome to London
148–150 **Geo-Check: Tourismus in Europa untersuchen**

INHALTSVERZEICHNIS 5

151–153	**7 Wirtschaften in Europa beschreiben**
154/155	Geo-Methode: Wir lesen thematische Karten – was die Legende verrät
156/157	Oliven aus dem Mittelmeerraum
158/159	Tomaten aus den Niederlanden
160/161	Geo-Aktiv: Wir gestalten eine Europakarte – Europa deckt den Tisch
162/163	Erdöl aus der Nordsee
164/165	Norditalien – Autos und Mode
166/167	Europa baut ein Flugzeug – der Airbus
168–170	Geo-Check: Wirtschaften in Europa beschreiben

171–173	**8 Lebensbedingungen im tropischen Regenwald erläutern**
174/175	Im tropischen Regenwald – sehr warm und immer feucht
176/177	Der tropische Regenwald – artenreich und immergrün
178/179	Aufbau des tropischen Regenwaldes
180/181	Die Banane – eine tropische Frucht
182/183	Geo-Bilingual: People of the rainforest
184/185	Der tropische Regenwald in Gefahr
186/187	Geo-Aktiv: Der Regenwald muss geschützt werden – ein Rollenspiel
188–190	Geo-Check: Lebensbedingungen im tropischen Regenwald erläutern

191–193	**9 Lebensbedingungen in den Polarregionen erläutern**
194/195	Polargebiete – bedeckt vom ewigen Eis?
196/197	Fairbanks – Leben am Polarkreis
198/199	Geo-Aktiv: Die Inuit – Leben in der Kälte
200/201	Nutzung der Polarregionen – Chance oder Gefahr?
202/203	Geo-Check: Lebensbedingungen in der Polarregion erläutern

204–210	**Anhang**
204/205	Arbeitstechniken
206–208	Lexikon
209	Sachregister
210	Bildquellen

211–231	**Atlas**
211	Kartenweiser und Inhaltsverzeichnis
212	Deutschland: Physische Karte
213	Deutschland: Politische Karte
214	Deutschland: Wirtschaftskarte
215	Nord- und Ostfriesland
216/217	Hessen: Physische Karte
218/219	Europa: Physische Karte
220/221	Europa: Politische Karte und Europäische Union
222/223	Mittelmeerländer: Physische Karte
224/225	Europa: Wirtschaftskarte
226/227	Erde: Physische Karte
228/229	Erde: Politische Karte
230	Südamerika: Physische Karte
231	Polargebiete
232–240	Atlasregister
241	Legende für die Wirtschaftskarten

 **Unsere erde – dein Erdkundebuch**

Jedes Kapitel startet mit einem großen Bild, auf dem es viel zu entdecken gibt.

In der rechten Spalte erfährst du, was du zum Ende des Kapitels wissen und können solltest.
- Ein **roter Spiegelstrich** fordert dich dazu auf, dich in Räumen zu orientieren.
- Der **gelbe Spiegelstrich** zeigt dir, welches erdkundliche Wissen du beherrschen sollst.
- Der **grüne Spiegelstrich** gibt an, welche Methoden du in diesem Kapitel anwenden wirst.
- Der **blaue Spiegelstrich** zeigt dir, welche erdkundlichen Sachverhalte und Probleme du bewerten und beurteilen sollst.

Das klappt – eine **ausklappbare Kartenseite** zu Kapitelbeginn. Du klappst sie aus und kannst dich bei den einzelnen Themen des Erdkundebuches jederzeit orientieren, wo Städte, Landschaften, Flüsse und Länder liegen, wo Erdöl gefördert wird oder wo Oliven angebaut werden.

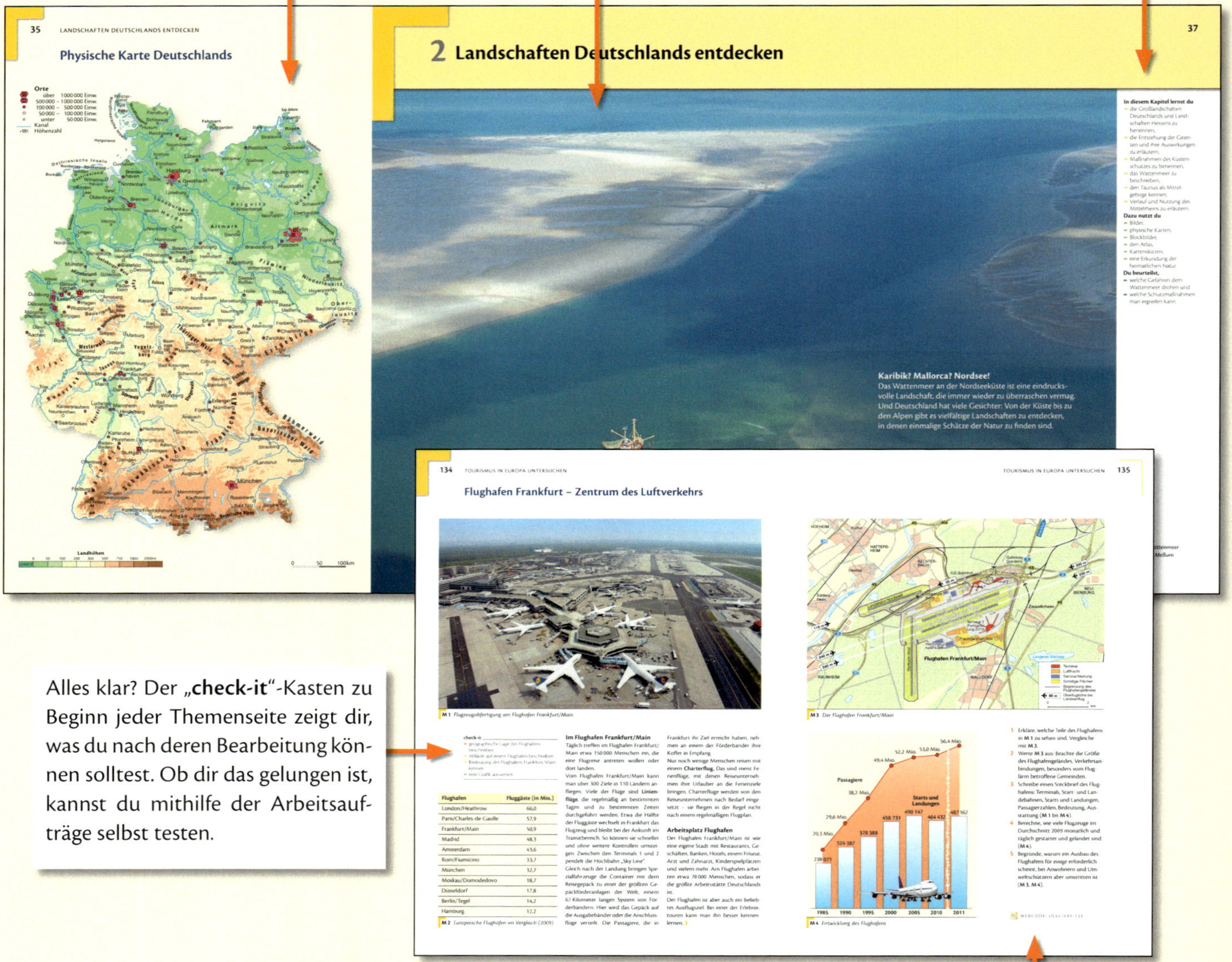

Alles klar? Der „**check-it**"-Kasten zu Beginn jeder Themenseite zeigt dir, was du nach deren Bearbeitung können solltest. Ob dir das gelungen ist, kannst du mithilfe der Arbeitsaufträge selbst testen.

Über den **Webcode** kannst du uns im Internet unter www.cornelsen.de/Unsere-Erde besuchen. Auf dieser Website findest du ein Feld, in das du die Zahlenkombination eingibst, die du unter dem Webcode findest, zum Beispiel UE641680-013. Klicke dann auf „Los" und schon sind wir zum jeweiligen Thema miteinander verbunden.

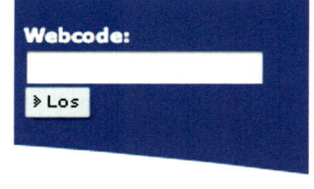

UNSERE ERDE – DEIN ERDKUNDEBUCH

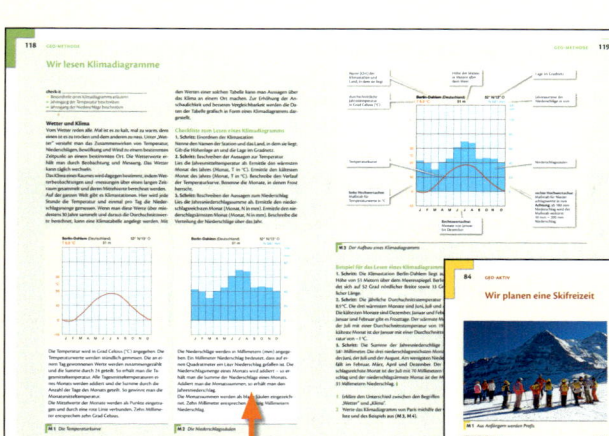

Geo-Aktiv
Hier findest du Anregungen, selbst aktiv zu werden, zum Beispiel bei der Orientierung nach Himmelsrichtungen oder der Planung einer Skifreizeit.

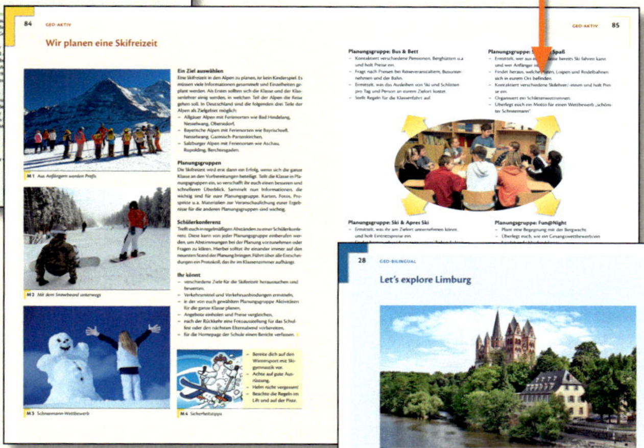

Geo-Methode
Hier kannst du Schritt für Schritt wichtige Methoden für das Fach Erdkunde lernen, zum Beispiel das Lesen von Klimadiagrammen oder das Beschreiben von Bildern.

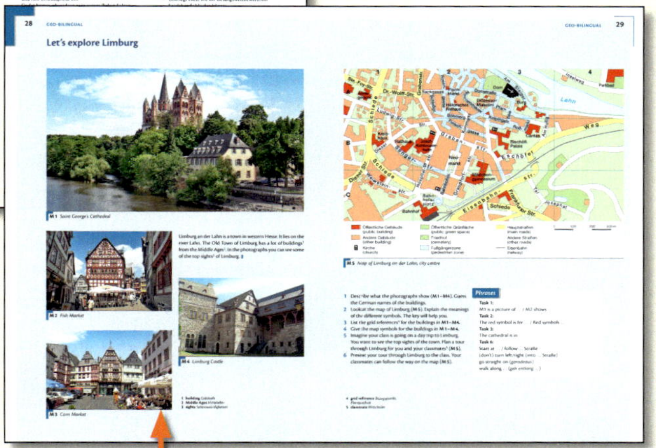

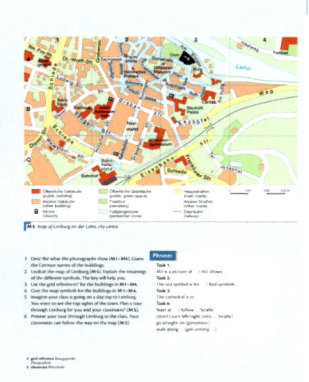

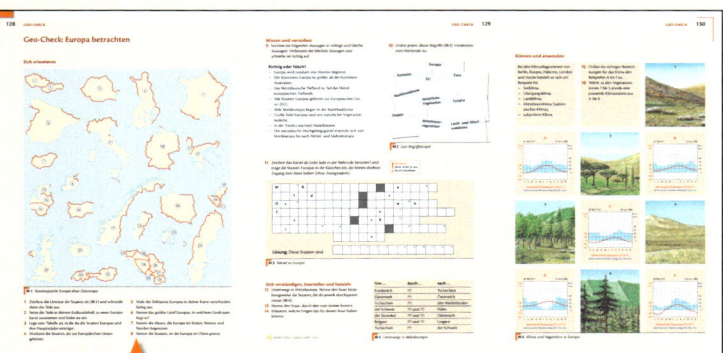

Geo-Check
Am Ende jedes Kapitels kannst du dein Wissen und Können testen.

Geo-Bilingual
Auf den Geo-Bilingualen Seiten lernst du, dich in englischer Fachsprache über Sachverhalte zu verständigen, zum Beispiel bei der Orientierung in einer Stadt.

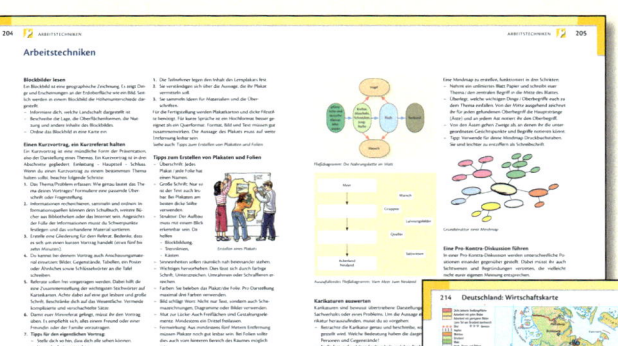

Im **Atlasteil** findest du zu allen wichtigen Themen im Buch die passende Atlaskarte. Welche Karte die richtige ist, erfährst du im Atlasregister.

Der **Anhang** bietet dir unterschiedliche Hilfen: das **Lexikon**, um Begriffe zu erklären, das **Sachregister**, um Inhalte des Buches zu suchen, und die **Arbeitstechniken**, die dir vielleicht unbekannt und auf den Themenseiten mit einem -Symbol gekennzeichnet sind.

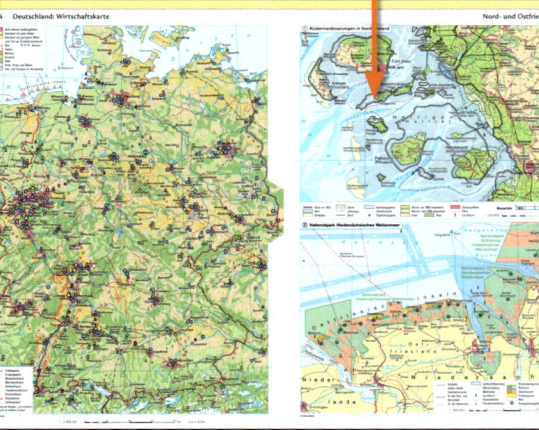

1 Die Erde erkunden

Unsere Erde – nur ein Planet?
Wenn wir in den klaren Nachthimmel schauen, können wir erahnen, wie riesig das Weltall ist. Mithilfe eines Fernrohrs können wir viele Sterne und Sternsysteme erkennen. Eines davon ist die Milchstraße, die als Zeichnung hier abgebildet ist. Sie ist so groß, dass das Licht 100 000 Jahre von einem zum anderen Ende braucht! Unser Sonnensystem ist ein winzig kleiner Teil der Milchstraße und in ihm findet man unsere Erde, die du erkunden wirst.

Hier ist unser Sonnensystem →

In diesem Kapitel lernst du
- dich im Gradnetz und nach Himmelsrichtungen zu orientieren,
- unser Sonnensystem zu erläutern,
- die Erdzeitalter zu beschreiben,
- Ozeane und Kontinente zu benennen,
- Stadtpläne zu lesen,
- die Gestalt der Erde zu beschreiben,
- über die Entdeckungsreisen auf der Erde zu berichten.

Du nutzt dazu
- den Globus,
- Stadtpläne,
- Karten,
- Grafiken,
- eine Schulrallye.

DIE ERDE ERKUNDEN

Unsere Erde – ein Planet im Sonnensystem

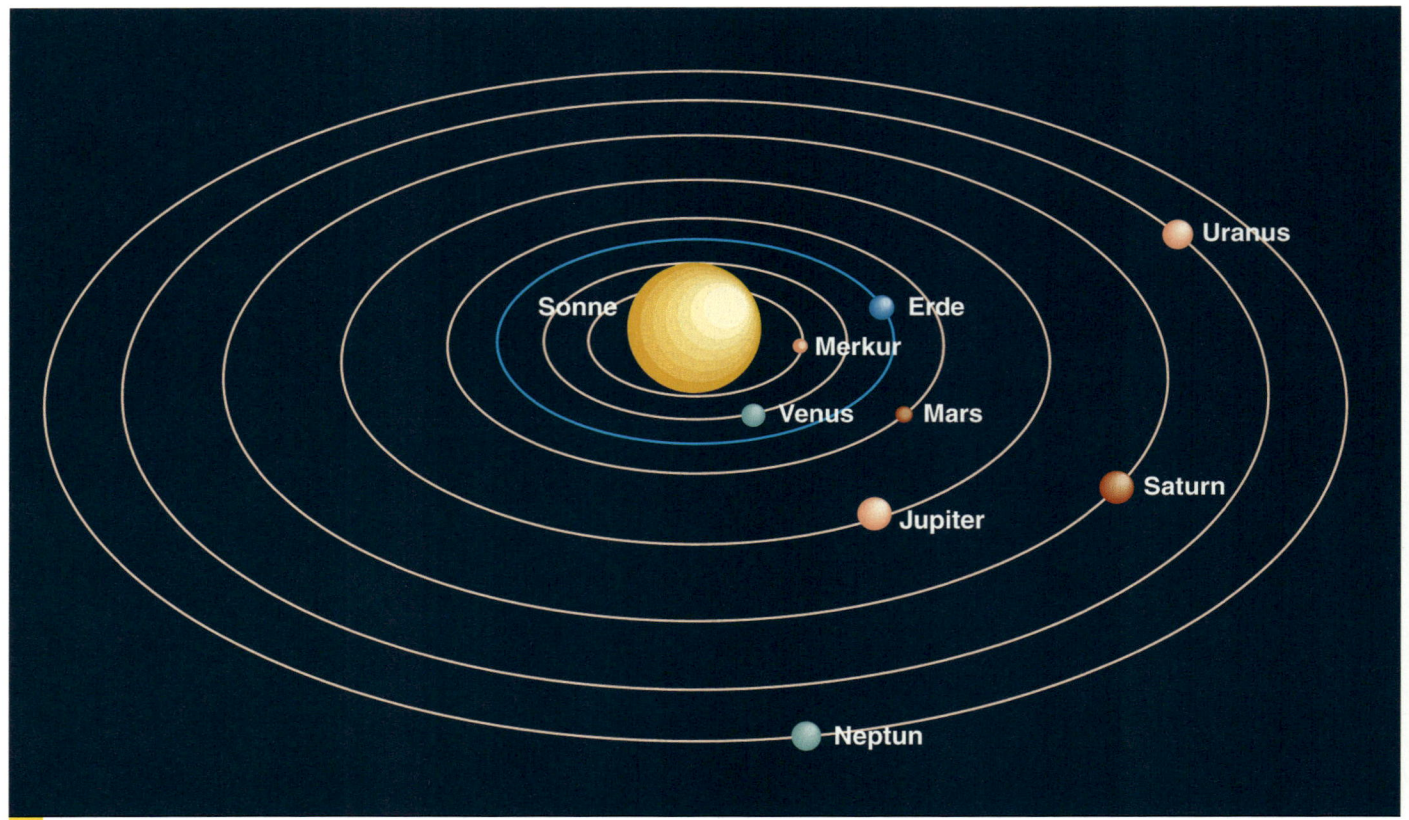

M 1 *Das Sonnensystem*

check-it
- Merkmale unseres Sonnensystems beschreiben
- die Folgen der Erdrotation erklären
- Informationen in einer Tabelle darstellen
- ein Experiment durchführen

Unser Sonnensystem
Unsere Erde ist einer von vielen Himmelskörpern, die die Sonne umkreisen. Diese Himmelskörper nennen wir **Planeten**. Die acht Planeten erhalten ihr Licht von der Sonne und bilden zusammen mit ihr das **Sonnensystem**. Um sieben Planeten kreisen außerdem ein oder mehrere Monde. Mehr als 6,7 Milliarden Menschen verdanken ihr Leben den einzigartigen Bedingungen, die auf dem Planeten Erde herrschen.

Glücksfall Erde
Im Gegensatz zu den anderen Planeten unseres Sonnensystems besitzt die Erde eine Lufthülle. Sie ermöglicht das Leben von Pflanzen, Tieren und Menschen. Gleichzeitig schützt die Lufthülle die Erde vor gefährlichen Sonnenstrahlen. Der Planet Erde verfügt über das lebensnotwendige Wasser. Durch den richtigen Abstand zur Sonne ist es weder zu heiß noch zu kalt auf der Erde.

Experiment
- Material: Diaprojektor, Globus (möglichst groß), verdunkeltes Klassenzimmer
- Durchführung: Den Globus so aufstellen, dass der Lichtkegel des Projektors die Breite des Durchmessers vom Globus hat. Den angestrahlten Globus langsam linksherum drehen.

M 2 *Experiment – Entstehung von Tag und Nacht*

DIE ERDE ERKUNDEN

Die doppelte Bewegung der Erde

Früher dachten die Menschen, dass sich die Sonne um die Erde bewegt. Vor 500 Jahren aber verblüffte der Astronom Nikolaus Kopernikus mit der Erkenntnis: „Die Sonne hat ihren festen Platz im Weltraum. Die Erde dreht sich in 24 Stunden einmal um ihre eigene Achse." Diese Bewegung heißt **Erdrotation**. Sie ist für die Entstehung von Tag und Nacht verantwortlich. Da sich die Erde von Westen nach Osten um ihre eigene Achse dreht, geht die Sonne morgens im Osten auf und abends im Westen unter.

Die Erde bewegt sich auch um die Sonne. Dafür braucht sie 365 Tage und 6 Stunden. Das ist das Sonnenjahr. Wir rechnen aber im Kalenderjahr mit vollen Tagen und nicht mit Stunden. Deshalb werden alle 4 Jahre die zusätzlichen Stunden (4 × 6 Stunden = 1 Tag) im **Schaltjahr** untergebracht. Der Schalttag ist der 29. Februar.

1 Beschreibe unser Sonnensystem (M 1).
2 Sortiere die Planeten nach ihrer Größe und ordne ihnen die Entfernung von der Sonne zu (M 1, M 3). Lege dazu eine Tabelle an.

Planet	Größe	Entfernung
Jupiter	143 000 km	778 Mio. km
...	...	...

3 Vergleiche die Entfernungen der Planeten von der Sonne mit ihrer Umlaufzeit (M 3).
4 Erkläre, warum die Erde ein Sonderfall unter den Planeten ist.
5 Erkläre die Erdrotation und ihre Folgen (M 2).
6 Berichte, welche Folgen es hätte, wenn die Erde sich nicht um die eigene Achse drehen würde (M 2).
7 Stelle fest, wie viele Tage ein Schaltjahr hat.

WEBCODE: UE641680-011

M 3 Die Planeten unseres Sonnensystems

12 DIE ERDE ERKUNDEN

Unsere Erde hat eine lange Geschichte

check-it
- die Zeitabschnitte der Erdgeschichte benennen
- Zeitabschnitten wichtige Ereignisse zuordnen
- Bedeutung von Fossilien erklären

M 1 Die Erdoberfläche vor 5 Milliarden Jahren

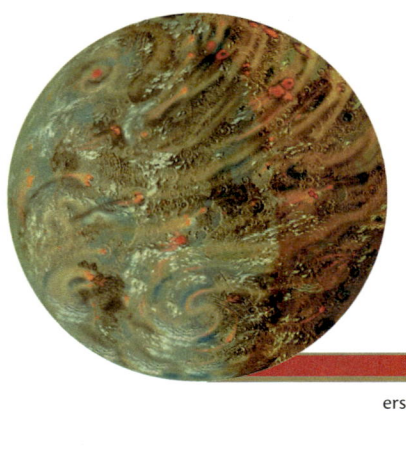

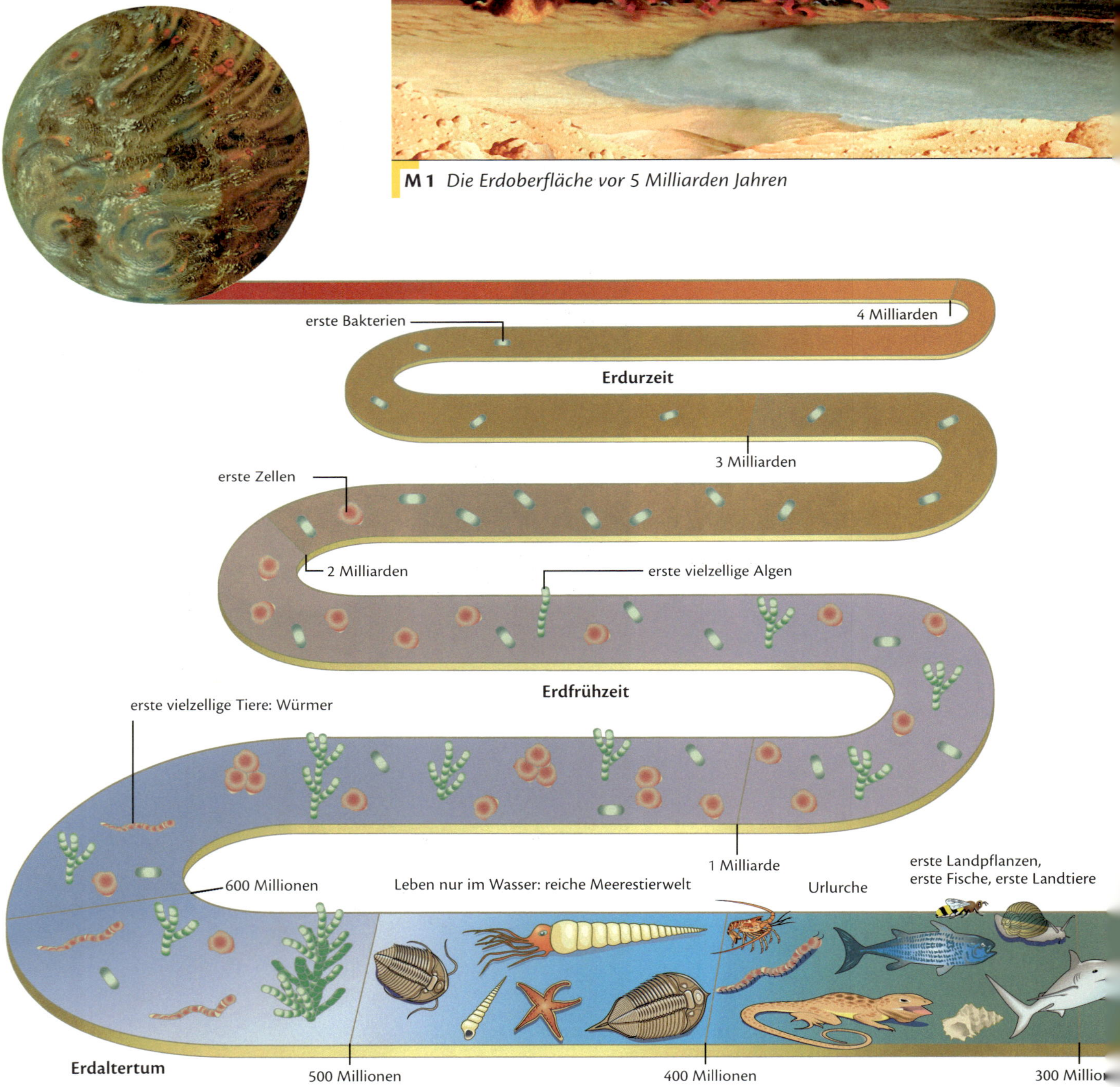

erste Bakterien — 4 Milliarden

Erdurzeit

3 Milliarden

erste Zellen

2 Milliarden — erste vielzellige Algen

Erdfrühzeit

1 Milliarde — Urlurche — erste Landpflanzen, erste Fische, erste Landtiere

erste vielzellige Tiere: Würmer

600 Millionen — Leben nur im Wasser: reiche Meerestierwelt

Erdaltertum — 500 Millionen — 400 Millionen — 300 Million

M 2 Die Entwicklungsgeschichte der Erde

Anhand von Fossilienfunden können wir uns heute ein Bild machen, wie es in ganz früher Zeit auf der Erde aussah. Im Laufe der Erdgeschichte veränderte sich auf der Erdoberfläche die Verteilung von Meer und Land immer wieder. Eine Zeit lang befand sich in weiten Teilen ein großes Meer, dann trocknete es allmählich aus. Das Land hob sich an einer Stelle, an anderer senkte es sich ab. Gesteinsschichten entstanden und wurden wieder abgetragen. Tiere und Pflanzen, die während der Entstehung der Gesteinsschichten dort lebten, kann man heute als Fossilien im Gestein entdecken. Je nach Gestalt oder Art der Versteinerung können Wissenschaftler feststellen, wann das Gestein entstanden ist.

M 3 *Zeitzeugen der Erdgeschichte*

Ein Blick in die Erdgeschichte
Die Entwicklungsgeschichte der Erde reicht fast 5 Milliarden Jahre zurück. Damals bildeten sich aus heißem Gas und Staub unsere Sonne und unser Sonnensystem. Die Erde war fast 4000 °C heiß. Nur ganz allmählich kühlte sie sich ab. Es sollte noch 2,5 Milliarden Jahre dauern, bis aus dem zerklüfteten Felsbrocken die üppig grüne Welt wurde, auf der wir jetzt leben.

Die Einteilung der Erdgeschichte
Der unvorstellbar lange Zeitraum der Erdgeschichte wurde in fünf große **Erdzeitalter** eingeteilt. Die Einteilung der Zeitabschnitte ist mit der Entwicklung des Lebens, dem Bilden von Kontinenten und Meeren sowie dem Entstehen und Vergehen von Gebirgen verbunden.

Das Leben auf der Erde
Dinosaurier sind die bekanntesten Tiere aus früherer Zeit. Allerdings sind sie nicht die ersten Bewohner der Erde gewesen. Viele Pflanzen und Tiere haben sich entwickelt, aber genauso viele Arten sind wieder von der Erde verschwunden. Der Mensch trat erst vor rund zwei Millionen Jahren in Erscheinung.

1 Beschreibe die Entwicklung des Lebens (M 2).

2 Lege eine Tabelle an. Trage darin die Erdzeitalter ein und nenne jeweils den Zeitraum sowie die Tiere und Pflanzen (M 2).

Erdzeitalter	Erdurzeit	…
Zeitraum	…	…
Tiere	…	…
Pflanzen	…	…

3 Erkläre, wie man mit Fossilien die Geschichte der Erde nachvollziehen kann (M 3).

WEBCODE: UE641680-013

Menschen erforschen die Erde

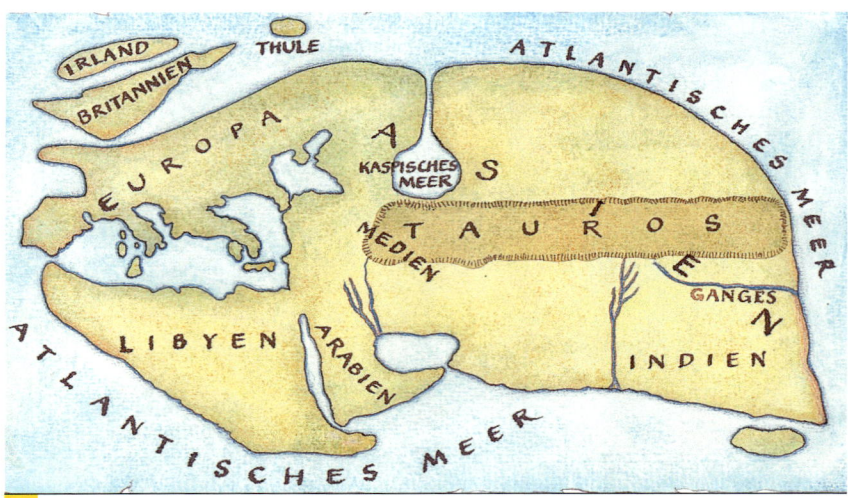

M1 *Das Weltbild des Eratosthenes (ca. 284–202 v. Chr.)*

check-it
- Reisewege der Seefahrer beschreiben
- Motive der Entdeckungsreisen nennen
- Karten und Weltbilder vergleichen
- Veränderung des Weltbilds erläutern
- über Entdeckungsreisen berichten

Seefahrer erforschen die Erde

Zu allen Zeiten zog es Menschen in die Ferne, um die Erde möglichst genau kennenzulernen. Bis ins 15. Jahrhundert glaubten die Menschen, dass die Erde eine runde Scheibe sei, auf der das Land von einem riesigen Meer umgeben wird. Seefahrer blieben in der Nähe der Küsten, da sie Angst hatten, von der Scheibe abzustürzen. So waren bis ins 15. Jahrhundert die Küsten des Mittelmeeres gut erforscht und man kannte bereits weite Teile Asiens. Über Land oder auf dem Seeweg um Afrika herum fand ein reger Handel mit Indien statt. Waren aus Asien waren vor 600 Jahren sehr begehrt in Europa. Deshalb unterstützten die Königshäuser in Spanien und Portugal alle Seefahrer, die es wagen wollten, einen kürzeren Seeweg nach Indien zu suchen. Zu ihnen gehörte auch Kolumbus, der von der Kugelgestalt der Erde überzeugt war. Er wollte Indien in nur wenigen Wochen erreichen, indem er von Europa aus einfach immer nach Westen segelte. Erst seit der Entdeckung der Antarktis um 1820 sind alle Kontinente bekannt.

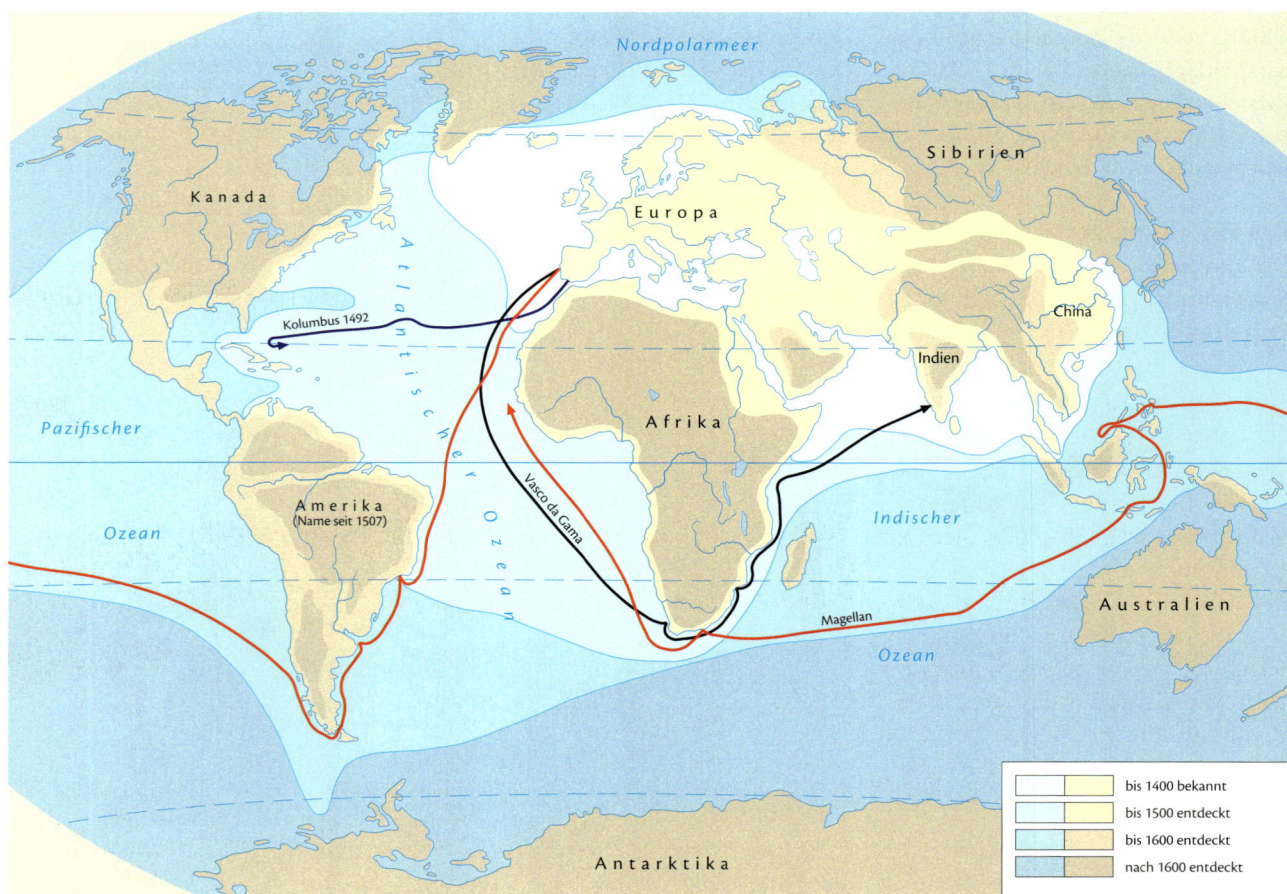

M2 *Die wichtigsten Entdeckungsreisen von Europa aus im 15. und 16. Jahrhundert*

DIE ERDE ERKUNDEN 15

Kolumbus erhielt für seine Entdeckungsreise vom spanischen Königshaus drei Schiffe. Die Fahrt ins Ungewisse begann am 3. August 1492. Noch nie waren Seeleute so weit auf die offene See hinausgefahren. Der Unmut der Mannschaft nahm täglich zu. Doch eine Meuterei konnte Kolumbus verhindern.
Endlich ertönte am 12. Oktober der lang erwartete Ruf: „Licht! Land!" – endlich Land.
Kolumbus nannte das Land, eine Insel der Bahamas, „San Salvador" – Heiliger Erlöser – und dessen Bewohner „Indianer". Er wusste nicht, dass er nicht in Indien gelandet war, sondern auf einem neuen, in Europa noch unbekannten Kontinent: Amerika.

M 3 *Kolumbus erreicht Amerika*

Die erste Weltumseglung

Magellan verließ am 20.11.1519 den Hafen von Sevilla und umfuhr Südamerika auf der später nach ihm benannten Meeresstraße. Nach einer stürmischen Fahrt erreichte er ein Meer, das ihm ruhig erschien. So nannte er es den „Stillen Ozean" (Portugiesisch: *pacifico* = friedlich, still). Er erreichte als Erster Asien über einen westlichen Weg. Magellan sah seine Heimat aber nicht wieder. Im Kampf mit Eingeborenen auf den Philippinen starb er.
Die Entdeckungsfahrten über die Meere führten zu einem neuen Weltbild. Die Größe der Erde konnte neu bestimmt werden sowie die Ausdehnung der Ozeane.

Erforschung aus dem Weltraum

Das moderne Zeitalter der Erderkundung begann 1961. Der russische Kosmonaut Juri Gagarin flog als erster Mensch um die Erde – in weniger als zwei Stunden.
Heute umkreisen Hunderte von Satelliten die Erde und funken ihre Daten an Forschungsstationen. Sie vermessen und fotografieren systematisch die Erdoberfläche. Mithilfe dieser Daten kann die Erdoberfläche genau vermessen werden, sie liefern die Daten für die Wettervorhersage und es lassen sich Veränderungen auf der Erdoberfläche feststellen.

1 Bildet Gruppen und wählt je einen der Entdeckungsreisenden des 15. und 16. Jahrhunderts aus. Beschreibt die Entdeckungsreise: Startpunkt, Ziel, Verlauf (**M 2, M 3**).
2 Nenne Gründe, warum Menschen die Erde entdecken wollten.
3 Vergleiche Weltbild und Karte vor und nach den Entdeckungsreisen des 15. und 16. Jahrhunderts. Nenne Kontinente und Ozeane, die bis ins 15. Jahrhundert unbekannt waren. Vergleiche die Darstellung bereits bekannter Gebiete (**M 1, M 2**).
4 Erläutere, wie sich das Weltbild durch die Entdeckungsreisen verändert hat (**M 2, M 3**).
5 Informiert euch in Gruppen über weitere Entdeckungsreisende und erstellt ein Reisetagebuch mit Berichten, Karten und Abbildungen. Stellt eure Ergebnisse in der Klasse aus.

WEBCODE: UE641680-015

M 4 *Satelliten erforschen die Erdoberfläche*

DIE ERDE ERKUNDEN

Der Globus – ein Modell der Erde

M 1 Unser Planet Erde aus dem All betrachtet und als Globus

check-it
- Lage von Orten im Gradnetz bestimmen
- Gradnetz der Erde erläutern
- Merkmale des Globus benennen

Der Globus

Bereits Ende des 15. Jahrhunderts ließ Martin Behaim in Nürnberg den ersten Erdglobus bauen. Der **Globus** gibt unsere Erde in einem verkleinerten Abbild wieder. Die Größenverhältnisse sowie die Formen der Kontinente und der Meere stimmen mit der Wirklichkeit überein. Damit man einen bestimmten Ort auf dem Globus (oder auf einer Karte) finden kann, hat man die Erde mit einem gedachten Netz von Linien überzogen, dem **Gradnetz**.

Das Gradnetz der Erde

Das Gradnetz besteht aus waagerechten und senkrechten Linien. Die senkrechten Linien, die die Erde umspannen, heißen **Längenkreise**. Ein halber Längenkreis, der vom Nordpol zum Südpol verläuft, wird **Meridian** oder auch „Längengrad" genannt. Die waagerechten Linien heißen **Breitenkreise**. Um Breiten- und Längenkreise durchzuzählen, benutzt man eine Gradeinteilung. Der Null-Meridian teilt die Erde in eine West- und eine Osthalbkugel. Er verläuft durch die Sternwarte von Greenwich, einem Vorort von London. Von dort aus zählt man 180 Längengrade nach Osten und 180 Längengrade nach Westen. Auf der Erde verlaufen also insgesamt 360 Längengrade von Pol zu Pol.

Der Null-Breitenkreis ist der **Äquator**. Er ist der längste Breitenkreis: 40 076 Kilometer. Der Äquator teilt die Erde in eine Nord- und eine Südhalbkugel. Die **geographische Lage** eines Ortes wird durch Breiten- und Längengrade angegeben. Man sagt z. B.: Rüdesheim liegt 50 Grad nördlicher Breite und 8 Grad östlicher Länge (50° N, 8° O).

Bereits vor über 2200 Jahren berechnete der Grieche Eratosthenes den Erdumfang annähernd genau. Er war entgegen der allgemeinen Meinung davon überzeugt, dass die Erde eine Kugel sei. Wenn er im Hafen stand, beobachtete er die ankommenden Schiffe. Sie tauchten allmählich aus dem Wasser auf, wenn sie sich näherten. Daraus schloss er, dass die Erdoberfläche gekrümmt sein müsse.

M 2 Die Erde ist eine Kugel

DIE ERDE ERKUNDEN 17

Die Breitenkreise

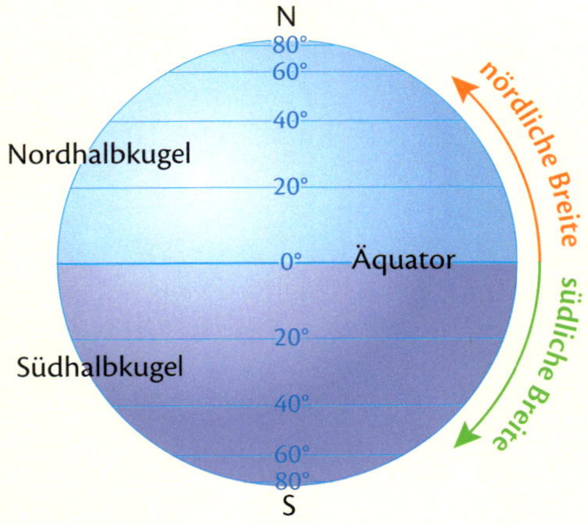

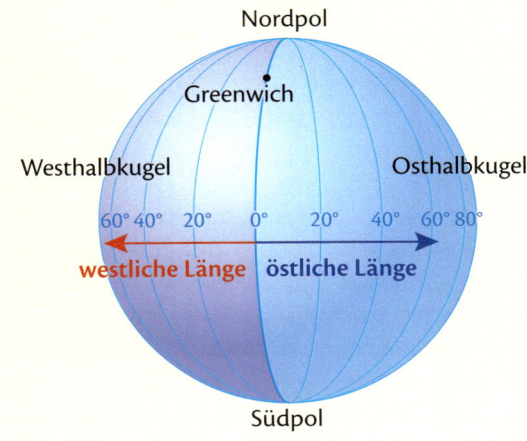

Die Längenkreise

Das Gradnetz

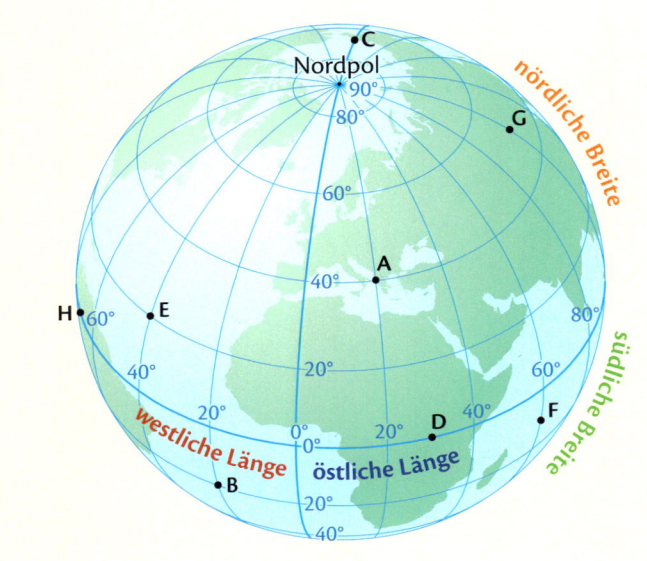

M 3 *Globus mit Gradnetz*

So bestimmst du die Lage eines Ortes im Gradnetz

1. Schritt: Die geographische Breite
- Ermittle, ob der Ort nördlich oder südlich des Äquators liegt (N oder S).
- Nenne die beiden Breitenkreise, zwischen denen sich der Ort befindet.
- Bestimme die geographische Breite in „Grad". Zur Lageangabe benutzt du die niedrigere Gradzahl.

2. Schritt: Die geographische Länge
- Ermittle, ob der Ort westlich oder östlich des Null-Meridians liegt (W oder O).
- Nenne die beiden Längenkreise, zwischen denen sich der Ort befindet.
- Bestimme die geographische Länge in „Grad". Zur Lageangabe benutzt du die niedrigere Gradzahl.

3. Schritt: Angabe der Lage im Gradnetz
- Gib zuerst die Breitenlage und dann die geographische Länge des Ortes an. In **M 3** hat z. B. der Ort D die Lage 0°/30° O.

M 4 *Lagebestimmung eines Ortes*

1 Zeige auf einem Globus (**M 1**) Nordpol und Südpol, den Äquator, die Erdachse, Nord-, West-, Süd- und Osthalbkugel.

2 Überlege, an welcher Stelle du „auftauchen" würdest, wenn du quer durch die Erde hindurch reisen könntest.

3 Stelle die Beobachtungen von Eratosthenes (**M 2**) nach. Nutze dazu einen Globus oder einen großen Ball.

4 Erläutere das Gradnetz der Erde (**M 3**).

5 Bestimme die geographische Lage der Orte A bis H in **M 3**.

6 Suche die Städte mit den folgenden Lageangaben. Nutze dazu auch **M 4** und die Karte S. 218.
  a) 54° N/12° O   b) 52° N/0° W
  c) 50° N/14° O   d) 40° N/4° W

WEBCODE: UE641680-017

18 DIE ERDE ERKUNDEN

Das Gesicht der Erde: Ozeane und Kontinente

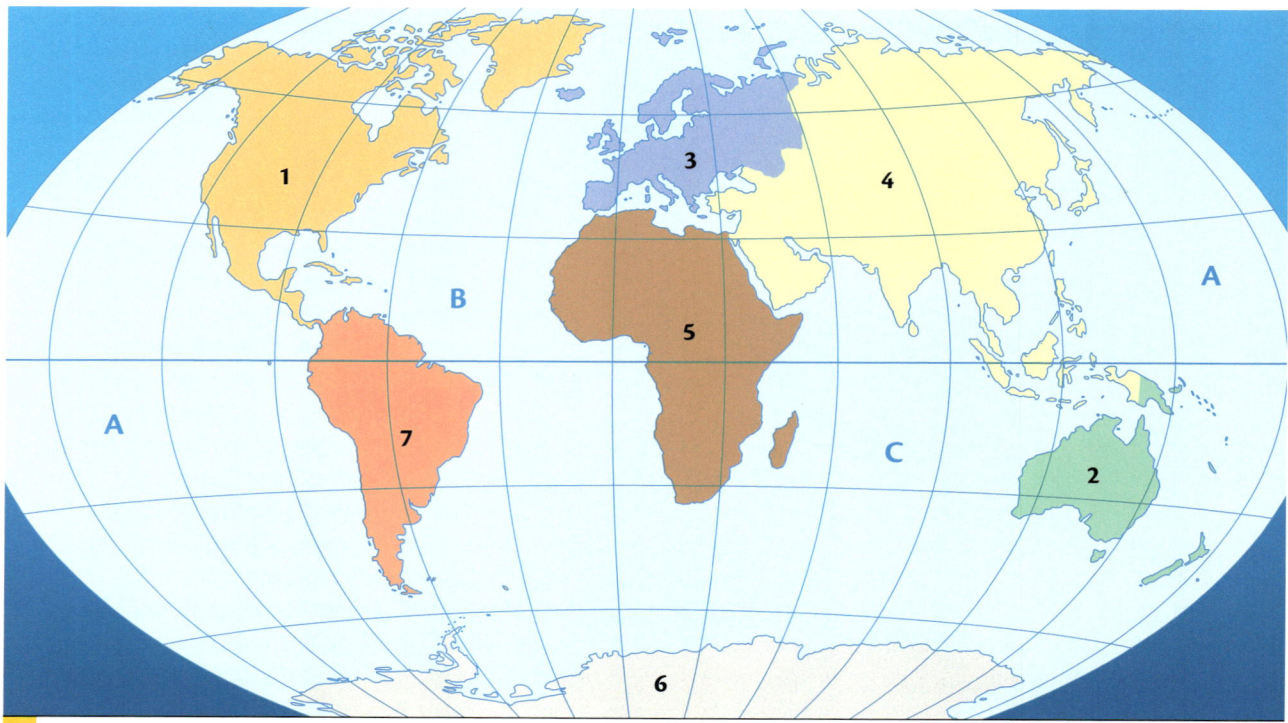

M 1 Kontinente und Ozeane

check-it
- Namen der Kontinente und Ozeane kennen
- ihre Lage beschreiben und ihre Größe vergleichen
- verschiedene Sichtweisen auf die Erde erläutern

Die Gliederung der Erde

Der „Blaue Planet" – spätestens seit Astronauten das erste Mal die Erde aus dem All betrachteten, trägt die Erde diesen Beinamen. Nicht zu Unrecht: Immerhin bedecken **Ozeane** und Meere zwei Drittel der Erdoberfläche. Die Erde ist ein „Wasserplanet". Als Festländer oder **Kontinente** werden die großen zusammenhängenden Landmassen der Erde bezeichnet, die wie riesige Inseln aus den Weltmeeren herausragen. Jeder Kontinent hat seine unverwechselbaren Umrisse mit Buchten, Inseln und Halbinseln. Am Rand der Ozeane liegt eine Reihe von kleineren Meeren, die durch Halbinseln von den Ozeanen getrennt sind.

M 2 Blick vom Weltraum auf die Erde

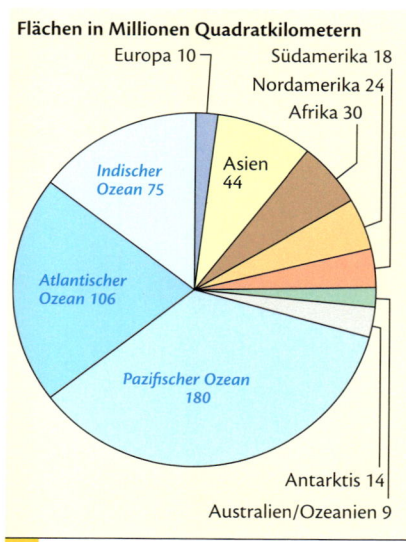

M 3 Verteilung von Wasser und Land auf der Erde

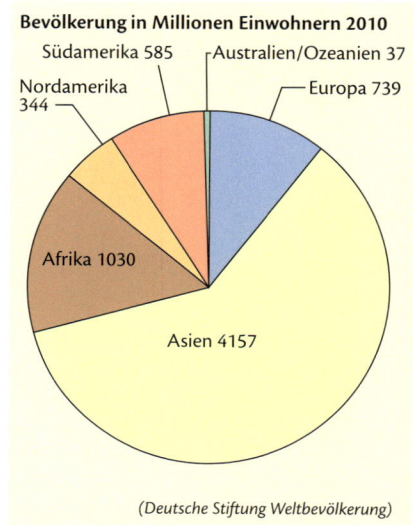

M 4 Einwohnerzahlen auf den Kontinenten

DIE ERDE ERKUNDEN **19**

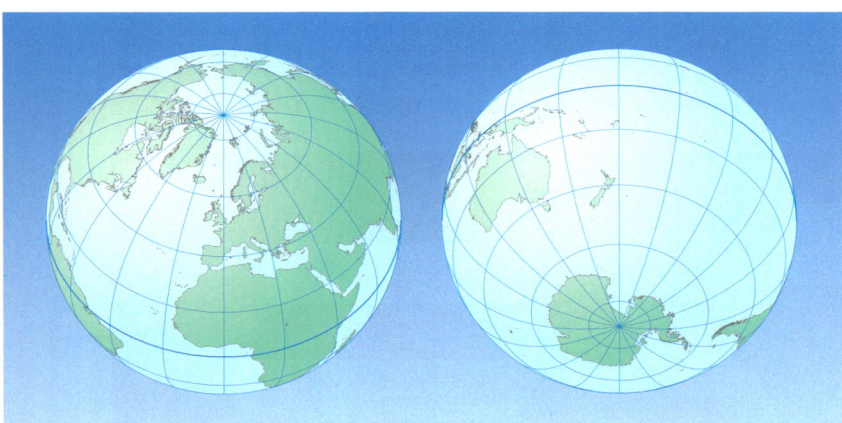

M 5 *Landhalbkugel und Wasserhalbkugel der Erde*

Wie kamen die Kontinente zu ihren Namen?

Die Griechen nannten das westlich von ihnen gelegene Land „Europa", was so viel wie „Land des Sonnenuntergangs" bedeutet. Das östlich gelegene „Land des Sonnenaufgangs" bezeichneten sie als „Asien".

Die Römer gaben dem südlichen Küstenland des Mittelmeeres den Namen Afrika, weil dort das Volk der Afri lebte. Der italienische Seefahrer Amerigo Vespucci wurde durch Zufall Namens-patron Amerikas. Er segelte mehrmals nach Südamerika. Deshalb wurde sein Name auf einer der ersten Weltkarten und einem Globus dort eingetragen, wo er gelandet war. Dieser Name breitete sich sehr schnell als Bezeichnung für den neuen Kontinent aus.

Australien ist der „Südkontinent", denn Lateinisch *australis* bedeutet „südlich". Schon die Griechen nannten die im Norden gelegenen Land- und Meeresgebiete „Arktis" (= Nordpolargebiet). Antarktis sind die auf der anderen Seite (anti = gegen) der Arktis gelegenen Gebiete, also die Landmassen und Meere rund um den Südpol. Der Kontinent trägt den Namen „Antarktis".

1 Benenne die Kontinente und Ozeane in **M 1** (Karte S. 226/227).
2 Vergleiche die Größe der Ozeane (**M 3**).
3 „Die Erde ist ein Wasserplanet." Begründe (**M 2, M 3**).
4 Beschreibe die Lage der Kontinente. Bilde dazu Sätze, die die Lage zu den Ozeanen beschreiben (**M 1**).
5 Ordne die Kontinente nach ihrer Einwohnerzahl (**M 4**).
6 Nenne auf jedem Kontinent drei Staaten. Ziehe die Weltkarte im Atlasteil hinzu (S. 228/229).
7 Erkläre die Begriffe „Landhalbkugel" und „Wasserhalbkugel" (**M 5**).
8 Begründe, warum Weltkarten so unterschiedlich aussehen können (**M 6**).

WEBCODE: UE641680-019

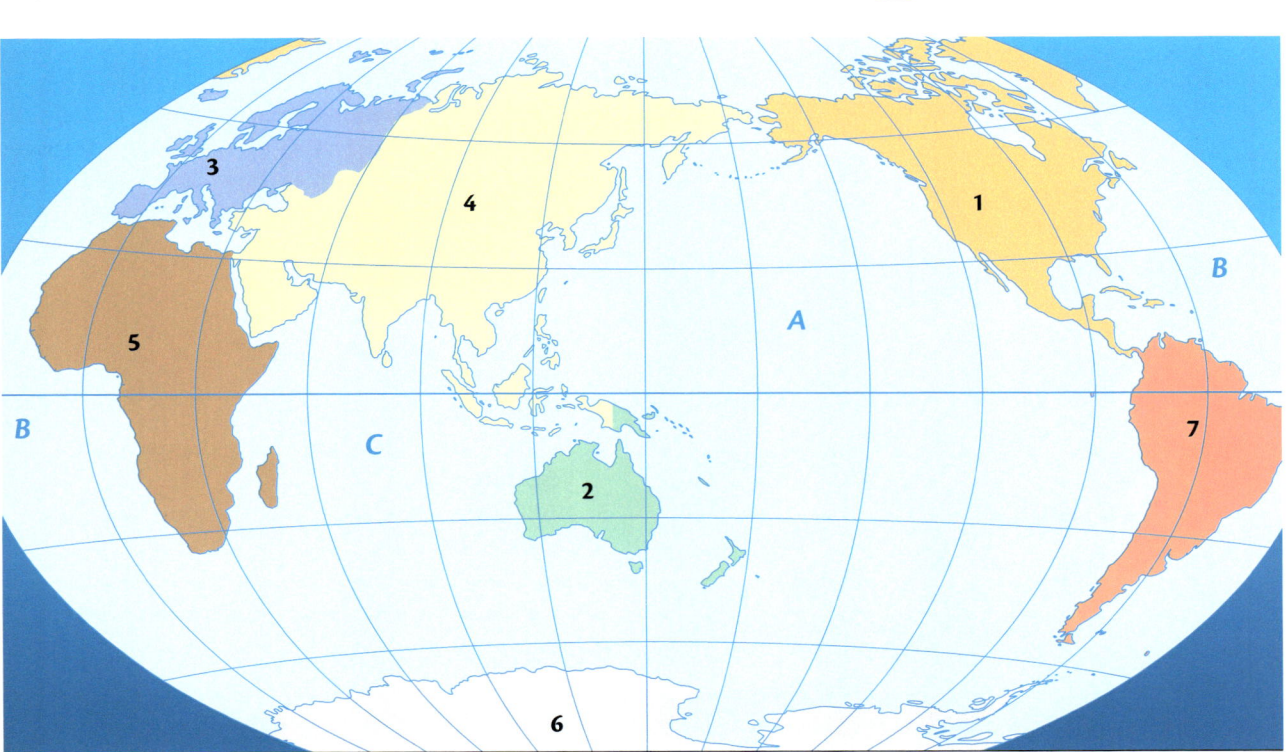

M 6 *Weltkarte*

Wir erkunden unsere Schule aus dem Weltraum mit Google Earth

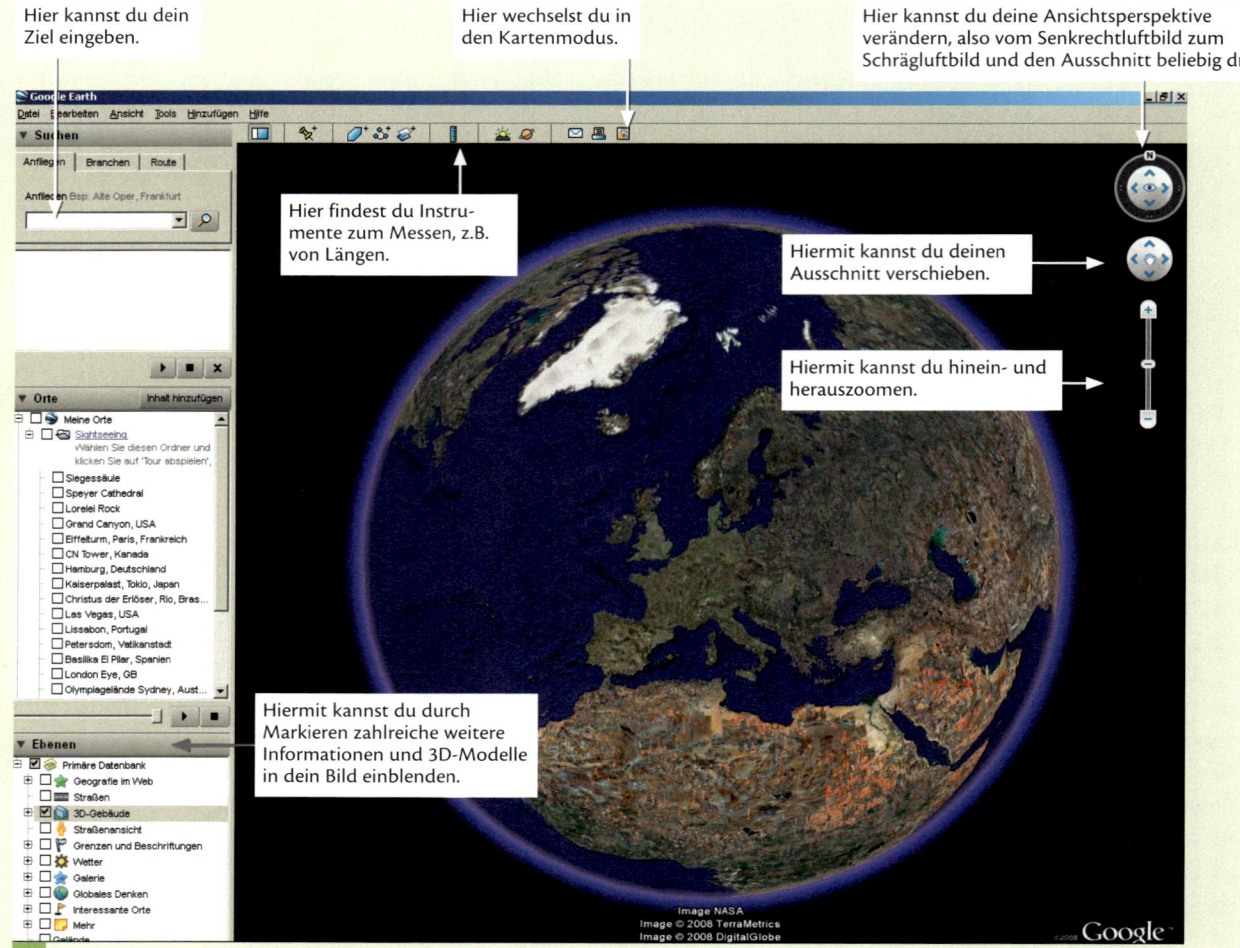

M 1 Die Startseite von Google Earth

check-it
- Unterschiede zwischen Karte und Luftbild erklären
- Informationen mit Google Earth beschaffen
- eigene Schule auf dem Luftbild kennenlernen und untersuchen

Google Earth
Um die Erde kreisen viele Satelliten, die stetig von der Erde Fotos machen. Google Earth ist eine kostenlose Software, mit der du dir einige dieser Fotos anschauen kannst. In der Regel handelt es sich aber nicht um aktuelle Aufnahmen.

Arbeit mit Google Earth
1. Lade die Software auf den Computer (http://earth.google.de).
2. Gib die Zieladresse ein.
3. Zoome in den richtigen Ausschnitt.
4. Markiere weitere Informationen („Grenzen und Beschriftungen").
5. Wähle zwischen verschiedenen Instrumenten oder Darstellungsformen.

Tipp: Sollten Probleme im Fortgang des Programms auftreten, lassen sich diese leicht durch einen Neustart beheben.

M 2 Senkrechtluftbild von der Luisenschule in Kassel

GEO-METHODE **21**

M 3 *Senkrechtluftbild von Kassel (Luisenschule mit einem Kreis markiert)*

Vom Weltraum zur Schule

Unsere Reise geht zur Luisenschule Realschule in Kassel. Wir starten im Weltraum. Zuerst tippen wir unser Ziel, die Adresse der Luisenschule „Luisenstraße 17, 34119 Kassel", bei Google Earth ein. Das Programm zoomt nun immer näher an unser Ziel heran. Zunächst erscheint ein Luftbild mit einem Teil von Kassel.

Luftbilder sind Aufnahmen, die „von oben" fotografiert wurden. Bei Google Earth fotografiert ein Satellit das Luftbild. Am unteren Rand der Aufnahme findest du eine Maßstabsleiste, die Angaben zum Gradnetz sowie die Aufnahmehöhe. Bei **M 2** und **M 3** handelt es sich um **Senkrechtluftbilder**. Diese wurden ganz genau senkrecht von oben fotografiert. Sie unterscheiden sich nur im Maßstab voneinander. Das Senkrechtluftbild von Kassel (**M 3**) sehen wir aus einer Höhe von 1540 Metern.

Bei der Luisenschule (**M 2**) befinden wir uns in einer Höhe von nur 347 Metern.

Luftbilder stellen nur eine Momentaufnahme dar. So erkennst du Autos, die gerade auf der Straße fahren. Auch sind Schatten sichtbar.

Google Earth kann mehr

Bei Google Earth hast du noch viele weitere interessante Möglichkeiten.
Du kannst z. B. die Größe des Gebäudes oder des Schulhofes messen, in den Kartenmodus wechseln oder das Bild seitlich drehen.

1 Benenne die Kontinente, die du in **M 1** erkennen kannst.
2 Benenne alle Bereiche von Kassel (**M 3**), die du mithilfe der Karte von Seite 26 erkennen kannst.
3 Erkläre den Unterschied zwischen einer Karte und einem Luftbild (**M 2**).
4 Beschreibe mithilfe des Google-Earth-Bildes die Lage sowie das Aussehen deiner Schule. Miss auch die Größe der Gebäude sowie des Schulhofes.

WEBCODE: UE641680-021

Wir orientieren uns nach Himmelsrichtungen

M 1 *Zugvögel finden ihren Weg*

Wo liegt die Lösung dieses Rätsels?
Zugvögel – über Tausende von Kilometern sind sie unterwegs und finden ihren Weg sogar im Dunkeln. Auch Brieftauben finden stets zurück. Was hilft ihnen, sich zu orientieren? Haben sie einen inneren Kompass?

Magnet Erde
Unsere Erde wirkt wie ein großer Magnet. Um sich herum hat sie ein unsichtbares Feld magnetischer Linien, das von Norden nach Süden ausgerichtet ist und das einige Hunderttausend Kilometer ins All hinausragt. Natürlich ist die Magnetkraft der Erde viel größer als die von jedem kleinen Metallmagneten.

Das wohl bekannteste Beispiel für die Magnetkraft der Erde ist der Kompass. Seit Jahrhunderten ist er eine unersetzbare Hilfe für die Orientierung auf der Erde. Mit ihm können wir überall die Himmelsrichtungen bestimmen: auf dem Land, in der Luft, auf dem Meer und sogar unter Wasser. Das Magnetfeld der Erde erklärt auch, warum Zugvögel und Brieftauben ihren Weg so sicher finden: Sie spüren das Magnetfeld und richten ihren Flug danach.

Wie funktioniert ein Kompass?
Der Kompass besteht aus einer Windrose und einer magnetischen Nadel, die sich frei auf einem Stift dreht. Die frei schwingende Kompassnadel richtet sich in Nord-Süd-Richtung aus. Eine Spitze der Nadel wird von einem Pol der Erde angezogen, die andere Spitze der Nadel von dem anderen Pol.

So stellst du die Nordrichtung fest
- Halte den Kompass waagerecht.
- Drehe den Stellring mit der Windrose so weit, dass das N auf der Windrose und das Dreieck auf dem Gehäuse übereinstimmen.
- Drehe dich mit dem Kompass, bis die gefärbte Spitze der Magnetnadel auf N zeigt.
- Lies die Nordrichtung und die anderen Himmelsrichtungen von der Windrose ab.

1. Nenne Begriffe, in denen eine Himmelsrichtung vorkommt, zum Beispiel „Ostsee".
2. Beschreibe verschiedene Möglichkeiten, Himmelsrichtungen ohne einen Kompass zu bestimmen (M 5 bis M 7).
3. Gehe auf den Schulhof und bestimme die Nordrichtung mithilfe des Kompasses und der Armbanduhr (M 3, M 6).
4. Bestimmt in Gruppen die Lage verschiedener markanter Punkte auf dem Schulhof. Jede Gruppe sollte eine andere Orientierungsmöglichkeit nutzen (M 3, M 5 bis M 7).

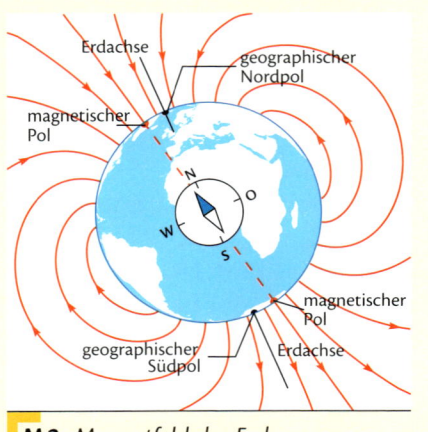

M 2 *Magnetfeld der Erde*

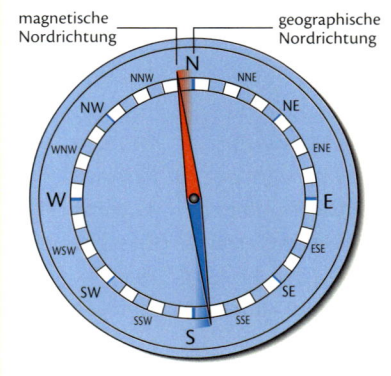

M 3 *Kompass*

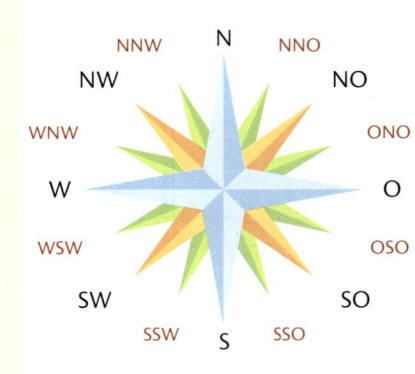

M 4 *Windrose*

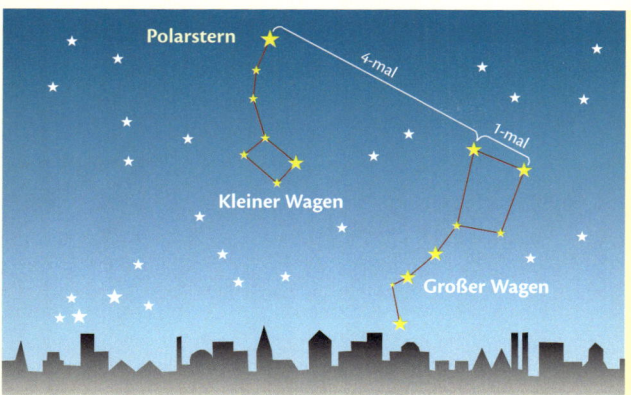

Suche am Nachthimmel das auffällige Sternbild des Großen Wagens. Verbinde in Gedanken die beiden hinteren Sterne (hinter der Achse) des Großen Wagens. Verlängere diese gedachte Linie. Dann stößt du auf den hellen Polarstern. Er zeigt dir, wo Norden ist.

Hinweis: Im Allgemeinen sind Karten eingenordet, d. h., oben ist Norden, unten Süden, links Westen und rechts Osten.

M 5 Bestimmen der Himmelsrichtungen nach dem Polarstern

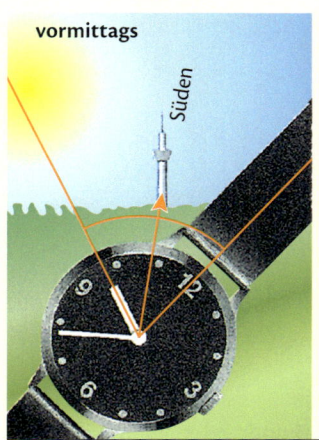
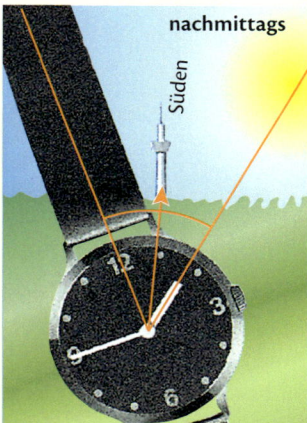

Gehe so vor: Halte die Uhr waagerecht. Richte den kleinen Zeiger auf die Sonne. Süden liegt nun genau in der Mitte zwischen dem kleinen Zeiger und der 12 auf dem Zifferblatt. Beachte: Vormittags liegt Süden links von der 12, nachmittags rechts von der 12. (Während der Sommerzeit ist von 13 Uhr auszugehen, also der 1 auf dem Zifferblatt.)

M 6 Bestimmen der Himmelsrichtungen mit der Armbanduhr

 WEBCODE: UE641680-023

- Frei stehende Bäume haben durch die häufigen Nordwestwinde einen nach Südosten weisenden Kronenwuchs.
- Die Jahresringe von Baumstümpfen liegen gewöhnlich auf der Nordwestseite am dichtesten.
- Die bemooste und feuchtere Seite von Bäumen zeigt häufig die Westrichtung an, weil von dieser Seite die regenreichen Westwinde kommen.

- Alte Kirchen stehen in den meisten Fällen mit dem Turm nach Westen und mit dem Chor nach Osten.
- Ameisenhaufen liegen meist südlich von Bäumen und Sträuchern. Die Südseite der Ameisenhaufen fällt sanft, die Nordseite steiler ab.
- An frei stehenden Sträuchern und Bäumen reifen die Beeren und Früchte an der Südseite zuerst.
- Der Schnee taut an der Südseite von Dächern und Hängen zuerst.

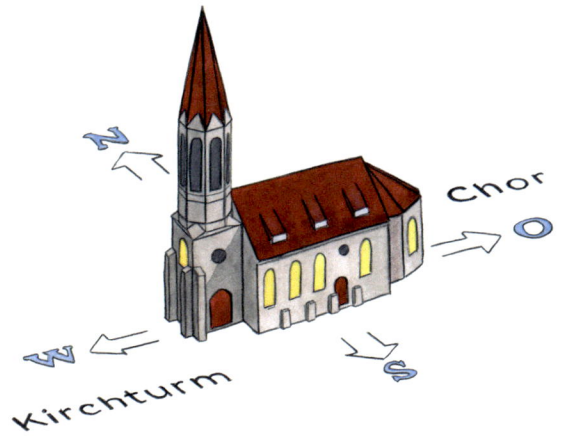

M 7 Bestimmen der Himmelsrichtungen mithilfe von Geländemerkmalen

GEO-AKTIV

Schulrallye – eine erste Orientierung in der neuen Schule

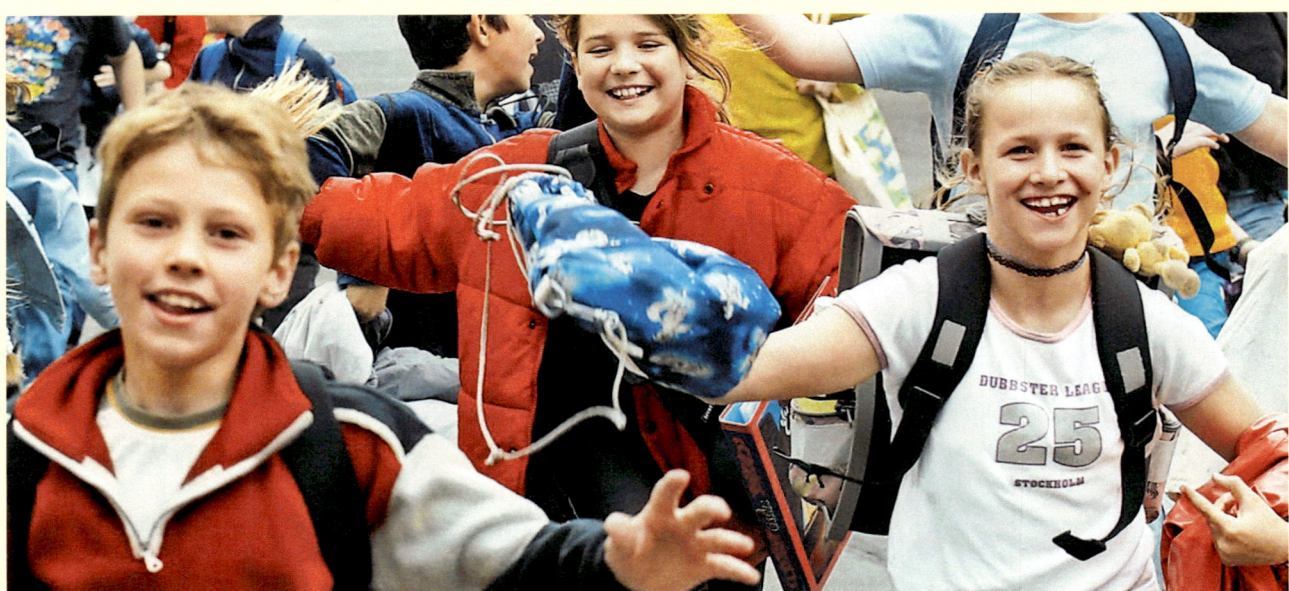

Herzlich willkommen in deiner neuen Schule!
Viel Neues und Interessantes erwartet dich. Du lernst deine Mitschülerinnen und Mitschüler, die Lehrerinnen und Lehrer und die Angestellten der Schule kennen. Du bekommst einen Einblick in neue Unterrichtsfächer und wirst lernen, dich im neuen Schulhaus zu orientieren.
So ein Schulgebäude ist ganz schön groß und hat viel zu bieten. Deshalb ist es wichtig, sich schnell einen guten Überblick über die Gebäude und Räume zu verschaffen. Damit dir das gelingt, kannst du mit deiner neuen Klasse eine Schulrallye durchführen. Eine Anregung hierfür findest du auf dieser Doppelseite.

Die Rallye
Zur Vorbereitung der Schulrallye solltet ihr euch überlegen, was es in eurer Schule alles zu erkunden gibt. Vorschläge findet ihr auf Seite 23. Stellt einen ähnlichen Fragebogen für eure Rallye zusammen.
Die Rallye macht mehr Spaß, wenn wenigstens zwei Schüler zusammen auf die Suche gehen. Jede Gruppe braucht:
– eine feste Schreibunterlage,
– einen Stift zum Notieren der Antworten,
– eine Armbanduhr, die die richtige Zeit anzeigt, und
– vielleicht einen Plan der Schule (siehe **M 1**).

Legt nun die Gruppen und deren Startpunkte fest. Vereinbart eine genaue Zeit, wann ihr euch im Klassenzimmer wieder treffen wollt. Wer zu spät kommt, der bekommt Punkte abgezogen.
Führt anschließend eure Schulrallye durch und sucht mithilfe des Fragenbogens die Antworten auf eure Fragen. Beachtet dabei, dass die anderen Schüler währenddessen Unterricht haben: Kündigt eure Schulrallye bei der Schulleitung an und geht leise durch das Schulgebäude. Teilt euch dabei die Zeit gut ein. Viel Spaß beim Erforschen der neuen Schule!

Ihr könnt
– eine Urkunde oder einen Preis an die Gruppe mit der höchsten Punktzahl vergeben,
– die Schulrallye für die nächsten fünften Klassen weiter ausarbeiten,
– eine kleine Schulrallye für euren Klassenlehrer entwerfen.

WEBCODE: UE641680-024

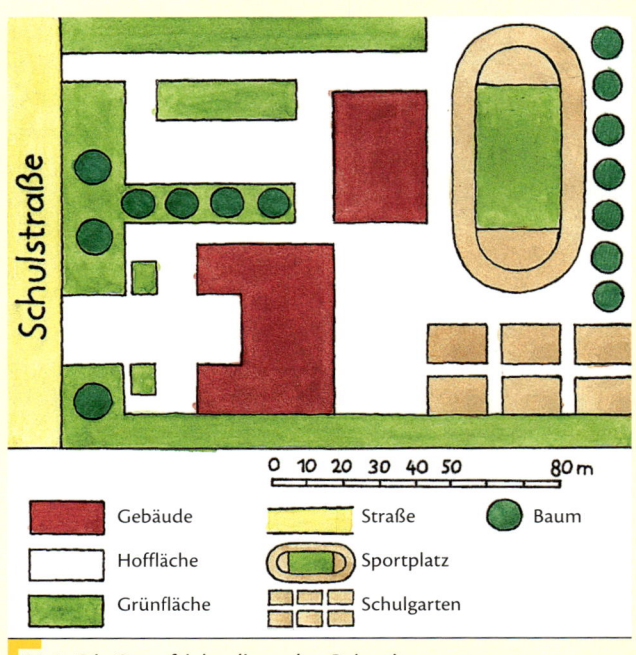

M 1 *Die Draufsicht dient der Orientierung*

Schulrallye-Fragebogen

Namen der Gruppenmitglieder: _____ Klasse: _____

Fragen zur Geschichte der Schule

Nr.	Frage	Antwort	Punkte
1.	Wie heißt die Schule?		2
2.	Nach wem oder was wurde die Schule benannt?		2
3.	Wann wurde sie erbaut?		2

Fragen zum Gebäude

Nr.	Frage	Antwort	Punkte
4.	Wie viele Eingänge hat das Hauptgebäude?		2
5.	In welche Himmelsrichtung zeigt der Haupteingang?		2
6.	Wie viele Etagen (Stockwerke) hat das Gebäude?		2
7.	Welche Zimmernummer hat das Lehrerzimmer?		2
8.	Welche Zimmernummer hat das neue Klassenzimmer?		2
9.	Wo befindet sich ein Glaskasten / das schwarze Brett, wo wichtige Informationen für Schüler zu finden sind?		2
10.	Wie viele Papierkörbe gibt es auf dem Schulhof?		2
11.	Wie viele Stufen musst du vom Hof bis zu deinem Klassenraum hinaufsteigen?		2
12.	Wie viele Kunsträume hat die Schule?		2
13.	Welche Farbe hat die Türklinke des Biologieraums?		2

Fragen zum Angebot der Schule

Nr.	Frage	Antwort	Punkte
14.	Welche Fremdsprachen werden an der Schule unterrichtet?		2
15.	Wie heißt der Raum, in dem der „Bücherwurm" lebt?		2
16.	Gibt es ein Streitschlichterbüro? Wenn ja, welche Zimmernummer hat es?		2
17.	Wo werden in der großen Pause Getränke verkauft?		2

Fragen zu den Mitarbeitern und Schülern der Schule

Nr.	Frage	Antwort	Punkte
18.	Wie viele Schüler gehen auf die Schule?		2
19.	Wie lautet der vollständige Name der Schulleiterin oder des Schulleiters?		2
20.	Wie heißt die Schulsekretärin oder der Schulsekretär?		2

Siegerermittlung:
Bitte von der Lehrerin oder vom Lehrer ausfüllen lassen!

erreichte Punktzahl:

Punkteabzug wegen Verspätung (2 min = 1 Punkt):   Platz:

Gesamtpunktzahl:

Wir arbeiten mit dem Stadtplan und dem Maßstab

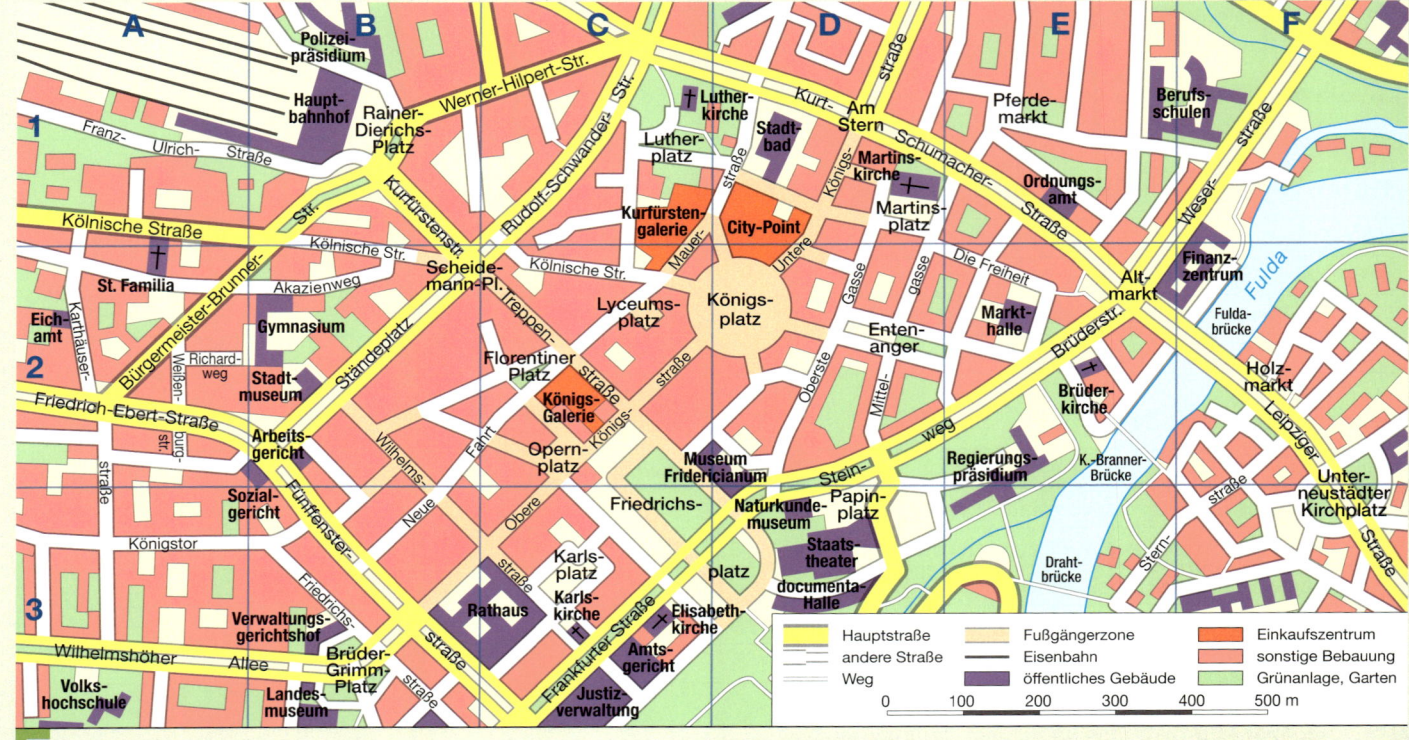

M 1 Stadtplan von Kassel

check-it
- Merkmale eines Stadtplanes und den Begriff „Maßstab" kennen
- Schrittfolge für die Arbeit mit einem Stadtplan kennen und anwenden
- mit dem Maßstab rechnen und Entfernungen bestimmen

Auf dem Wege ins Landesmuseum
„Wo sind wir denn jetzt? Ich glaube, wir haben uns verlaufen", sagt Niklas. Gemeinsam mit Anna will er vom Hauptbahnhof zum Landesmuseum laufen. Anna schaut nach den Straßenschildern und liest: „Rainer-Dierichs-Platz", „Kurfürstenstraße". „Das Landesmuseum liegt aber am Brüder-Grimm-Platz", sagt Niklas. „Zum Glück habe ich einen Stadtplan mitgenommen."

Checkliste zur Arbeit mit dem Stadtplan
- **1. Schritt:** Nenne die Stadt, die im Plan abgebildet ist.
- **2. Schritt:** Informiere dich in der Legende über die Farben, Symbole und den Maßstab des Planes.
- **3. Schritt:** Überprüfe, ob ein Pfeil für die Nordrichtung eingetragen ist. Wenn nicht, kannst du davon ausgehen, dass oben auf dem Plan Norden ist.
- **4. Schritt:** Suche wichtige Gebäude, große Straßen und Plätze und gib deren Lage durch die Buchstaben und Ziffern der Planquadrate an.
- **5. Schritt:** Nutze den Stadtplan auch für die Wegbeschreibungen zwischen zwei Zielen.

Beispiel für das Arbeiten mit dem Stadtplan
- **1. Schritt:** Der Stadtplan zeigt Kassel.
- **2. Schritt:** Kleinere Straßen sind in weißer Farbe, Hauptstraßen in gelber Farbe eingezeichnet. Fußgängerzonen sind beige und die Eisenbahn dunkelgraue Linien. Einkaufszentren sind kräftig rot, bebautes Gelände ist in hellrot, Grünanlagen und Gärten sind in grüner Farbe und öffentliche Gebäude lila gekennzeichnet. Wasserflächen haben blaue Farbe.
Der Maßstab beträgt 1 : 10 000, also entspricht 1 cm auf dem Plan 100 m in der Wirklichkeit.
- **3. Schritt:** Es ist kein Pfeil für die Nordrichtung eingezeichnet, sodass oben auf dem Stadtplan Norden ist.
- **4. Schritt:** Zu sehen sind unter anderem der Hauptbahnhof (B1), die Martinskirche (D1). Auffallend ist die Fulda, die Kassel durchfließt (F5, F2, E2, E3).
- **5. Schritt:** Vom Hauptbahnhof (B1) zum Landesmuseum (B3), laufen die Kinder zunächst durch die Kurfürstenstraße (B1) zum Scheidemann-Platz und weiter zum Ständeplatz (B2), biegen in die Fünffensterstraße (B3) ein und erreichen dann das Landesmuseum am Brüder-Grimm-Platz (B3).

Der Maßstab
Karten sind verkleinerte Abbildungen der Wirklichkeit. Über das Maß der Verkleinerung gibt uns der Maßstab Auskunft. Er ist auf jeder Karte angegeben, entweder als Maßstabszahl oder als Maßstabsleiste.

Straßenverzeichnis

Akazienweg	B2	Lyceumsplatz	C2
Altmarkt	E2	Martinsplatz	D1
Am Stern	D1	Mauerstraße	C2-D1
Brüderstraße	E2	Mittelgasse	D2
Brüder-Grimm-Platz	B3	Neue Fahrt	B3-C2
Bürgermeister-Brunner-Straße	A2-B1	Obere Königsstraße	C2/3
Die Freiheit	E2	Oberste Gasse	D2
Entenanger	D2	Opernplatz	C2
Florentiner Platz	C2	Papinplatz	D3
Frankfurter Straße	C3	Pferdemarkt	E1
Franz-Ulrich-Straße	A/B1	Rainer-Dierichs-Platz	B1
Friedrich-Ebert-Straße	A2	Richardweg	A2
Friedrichsplatz	C/D3	Rudolf-Schwander-Straße	C1
Friedrichstraße	C3	Scheidemann-Platz	B/C2
Fünffensterstraße	B3	Ständeplatz	B2
Holzmarkt	F2	Steinweg	D/E2
Karlsplatz	C3	Sternstraße	E3-F2
Karthäuserstraße	A2/3	Treppenstraße	C2
Kölnische Straße	A1-C2	Untere Königsstraße	D1/2
Königsplatz	D2	Unterneustädter Kirchplatz	F2/3
Königstor	A3	Weißenburgstraße	A2
Kurfürstenstraße	B1/2	Werner-Hilpert-Straße	B/C1
Kurt-Schumacher-Straße	D/E1	Weserstraße	F1
Leipziger Straße	F2/3	Wilhelmshöher Allee	A/B3
Lutherplatz	C1	Wilhelmsstraße	B2-C3

M 2 Straßenverzeichnis Kassel

Was Maßstabszahlen bedeuten:

1 cm auf der Karte entspricht	
1 : 5 000	5000 cm = 50 m in der Wirklichkeit
1 : 25 000	25 000 cm = 250 m in der Wirklichkeit
1 : 100 000	100 000 cm = 1000 m = 1 km in der Wirklichkeit

Kartenmaßstab

1 : 5 000	großer Maßstab
1 : 25 000	
1 : 100 000	mittlerer Maßstab
1 : 500 000	kleiner Maßstab
1 : 10 000 000	

M 3 Maßstabszahlen

Checkliste zur Bestimmung der Entfernung mit der Maßstabszahl

- **1. Schritt:** Wähle dir zwei Punkte auf der Karte oder dem Plan.
- **2. Schritt:** Miss die Entfernung mit deinem Lineal.
- **3. Schritt:** Rechne die Entfernung mithilfe des Maßstabs in die Länge um, die sie in Wirklichkeit beträgt.

Beispiel für das Rechnen mit einem Maßstab

- **1. Schritt:** Wir benutzen dazu den Stadtplan **M 1**. Es ist die Entfernung (Luftlinie) zwischen dem Stadtbad (D1) und und dem Amtsgericht (C4) zu bestimmen.
- **2. Schritt:** Mit dem Lineal messen wir 7 cm.
- **3. Schritt:** Der Maßstab ist 1 : 10 000. Somit beträgt die Entfernung 7 cm mal 10 000 cm = 7 mal 100 m = 700 m = 0,7 km.

1. Arbeite mit dem Stadtplan von Kassel (**M 1**). Gib die Planquadrate an, in denen das Staatstheater, das Landesmuseum und das Regierungspräsidium liegen.
2. Gib an, welche Signaturen das Rathaus, die Kurfürstengalerie und die Fußgängerzonen in **M 1** haben.
3. Bestimme die tatsächliche Entfernung (Luftlinie) zwischen dem Hauptbahnhof und dem Regierungspräsidium sowie der Fuldabrücke und dem Königsplatz.
4. Du möchtest dich mit deinen Freunden, die am Altmarkt (E2) sind, am Hauptbahnhof (B1) treffen. Gib ihnen eine Wegbeschreibung, wie sie dich dort am schnellsten treffen können. Überlege dir weitere Zielpunkte in Kassel.

M 4 Ein ICE in der Wirklichkeit und im Modell

M 5 Länge eines ICE in der Wirklichkeit und im Modell

WEBCODE: UE641680-027

Let's explore Limburg

M1 *Saint George's Cathedral*

M2 *Fish Market*

M3 *Corn Market*

Limburg an der Lahn is a town in western Hesse. It lies on the river Lahn. The Old Town of Limburg has a lot of buildings[1] from the Middle Ages[2]. In the photographs you can see some of the top sights[3] of Limburg.

M4 *Limburg Castle*

1 **building** *Gebäude*
2 **Middle Ages** *Mittelalter*
3 **sights** *Sehenswürdigkeiten*

GEO-BILINGUAL 29

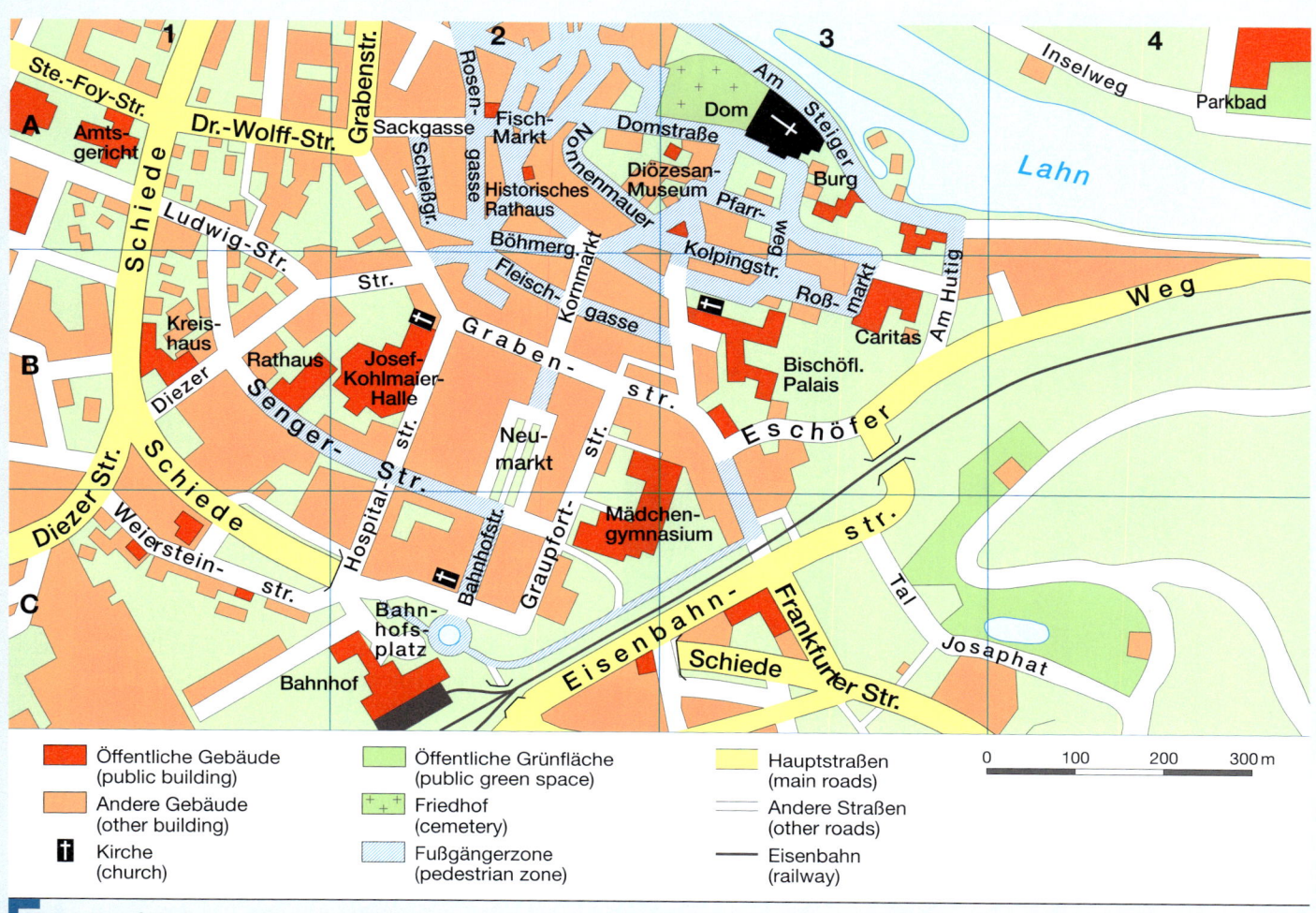

M 5 Map of Limburg an der Lahn, city centre

1. Describe what the photographs show (**M1–M4**). Guess the German names of the buildings.
2. Look at the map of Limburg (**M 5**). Explain the meanings of the different symbols. The key will help you.
3. List the grid references[4] for the buildings in **M1–M4**.
4. Give the map symbols for the buildings in **M 1–M 4**.
5. Imagine your class is going on a day trip to Limburg. You want to see the top sights of the town. Plan a tour through Limburg for you and your classmates[5] (**M 5**).
6. Present your tour through Limburg to the class. Your classmates can follow the way on the map (**M 5**).

Phrases

Task 1:
M1 is a picture of … / M2 shows …
Task 2:
The red symbol is for … / Red symbols …
Task 3:
The cathedral is in …
Task 6:
Start at … / follow … Straße
(don't) turn left/right (into … Straße)
go straight on (*geradeaus*)
walk along … (*geh entlang* …)

---

[4] **grid reference** *Bezugspunkt, Planquadrat*
[5] **classmate** *Mitschüler*

Ein sicherer Schulweg

M 1 Schüler mit dem Fahrrad unterwegs

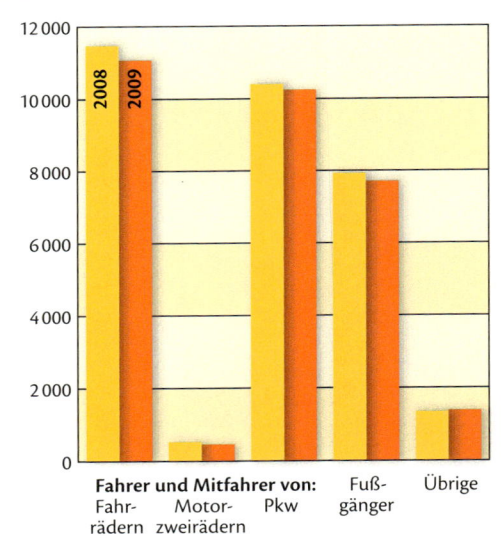

M 2 Im Straßenverkehr verunglückte Kinder bis 15 Jahre

Das Fahrrad – Verkehrsmittel Nr. 1

Bis zum 16. Lebensjahr könnt ihr euch nur als Fußgänger oder Fahrradfahrer aktiv am Straßenverkehr beteiligen. Viele Kinder und Jugendliche fahren deshalb mit dem Fahrrad in die Schule. So sind sie unabhängig und müssen sich nicht nach den Fahrplänen der öffentlichen Verkehrsmittel richten. Zudem ist Radfahren auch gesund, denn körperliche Bewegung ist nach dem langen Sitzen in der Schule besonders wichtig.

Radfahren in der Stadt = Teilnahme am Straßenverkehr

Wer mit dem Fahrrad in der Stadt unterwegs ist, muss sich die Straßen oftmals mit Autos, Bussen, Lkws und anderen Verkehrsteilnehmern teilen. Dies ist nur gefahrlos möglich, wenn sich alle Verkehrsteilnehmer an die Regeln halten sowie aufmerksam und rücksichtsvoll fahren. Um Fahrradfahrer besonders zu schützen, stehen ihnen in vielen Städten eigene Wege zur Verfügung.

Doch ist euer Schulort eine fahrradgerechte Stadt? Dies könnt ihr untersuchen – zu Fuß oder mit dem Fahrrad.

Tipps zum Durchführen der Untersuchung

Vorbereitung

Teilt die Klasse in Gruppen auf. Legt auf einem Stadtplan den Untersuchungsraum fest und teilt diesen nach Straßen unter den Gruppen auf.

Jede Gruppe sollte neben den erforderlichen Schreibmaterialien mit einem Fotoapparat und einem Stadtplan ausgestattet sein.

Durchführung

Jede Gruppe geht oder fährt mit dem Fahrrad ihren Untersuchungsraum ab und protokolliert, wo es für Fahrradfahrer Probleme geben könnte. Ihr könnt euch dabei an den „Forderungen an eine fahrradgerechte Stadt" (**M 4**) orientieren.

	Der Radweg muss von allen Radfahrern ab 10 Jahren benutzt werden. Kleinere Kinder dürfen auch auf dem Fußweg fahren:
	getrennter Fuß- und Radweg,
	gemeinsamer Fuß- und Radweg.
	Das Zusatzzeichen erlaubt das Befahren des Radwegs in beide Richtungen.
	Radfahrer dürfen in diese Straße hineinfahren, obwohl sie für den restlichen Verkehr in diese Richtung gesperrt ist.

M 3 Verkehrsschilder für Radfahrer

Sichere Wege
- Radwege vorhanden
- Fahrradstraßen
- ebener Straßenbelag
- barrierefreie Straßenübergänge
- sichere Kreuzungen

Fahrradwegweiser
- spezielle Wegweiser für Radfahrer
- Karten/Stadtpläne mit eingezeichneten Radwegen

Fahrradstadt

Abstellmöglichkeiten
- ausreichend Fahrradständer
- regengeschützte Abstellmöglichkeiten
- diebstahlsichere Boxen

Mitnahmemöglichkeit
- Fahrradmitnahme in Bus und Straßenbahn
- Fahrradmitnahme im Zug
- barrierefreier Zugang

M 4 *Forderungen an eine fahrradgerechte Stadt*

WEBCODE: UE641680-031

Achtet darauf, dass ihr die Stellen, an denen ihr auf Schwierigkeiten für Fahrradfahrer stoßt oder besonders fahrradgerechte Einrichtungen entdeckt, genau verortet mithilfe des Stadtplans, damit ihr bei der Auswertung Fotos und Notizen genau zuordnen könnt.

Auswertung
Ihr könnt den Stadtplanausschnitt mit eurem Untersuchungsraum vergrößern und die Stellen, an denen euch etwas aufgefallen ist, markieren. Ordnet den markierten Stellen Fotos und Anmerkungen zu. Stellt euren Untersuchungsraum anhand des kommentierten Stadtplans vor.
Nachdem alle Gruppen ihre Ergebnisse vorgetragen haben, beurteilt ihr abschließend, ob euer Schulort eine fahrradgerechte Stadt ist.

Stellt eure kommentierten Stadtplanausschnitte in der Schule aus. Eventuell können sie Unfälle verhindern.

Ihr könnt
- eure Untersuchungsergebnisse in der Schülerzeitung veröffentlichen,
- Vorschläge ausarbeiten, wie euer Schulort fahrradgerechter werden könnte, und diese an die Stadtverwaltung weiterleiten,
- eure Mitschüler zum Thema befragen,
- aus mehreren Richtungen sichere Schulwege für Fahrradfahrer ausarbeiten,
- Experten einladen, die euch Anleitungen und Tipps zur sicheren Teilnahme am Straßenverkehr geben.

Geo-Check: Die Erde erkunden

Sich orientieren

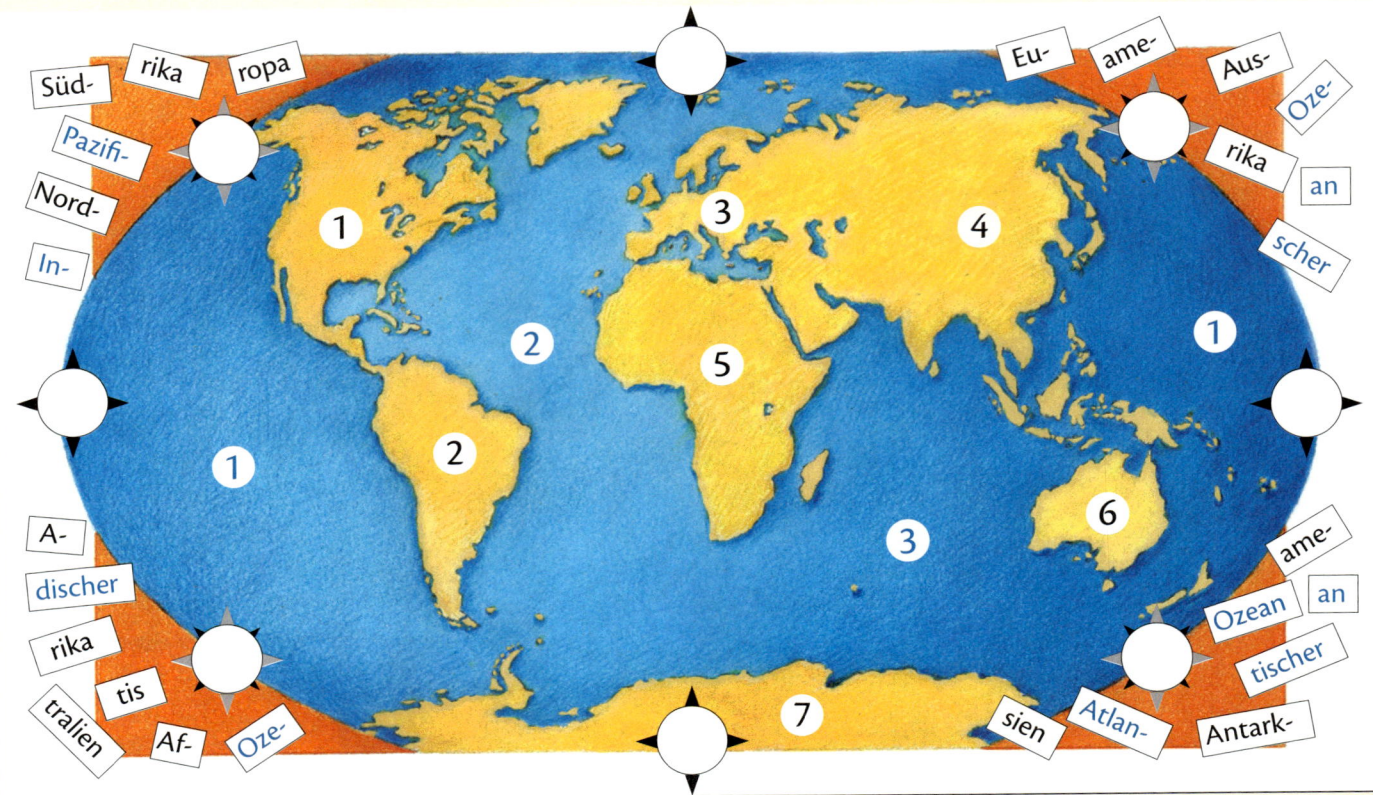

M1 *Kontinente und Ozeane*

1. Ordne den Ziffern die Kontinente und Ozeane zu (M1).
2. Schreibe im Uhrzeigersinn die in der Karte eingezeichneten Himmelsrichtungen in dein Heft auf. Beginne auf der Weltkarte am oberen Rand.
3. Vervollständige mit den richtigen Himmelsrichtungen.
   – Europa liegt … von Afrika.
   – Afrika liegt … von Australien.
   – Asien liegt … von Europa.
   – Afrika liegt … von Südamerika.
   – Nordamerika liegt … von der Antarktis.
4. Ordne den Buchstaben die genannten Begriffe zu:
   Westhalbkugel – Osthalbkugel – Null-Meridian – westliche Länge – östliche Länge – Längenhalbkreis (Meridian) (M2).
5. Ordne den Buchstaben die genannten Begriffe zu:
   Nordhalbkugel – Südhalbkugel – Äquator – nördliche Breite – südliche Breite – Breitenkreis (M3).
6. Bestimme die Lage der Punkte A bis K im Gradnetz (M4).

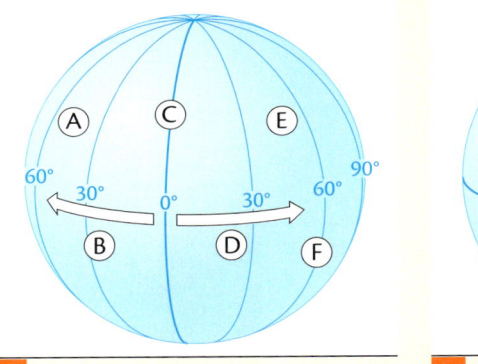

M2 *Längenkreise*

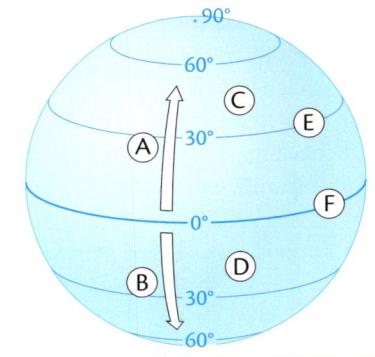

M3 *Breitenkreise*

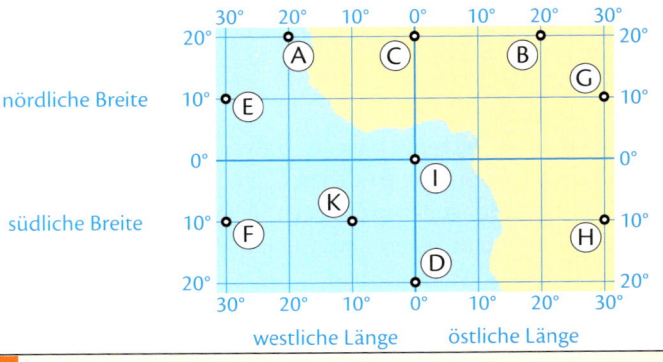

M4 *Gradnetz*

Physische Karte Deutschlands

2 Landschaften Deutschlands entdecken

In diesem Kapitel lernst du
- die Großlandschaften Deutschlands und Landschaften Hessens zu benennen,
- die Entstehung der Gezeiten und ihre Auswirkungen zu erläutern,
- Maßnahmen des Küstenschutzes zu benennen,
- das Wattenmeer zu beschreiben,
- den Taunus als Mittelgebirge kennen,
- Verlauf und Nutzung des Mittelrheins zu erläutern.

Dazu nutzt du
- Bilder,
- physische Karten,
- Blockbilder,
- den Atlas,
- Kartenskizzen,
- eine Erkundung der heimatlichen Natur.

Du beurteilst,
- welche Gefahren dem Wattenmeer drohen und
- welche Schutzmaßnahmen man ergreifen kann.

Karibik? Mallorca? Nordsee!
Das Wattenmeer an der Nordseeküste ist eine eindrucksvolle Landschaft, die immer wieder zu überraschen vermag. Und Deutschland hat viele Gesichter: Von der Küste bis zu den Alpen gibt es vielfältige Landschaften zu entdecken, in denen einmalige Schätze der Natur zu finden sind.

Kutter im Wattenmeer vor der Insel Mellum

GEO-METHODE

Wir beschreiben Bilder

M 1 Norddeutsches Tiefland

M 2 Mittelgebirgsland (Schwarzwald)

check-it
- Großlandschaften auf der physischen Karte zeigen
- Namen der Großlandschaften Deutschlands kennen
- vier Schritte einer Bildbeschreibung kennen und anwenden

Ein Land – viele Landschaften
Von der Nordsee bis zu den Alpen finden wir eine Vielzahl von Landschaften in Deutschland. Aber so unterschiedlich diese Landschaften auch sind – sie lassen sich in ein einfaches Schema einordnen, das uns die Orientierung erleichtert: die **Großlandschaften**.

1. Stelle fest, wie die drei Großlandschaften Deutschlands heißen (**M 1** bis **M 3**).
2. Für genaues und anschauliches Beschreiben braucht man passende Adjektive (hügelig, flach …). Finde zu jeder Großlandschaft zwei treffende Adjektive. Sammelt eure Ergebnisse an der Tafel.
3. Kläre, nach welchen Gesichtspunkten die Großlandschaften jeweils beschrieben wurden (Oberflächenformen, Höhenunterschiede, Pflanzenwelt und Gewässer).
4. Erstelle eine schriftliche Bildbeschreibung für die in **M 2** und **M 3** dargestellten Landschaften. Berücksichtige hierzu die Hinweise auf dieser Seite (Checkliste und Beispiel für eine Bildbeschreibung).
5. Versuche die Großlandschaften **M 1** bis **M 3** in die physische Karte (S. 35) grob einzuordnen. Welche Landschaft befindet sich eher im nördlichen, welche im mittleren und welche im südlichen Teil der Karte?
6. Begründe deine Einordnung und beziehe dich dabei auf die Kartenlegende.

M 3 Alpenvorland/Alpen

Checkliste für eine Bildbeschreibung
1. Schritt: Gliedere das Bild in Vordergrund, Mittelgrund und Hintergrund. Teile es in eine rechte und linke Bildseite.
2. Schritt: Informiere dich über den Titel (oder das Thema) und den Aufnahmeort des Bildes.
3. Schritt: Lege Gesichtspunkte fest, nach denen du den Bildinhalt beschreiben willst. Wähle zum Beispiel Oberflächenformen, Gewässer, Pflanzen- und Tierwelt, Siedlungen, Verkehrswege, Nutzung der Flächen, Industriebetriebe.
4. Schritt: Beschreibe die Bildausschnitte nacheinander nach den ausgewählten Gesichtspunkten.
5. Schritt: Ordne das Bild in eine Karte ein.

GEO-METHODE 39

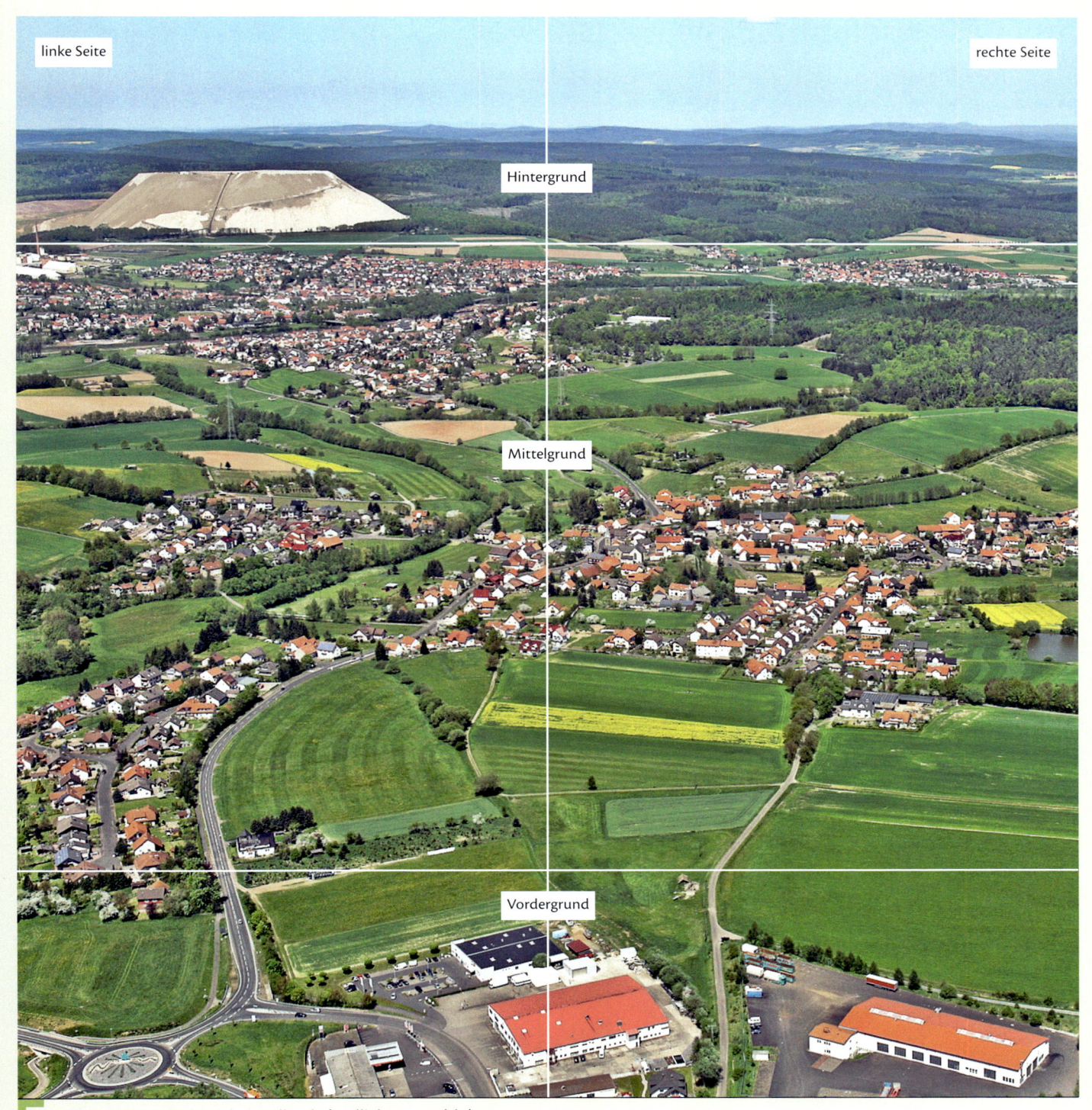

linke Seite — *Hintergrund* — *rechte Seite* — *Mittelgrund* — *Vordergrund*

M 4 *Hessisches Bergland bei Kalbach (südlich von Fulda)*

Beispiel für eine Bildbeschreibung
1. Schritt: siehe M 4
2. Schritt: Der Titel des Bildes lautet „Osthessisches Bergland bei Kalbach (südlich von Fulda)".
3. Schritt: Hauptgesichtspunkte der Beschreibung sind:
- Oberflächenformen
- Gewässer
- Pflanzenwelt
- Siedlungen
- Landwirtschaft

4. Schritt: Das Gebiet hat eine flache bis wellige Oberfläche. Die Landschaft wird teilweise durch Ackerbau genutzt. Sie ist außerdem von Siedlungen und Waldflächen durchsetzt. Im Vordergrund befinden sich größere Gebäude eines Gewerbegebietes. Sie sind von landwirtschaftlichen Nutzflächen umgeben. Längs einiger Straßen und Wege stehen Baumreihen. Die Felder sind in verschiedenen Formen angelegt.
Im Mittelgrund beherrschen kleinere Wohnhäuser (zumeist mit weißen Außenwänden und roten Dächern) das Landschaftsbild.
Im Hintergrund erkennt man eine grau-weiße Halde.
5. Schritt: Die Einordnung in die Karte zeigt, dass es sich bei der Halde um eine Kali-Deponie handeln könnte.

GEO-METHODE

Wir lesen physische Karten

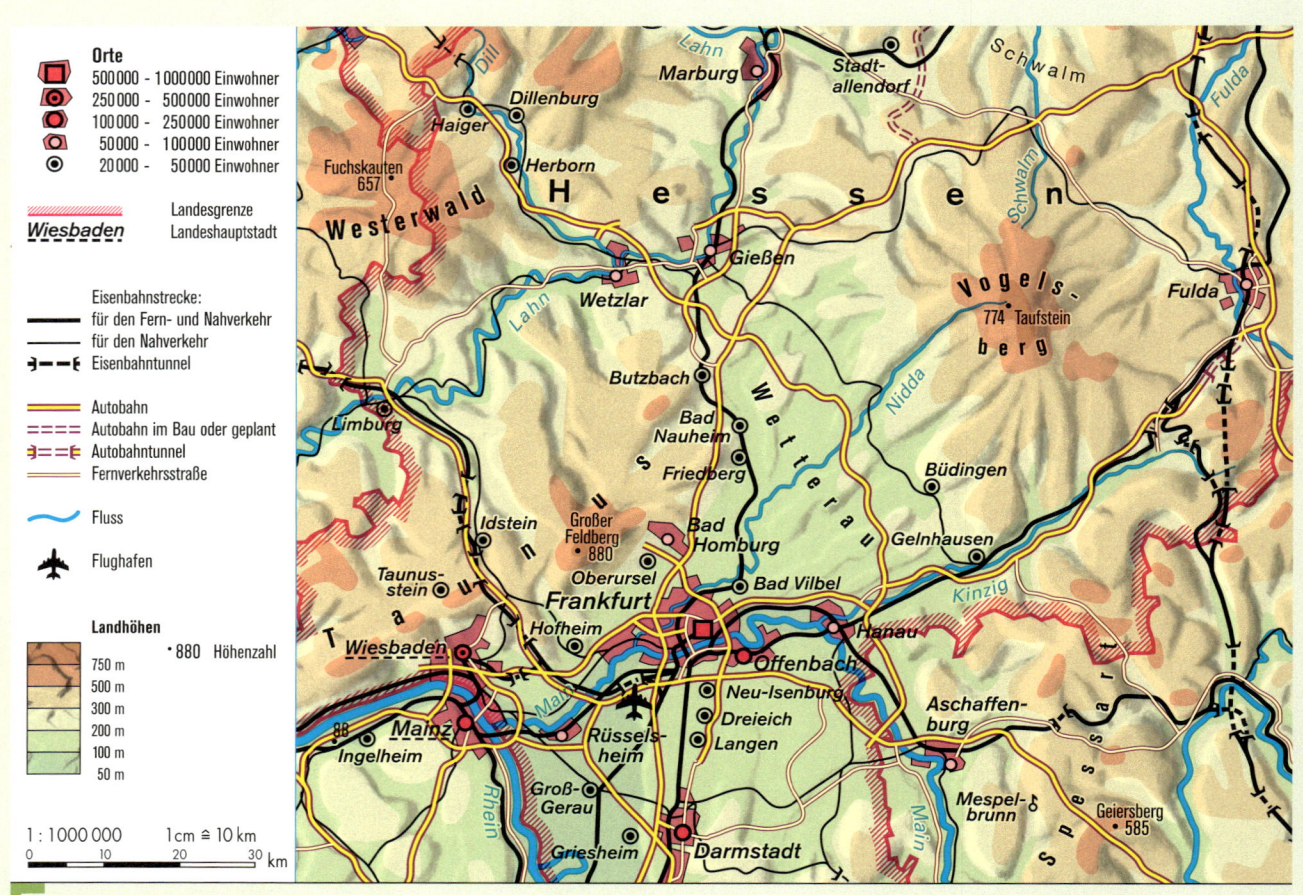

M1 *Physische Karte Hessen*

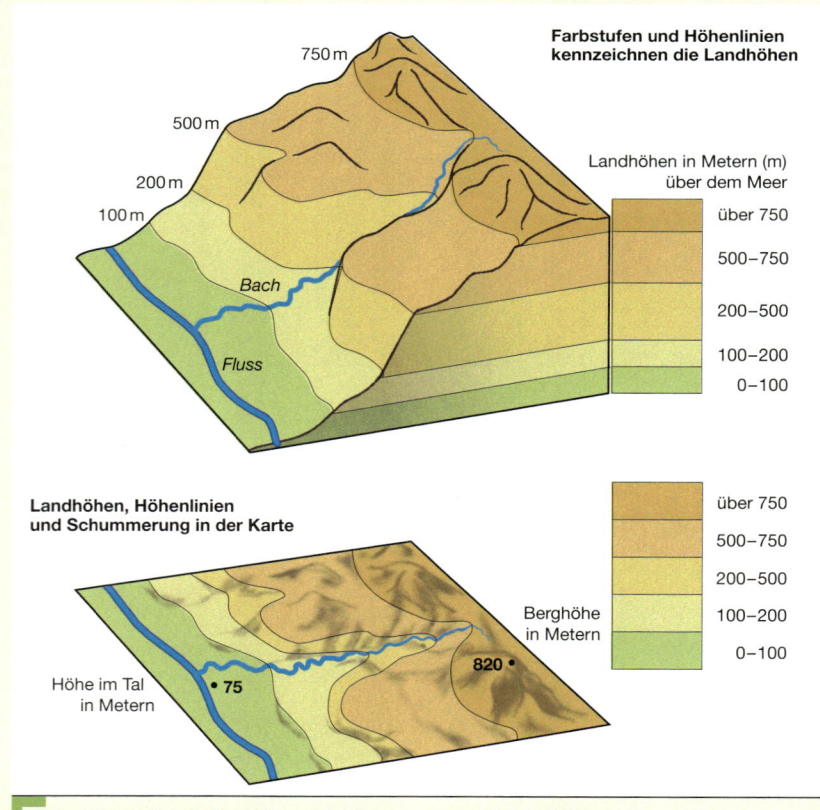

Höhenpunkte: Geländepunkte auf Karten, die mit einer Höhenangabe versehen sind. Alle Höhenangaben beziehen sich auf den **Meeresspiegel**. Dieser ist gleich Normalnull (NN).

Höhenlinien: Linien, die Punkte gleicher Höhe auf Karten miteinander verbinden. Wenn die Höhenlinien weit auseinanderliegen, ist das Gelände flach, wenn sie dicht beieinander liegen, steigt es steil an. **Höhenschichten** liegen zwischen zwei Höhenlinien und kennzeichnen eine Höhenlage. Unterschiedliche Höhenlagen werden durch verschiedene Farben sichtbar gemacht. Im Blockbild wird dies anschaulich dargestellt.

Schummerung: Grauer Schatten, der über die Höhenlinien gedruckt wird, damit Berge, Berghänge und andere Geländeformen plastisch erscheinen und dadurch leichter vorstellbar sind.

M2 *Höhendarstellung im Blockbild und auf der Karte*

check-it
- die Begriffe physische Karte, Höhenpunkt, Höhenlinie, Höhenschicht, Schummerung und Normalnull (NN) kennen
- Höhendarstellungen auf der physischen Karte verstehen
- das Vorgehen beim Lesen einer physischen Karte kennen und anwenden

Die **physische Karte** zeigt, wo Orte, Gebirge und andere Landschaften liegen. Sie gibt aber auch Auskunft über den Verlauf von Grenzen, Flüssen, großen Straßen und Eisenbahnlinien.
Durch Höhenpunkte und Höhenschichten kann man feststellen, in welcher **Höhenlage** ein Ort oder eine Landschaft liegt. Die physische Karte wird oft genutzt, um sich zu orientieren.
In der physischen Karte wird die Wirklichkeit durch Linien, Zeichen und Farben dargestellt. Diese Kartensprache wird in der **Legende** erklärt.

Checkliste zum Lesen einer physischen Karte
1. Schritt: Informiere dich über den Karteninhalt.
Lies den Kartentitel und suche die Legende.
2. Schritt: Lies die Legende.
Ermittle den Maßstab der Karte.
Informiere dich über die Bedeutung der Zeichen, Linien und Farben.
3. Schritt: Beschreibe den Karteninhalt.
Du kannst zum Beispiel die Lage von Landschaften und Orten, die Fließrichtung von Flüssen, den Verlauf von Verkehrswegen und Grenzen beschreiben sowie die Höhenlage von Städten, Landschaften und Bergen ermitteln.

Beispiel für das Lesen einer physischen Karte (M1)
1. Schritt: Informieren über den Karteninhalt.
Die Karte stellt den südöstlichen Teil Hessens dar. Die Legende befindet sich am linken Kartenrand.
2. Schritt: Lesen der Legende
Die Karte hat den Maßstab 1:1 000 000, das heißt, 1 cm auf der Karte sind 10 km in der Wirklichkeit.
Die Orte sind als Punkte oder Quadrate abgebildet, Flüsse sind blaue Linien, Grenzen rote Linien, Eisenbahnen schwarze Linien, Autobahnen und Fernstraßen gelbliche Linien mit unterschiedlichen farbigen Rändern.
Die Höhenlage wird durch farbige Höhenschichten dargestellt, Höhenpunkte sind schwarze Punkte.
3. Schritt: Beschreiben des Karteninhalts an Beispielen.
- Stadt über 500 000 Einwohner: Frankfurt/Main
- Stadt über 250 000 Einwohner: Wiesbaden
- Städte über 100 000 Einwohner: Darmstadt, Offenbach
- Flüsse: Rhein, Main, Kinzig, Nidda, Fulda, Lahn, Dill
- Höhenzüge: Spessart, Vogelsberg, Taunus, Westerwald

- Eisenbahnverbindungen: Frankfurt–Darmstadt, Frankfurt–Limburg, Frankfurt–Mainz–Wiesbaden, Frankfurt–Gießen–Marburg, Frankfurt–Fulda, Frankfurt–Aschaffenburg
- Höhenlagen: Großer Feldberg 880 Meter, Taufstein (Vogelsberg) 774 Meter
- Lage von Orten: Frankfurt liegt am Main und an der Nidda, durch Marburg, Gießen, Wetzlar und Limburg fließt die Lahn, bei Darmstadt, Frankfurt/Main, Wiesbaden und Gießen kreuzen sich viele Verkehrswege.
- Fließrichtung von Flüssen: Die Nidda entspringt im Vogelsberg und fließt von Nordost nach Südwest.

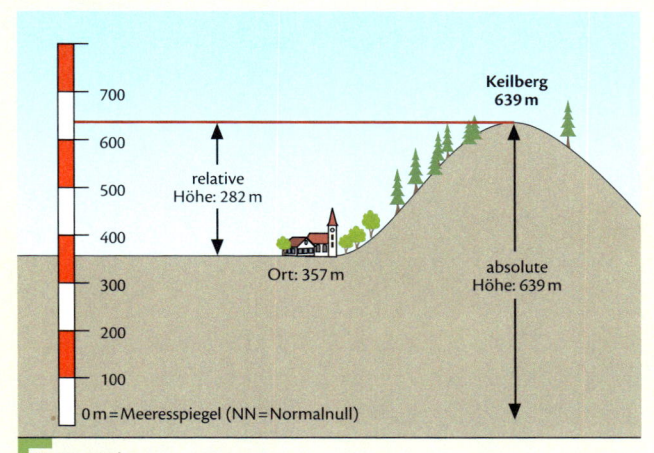

M 3 *Höhenmessung*

1 Erläutere, welche Möglichkeiten es gibt, Höhen auf Karten darzustellen (**M 1** und **M 2**).
2 Welches Hilfsmittel wird angewandt, um Oberflächenformen auf Karten leichter vorstellbar zu machen (**M 2**)?
3 Nenne die Höhe der Quelle des Baches und die Höhe seiner Mündung in den Fluss (**M 2**).
Begründe, warum du keine exakten Höhen angeben kannst.
4 Beschreibe, wie die Höhe im Gelände vermessen werden kann (**M 3**).
5 Welche Informationen kannst du aus der physischen Karte Hessens entnehmen? Stelle eine Liste zusammen (**M 1**).
6 Ermittle die Aussagen der Karte (**M 1**) zu Herborn.
7 Ordne den Kartenausschnitt (**M 1**) in die physische Karte Deutschlands (auf Seite 35) ein. Beschreibe die Unterschiede zwischen beiden Karten.

WEBCODE: UE641680-041

42 LANDSCHAFTEN DEUTSCHLANDS ENTDECKEN

Deutschland zwischen Küste und Alpen

1–24 Stadt
a–m Fluss, See
A–D Großlandschaft
a–m Mittelgebirge
•1493 Höchster Berg

M 1 *Stumme Karte: Deutschland*

LANDSCHAFTEN DEUTSCHLANDS ENTDECKEN   43

1. Der mit 2963 Metern höchste **Berg** Deutschlands liegt im Wettersteingebirge. Auf seinem Gipfel, der durch Bergbahnen erschlossen ist, befindet sich eine Wetterstation.
2. Die hügelige **Landschaft** mit ihren zahlreichen Seen und Waldstücken liegt im Südwesten Bayerns an der Grenze zu Baden-Württemberg. Das durch Milchwirtschaft und Käseherstellung bekannte Feriengebiet lädt im Sommer zum Wandern, im Winter zum Skifahren ein.
3. Die **Insel** im äußersten Norden Deutschlands ist durch einen Eisenbahndamm mit dem Festland verbunden. Allerdings wird sie Jahr für Jahr kleiner, weil Sturmfluten an der Küste nagen.
4. Diese landwirtschaftlich bedeutende **Landschaft** wurde nach der Landeshauptstadt von Sachsen-Anhalt benannt. Auf nährstoffreichen Böden werden vor allem Weizen und Zuckerrüben angebaut.
5. Ausgedehnte Wälder bedecken über die Hälfte der Oberfläche dieses **Gebirges**. Im Norden erreichen die Berge Höhen um 1000 Meter. Im Süden liegen die höchsten Gipfel des Gebirges: Der Feldberg (1493 m) und der Belchen (1414 m) bieten eine herrliche Aussicht.

M 2 Vom Meer zu den Alpen

check-it
- den Großlandschaften Gebirge, Flüsse, Seen, Inseln u.a. zuordnen
- mit stummen Karten arbeiten
- physisch-geographische Karten lesen

1. Bearbeite die stumme Karte **M 1** und nutze dazu die physische Karte auf S. 35.
2. Stelle fest:
   a) In welche Großlandschaften (**M 3**) gehören die Abbildungen aus **M 2**?
   b) Welche Namen verbergen sich hinter den in **M 2** fett gedruckten Begriffen?
3. Bildet drei Gruppen und beschreibt je eine Großlandschaft Deutschlands nach folgenden Merkmalen:
   - ✓ Grenzen
   - ✓ Höhenlage
   - ✓ Oberflächenformen
   - ✓ Gewässer
   - ✓ Städte
   - ✓ Landschaften

   Nutzt dazu auch die Lexikonartikel im Anhang dieses Buches zu den Großlandschaften.
4. Haltet euer Ergebnis auf einem Lernplakat fest (**Lernplakate erstellen**).

M 3 Großlandschaften Deutschlands

Die Nordseeküste – das Wasser kommt und geht

M1 Wo ist das Meer hin?

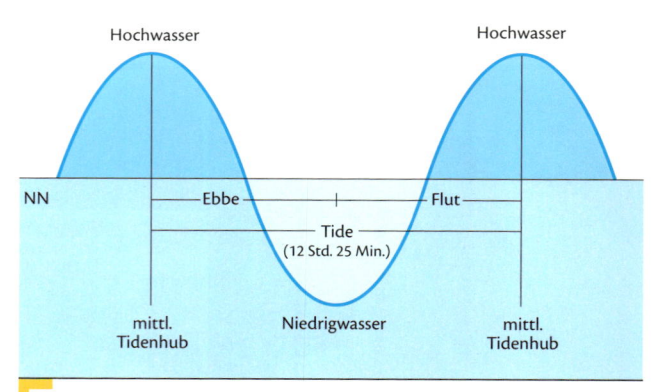

M2 Wasserstand bei Ebbe und Flut

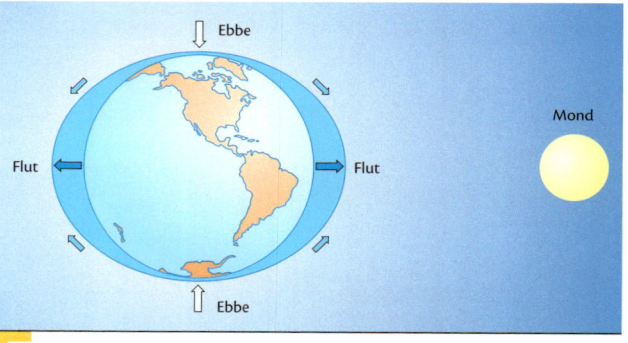

M3 So entstehen Ebbe und Flut

check-it
- Ursachen für die Entstehung von Ebbe und Flut kennen
- wissen, wie die Gezeiten die Nordseeküste formen und das Leben der Menschen an der Küste beeinflussen
- eine Karikatur lesen

Die Nordseeküste – eine Gezeitenküste

So mancher Urlauber an der Nordseeküste hat sich schon erstaunt die Augen gerieben: Dort, wo er am Morgen noch im Meer gebadet hatte, erstreckt sich nun eine weite Fläche von Sand und Schlick. Nur in der Ferne ist das Wasser noch zu sehen.

An der Nordseeküste wechselt der Wasserstand regelmäßig seine Höhe. Zweimal am Tag steigt das Wasser langsam an bis zum Hochwasser. Diesen Vorgang nennt man „Flut". Nach dem Hochwasser geht das Wasser regelmäßig zurück, es ist „Ebbe". Ebbe und Flut werden als „Gezeiten" bezeichnet. Den Unterschied zwischen Hoch- und Niedrigwasser nennt man „Tidenhub" (Tide = Zeit).

Ebbe und Flut

Die Ursache für die Entstehung der Gezeiten ist die Anziehungskraft des Mondes. Auf der mondnahen Seite der Erde wirkt die Anziehungskraft des Mondes. Dadurch wird hier das Meerwasser zum Mond hingezogen, es entsteht Flut. Auf der vom Mond abgekehrten Seite der Erde bewirkt eine Ausgleichskraft, dass sich der Meeresspiegel hier auch anhebt – das Wasser bewegt sich hier also vom Mond weg. Deshalb entsteht auch hier ein zweiter Wasserberg – ebenfalls die Flut. Aus den dazwischen liegenden Gebieten fließt das Wasser wie bei einer gewaltigen Wellenbewegung ab. Dort herrscht Ebbe. Der Wechsel von einem Niedrigwasser zum nächsten dauert etwa 12 Stunden und 25 Minuten. Aus diesem Grund treten Ebbe und Flut täglich um etwa 50 Minuten später ein. Die Zeitverschiebung entspricht der täglichen Verschiebung des Mondaufgangs.

Im Gezeitenkalender stehen die Zeiten für den Wechsel der Gezeiten für viele Küstenorte für ein Jahr im Voraus, damit die Menschen wissen, wann Hochwasser und wann Niedrigwasser ist. Er ist für die Schifffahrt, aber auch für die Touristen eine wichtige Orientierungshilfe.

Das Meer formt die Küste

Ebbe und Flut sind mitverantwortlich für ständige Strömungen, denen die Meere und Küsten ausgesetzt sind. Meeresströmungen und Winde transportieren im Laufe der Zeit viel Material. An den Ostfriesischen Inseln, zu denen Spiekeroog gehört, kann man beobachten, dass sich die Inseln allmählich von Westen nach Osten verlagern. Grund hierfür ist, dass dort häufig Winde aus Westen wehen.

LANDSCHAFTEN DEUTSCHLANDS ENTDECKEN   45

Badezeiten Nordseeinsel Spiekeroog Juli 2011

Tag	Badezeit
Fr. 01.07.2011	10:30 – 12:30
Sa. 02.07.2011	11:15 – 13:15
So. 03.07.2011	12:00 – 14:00
Mo. 04.07.2011	12:45 – 14:45
Di. 05.07.2011	13:15 – 15:15
Mi. 06.07.2011	14:00 – 16:00
Do. 07.07.2011	14:45 – 16:45
Fr. 08.07.2011	15:45 – 17:45
Sa. 09.07.2011	16:30 – 18:30
So. 10.07.2011	17:45 – 19:45
Mo. 11.07.2011	19:00 – 20:00
Di. 12.07.2011	08:00 – 09:30
Mi. 13.07.2011	08:45 – 10:45
Do. 14.07.2011	09:45 – 11:45
Fr. 15.07.2011	10:30 – 12:30

M 4 *Badezeitenkalender*

M 5 *Fahrrinne bei Ebbe*

1 Werte die Karikatur aus (M 1; Auswerten einer Karikatur) und beschreibe, wie sich Ebbe und Flut an der Küste auswirken.

2 Beschreibe den Ablauf der Gezeiten und verwende dabei die Begriffe „Ebbe", „Flut", „Hochwasser", „Niedrigwasser" und „Tidenhub" (M 2).

3 Erläutere die Entstehung der Gezeiten (M 3).

4 Erkläre, warum Ebbe und Flut jeden Tag zu anderen Uhrzeiten zu beobachten sind (M 2).

5 Beschreibe die Bedeutung der Gezeiten für
  – die Schifffahrt an der Küste,
  – Badegäste und Touristen (M 1, M 4, M 5).

6 Plane einen Urlaubstag an der Nordsee unter Berücksichtigung der Badezeiten (M 4).

7 Das Meer formt die Küste. Beurteile diese Aussage mithilfe von M 6. Beziehe auch die Gezeiten in deine Erklärung ein.

WEBCODE: UE641680-045

M 6 *Nordseeinsel Spiekeroog*

Küstenverlauf 1650

Deiche – Küstenschutz und Landgewinnung

M 1 *Sturmflut an der Nordseeküste*

check-it
- Auswirkungen von Sturmfluten auf die Nordseeküste und ihre Bewohner kennen
- Maßnahmen zum Küstenschutz und zur Landgewinnung beschreiben
- Zusammenhang zwischen Küstenschutz und Landgewinnung erklären
- Blockbilder lesen und vergleichen
- Notwendigkeit des Baus von Deichen beurteilen

Sturmfluten – eine ständige Gefahr

Weht an der deutschen Nordseeküste längere Zeit ein starker Nordweststurm, können Sturmfluten entstehen. Das geschieht besonders häufig im Frühjahr, Herbst und Winter. Dann treibt der Sturm die Wassermassen gegen die Küste und in die Flussmündungen hinein. Bei einer Sturmflut ist der Wasserstand wesentlich höher als bei einer normalen Flut. Das Meer wird zu einer Bedrohung für das Leben von Menschen und Tieren und es zerstört Weide- und Ackerflächen sowie Siedlungen und Verkehrswege.
In früheren Jahrhunderten versanken infolge von Sturmfluten ganze Küstenstreifen und Inseln im Meer.

Deiche schützen die Küste

Früher lebten die Menschen auf Hügeln (Warften), die allerdings nur wenig vor dem Hochwasser schützten. Seit rund 900 Jahren errichten sie Erddämme, so genannte „Deiche".
Moderne Deiche bestehen aus einer Kombination von Sand und Klei (wasserundurchlässiger Boden). Der Sand wird von Saugbaggern vom Meeresboden ab- und in das Deichbett hineingepumpt. Abgedeckt wird dieser Sandkern durch eine verfestigte Kleischicht. Sie verhindert, dass der Deich durch Regen- oder Meerwasser aufgelöst werden kann.

Neues Land wird gewonnen

An der Nordsee nutzt man die Gezeiten, um neues Land zu gewinnen. Landgewinnung ist heute nur eine Maßnahme des Küstenschutzes, da neues Ackerland nicht mehr benötigt wird.

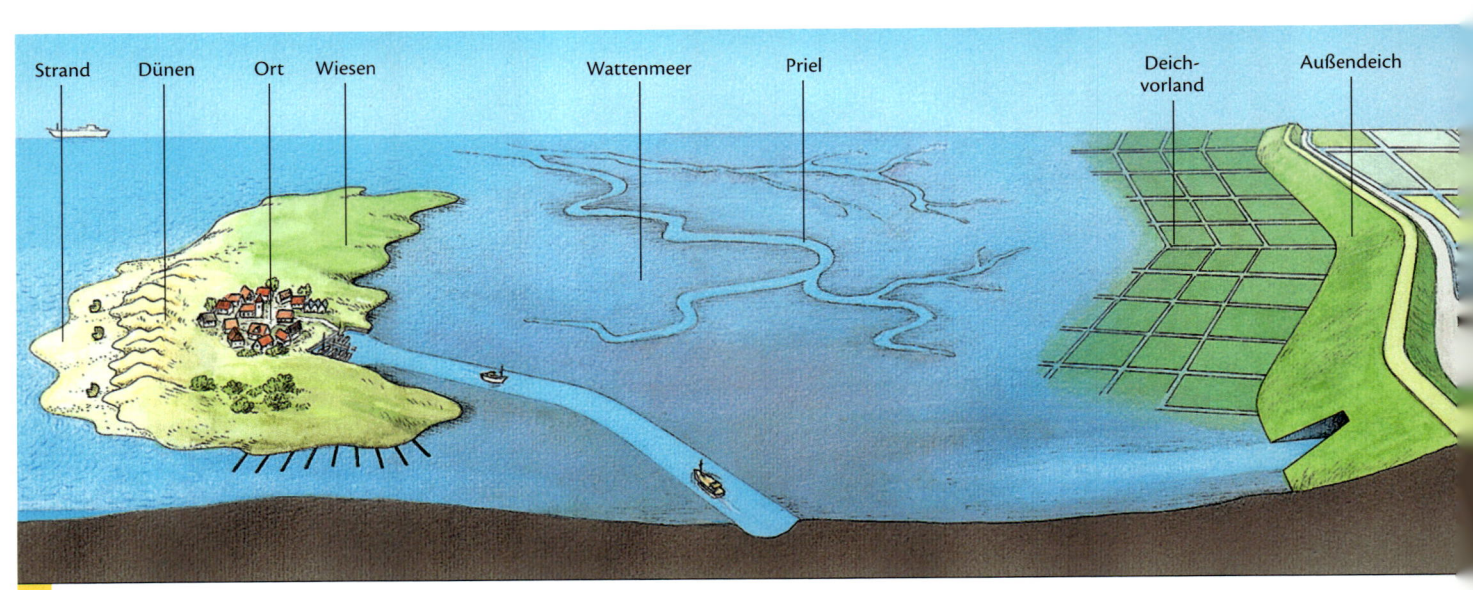

M 2 *Blockbild der Nordseeküste vom Meer zum Festland*

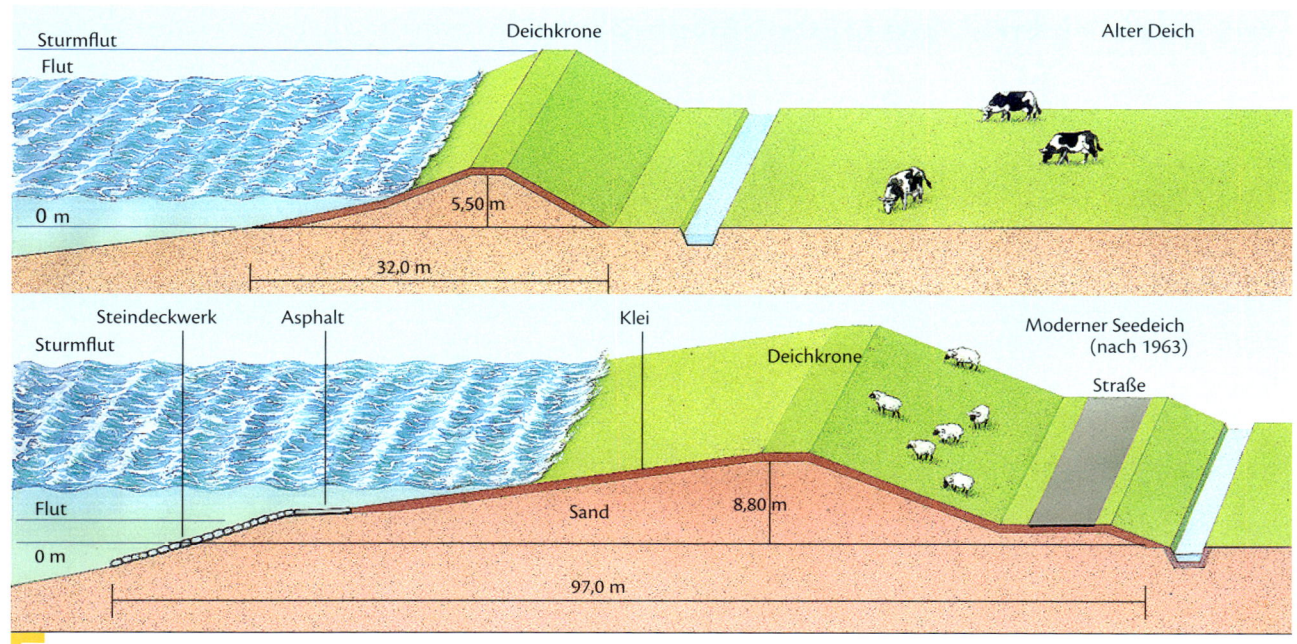

M 3 Querschnitt durch einen alten und einen neuen Deich

Bei jeder Flut bringen die Wellen Sand sowie kleine Tier- und Pflanzenteilchen mit. Diese lagern sich ständig ab und bilden Schlick. Der Mensch nutzte diese „Anlieferung des Meeres" und schuf künstlich einen bis zu 25 Kilometer breiten Streifen entlang der Meeresküste. Dieser Bereich wird als „Marsch" bezeichnet.

Zur Beschleunigung der Ablagerung von Schlick aus der Nordsee (Aufschlickung) werden Lahnungsfelder angelegt. Hierbei handelt es sich um doppelte Reihen von Holzpfählen, die in den Wattboden gerammt werden. Zwischen diese Pfähle werden Zweige und Reisigbündel gepackt. Mithilfe der Lahnungsfelder kommt das auflaufende Wasser schneller zur Ruhe und Sand sowie Schlick lagern sich ab. Dadurch wächst der Meeresboden allmählich in die Höhe, pro Jahr ungefähr um drei bis fünf Zentimeter.

Erste Pflanzen besiedeln das Deichvorland

Als erste Pflanze siedelt sich auf den neuen Böden der Queller an. Er „liebt" salzhaltigen Boden und hält ihn mit seinen Wurzeln fest. Allmählich wachsen auf dem Vorland kurze, harte Gräser. Aus ihnen entstehen Salzwiesen, die als Schafweiden genutzt werden können. Regenfälle vermindern mit der Zeit den Salzgehalt. Nach 30 bis 40 Jahren liegt das Land etwa einen halben Meter über dem mittleren Hochwasser. Dann wird es eingedeicht und als Ackerland genutzt.

1. Berichte über die Auswirkungen von Sturmfluten an der deutschen Nordseeküste (**M 1**, Webcode).
2. Vergleiche alten und neuen Deich und benenne die Unterschiede (**M 3**).
3. „Wer nicht will deichen, muss weichen." – Erkläre dieses Sprichwort.
4. „Vom Meer zum Neuland" – erstelle ein Fließdiagramm, das die Landgewinnung an der Nordseeküste darstellt und auch über die Dauer der Neulandgewinnung Auskunft gibt (**M 2**, *Fließdiagramm*).
5. Werte das Blockbild **M 2** aus: Berichte in einem kurzen Vortrag über Aussehen und Nutzung der Nordseeküste vom offenen Meer bis zum Festland (*Kurzvortrag*).
6. Erkläre, warum die Landgewinnung dem Küstenschutz dient (**M 2**, **M 3**).

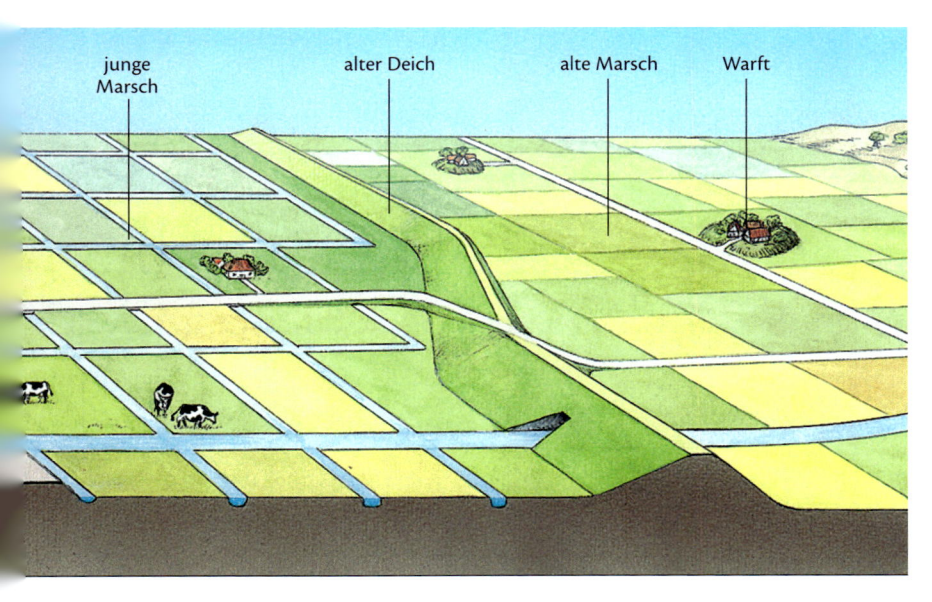

WEBCODE: UE641680-047

LANDSCHAFTEN DEUTSCHLANDS ENTDECKEN

Das Watt – einzigartiger Lebensraum

M 1 Seehunde auf einer Sandbank im Watt

check-it
- geographische Lage des Wattenmeeres beschreiben
- Merkmale und Bedingungen des Lebensraumes Wattenmeer kennen
- Notwendigkeit des Naturschutzes erläutern
- Schlussfolgerungen für das Verhalten im Nationalpark ziehen
- Blockbilder auswerten

Das Wattenmeer

Als **Wattenmeer** bezeichnet man den flachen Teil des Meeres im Küstenbereich, der zweimal täglich bei Ebbe trockenfällt bzw. bei Flut von Wasser bedeckt ist. Das Watt bildete sich bereits vor vielen Jahrtausenden an der deutschen Nordseeküste und umfasst sowohl die Festlandsküste als auch die Inseln mit ihren Sandbänken. Es besteht aus zehn bis zwanzig Meter dicken Ablagerungen aus Sand und Schlamm. Diese Ablagerungen werden auch als „Schlick" bezeichnet. Als Grenze des Wattenmeeres zur offenen Nordsee ist die 10-Meter-Tiefenlinie festgelegt worden. Die äußeren Bereiche einschließlich der tiefen **Priele** (Rinnen im Watt) sind ständig von Wasser bedeckt.

Bei Flut strömt das Wasser zuerst in den Prielen aufs Watt. Diese sind zum Teil einige Meter tief und haben eine starke Strömung, sodass sie für Wattwanderer gefährlich werden können.

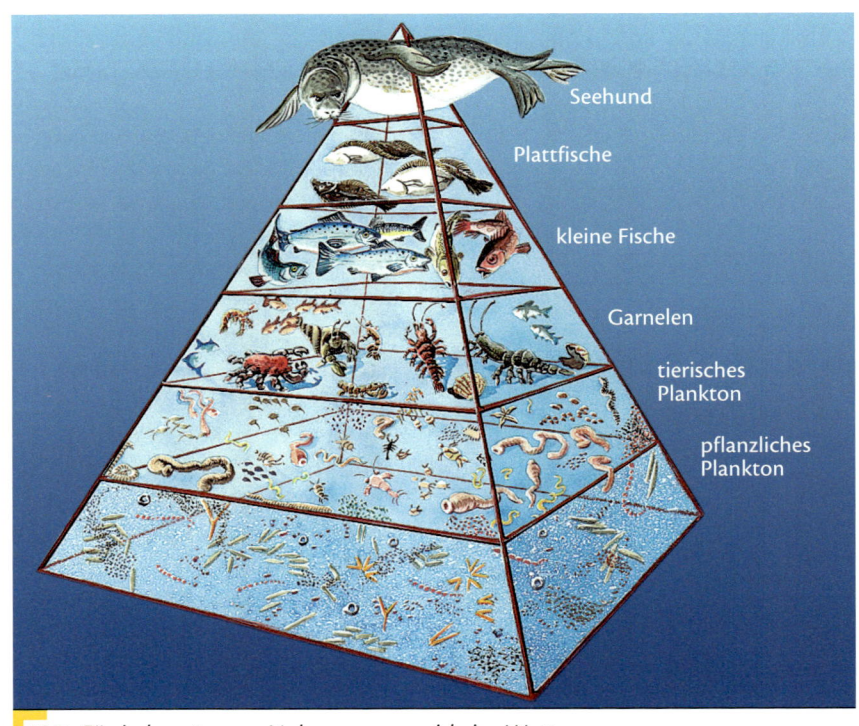

M 2 Für jeden etwas – Nahrungspyramide im Watt

- Seehund
- Plattfische
- kleine Fische
- Garnelen
- tierisches Plankton
- pflanzliches Plankton

Achtung Wattenläufer
Vorsicht bei kommender Flut.
Priele laufen zuerst voll.
Es entsteht starke Gegenströmung.
Lebensgefährlich!
Bei aufkommendem Nebel das Watt sofort verlassen. Lebensgefahr!

Nationalpark Wattenmeer

Weil das Wattenmeer einer der wenigen noch natürlichen Lebensräume in Deutschland ist, wurde es dem besonderen Schutz dreier Nationalparks unterstellt: Schleswig-Holsteinisches Wattenmeer, Hamburgisches Wattenmeer, Niedersächsisches Wattenmeer. Die Fläche der **Nationalparks** ist in drei Schutzzonen unterteilt: In der Zone 1 gelten die strengsten Regeln. Hier sollen die Rast- und Brutplätze für Seevögel sowie die Seehundbänke geschützt werden.

In Zone 2 ist ein Betreten erlaubt, jedoch nicht während der Brutzeit (zwischen dem 1. April und dem 31. Juli).

In der Zone 3 befinden sich Badestrände, Kur- und Erholungseinrichtungen, aber keine Wohnhäuser.

M 3 *Richtiges Verhalten im Nationalpark Wattenmeer*

1 Beschreibe die Lage der Wattgebiete an der deutschen Nordseeküste (Karte S. 215 – beachte hier die Wattsignatur, M 4).

2 Nenne und beschreibe die Lebensräume im Wattenmeer (M 1, Blockbild S. 50/51).

3 Fasse stichpunktartig zusammen, was du über den Seehund und seinen Lebensraum erfährst (M 1, M 2, Blockbild S. 50/51).

4 Lege eine Tabelle an, in die du einträgst, wie man sich im Nationalpark Wattenmeer richtig verhält (M 3, M 4):

Man darf …	Man darf nicht …

5 Erläutere das Zusammenleben im Watt (M 2, Blockbild S. 50/51).

6 Begründe, warum das Watt ein einzigartiger Lebensraum ist (M 1, M 2, Blockbild S. 50/51).

7 Erkläre, warum der Seehund besonders unter Umweltschäden im Watt leidet (M 2, Blockbild S. 50/51).

WEBCODE: UE641680-049

M 4 *Nationalpark Wattenmeer*

Ökosystem Wattenmeer

Strandläufer

Nahrungsgebiet für Schwimm- und Tauchvögel

Insel

Priel: Lebensraum der Garnelen und Jungfische

Strandläufer

Lebensraum der Fische

Nahrungsgebiet der Wattvögel

Sandbank: Rastplatz der Seehunde

Mittleres Niedrigwasser

Meer
ständig überflutet

Watt
2 × täglich überflutet

Seehund

Herzmuscheln und Gehäuseschnecken

LANDSCHAFTEN DEUTSCHLANDS ENTDECKEN 51

Nest einer Lachmöwe

Brut- und Rastplätze der Vögel

Lebensraum der Salzpflanzen

Queller

Austernfischer

Lebensraum der Bodentiere

Mittleres Hochwasser

WEBCODE: UE641680-051

Salzwiese selten überflutet

Deich

Strandschnecken und Strandkrabbe

Wattwurm

GEO-AKTIV

Die Nordsee in Gefahr

M1 Der noch brennende Frachter „Pallas" lief 1998 vor der Nordseeinsel Amrum auf Grund. Das Schiff verlor 600 Tonnen Öl.

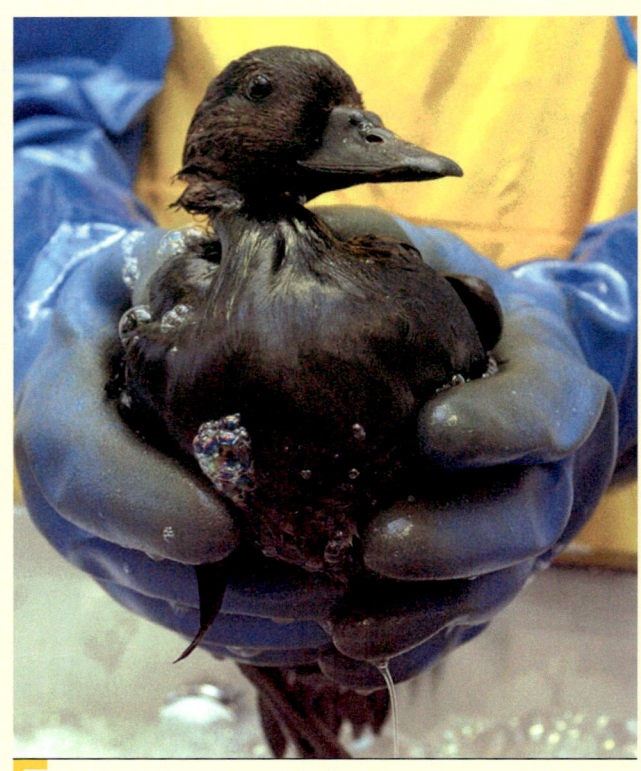

M2 Durch das auslaufende Öl wurden die Strände von Sylt, Amrum und Föhr verschmutzt. Die Zahl der gefundenen toten Vögel lag bei 6000.

Nordsee in Gefahr

Nicht nur die Küstengebiete, sondern auch große Teile der Nordsee selbst befinden sich in großer Gefahr. Unterschiedliche Interessen prallen aufeinander, denn die Nordsee, die Inseln, die Strände und das angrenzende Festland werden in vielfältiger Weise genutzt. Dabei gelangen zahlreiche Schadstoffe ins Meer, auf die die Tiere und Pflanzen im Wattenmeer besonders empfindlich reagieren. So sterben jährlich viele Vögel, weil ihr Gefieder durch Öleinleitungen ins Meer verklebt.

Expertengruppen gesucht

Der Nordsee und dem Wattenmeer drohen von vielen Seiten Gefahren. Um diese zu erkennen und Möglichkeiten der Abhilfe zu erforschen, benötigt man Experten.
Solche Experten könnt ihr für jeweils einen Teilbereich werden. Natürlich nicht jeder für sich – bildet Gruppen und wählt jeweils einen Bereich aus, mit dem ihr euch näher beschäftigen wollt. Vorschläge dazu findet ihr auf diesen Schulbuchseiten. Zusätzliches Informationsmaterial könnt ihr euch im Internet oder in der Bibliothek besorgen.

20 000 t Schiffsabfälle

28 000 t Schwermetalle
(über Flüsse 13 000 t, durch Niederschläge 15 000 t)

116 000 t Öl

3 790 000 t Industrieabfälle
(feste 1 658 000 t, flüssige 2 132 000 t)

5 009 000 t Klärschlamm

M3 Belastungen für die Nordsee

Schifffahrt
- Unfälle von Frachtschiffen und Tankern
- Müllentsorgung ins Meer
- Ladungsverluste
- Verschmutzung des Meeres
- Gefährdung von Fischen und Seehunden

Freizeit und Erholung
- Unruhe durch Sportboote und Ausflugsboote sowie Wattwanderer
- Verschmutzung der Strände

Eindeichung von Wattflächen
- Neulandgewinnung für Siedlungen, Acker- und Weideland lassen den natürlichen Lebensraum vieler Tiere und Pflanzen schrumpfen

Landwirtschaft, Industrie, Haushalte
- Flüsse transportieren Düngesalz und andere Schadstoffe ins Wattenmeer
- Wachstum von Algen
- Kleinstlebewesen sterben ab

Förderung von Erdöl und Erdgas
- Verschmutzung des Meeres
- Zerstörung von Brutplätzen für Vögel und von Seehundbänken

M 4 *Gefährdungen für Nordsee und Wattenmeer*

Ihr könnt
- für den von euch ausgewählten Bereich untersuchen, wodurch die Nordsee geschädigt wird (**M 1** bis **M 4**);
- herausfinden, wie sich das auf den Lebensraum Nordsee beziehungsweise Wattenmeer auswirkt;
- überlegen, ob es Möglichkeiten der Abhilfe gibt;
- euch informieren, was zum Schutz der Nordsee und des Wattenmeeres unternommen wird.

Nachdem die einzelnen Gruppen die Arbeit beendet haben, sollte der/die Gruppensprecher/-in die Ergebnisse der Klasse vortragen. Damit der Vortrag möglichst anschaulich wird, empfiehlt es sich, Fotos, Grafiken und wichtige Merksätze auf einer Folie (*Folien gestalten*) oder einem Lernplakat (*Lernplakate erstellen*) darzustellen. Die verschiedenen Gruppenergebnisse könnt ihr dann in einer Ausstellung zeigen.

WEBCODE: UE641680-053

GEO-METHODE

Der Atlas – gewusst wo, gewusst wie!

check-it
- Bestandteile des Atlas erläutern
- Kartenweiser, Inhaltsverzeichnis und Namensverzeichnis nutzen
- Orte, Gewässer, Gebirge u. a. im Atlas finden

Was ist ein Atlas?
Der Atlas ist ein Kartenbuch. In ihm sind physische Karten (zum Beispiel auf Seite 212) und thematische Karten (zum Beispiel auf Seite 214) zusammengefasst. Die Karten zeigen verschiedene Gebiete der Erde in unterschiedlichen Maßstäben.

Wie ist der Atlas aufgebaut?
Der Atlas besteht meist aus drei großen Teilen: Kartenweiser und Inhaltsverzeichnis, Kartenteil, Namensverzeichnis (Register).

Der **Kartenweiser (die Kartenübersicht)** zeigt, welche Kartenblätter im Atlas vorhanden sind. Er erleichtert damit die Orientierung über den Inhalt des Atlas. Um eine Atlaskarte im Kartenweiser zu suchen, muss man ungefähr wissen, wo sich das gesuchte Gebiet befindet.

Im **Inhaltsverzeichnis** sind alle Karten mit Seitenangaben aufgeführt. Die Karten werden in allen Atlanten nach Kontinenten geordnet.

Das **Namensverzeichnis (Register)** befindet sich hinter dem Kartenteil im Atlas. Hier sind die Namen aller in die Atlaskarten eingetragenen Orte, Staaten, Gebirge, Flüsse, Seen, Landschaften, Inseln, Halbinseln und Meere in alphabetischer Reihenfolge aufgeführt. Zum gesuchten Namen werden die Kartenseite und die Lage im **Gradnetzfeld** angegeben.

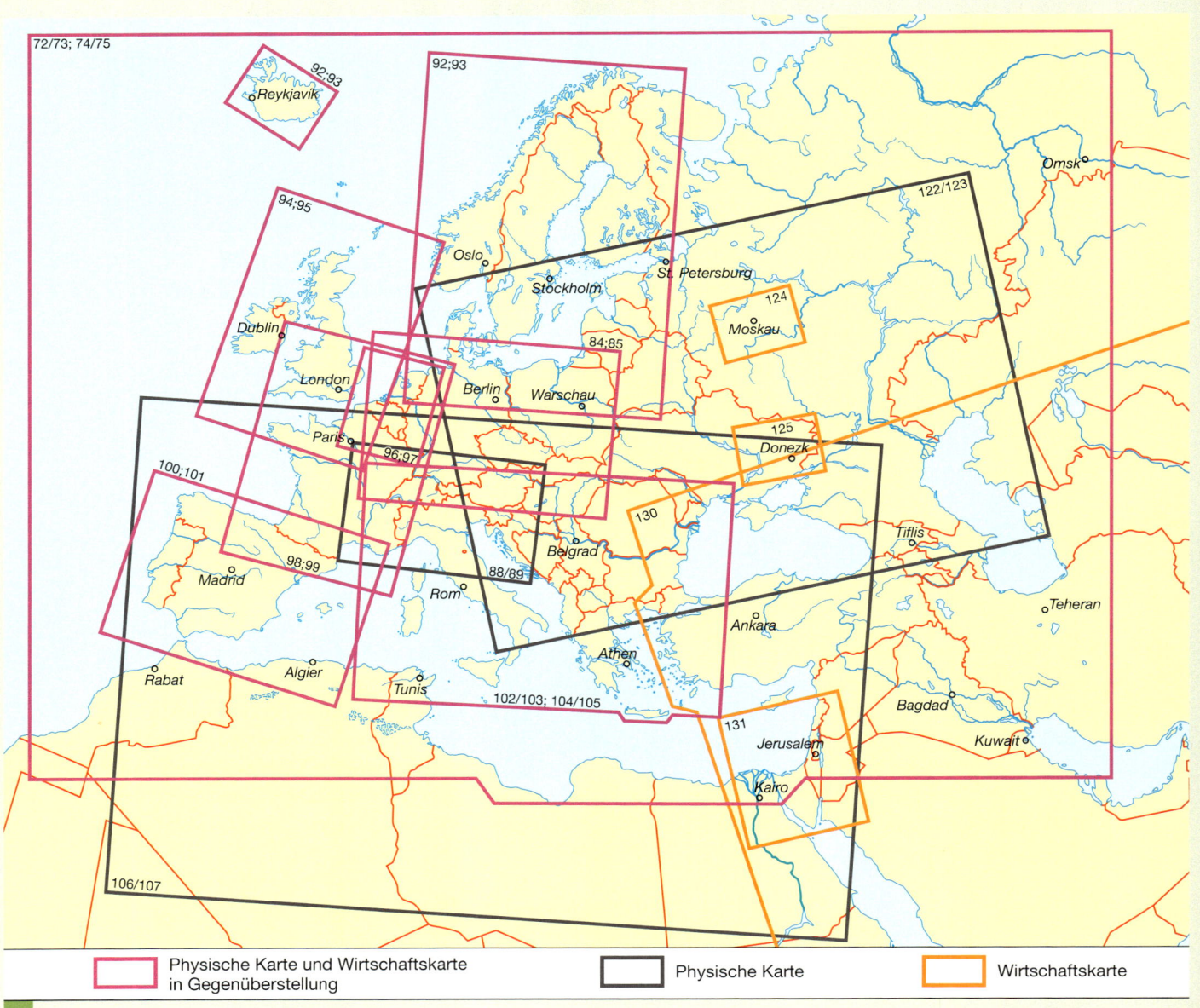

M1 *Beispiel für einen Kartenweiser zu Europa*

- ▭ Physische Karte und Wirtschaftskarte in Gegenüberstellung
- ▭ Physische Karte
- ▭ Wirtschaftskarte

GEO-METHODE

Checkliste zur Arbeit mit dem Atlas
Wie findest du die geeignete Atlaskarte?
- Orientiere dich im Kartenweiser und/oder im Inhaltsverzeichnis über das Angebot an Karten.
- Wähle eine geeignete Atlaskarte aus.
- Prüfe anhand des Kartenthemas, des Kartenausschnittes, des Maßstabes und der Zeichenerklärung (Legende), ob die Karte wirklich geeignet ist.

Beispiel: Suche eine geeignete Atlaskarte zum Thema: Wirtschaft in Italien
Der Kartenweiser (M 1) zum Thema Italien zeigt, dass Italien beziehungsweise Teile Italiens auf mehreren Karten zu finden sind, zum Beispiel auf den Karten Seiten 106/107 und 102/103. Wenn du in einem Atlas nachschlagen würdest, könntest du feststellen, dass die Karte 102/103 aufgrund ihres Maßstabs und ihres Themas besser geeignet ist.

Wie findest du einen Namen im Register?
- Suche den Namen im alphabetisch geordneten Register.
- Stelle fest, ob es sich um einen Fluss, einen Ort, einen Staat oder einen anderen Sachverhalt handelt.
- Entnimm die Angaben zur Kartenseite und zum Gradnetzfeld.
- Schlage die angegebene Karte auf und suche das Objekt im Gradnetzfeld.

Aufgabe: Suche Luxemburg
- Das Register zeigt: Luxemburg Staat, also das Land Luxemburg und Luxemburg Stadt, das heißt die Hauptstadt von Luxemburg.
- Luxemburg Staat, 220/221.1 H 5/6
- Luxemburg Stadt 212 AB 4
- Luxemburg ist ein kleines Land, das von Frankreich, Deutschland und Belgien begrenzt wird.

1. Suche im Kartenweiser (M 1) geeignete Karten zu folgenden Themen: Mittelmeer, Großbritannien, Spanien, Island.
2. Nenne die Städte, auf die in der Karte M 2 die folgenden Angaben zutreffen: D 2, B/C 2, A 4, D 1, B 4.
3. Suche im Register des Atlas einen Namen. Lasse einen Mitschüler diesen Namen im Register mit den dazugehörenden Angaben aufsuchen und anschließend auf der Atlaskarte zeigen. Tauscht danach die Rollen beim Suchen und Finden.
4. Weise mit Beispielen aus dem Atlas nach, dass folgende Aussage richtig ist: Der Atlas enthält Karten unterschiedlicher Maßstäbe zu verschiedenen Themen und Räumen.

Was ist ein Gradnetzfeld?
Das Gradnetz teilt eine Karte ein und wird wie die Planquadrate eines Stadtplans genutzt. Die einzelnen Abschnitte bezeichnen die Lage eines Objekts im Gradnetzfeld (zum Beispiel liegt Kassel in M 2 im Gradnetzfeld B 3).

M 2 *Deutschlandkarte mit Gradnetzfeld*

Zwischen Rheinischem Schiefergebirge und Rhön

M 1 Landschaften Hessens

M 2 Gliederung des Rheinischen Schiefergebirges

check-it
- geographische Lage der Landschaften Hessens beschreiben
- Merkmale der Landschaften benennen und vergleichen
- Tabelle und Kartenskizze zeichnen

Landschaftliche Vielfalt

Hessen liegt im Mittelgebirgsland. Deshalb bestimmen vor allen Dingen Mittelgebirge und Bergländer das landschaftliche Bild. Im südlichen Teil Hessens werden die Mittelgebirgslandschaften durch große Flusstäler und Senken unterbrochen. Dort prägen größere Höhenunterschiede die Landschaft.

Das Rheinische Schiefergebirge

Der Rhein und die Vorkommen an **Schiefer** haben dem Rheinischen Schiefergebirge seinen Namen gegeben. Der Rhein teilt das Gebirge in einen links- und einen rechtsrheinischen Teil. Nur der Taunus und Teile des Westerwaldes gehören zu Hessen. Das Rheinische Schiefergebirge ist ein altes Gebirge. Die Gesteine sind im Laufe von Jahrmillionen Erdgeschichte zerstört und abgetragen worden. Die Landschaft wird deshalb durch weite, meist leicht gewellte Hochflächen geprägt, die bis zu 500 Meter Höhe erreichen. Nur wenige Berge im Taunus überragen diese Hochflächen.

Die Rhön

Drei Bundesländer haben Anteil an der Rhön: Hessen, Bayern und Thüringen. Im kleinen hessischen Teil der Rhön liegt der höchste Berg des Landes: die 950 Meter hohe Wasserkuppe. Die Wasserkuppe und andere Berge erheben sich deutlich erkennbar als abgerundete Spitzen (= Kuppen) über den Hochflächen der Rhön. Diese Bergkuppen bestehen aus alten, harten Gesteinen, zum Beispiel aus **Basalt.** Am Fuße der Wasserkuppe entspringt die Fulda.

Das Hessische Bergland

Viele verschiedene Landschaften bilden das Hessische Bergland: Bewaldete Bergrücken, Hochflächen, Senken und Täler. Deren Namen sind zum Beispiel: Waldecker Wald, Knüll, Kellerwald, Vogelsberg, Habichtswald, Werrabergland oder Fuldaer Senke.

Große Teile sind bewaldet, aber auch Acker- und Weideflächen sind typisch für das Hessische Bergland.

Eine besonders markante Landschaft im Süden des Hessischen Berglandes ist der Vogelsberg. Über den Hochflächen ragen mehrere abgerundete flache Berge über 700 Meter hoch auf. Die Hochflächen und Berge bestehen ebenso wie die Kuppen der Rhön aus hartem Basalt.

Das Rhein-Main-Tiefland

Vom Nordrand des Odenwaldes bis zum Taunus, vom Südwestrand des Hessischen Berglandes bis zum Rhein erstreckt sich das Rhein-Main-Tiefland. Im Zentrum dieses Gebietes fließt der Main. Im flachen, fast ebenen Maintal werden nur geringe Höhen zwischen 80 und 150 Metern erreicht. Dort ist der Name „Tiefland" wirklich zutreffend. An seinen Rändern wölbt sich das Rhein-Main-Tiefland jedoch stärker auf. Rheingau, Wetterau, Taunusvorland und andere Landschaften sind wellige, zum Teil bewaldete Hügelländer, die Höhen bis zu 300 Metern erreichen.

Eine besondere Landschaft im Rhein-Main-Tiefland ist die Wetterau. Sie wird von mehreren kleineren Flüssen durchflossen und ist nahezu waldfrei. Der Wind hat dort den fruchtbaren **Löss** angeweht. Deshalb ist die Wetterau heute das ertragreichste Ackerbaugebiet Hessens.

Das Oberrheinische Tiefland

Nur der nördlichste Teil des etwa 300 Kilometer langen Oberrheinischen Tieflands gehört zu Hessen. Wie der Name bereits sagt, fließt der Rhein in diesem Teil durch ein flaches Tiefland. Der Rhein hat aber im Laufe von vielen Millionen Jahren Lehm und andere Materialien herantransportiert und abgelagert. Durch den Wind ist Sand angeweht worden. Deshalb gibt es im Tiefland auch etwas höher gelegene Gebiete. Trotzdem erreichen die Landhöhen kaum 100 Meter. Am östlichen Rande des Oberrheinischen Tieflands verläuft in einer Höhe zwischen 100 bis 200 Metern die Hessische Bergstraße. Höhere Temperaturen im Schutze des Odenwaldes und der auch hier vorkommende fruchtbare Löss begünstigen den Obst- und Weinanbau.

Der Odenwald

Der Odenwald ist ein Mittelgebirge. Auch am Odenwald haben drei Bundesländer Anteil: Baden-Württemberg, Bayern und Hessen.

Nur der nördliche und der westliche Teil des Odenwaldes liegen in Hessen. Südlich von Darmstadt erstreckt sich der Odenwald auf einer Länge von etwa 65 Kilometern am östlichen Rand des Oberrheinischen Tieflands entlang. Wie von einer scharfen Kante oder einer Linie erscheinen Odenwald und Oberrheinisches Tiefland getrennt. Der Odenwald erreicht mit seinen Höhenrücken und Bergen bis über 600 Meter Höhe.

M 3 Wetterau

M 4 Wasserkuppe

M 5 Zwischen Vogelsberg und Knüll

M 6 Oberrheinisches Tiefland

1 Beschreibe die Abfolge der Landschaften Hessens von der Werra bis zum Rhein (**M 1**).
2 Erkläre: Die Teile des Rheinischen Schiefergebirges werden durch Flüsse begrenzt. Fertige dazu eine einfache Skizze an (**M 2**).
3 Beschreibe die Bilder und ordne diese den Landschaften Hessens zu (**M 1, M 3** bis **M 6**).
4 Zeichne eine Tabelle mit zwei breiten Spalten. Trage jeweils eine große Landschaft Hessens in die linke Spalte ein. Ordne jeder Landschaft in der rechten Spalte wichtige Merkmale, Städte, Flüsse unter anderem zu (**M 1, M 3** bis **M 6**).
5 Prüfe die Richtigkeit der folgenden Aussage und begründe deine Meinung: Hessen liegt im Mittelgebirgsland.

Der Taunus – ein Mittelgebirge

check-it
- geographische Lage des Taunus beschreiben
- Oberflächenformen eines Mittelgebirges benennen
- unterschiedliche Oberflächenformen im Taunus vergleichen
- Flüsse und Kurbäder im Taunus beschreiben
- Panoramakarte lesen

Was ist ein Mittelgebirge?

Ein Mittelgebirge erreicht Höhen von 500 bis 1500 Metern. Typische Oberflächenformen sind abgerundete Berge, wellige Hochflächen und unterschiedlich geformte Täler. Die Mittelgebirge sind waldreich. In den unteren Höhenlagen werden die Flächen auch landwirtschaftlich genutzt, zum Beispiel als Weiden oder für den Anbau von Futterpflanzen.

Der Taunus – ein abwechslungsreiches Mittelgebirge

Der Taunus ist der südöstliche Teil des Rheinischen Schiefergebirges. Der Gebirgskamm des Hohen Taunus mit dem 880 Meter hohen Feldberg erhebt sich deutlich erkennbar aus dem Oberrheinischen Tiefland und dem Rhein-Main-Tiefland. Zwischen dem Rhein im Südwesten und der Wetterau im Nordosten erstreckt sich der Hohe Taunus auf einer Länge von 75 Kilometern wie ein Wall. Aufgrund der reichlichen Niederschläge in den höchsten Lagen entspringen dort mehrere Flüsse. Der Hohe Taunus ist fast vollständig bewaldet, Landwirtschaft wird kaum betrieben.

Nördlich des Hohen Taunus zum Lahntal hin verändert sich das Bild der Landschaft: Tief eingeschnittene Flusstäler und weite wellige oder fast ebene Hochflächen prägen die Taunuslandschaft. Die Hochflächen werden landwirtschaftlich genutzt und nur die Hänge der Berge und Täler sind bewaldet. Der Taunus erreicht dort im Hintertaunus nur noch Höhen um 500 Meter.

Die Erklärung für diese Veränderung der Oberflächenformen im Taunus ist in den Gesteinen zu finden. Während der Hohe Taunus aus dem harten, widerstandsfähigen Gestein Quarzit besteht, ist im Hintertaunus der weichere Schiefer zu finden, der durch Frost und Wärme, Regen und Wind leichter zerstört werden kann.

Baden im Taunus

Schon die Römer erkannten die wohltuende, sogar heilende Wirkung der Quellen im Taunus. Durch den Reichtum an Thermalquellen mit warmem Wasser, Mineralquellen mit kohlensäurehaltigem Wasser und Heilquellen mit gesunden Inhaltsstoffen entstanden im Taunus zahlreiche Kurorte und Heilbäder. Deren Heilkräfte, aber auch die Lage in den Tälern des Taunus mit sauberer Luft und angenehmen Temperaturen sowie die Wälder ziehen seit dem 17. Jahrhundert Kurgäste aus aller Welt an.

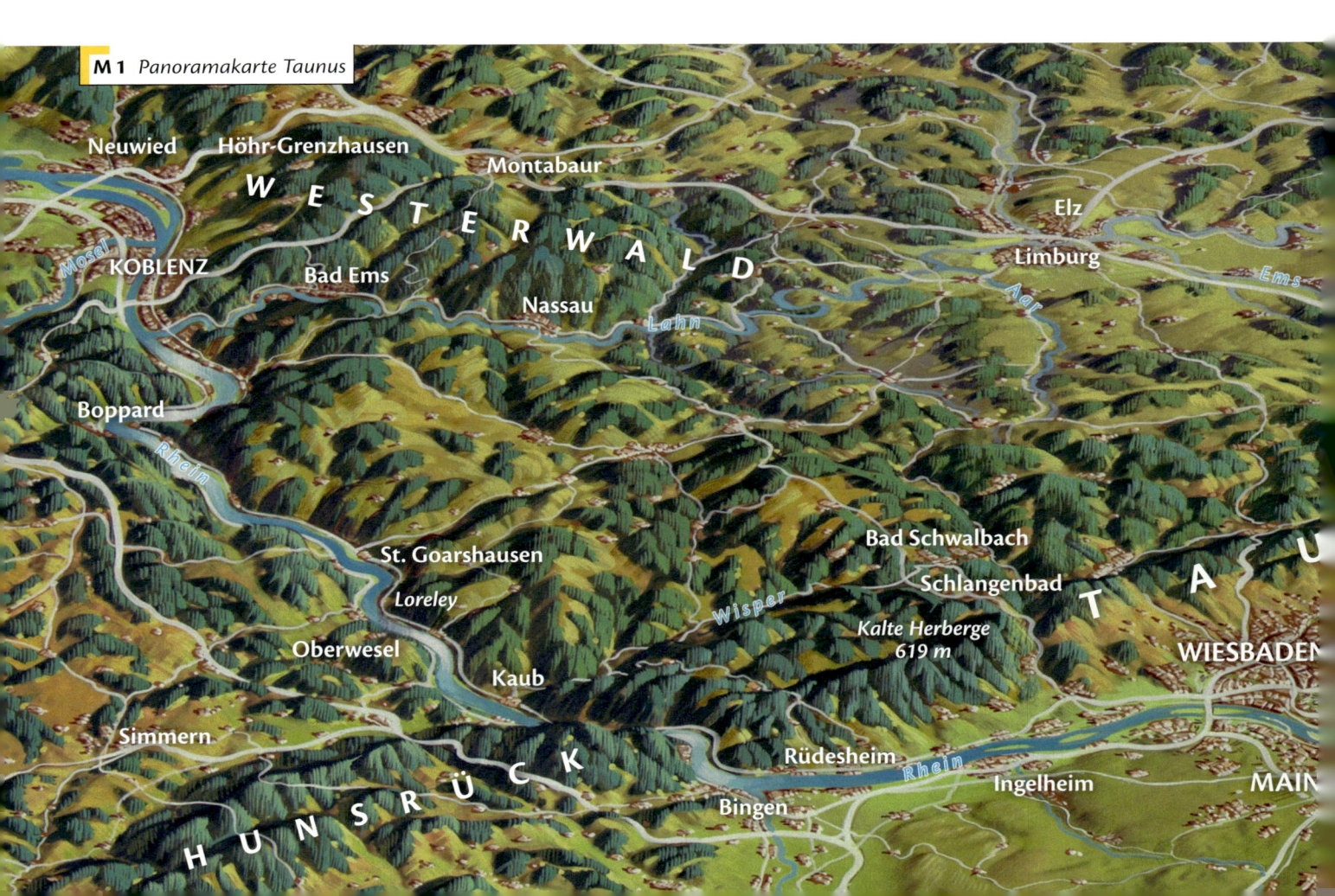

M 1 *Panoramakarte Taunus*

LANDSCHAFTEN DEUTSCHLANDS ENTDECKEN

M 2 Schlangenbad

M 3 Blick vom Taunusvorland zum Großen Feldberg

1. Beschreibe die geographische Lage des Taunus (**M 1,** Karte S. 216/217). Beachte dabei:
   - die Lage in Deutschland,
   - die Lage in Hessen,
   - die Lage zu anderen Landschaften,
   - Flüsse und Städte.
2. Lege auf die Panoramakarte ein Blatt Transparentpapier und fertige eine Kartenskizze des Taunus mit folgenden Inhalten an: Umrisse des Gebirges, die Flüsse Rhein, Lahn und Main, die Berge Feldberg und Kalte Herberge sowie die Orte Wiesbaden, Frankfurt, Limburg, Bad Schwalbach. Verwende Linien und Kreise.
3. Bildet Gruppen. Plant eine Fahrt durch den Taunus von Frankfurt über den Großen Feldberg und Schlangenbad an die Lahn. Beschreibt und vergleicht die Veränderung der Höhen und der Oberflächenformen (**M 1** bis **M 3**).
4. Ermittle Orte im Taunus mit dem Zusatz „Bad" und beschreibe deren Lage im Gebirge (**M 1, M 2,** Karte S. 216/217).
5. Nenne drei Flüsse, die im Taunus entspringen. Beschreibe deren Verlauf bis zur Mündung (**M 1**).

WEBCODE: UE641680-059

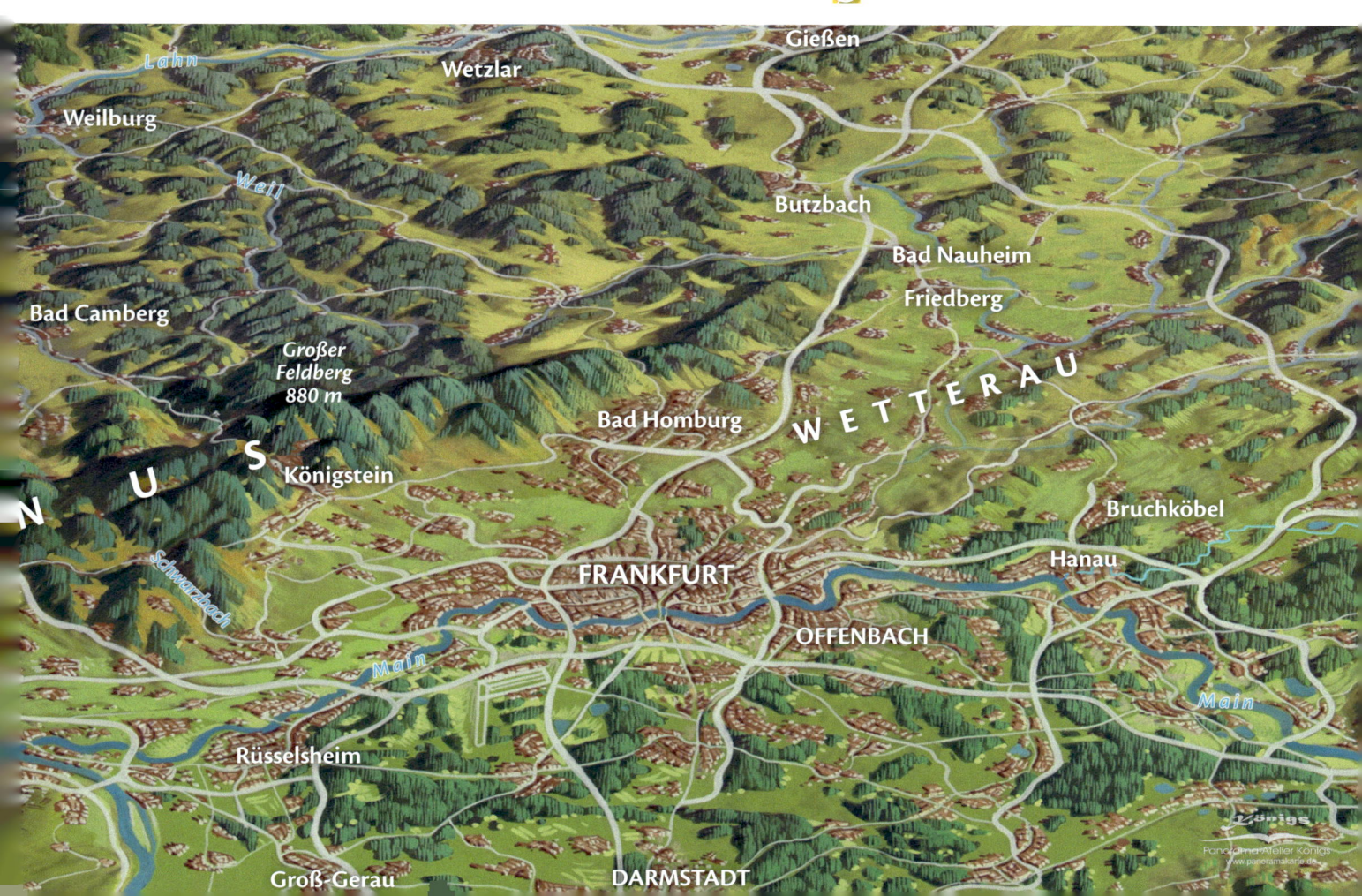

GEO-AKTIV

Wir erkunden die Natur in unserer Umgebung

Unsere Natur

Die Natur in unserer Umgebung ist vielfältiger, als wir auf den ersten Blick vermuten. Viele Dinge sehen wir überhaupt erst, wenn wir sie mit unserem Wissen vergleichen. Wo fließt der nächste Bach oder Fluss? Wie weit ist es bis zum nächsten Waldstück? Welche Tiere leben in der Nähe der Schule? Schauen wir einmal genauer hin: Die Natur verrät uns viel über sich. Um möglichst viele interessante Informationen über die Natur unserer Umgebung sammeln zu können, solltet ihr das nach Schwerpunkten tun, z. B.:

1) Oberflächenformen,
2) Boden und Gestein,
3) Gewässer,
4) Pflanzen- und Tierwelt.

In spezialisierten Forscherteams könnt ihr zeigen, was die Natur in eurer Umgebung zu bieten hat. Einige Anregungen findet ihr auf den Ideenkarten (M 1).

Ihr könnt

- eure Ergebnisse in eine Umgebungskarte eintragen;
- darstellen, welche Zusammenhänge ihr erkennt;
- euch informieren, welche Tiere, Pflanzen und Landschaften unter Naturschutz stehen;
- überlegen, was die Klasse für den Naturschutz tun kann.

Schritt 1: Gruppen einteilen

Bildet Gruppen zu Schwerpunkten wie:
- Oberflächenformen
- Boden und Gestein
- Gewässer
- Pflanzen- und Tierwelt

Schritt 2: Inhalte festlegen

Erstellt einen Beobachtungs- und Fragebogen, der als Leitfaden für eure Ermittlungen dient. Überlegt, was für die Darstellung eures Schwerpunktes wichtig ist, damit ihr eure Mitschüler gut über die Natur eurer Umgebung informieren könnt.

M 2 Vorgehensweise entlang der „Wäscheleine"

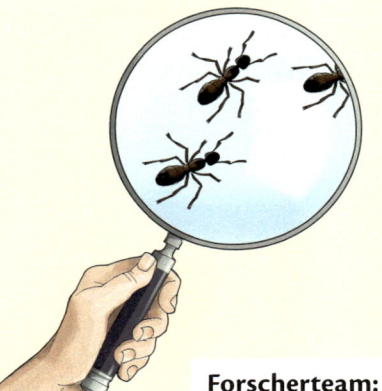

Forscherteam: Oberflächenformen

Was gibt es in eurer Nähe? Informiert euch über:
- Höhenunterschiede im Gelände
- höchster/niedrigster Punkt über NN
- Berge (Namen)
- Deiche
- Moore

Forscherteam: Boden und Gestein

Was gibt es in eurer Nähe? Informiert euch über:
- Bodenfarbe
- Feuchtigkeit des Bodens
- Sand/Lehm
- Steinformen
- Steinfarben
- Ist Gestein sichtbar?
- …

Forscherteam: Gewässer

Was gibt es in eurer Nähe? Informiert euch über:
- Flüsse, Bäche
- Kanäle
- Seen
- Meer
- Fließrichtung
- schnelle/langsame/keine Fließgeschwindigkeit
- …

Forscherteam: Pflanzen- und Tierwelt

Was gibt es in eurer Nähe?
Informiert euch über:
- Baum- und Waldarten
- andere Pflanzen
- Auen, Wiesen und Rasenflächen
- Naturschutzgebiete
- Insekten und kleine Säugetiere
- Vögel (z. B. „Vogel des Jahres")
- Leben in der Erde
- Vogelnester, Tritt- und Fressspuren, Maulwurfshügel, …

M 1 Ideenkarten

GEO-AKTIV 61

Schritt 3:
Erkundung vorbereiten

Bereitet euch auf den Gang in das Gelände gut vor. Welche Materialien werdet ihr benötigen?
Fertigt eine Checkliste an und packt einen Rucksack, in dem zum Beispiel folgende Dinge nicht fehlen sollten:
– Karte der Umgebung
– Kompass
– Lupe
– (Blei-) Stifte
– feste Schreibunterlage
– euer Beobachtungs- und Fragebogen
– Papier für Notizen und Skizzenzeichnungen
– Fotoapparat
– …

Schritt 4:
Erkundung durchführen

Beobachtet und beschreibt die Natur und haltet alle Ergebnisse schriftlich fest. Fertigt Zeichnungen an und macht Fotos. Schreibt kleine Merksätze auf.
Beschafft euch auch Zusatzinformationen aus der Bibliothek, von der Touristeninformation eurer Stadt und vom Naturschutzbund.

Schritt 5:
Wandzeitung gestalten

Stellt die von euch gesammelten Informationen auf einer Wandzeitung so zusammen, dass sich die Schüler der anderen Gruppen ausführlich informieren können.

Schritt 6:
Ergebnisse vorstellen

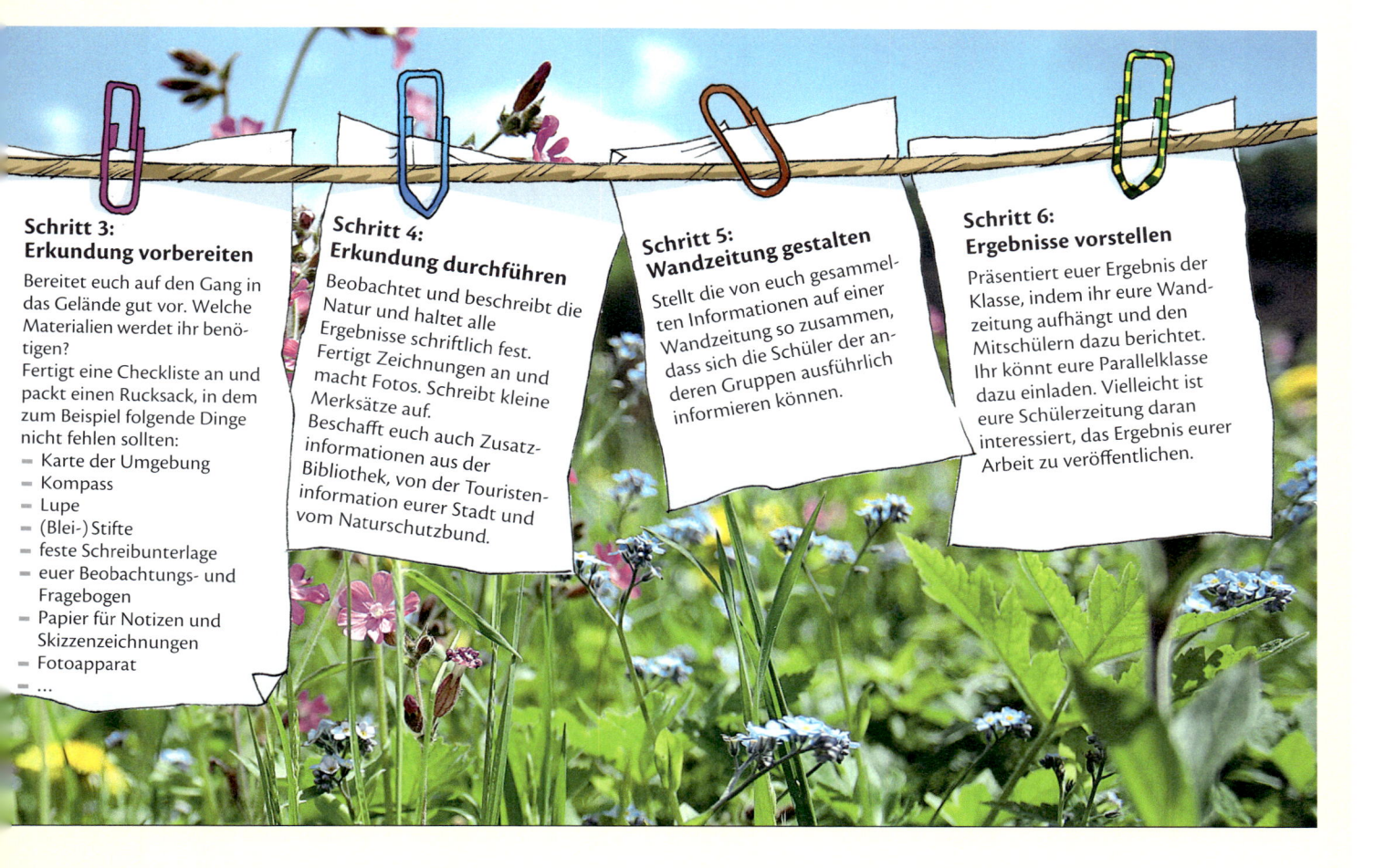

Präsentiert euer Ergebnis der Klasse, indem ihr eure Wandzeitung aufhängt und den Mitschülern dazu berichtet. Ihr könnt eure Parallelklasse dazu einladen. Vielleicht ist eure Schülerzeitung daran interessiert, das Ergebnis eurer Arbeit zu veröffentlichen.

M 3 Ferris und Lea untersuchen den Boden und halten ihre Beobachtungen fest.

Achtet auf eure Sicherheit!

Haltet die Verkehrsregeln ein und macht eure Aufzeichnungen an einem sicheren Ort abseits des Verkehrs!

Wir zeichnen eine Kartenskizze

check-it
- Merkmale einer Kartenskizze kennen
- Kartenskizze des eigenen Bundeslandes mithilfe einer Vorlage zeichnen

Die Kartenskizze

Eine Karte enthält eine Vielzahl von Orten, Flüssen, Seen, Meeren, Landschaften und Verkehrswegen. Oft braucht man davon aber nur einige ausgewählte Informationen. Für das Bundesland, in dem man lebt, oder für Deutschland sollte man Vorstellungen über die Lage größerer Städte, Flüsse und Landschaften besitzen.

Es ist deshalb sinnvoll, selbst eine Kartenskizze zu zeichnen, die diese Informationen übersichtlich darstellt. Du wirst sehen, dass diese Kartenskizze dir hilft, das Wichtigste im Gedächtnis zu verankern.

Ein Kartenskizze ist also eine Zeichnung, in der du mit wenigen Strichen und Farben die wichtigsten Dinge eines Raumes darstellen kannst.

M1 *Das brauchst du für eine Kartenskizze.*

Checkliste zum Zeichnen einer Kartenskizze

1. Schritt: Wähle als Grundlage für die Kartenskizze eine geeignete Karte aus.
2. Schritt: Hefte entweder ein Transparentpapier auf die Karte oder zeichne die Skizze freihändig. Arbeite nur mit Blei- und Buntstiften.
3. Schritt: Zeichne zunächst einen Rahmen für die Kartenskizze. Beachte dabei die Größe der Skizze.
4. Schritt: Zeichne nun der Reihe nach die Objekte in die Kartenskizze ein, die wichtig sind. Achte auf einfache sowie klare Linien und Flächen, schreibe und zeichne sauber.
5. Schritt: Beginne mit einfachen Elementen der Kartenskizze und vervollständige deine Skizze schrittweise:
- Verlauf der Grenzen (**M4**)
- Verlauf wichtiger Flüsse (**M5**)
- Lage großer Städte (**M6**)
- Lage wichtiger Landschaften (**M7**)

6. Schritt: Beschrifte die eingetragenen Objekte in der Kartenskizze und gib der Karte eine Überschrift (**M7**).

M2 *Kartenskizze für ein Wandplakat*

M3 *Eine Kartenskizze zeichnen*

GEO-METHODE **63**

M 4

M 5

M 6

M 7 Kartenskizze von Nordhessen

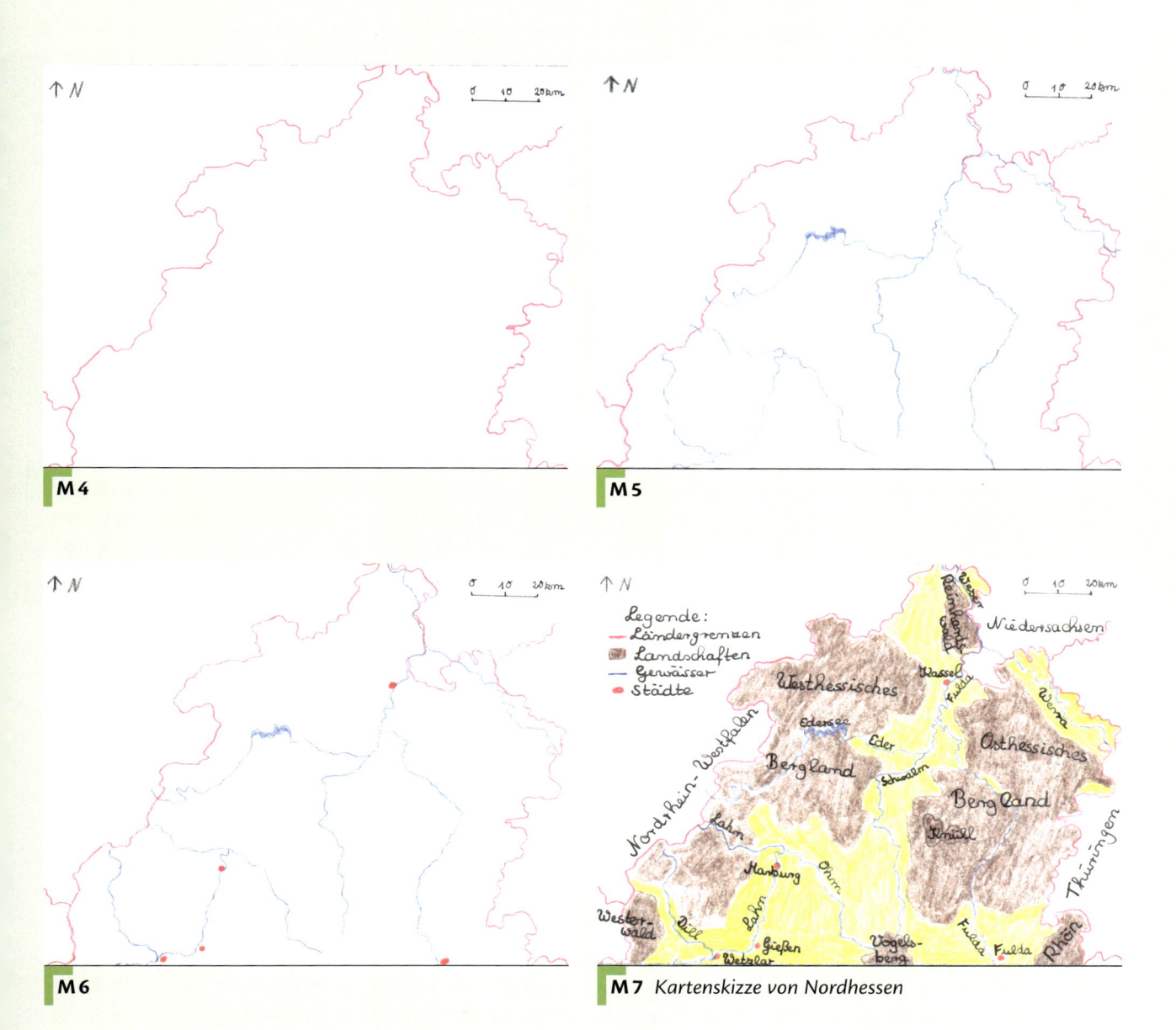

Tipp: Einprägen einer Kartenskizze
Versuche, dir die Lagemerkmale von Städten, Flüssen und Landschaften zu merken. Zum Beispiel: Kassel liegt nördlich der Mündung der Eder in die Fulda. Wetzlar liegt an der Mündung der Dill in die Lahn. Die Rhön liegt im Osten Hessens und reicht bis nach Bayern und Thüringen hinein.

Tipp: Zeichnen einer Kartenskizze für die Tafel oder für ein Plakat
Lege eine Overheadfolie auf die Atlaskarte. Zeichne die gewünschte Kartenskizze mit einem Folienstift. Projiziere nun die Folie auf die Wandtafel oder einen angehefteten großen Papierbogen. Mit Kreide oder Stiften kannst du nun die Objekte nachzeichnen. Auf diese Weise erhältst du eine vergrößerte Kartenskizze.

1 Präge dir die Kartenskizze von Nordhessen (**M 7**) ein. Schließe dann das Schulbuch und zeichne eine Kartenskizze zu Nordhessen ohne Vorlage aus dem Gedächtnis. Vergleiche deine Kartenskizze mit der Kartenskizze im Schulbuch und berichtige deine Skizze.
2 Fertige eine Kartenskizze zu einem Thema deiner Wahl an, zum Beispiel zu den Themen: „Links und rechts des Mittelrheins", „Der Taunus", „Mein Landkreis".
3 Du kannst auch eine Kartenskizze zu Deutschland zeichnen, in die du im Laufe des Schuljahres Namen von wichtigen Städten, Landschaften, Gewässern u. a. einträgst. Die Kartenskizze und dein Wissen wachsen dann gleichzeitig.

Das Mittelrheintal – ein Durchbruchstal

Es wird erzählt, dass auf dem Felsen über dem Rhein die Nixe Loreley saß und ihr langes blondes Haar kämmte. Mit ihrer Schönheit und mit ihrer Stimme lockte sie die Rheinschiffer an, die wegen ihres unglaublich schönen Gesangs die gefährliche Strömung und die Felsenriffe nicht beachteten und mit ihren Schiffen an dem Felsen zerschellten.

M 1 *Die Loreley-Sage*

M 2 *Das Mittelrheintal am Loreleyfelsen*

---

check-it
- Verlauf des Mittelrheins beschreiben
- Entstehung des Mittelrheintals erläutern
- touristische Attraktionen benennen
- eine Schifffahrt auf dem Mittelrhein planen

Der Rhein

Der Rhein entspringt in den Schweizer Alpen. Er fließt durch sechs Staaten, bevor er nach 1230 Kilometern bei Rotterdam in die Nordsee mündet.

Auf seinem Weg von der Quelle zur Mündung durchfließt der Rhein viele verschiedene Landschaften. Wenn er bei Basel die Alpen verlässt, erreicht er zunächst das flache und bis zu 30 Kilometer breite Oberrheinische Tiefland. Das Mittelrheintal erstreckt sich von Bingen/Rüdesheim bis Bonn. Der Rhein durchschneidet hier in einem engen, tief eingeschnittenen Tal die Mittelgebirge. Nachdem er dieses enge Tal verlassen hat, durchfließt er bis zur Mündung in die Nordsee das Niederrheinische Tiefland.

Der Mittelrhein

Im Laufe der Erdgeschichte hat sich das Gebiet, durch das der Rhein fließt, verändert. Besonders ausgeprägt geschah dies im Mittelrheintal.

Ursprünglich floss der Rhein auch hier durch ein breites Tal. Als das Rheinische Schiefergebirge vor Millionen Jahren allmählich angehoben wurde, schnitt sich der Rhein immer tiefer in das Gestein ein. Das war nur möglich, weil die Gebirgshebung sehr langsam vonstatten ging. Hätte sich das Rheinische Schiefergebirge schneller gehoben, hätte sich auch der Rhein (wie andere Flüsse auf der Erde) einen neuen Weg zum Meer bahnen müssen.

Da der Rhein das Rheinische Schiefergebirge nicht umfloss, sondern „durchbrach", bezeichnet man diesen Flussabschnitt als **Durchbruchstal**.

Burgen und Weinberge

Wegen der günstigen Verkehrslage und des milden Klimas wurde das Mittelrheintal früh besiedelt. Auf beiden Seiten des Flusses stehen zum Teil auf Felsvorsprüngen über dem Fluss viele Burgen und Burgruinen. Die steilen Hänge werden zum Anbau von Wein

M 3 *Die Entstehung des Mittelrheintals*

(Vor rund 60 Millionen Jahren – Altrhein im Muldental; heutige Situation – Durchbruchstal; Hebung)

LANDSCHAFTEN DEUTSCHLANDS ENTDECKEN **65**

genutzt. Das enge Tal ist auch ein wichtiger Verkehrsweg. Neben dem Schifffahrtsweg Rhein verlaufen auf jeder Flussseite je eine Eisenbahnstrecke und eine Bundesstraße.

Das Mittelrheintal ist ein beliebtes Urlaubsziel. Mit modernen Ausflugsschiffen kann man Tagestouren durch das Mittelrheintal unternehmen. Viele der rund 40 Burgen können besichtigt werden. In den Orten laden Gaststätten, Hotels und Weinstuben zum Verweilen ein.

1. Beschreibe den Mittelrhein. Nenne dabei auch die Städte, die am Ufer des Mittelrheins liegen, sowie seine Nebenflüsse (**M 5**, Karte S. 212).
2. Erläutere die Entstehung des Mittelrheintals. Beachte dabei sowohl, was in Jahrmillionen mit dem Rheinischen Schiefergebirge als auch, was mit dem Fluss geschah (**M 3**).
3. Beschreibe die Lage der fünf längsten Flüsse in Deutschland (**M 4**, Karte S. 35).
4. Stelle die touristischen Attraktionen des Mittelrheintals in einer Liste zusammen und ordne sie dem linken und rechten Rheinufer zu (**M 1, M 2, M 5**).
5. Plane einen Ausflug mit dem Schiff von Rüdesheim nach Koblenz. Erläutere, wo du gerne Halt machen würdest (**M 5**, Karte S. 216/217, Webcode).

WEBCODE: UE641680-065

Flussname	Gesamtlänge in km	davon in Deutschland
Donau	2888	647
Rhein	1230	865
Elbe	1091	727
Oder	866	187
Weser	440	440

M 4 Die längsten Flüsse

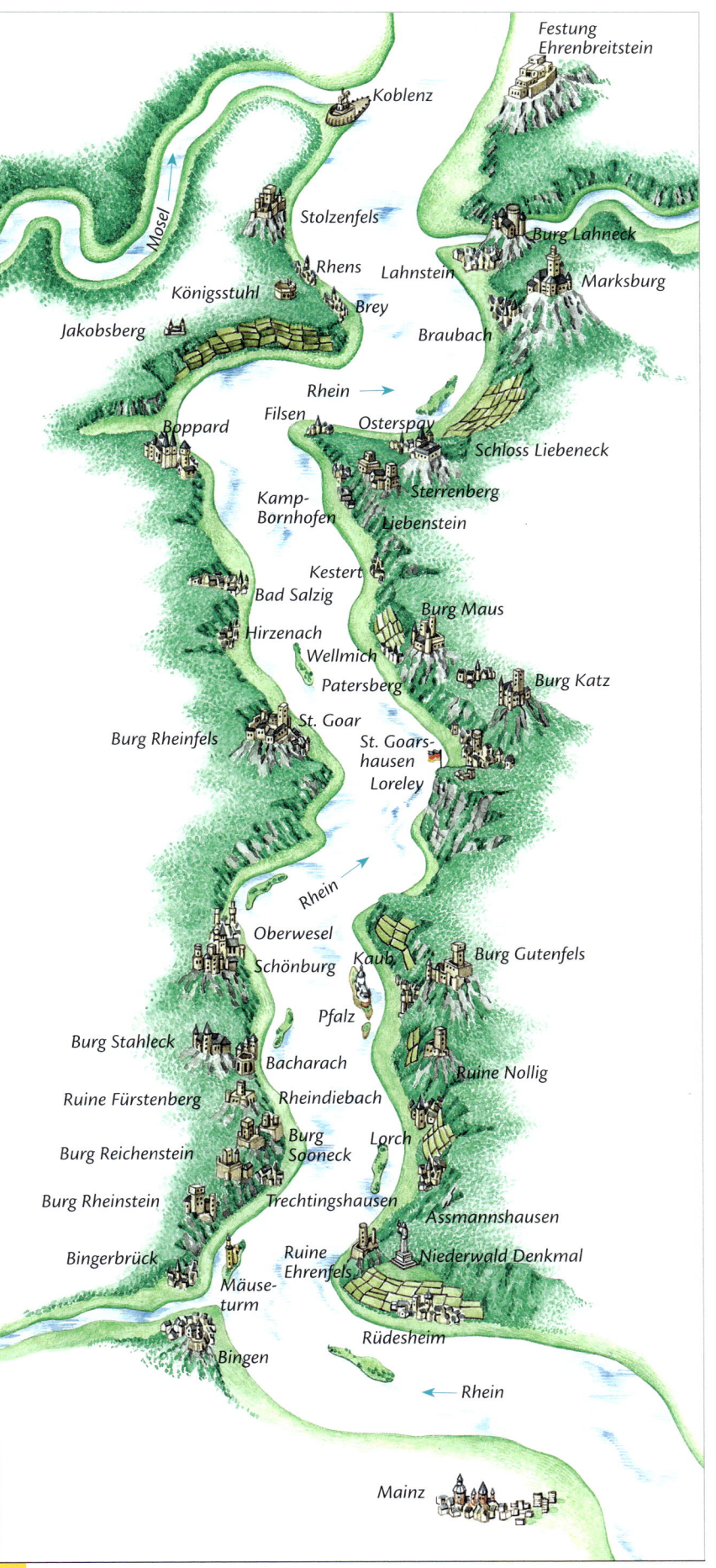

M 5 Das Mittelrheintal

GEO-METHODE

Wir zeichnen ein Profil

M 1 *Im Kellerwald*

check-it
- Merkmale eines Profils benennen
- mit dem Maßstab arbeiten
- Profil mithilfe des Profilstreifens zeichnen

Was ist ein Profil?

Ein Profil erhält man, wenn man einen senkrechten Schnitt durch die Erdoberfläche macht. Das ist so ähnlich, wie wenn man ein Brot oder eine Kartoffel durchschneidet.
Das Profil, das wir zeichnen, ist ein Höhenprofil. Auf der senkrechten Achse werden die Höhenmeter abgetragen. Die waagerechte Achse verdeutlicht die Länge des Profils. Ein Profil stellt die Höhenunterschiede und die Oberflächenformen, aber auch die Lage von Gewässern und anderes in einfacher Weise dar.

Schrittfolge zum Zeichnen eines Profils

1. Wähle auf der Karte eine Strecke aus, für die du ein Profil zeichnen möchtest. Zeichne mit dem Lineal eine Profillinie ein. Markiere Anfangs- und Endpunkt dieser Linie, zum Beispiel mit A und B.
2. Schneide einen Streifen Papier ab und lege ihn an die Profillinie an.
3. Markiere auf dem Papiersteifen die Schnittpunkte mit den Höhenschichten und notiere die Höhenangaben.
4. Zeichne auf ein Blatt Papier eine waagerechte und eine senkrechte Linie.
5. Lege dann den Papierstreifen mit den Eintragungen unter die waagerechte Linie.
6. Übertrage nun die auf dem Papierstreifen markierten Höhenmeter auf die waagerechte Linie.
7. Trage auf der linken senkrechten Linie Höhenmeter ein.
8. Kennzeichne danach mit einem Punkt oder Kreuz die jeweilige Höhenangabe mithilfe der senkrechten Linie mit eingetragenen Höhenmetern.
9. Verbinde die Punkte zu einer Linie. So erhältst du die Profillinie des Geländes.
10. In dem Profil kannst du nun auch zusätzliche Eintragungen vornehmen, zum Beispiel Beschriftungen für Gewässer, Verkehrswege, Siedlungen, Bodenbedeckung.

1 Verfolge mithilfe der obigen Schrittfolge, wie das Profil von A nach B, das heißt vom Striegel im Kellerwald zum Jeust entstanden ist.

2 Zeichne nun unter Zuhilfenahme der obigen Schrittfolge das Profil von C nach D, das heißt von der Halgehausener Wendekoppe zum Hohen Lohr. Nutze dazu die physisch-geographische Karte in **M 4**.

M 2 *Kloster Haina*

M 3 *Wildkatze im Kellerwald*

GEO-METHODE 67

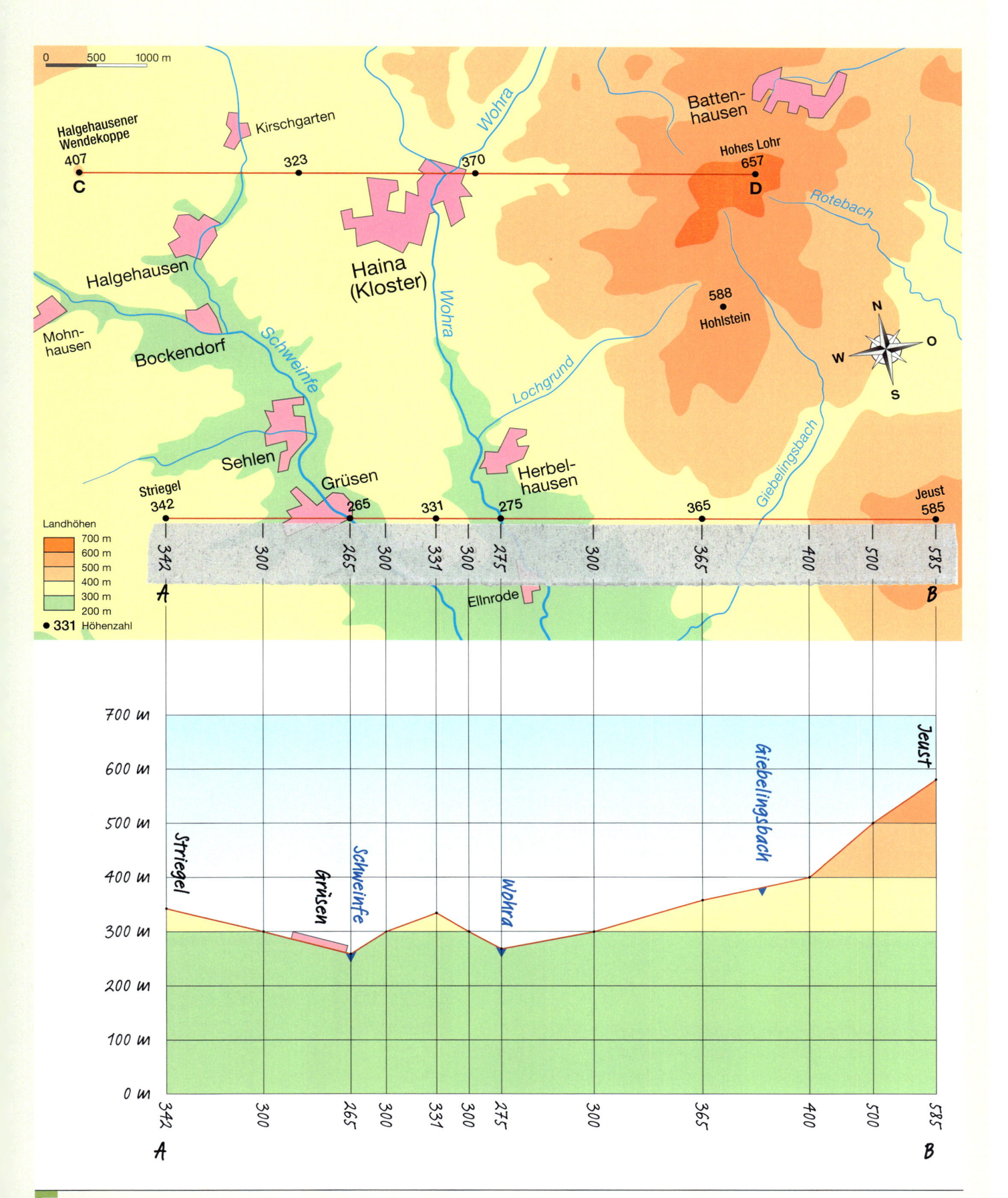

M 4 Physisch-geographische Karte 1 : 50 000 mit Profilstreifen

Geo-Check: Landschaften Deutschlands entdecken

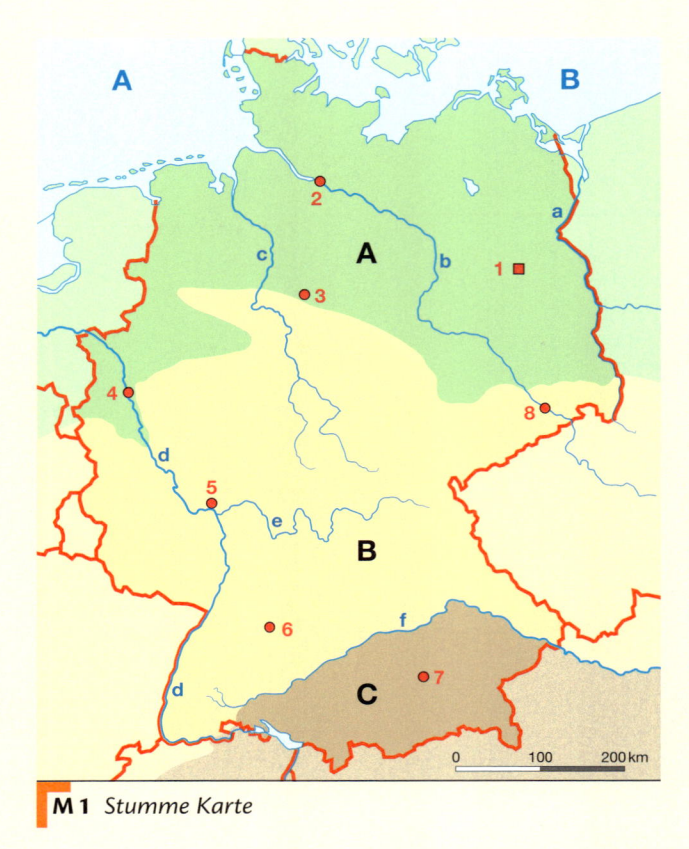

M 1 *Stumme Karte*

Sich orientieren

Wo liegt was?

1 Beschreibe die Abfolge der Großlandschaften in Deutschland von Süden nach Norden. Verwende die stumme Karte in **M 1** und die physische Karte auf Seite 35.
2 Nenne die flächenmäßig kleinste Großlandschaft in Deutschland.
3 In welcher Großlandschaft liegt der höchste Berg Deutschlands, die 2963 Meter hohe Zugspitze?
4 Benenne möglichst ohne Hilfsmittel die Meere, Flüsse, Städte und Großlandschaften in **M 1**.
5 Beschreibe die geographische Lage des Taunus.
6 Benenne die sechs Landschaften Hessens (Karte S. 56) und deren geographische Lage.
7 Beschreibe den Verlauf des Rheins von der Quelle bis zur Mündung.

Sich verständigen, beurteilen ...

SOS für die deutsche Nordseeküste

Durch ein Schiffsunglück sind bislang etwa 10 000 Tonnen Öl aus einem Tanker vor der deutschen Nordseeküste ausgelaufen. Das Öl schwimmt wie ein riesiger schwarzer Teppich auf dem Wasser. Nur ein geringer Teil des Öles wird durch die Luft aufgenommen, es verdunstet. Der größte Teil des Öles verbindet sich mit dem Wasser. Millionen schwarzer Ölperlen werden zu einer dickflüssigen, klebrigen Mischung aus Öl und Wasser. Diese Öl-Wasser-Mischung treibt durch die Bewegung des Wassers auf die deutsche Nordseeküste zu.

M 2 *Zeitungsmeldung*

8 Beurteile, welche Teile der Nordseeküste von einer Ölverschmutzung besonders betroffen wären (**M 2**).
9 Diskutiert, welche Gefahren von einem Schiffsunglück für die Tiere und Pflanzen im Wattenmeer ausgehen würden.

... und handeln

Wie sollen sich Besucher des Nationalparks Wattenmeer verhalten, um das Ziel eines Nationalparks, „Natur Natur sein zu lassen", zu unterstützen?

M 3 *Richtiges Verhalten im Nationalpark*

10 Gestalte ein Lernplakat. Benutze zur Veranschaulichung der Verhaltensregeln Symbole, wie sie oben abgebildet sind.

Die Alpen

71 NUTZUNG DER ALPEN UNTERSUCHEN

Alpen: Physische Karte

Orte	
■ über 1 000 000 Einwohner	○ 50 000 – 100 000 Einwohner
■ 500 000 – 1 000 000 Einwohner	∘ unter 50 000 Einwohner
● 100 000 – 500 000 Einwohner	

- Kanal
- Stausee
- Gletscher
- •2312 Höhenzahl

Landhöhen: 0 – 100 – 200 – 500 – 1000 – 2000 – 3000 m

Urlaubsregion Alpen

- ● Bedeutender Fremdenverkehrsort im Alpenraum
- ≍ Pass
- → Eisenbahntunnel
- Eisenbahn
- Autobahn und andere Fernverkehrsstraße
- Straßentunnel
- Staatsgrenze

M5

3 Nutzung der Alpen untersuchen

Steile Berge, enge Täler und auch im Sommer verschneite Gipfel
Während die Hochgebirgslandschaft der Alpen bei Touristen sowohl im Sommer als auch im Winter beliebt ist, ist für die Landwirte das Leben und Arbeiten im Gebirge eher mühsam. Viele arbeiten deshalb auch im Tourismus. Doch verträgt das Hochgebirge die vielen Menschen und den Verkehr?

In diesem Kapitel lernst du
- Merkmale und Oberflächenformen eines Hochgebirges kennen,
- Höhenstufen der Pflanzenwelt und ihre Nutzung zu beschreiben,
- Voraussetzungen und Merkmale der Grünlandwirtschaft zu erläutern,
- Sommer- und Wintertourismus zu vergleichen,
- wirtschaftliche Bedeutung und Folgen des Tourismus zu erkennen,
- Verkehrsverbindungen über die Alpen kennen,
- Auswirkungen des starken Verkehrs zu erläutern.

Dazu nutzt du
- Bilder,
- Karten,
- Profile,
- Panoramabilder und
- die Planung einer Skifreizeit.

Du beurteilst
- die Notwendigkeit eines umweltverträglichen Tourismus.

Tal in den österreichischen Alpen

Die Alpen – ein Hochgebirge

M 1 Der Montblanc – höchster Berg der Alpen

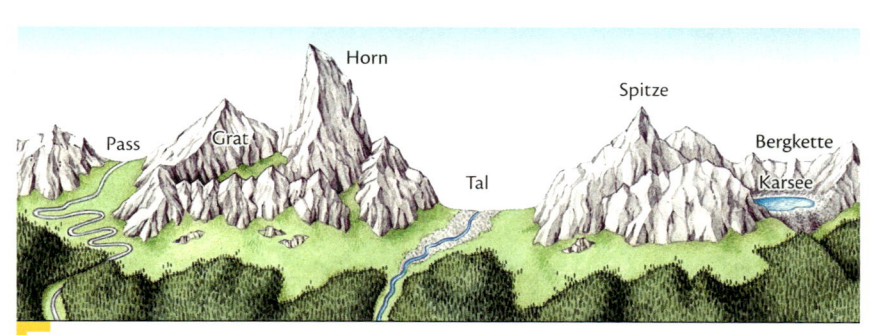

M 2 Oberflächenformen im Hochgebirge

Das Hochgebirge
Im Hochgebirge sind die Höhenunterschiede auf engem Raum sehr groß. Deshalb prägen steile Hänge und tiefe Schluchten, scharfe Grate und senkrechte Felswände das Landschaftsbild. Die Berge erreichen eine Höhe von über 1500 Metern.
Die Gesamtlänge der Alpen von Westen nach Osten beträgt etwa 1200 Kilometer, die Nord-Süd-Ausdehnung im Westen 150 bis 200 Kilometer, im Osten bis 300 Kilometer. Eine Furche, die vom Bodensee durch das Rheintal zum Comer See führt, markiert die Grenze zwischen den West- und Ostalpen. Der höchste Berg der Alpen ist der Montblanc (4807 m) in den Westalpen. In den Ostalpen werden solche Höhen nicht erreicht.

Höhenstufen der Pflanzenwelt
Mit der Höhe nimmt die Temperatur im Gebirge ab. Deshalb werden, je höher man kommt, die Monate, in denen Pflanzen wachsen können, immer weniger. In den höchsten Lagen können nur noch besonders widerstandsfähige Pflanzen überleben, denn sie müssen neben langen Wintern auch hohe Wind-

check-it
- geographische Lage der Alpen beschreiben
- Merkmale und Oberflächenformen eines Hochgebirges benennen
- Höhenstufen der Pflanzenwelt beschreiben
- Nutzung durch Bergbauern erklären
- Lernplakat gestalten

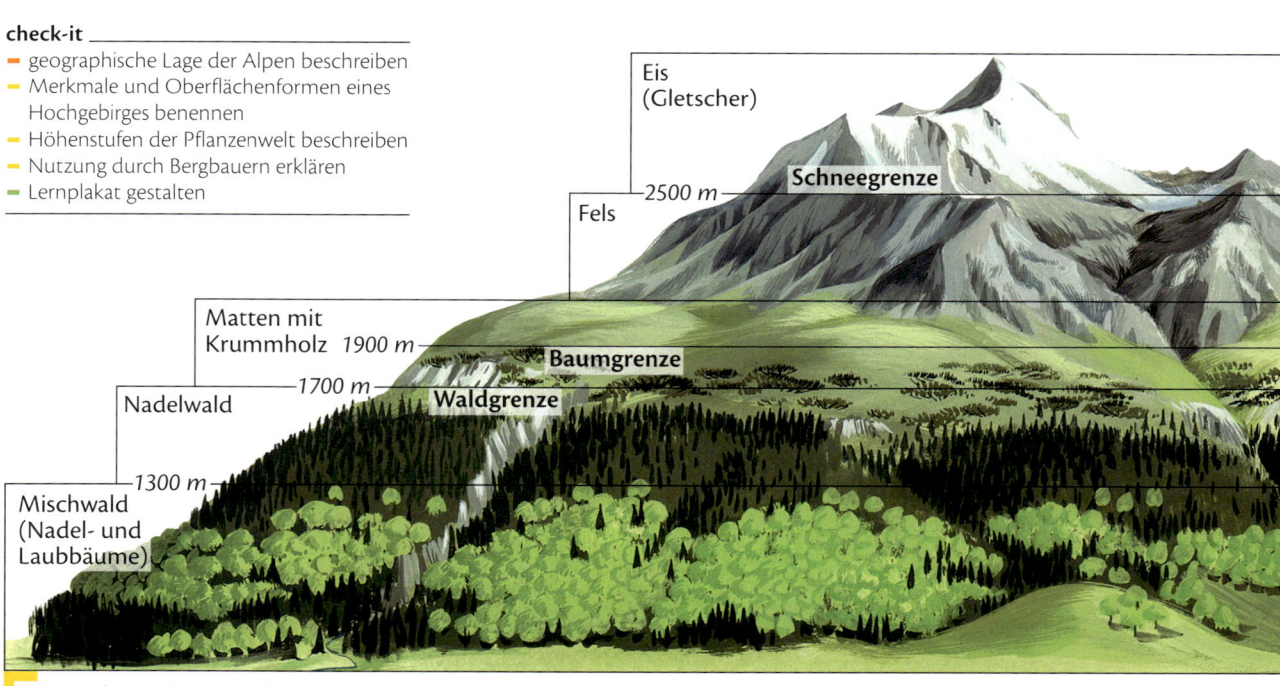

M 3 Höhenstufen der Pflanzenwelt auf der Alpennordseite

NUTZUNG DER ALPEN UNTERSUCHEN 75

Mitte Oktober – Anfang Juni
Auf dem Talhof: Versorgen des Viehs in den Ställen (Füttern, Melken, Stall Säubern).
Arbeiten im Wald (Holz Fällen u. a.). Im Frühjahr Ausbringen von Dünger, Reparaturarbeiten auf den Almen.

Anfang Juni – Mitte Juli
Im Tal: 1. Heuernte.
Auf der Voralm: Weiden des Milchviehs und des Jungviehs, Melken des Milchviehs.
Heuernte. Milchtransport zum Talhof.

Mitte Juli – Mitte September
Im Tal: 2. Heuernte.
Auf der Voralm: Weiden und Melken des Milchviehs, Verarbeitung der Milch zu Käse.
Auf der Hochalm: Weiden des Jungviehs.

Mitte September – Mitte Oktober
Zurücktreiben des Jungviehs von der Hochalm zur Voralm, anschließend Zurücktreiben des gesamten Viehs zum Talhof (Almabtrieb).

M 4 Das Arbeitsjahr eines Bergbauern

geschwindigkeiten überstehen. Außerdem steht ihnen nur eine dünne Bodenschicht zur Verfügung. Die Pflanzen benötigen daher eine besonders lange Zeit, um wieder nachzuwachsen. Viele Alpenpflanzen stehen deshalb unter Naturschutz.

Nutzung durch Bergbauern

Da Ackerbau in den Alpen nur im Tal möglich ist, werden die höheren Gebiete in den Sommermonaten als Weiden für das Vieh genutzt.
Auf den meisten **Almen** werden Kälber aufgezogen oder die Bergbauern betreiben Milchwirtschaft.
Milchalmen bestehen aus einem Almgebäude und dem Stall für das Melken der Kühe. Außerdem gibt es eine Milchkammer mit einer Einrichtung zur Milchkühlung.
Almen, die so weit abgelegen sind, dass die Frischmilch nicht täglich zur Molkerei transportiert werden kann, haben sich auf die Herstellung von Käse spezialisiert. Die Milch wird dort zu Hartkäse verarbeitet, der lange reift und gelagert werden kann.
Bergbauernhöfe sind nicht sehr groß. Das Gras auf den Almen wächst nur wenige Monate im Jahr und ernährt deshalb keine großen Herden. Die Bergbauern haben meist acht bis zehn Milchkühe und einige Kälber. Das bringt nicht sehr viel ein, sodass immer mehr Bergbauern ihre Höfe aufgeben oder sich ein zusätzliches Einkommen suchen. Dieses finden sie zum Beispiel im Tourismus. Viele Almen sind heute bewirtschaftet und bieten Wanderern einfache Speisen und Getränke sowie teilweise auch Übernachtungsmöglichkeiten an.

1 Beschreibe die geographische Lage der Alpen und benenne die Staaten, die Anteil an ihnen haben (Karten S. 71).
2 Der höchste Berg der Alpen ist der Montblanc. Formuliere eine entsprechende Aussage für die deutschen Alpen. Beschreibe die geographische Lage beider Berge (M 1, Karte S. 71 oben).
3 Zähle die Merkmale eines Hochgebirges auf und benenne typische Oberflächenformen (M 1, M 2, M 5 und S. 72/73).
4 Wandere in Gedanken vom Tal zum Gipfel. Beschreibe die Höhenstufen der Pflanzendecke, die du durchquerst (M 3).
5 Erläutere, auf welcher Höhenstufe sich die Almen befinden (M 3 bis M 5).
6 Gestalte ein Lernplakat, auf dem du das Arbeitsjahr eines Bergbauern darstellst. Beachte dabei auch, wann sich der Bauer und sein Vieh auf welcher Höhenstufe der Pflanzenwelt aufhalten (M 3 bis M 5, *Lernplakate erstellen*).
7 Erkläre, warum viele Bergbauern vor allem im Winter einer zusätzlichen Arbeit nachgehen.

WEBCODE: UE641680-075

M 5 Bergbauernhof in der Schweiz

Grünlandwirtschaft im Allgäu

M 1 Weidelandschaft im Allgäu

check-it
- geographische Lage des Allgäus beschreiben
- Voraussetzungen und Merkmale der Grünlandwirtschaft erläutern
- Begriff „Steigungsregen" kennen
- Arbeit in einem Milchviehbetrieb beschreiben
- aus Profilen Informationen entnehmen

Milch und Butter, Quark und Joghurt sowie unzählige Käsearten kommen aus der „Käseküche Deutschlands", dem Allgäu.

Grünland und Rinder

Die Landwirte im Allgäu haben sich auf die **Grünlandwirtschaft** spezialisiert, weil Gräser, Kräuter und Klee dort besonders gut wachsen. Die flachen, leicht welligen Flächen im Vorland der Alpen werden als Wiesen und Weiden genutzt, weil eine ackerbauliche Nutzung nicht sinnvoll ist. Die Landwirte halten Kühe und Jungvieh. Im gesamten Allgäu gibt es mehr als 300 000 Milchkühe. Die landwirtschaftlichen Betriebe liegen meist als Einzelhöfe inmitten der dazugehörigen Wiesen und Weiden. Ihr besonderes Kennzeichen ist das große Stallgebäude mit dem Kuhstall, der Melkanlage sowie dem Stall für das Jungvieh.

Der Maierhof

Landwirt Johann Maier hat einen typischen Grünlandbetrieb in der Nähe von Isny. Er bewirtschaftet den Hof allein mit einem Auszubildenden. Nur im Sommer zur Heuernte packt die ganze Familie, Frau Maier und die drei Kinder, mit an. Durch den Einsatz des Computers und moderner landwirtschaftlicher Geräte kommt der Betrieb mit so wenigen Arbeitskräften aus.
Zum Maierhof gehören 36 Hektar Wiesen und Weiden, drei Hektar Wald, 55 Milchkühe und 30 Stück Jungvieh.

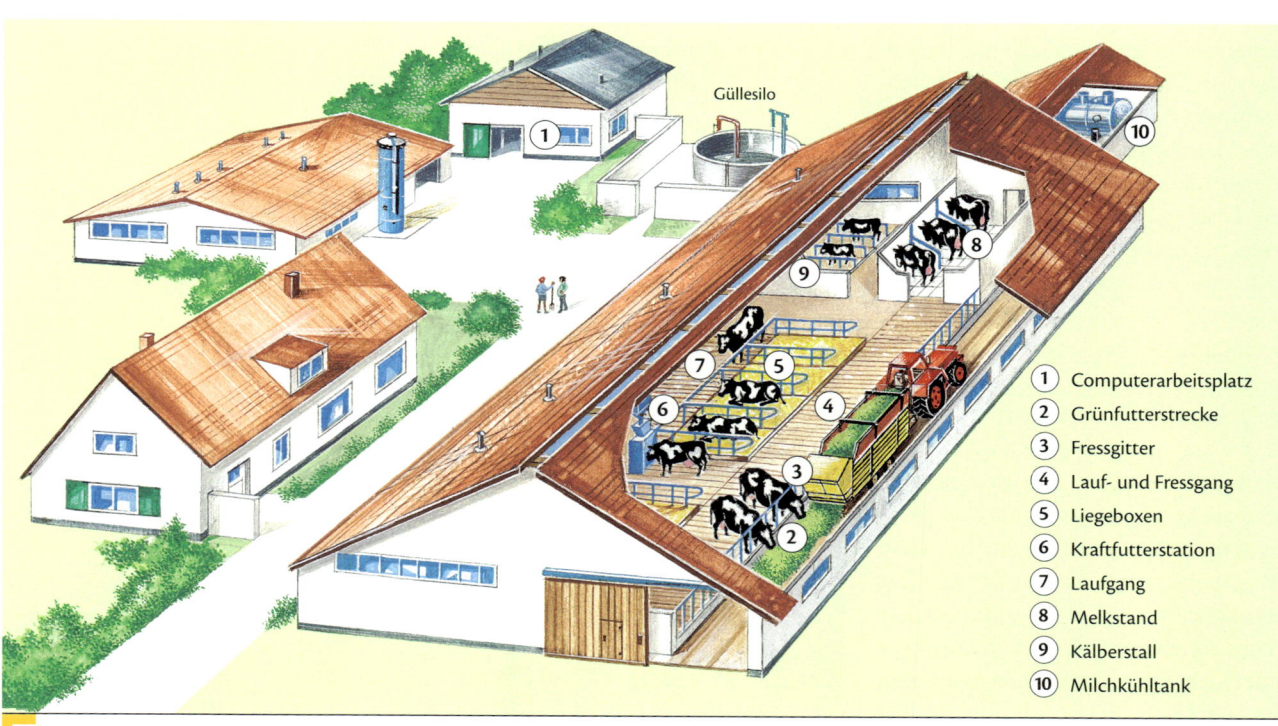

Güllesilo

① Computerarbeitsplatz
② Grünfutterstrecke
③ Fressgitter
④ Lauf- und Fressgang
⑤ Liegeboxen
⑥ Kraftfutterstation
⑦ Laufgang
⑧ Melkstand
⑨ Kälberstall
⑩ Milchkühltank

M 2 Milchviehbetrieb mit einem Boxenlaufstall

NUTZUNG DER ALPEN UNTERSUCHEN

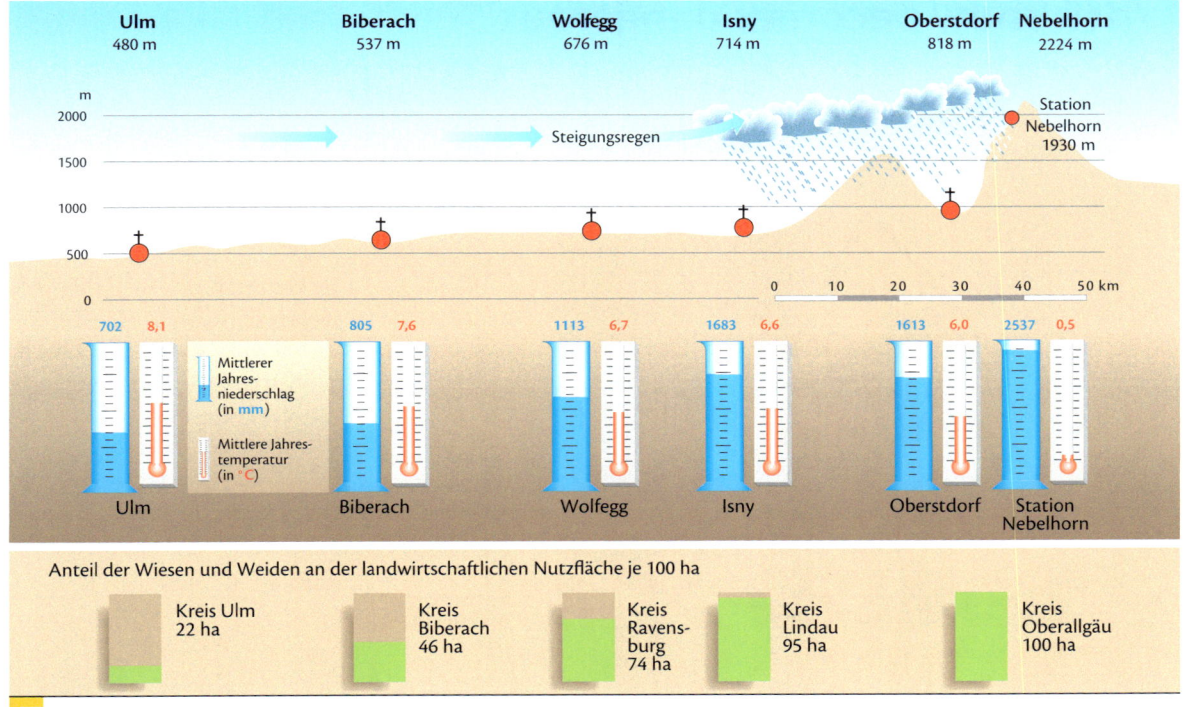

Ort	Höhe	Niederschlag (mm)	Temperatur (°C)
Ulm	480 m	702	8,1
Biberach	537 m	805	7,6
Wolfegg	676 m	1113	6,7
Isny	714 m	1683	6,6
Oberstdorf	818 m	1613	6,0
Nebelhorn / Station Nebelhorn	2224 m / 1930 m	2537	0,5

Anteil der Wiesen und Weiden an der landwirtschaftlichen Nutzfläche je 100 ha:
- Kreis Ulm: 22 ha
- Kreis Biberach: 46 ha
- Kreis Ravensburg: 74 ha
- Kreis Lindau: 95 ha
- Kreis Oberallgäu: 100 ha

M 3 Schnitt durch das Allgäu

Die Milchkühe bleiben fast das ganze Jahr im modernen Boxenlaufstall mit Fress- und Ruheplätzen, auf denen sie schlafen und wiederkäuen können. Nur zwei Monate im Sommer stehen die Kühe auf den Weiden in der Nähe des Hofes. Dann kommen die Tiere nur zum Melken in den Stall. Dadurch hat Bauer Maier zwar mehr Arbeit, aber für die Gesundheit seiner Kühe macht er diese gern.

Die Kühe werden morgens und abends gemolken. Jede Kuh gibt täglich etwa 20 bis 25 Liter Milch. Der moderne Melkstand für zwölf Kühe ist eine große Arbeitserleichterung für Landwirt Maier. Er kann beim Melken aufrecht stehen und muss sich nicht zum Euter der Kuh hinabbeugen. Die Milch gelangt über Rohrleitungen in einen Tank. Dort wird sie kühl gelagert und alle zwei Tage vom Milchwagen der Molkerei abgeholt.

Eine Kuh frisst etwa 50 Kilogramm Grünfutter (Gras oder Heu) am Tag. Auch im Winter muss ausreichend Grünfutter zur Verfügung stehen. Deshalb werden die Wiesen dreimal im Jahr gemäht. Das Gras wird getrocknet und im Winter als Heu verfüttert. Auf den Mähwiesen weiden keine Kühe oder Jungtiere. Sie werden nur zum Mähen genutzt. Auch bei der Heutrocknung hat die moderne Technik Einzug gehalten. Eine Trocknungsanlage macht Johann Maier unabhängig vom Wetter.

Das Jungvieh vom Maierhof kommt zwischen Mai und September auf eine Bergweide, die im Allgäu „Alp" genannt wird. Diese Alp wird von mehreren Landwirten gemeinsam genutzt. Zur Betreuung der Tiere sind drei Hirten angestellt. Die jungen Rinder gedeihen in der Höhe, bei gesunder Luft und kräftigem Futter prächtig.

1. Beschreibe die geographische Lage des Allgäus (Karte S. 71 oben und 212).
2. Erläutere die Voraussetzungen für die Grünlandwirtschaft im Allgäu. Berücksichtige dabei den Zusammenhang zwischen Höhenlage, Temperatur, Niederschlag und landwirtschaftlicher Nutzung (M 3).
3. Begründe, warum Ackerbau im Allgäu nicht sinnvoll ist (M 3, M 4).
4. Beschreibe die Arbeit in einem Milchviehbetrieb. Unterscheide dabei zwischen Arbeiten auf dem Hof und im Stall sowie Arbeiten auf dem Feld (M 2).
5. Fertige eine Mindmap an, die am Beispiel des Maierhofes wichtige Merkmale der Grünlandwirtschaft im Allgäu veranschaulicht. Beachte dabei auch die natürlichen Bedingungen (M 1 bis M 4, *Eine Mindmap erstellen*).

WEBCODE: UE641680-077

Wie entsteht Steigungsregen?
Von Nordwesten kommen Luftmassen, die über dem Atlantischen Ozean viel Feuchtigkeit aufgenommen haben. Am Nordrand der Alpen wird die Luft zum Aufsteigen gezwungen, denn nur so können die Luftmassen die Alpen überqueren. Dabei kühlt sich die Luft ab. Es bilden sich Wolken. Aus den Wolken fällt Regen.

M 4 So entsteht Steigungsregen

GEO-BILINGUAL

When snow becomes dangerous

An avalanche[1] ['ævəlɑːnʃ] is a large mass of snow that falls down the side of a mountain. Steep[2] slopes[3], snowfall[4], temperature changes or strong wind can cause these dangerous snow slides[5]. But often, loud noises, skiers or snowboarders are the triggers[6] – they set the snow in motion. Most victims[7] of avalanches trigger them with their own actions. Avalanches kill more than 150 people worldwide each year. Most of them are snowmobilers, skiers, and snowboarders.

1 **avalanche** Lawine
2 **steep** steil
3 **slope** Hang
4 **snowfall** Schneefall
5 **snow slide** Schneesturz
6 **trigger** Auslöser
7 **victim** Opfer

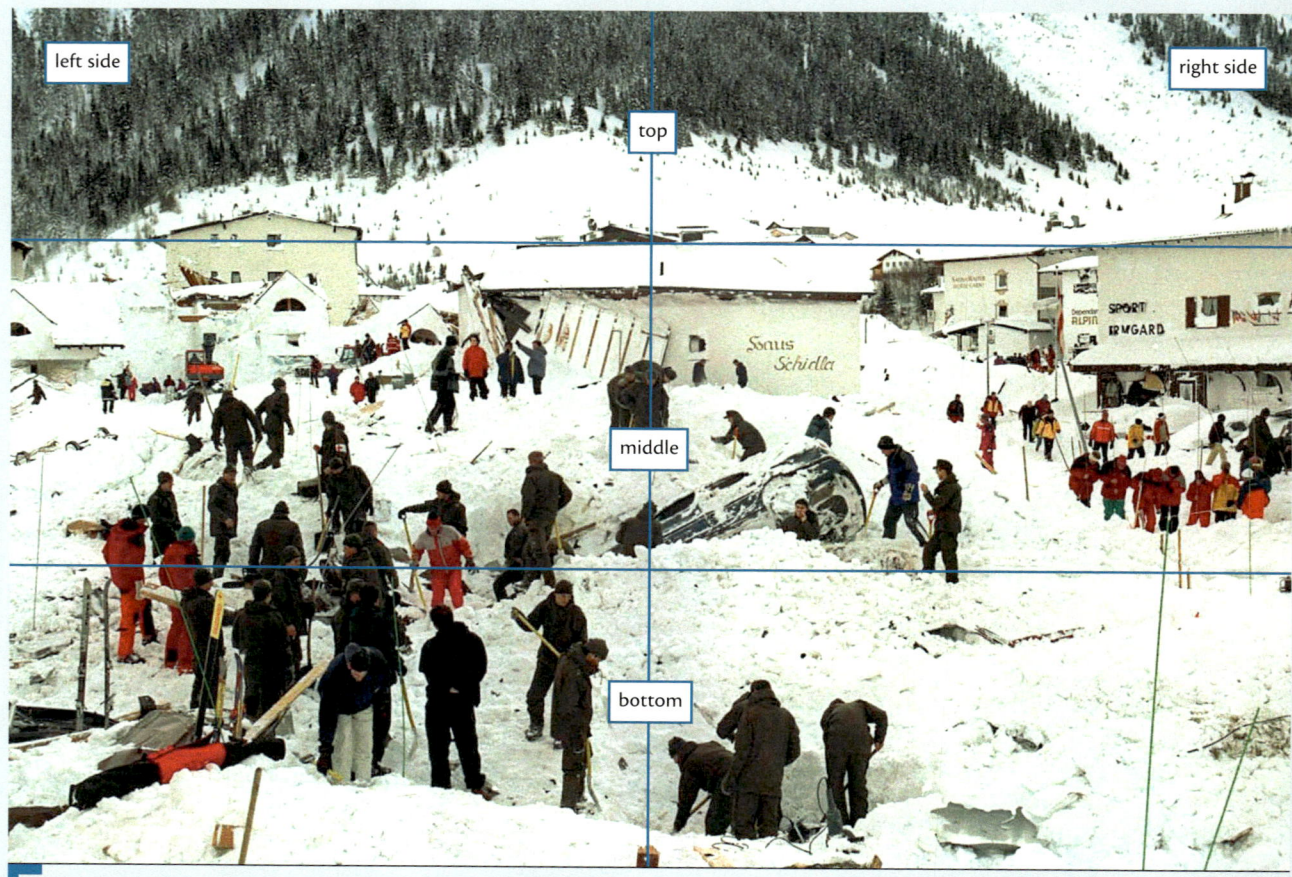

M 1 *Avalanche warning sign*

M 2 *Search for avalanche survivors in Galtür (Tyrol) 1999*

Phrases

I can see … / There's a/an … / There are …
Is it on the top left side?

Words

search team (*Suchmannschaft*), avalanche probe (*Lawinensonde*), shovel (*Schaufel*), building (*Gebäude*), roof (*Dach*), car (*Auto*), dig (*graben*), search for (*nach jemandem/etwas suchen*), destroyed (*zerstört*), overturned (*umgestürzt*)

Causes

Slope steepness
Most avalanches occur[8] on very steep slopes.

Snowfall
High amounts[9] of snowfall create very dangerous situations.

Temperature
Large changes in temperature can cause instability[10] in the upper layers[11] of snow.

Wind
A lot of avalanches occur after heavy storms.

Common[12] triggers

Human activities[13], snowboarders, skiers or loud noises, for example from airplanes or helicopters, trigger an avalanche

8 **occur** *entstehen*
9 **amount** *Menge*
10 **instability** *Instabilität, Haltlosigkeit*
11 **layer** *Schicht*
12 **common** *häufig, gewöhnlich*
13 **human activities** *Aktivitäten von Personen*

M 3 *Causes and triggers of avalanches*

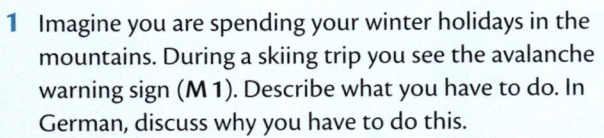

WEBCODE: UE641680-079

1. Imagine you are spending your winter holidays in the mountains. During a skiing trip you see the avalanche warning sign (**M 1**). Describe what you have to do. In German, discuss why you have to do this.
2. Look at the picture of an avalanche accident (**M 2**). Choose one part of the picture and make notes on what you can see.
3. Describe your part of the picture. Your classmates have to guess which part you are talking about.
4. Fill in the table in your exercise book (**M 3, M 4**):

Avalanches		
Causes	Triggers	Barriers
…	…	…

5. Write an email to a friend in Hesse. Tell your friend (in German) what you know about avalanches (**M 1–M 4**).

M 4 *Snow fences and forest as barriers against avalanches*

NUTZUNG DER ALPEN UNTERSUCHEN

Die Alpen – ein attraktiver Erholungsraum

check-it
- geographische Lage Grindelwalds beschreiben
- Sommer- und Wintertourismus unterscheiden
- Veränderungen durch Tourismus erläutern
- Panoramabild auswerten
- Urlaub in den Alpen planen

Urlaub in den Alpen

Grindelwald ist einer der ältesten Ferienorte in den Berner Alpen. Hierher kommen sowohl im Sommer als auch im Winter Touristen aus der ganzen Welt. Der **Tourismus** ist heute die wichtigste Erwerbsquelle für die Bevölkerung. Grindelwald hat 4241 Einwohner (2010). In der Hauptreisezeit im Sommer und Winter übernachten pro Tag etwa 11 000 Touristen in diesem Ort. Da die Alpen von vielen großen Städten aus schnell erreicht werden können, kommen zu den Übernachtungsgästen in Grindelwald noch ein-

M 1 *In den Alpen bei Grindelwald*

Im Sommer kann auf vielen markierten Spazier-, Wander- und Bergwegen gewandert werden.

Familien mit Kindern finden in Grindelwald viele Spielplätze und eine Sommerrodelbahn vor.

Es gibt viele Möglichkeiten für Bike-Touren. Karten werden zur Verfügung gestellt.

Es gibt ein Freilicht-, ein Heimat- und ein Touristikmuseum sowie viele kulturelle Veranstaltungen und ein Kino.

Geübte Bergsteiger können die Berge besteigen, zum Üben gibt es Klettergärten.

Bei jedem Wetter ist Schwimmen möglich – entweder im Freibad oder im Hallenbad.

M 2 *Freizeitangebote für einen Sommerurlaub in Grindelwald*

NUTZUNG DER ALPEN UNTERSUCHEN 81

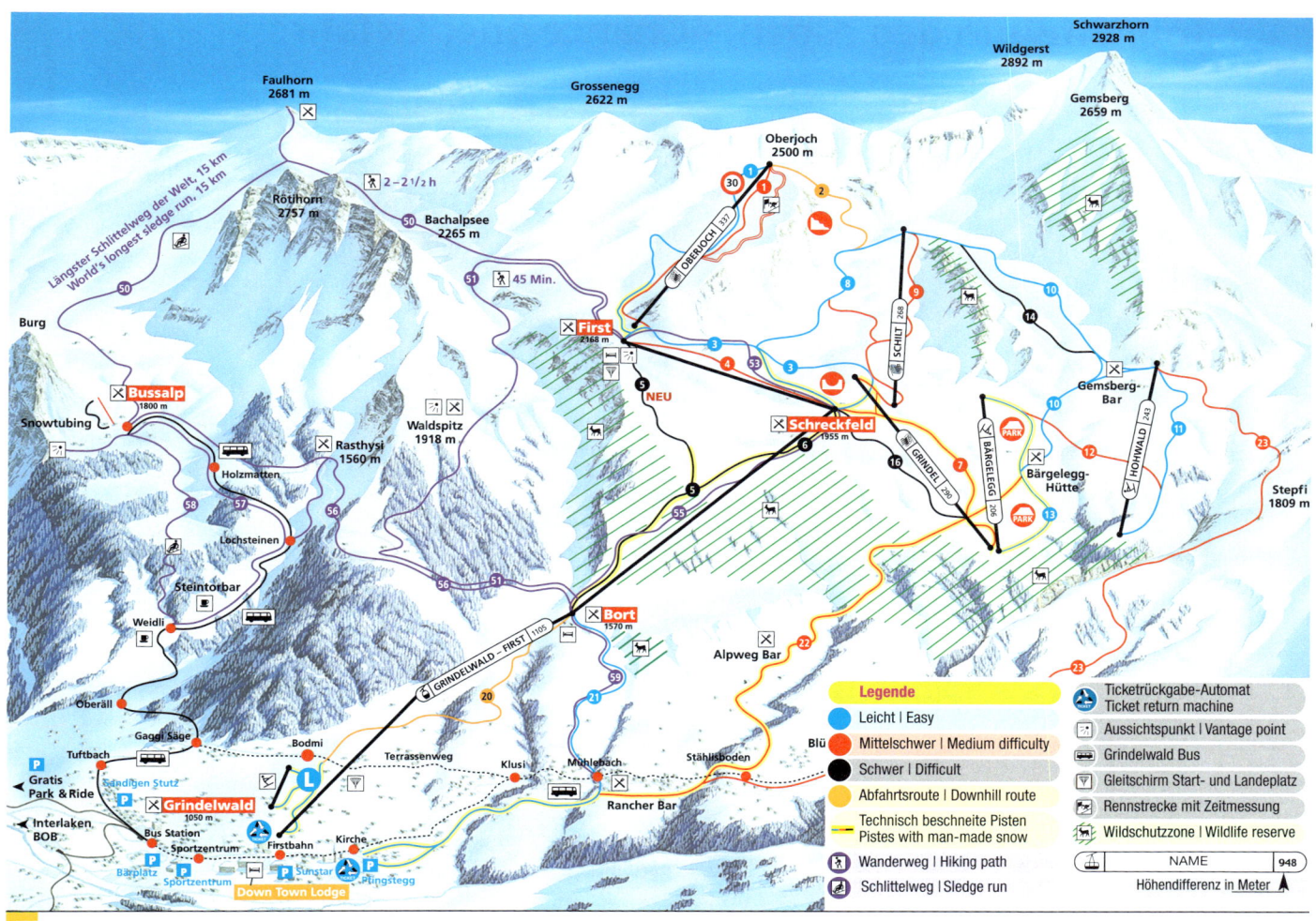

M 3 Panoramabild von Grindelwald im Winter

mal 5000 bis 6000 Tagestouristen hinzu. Die Gemeinde muss für diese vielen Menschen Parkplätze, Straßen und Wege sowie Freizeiteinrichtungen zur Verfügung stellen.

Veränderungen durch Tourismus

In den letzten 50 Jahren ist aus dem Alpendorf Grindelwald, das hauptsächlich aus verstreut auseinander liegenden Bergbauernhöfen bestand, ein Ort mit einem städtischen Zentrum geworden. Dort sind viele Geschäfte, Hotels und Restaurants zur Versorgung der Touristen entstanden.

Die ehemaligen Bergbauern arbeiten heute meistens im Tourismus oder im Baugewerbe, denn es entstehen noch immer neue Gebäude, aber auch Straßen, Parkplätze, Bergbahnen und Eisenbahnstrecken.

1. Beschreibe die geographische Lage Grindelwalds sowie der Berner Alpen und benenne die drei höchsten Berge der Berner Alpen (Karte S. 71 oben).
2. Bildet zwei Gruppen: die Sommer- und die Wintertouristen. Erstellt jeweils eine **Mindmap**, was man im Sommer oder Winter in Grindelwald unternehmen kann (M 1 bis M 3).
3. Beschreibe die Veränderung der Übernachtungszahlen von 2003 bis 2009 (M 4).
4. Plant eine Urlaubsreise in einen Alpenort. Arbeitet in Gruppen und nutzt Reiseprospekte. Entscheidet auch, ob ihr lieber im Sommer oder im Winter reisen möchtet (M 1 bis M 3).

Art der Unterkunft	Anzahl der Übernachtungen			
	2003	2005	2007	2009
Hotels	443 643	466 008	478 854	455 567
Ferienwohnungen	399 534	401 158	395 247	433 943
Camping	29 736	29 846	29 080	21 365
Berghäuser, Herbergen, Ferienheime etc.	97 607	91 956	104 718	199 403
Gesamt	**970 520**	**988 968**	**1 007 899**	**1 030 278**

Quelle: Gemeinde Grindelwald, 2009

M 4 Entwicklung der Übernachtungszahlen in Grindelwald

WEBCODE: UE641680-081

NUTZUNG DER ALPEN UNTERSUCHEN

Tourismus in den Alpen – Chance oder Gefahr?

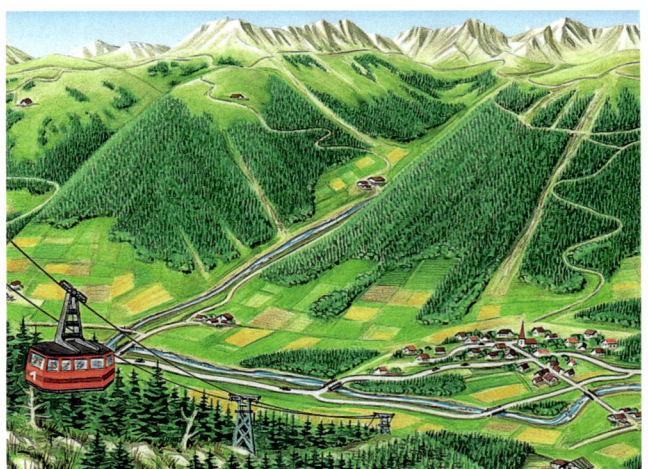

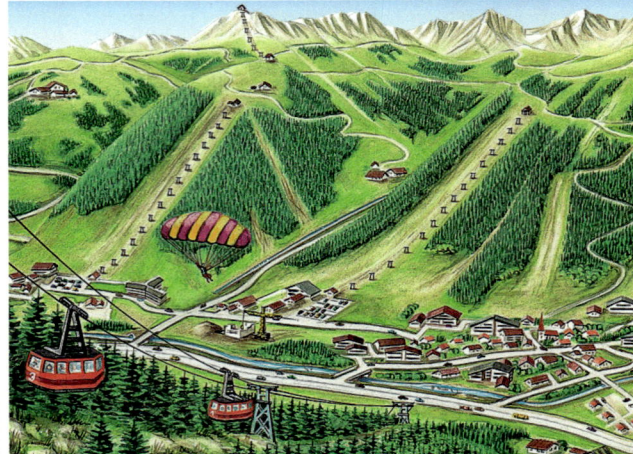

M 1 Die Alpenregion vor 50 Jahren und heute

check-it
- Auswirkungen des Tourismus kennen
- Folgen des Massentourismus in den Alpen beschreiben
- wirtschaftliche Bedeutung des Alpentourismus erläutern
- Notwendigkeit eines umweltverträglichen Tourismus erkennen

Tourismus schafft Wohlstand

In der Winter- und Sommersaison kommen jedes Jahr Hunderttausende Urlauber in die Alpen. Deshalb haben sich die Ferienorte in hohem Maße auf Touristen eingestellt. Die meisten Einwohner sind mit der Betreuung der Urlauber beschäftigt – sei es als Skilehrer, Bergführer, Hotelangestellte oder als Verkäufer in den Geschäften.

Der Tourismus ist für die Alpenorte und deren Bewohner eine wichtige Einnahmequelle geworden. Neun von zehn Arbeitsplätzen hängen heute vom Tourismus ab. Für Jugendliche stehen in ihren Heimatgemeinden viele Berufsmöglichkeiten offen, die es ansonsten nur in der Stadt gibt. Ohne den Tourismus müssten sie ihr Dorf verlassen und anderswo eine Arbeit suchen.

Tourismus schafft Probleme

Mit der Entwicklung des Tourismus hat sich das Aussehen der Orte in den Alpen stark verändert. Für den **Massentourismus** müssen immer mehr Straßen, Hotels, Freizeiteinrichtungen und Bergbahnen gebaut werden. Selbst die Gebirgsregionen bis in Höhen von 3000 Metern werden touristisch erschlossen. Zur Anlage von Bergbahnen, Skiliften und Pisten wurden große Teile

Schüler interviewen den Bergführer Marco B. aus Grindelwald:
Marco B.: Viele Touristen suchen neben dem Naturerlebnis den sportlichen Kick! Dabei denken sie nicht daran, dass man sich in den Bergen so verhalten sollte, dass die Natur geschont wird.
Schüler: Was kann man für die Umwelt tun?
Marco B.: Zunächst einmal: Bleibt auf den Wegen bzw. Pisten, im Sommer wie im Winter.
Schüler: Aber Mountainbikefahren macht doch querfeldein erst richtig Spaß!
Marco B.: Jeder Tourist abseits der Wege stört die Tiere und schädigt die Pflanzen. Und außerdem ist es gefährlich.
Mountainbikes reißen zudem tiefe Furchen in den Boden. Die Alpengemeinden haben nicht ohne Grund viel Geld für Wander- und Mountainbikewege ausgegeben. Man kann Spaß haben und trotzdem die Umwelt schonen. Jeder Feriengast sollte auch einmal überprüfen, was er von einem Bergurlaub erwartet. Das gilt übrigens auch für Sportarten wie Rafting, Eisklettern usw.
Ich weiß, junge Leute suchen die Herausforderung – aber das sollte nicht auf Kosten der Umwelt geschehen.

M 2 Umweltverträglicher Urlaub in den Alpen – aber wie?

NUTZUNG DER ALPEN UNTERSUCHEN   83

Fördern von Wissen und Verständnis für den Alpenraum bei Einheimischen und Touristen

Einrichten von Schutzzonen ohne Liftanlage und Straßen

Erhöhen der Einkünfte durch bessere Angebote für Touristen

Landwirtschaft, Kultur und Tourismus werden Partner

Verschönerung des Ortsbildes

Fördern der Zusammenarbeit aller Interessengruppen

M 3 *Die Gemeinde Grindelwald plant einen umweltverträglichen Tourismus*

---

des Waldes oberhalb der Orte gerodet. Die Abgase der vielen Autos schädigen zunehmend den **Bergwald**. Dieser Nadelwald an den Hängen bildet den wirksamsten Schutz vor Lawinen (an den Gebirgshängen abrutschenden Schneemassen) oder Muren (Schlammlawinen). Jahrhundertelang war es deshalb streng verboten, diesen **Bannwald**, der Häuser und Verkehrswege im Tal schützt, abzuholzen.

1 Beschreibe die Veränderungen in der Alpengemeinde in den letzten 50 Jahren (**M 1**).

2 Stelle Nutzen und Nachteile des Tourismus in einer Tabelle gegenüber (**M 1, M 2**).

3 „Der Bergwald ist ein Schutzwald." Erläutere diese Aussage (**M 1**, S. 72/73).

4 Bildet Gruppen und sammelt Vorschläge, wie man die Planungen der Gemeinde Grindelwald in Taten umsetzen könnte. Beratet eure Vorschläge in einer „Gemeinderatssitzung" (**M 3**).

5 Tourismus – Chance oder Gefahr? Nimm mithilfe der Materialien auf den Seiten 80 bis 83 Stellung zu der Frage.

WEBCODE: UE641680-083

Wir planen eine Skifreizeit

M 1 Aus Anfängern werden Profis

M 2 Mit dem Snowboard unterwegs

M 3 Schneemann-Wettbewerb

Ein Ziel auswählen
Eine Skifreizeit in den Alpen zu planen, ist kein Kinderspiel. Es müssen viele Informationen gesammelt und Einzelheiten geplant werden. Als Erstes sollten sich die Klasse und der Klassenlehrer einig werden, in welchen Teil der Alpen die Reise gehen soll. In Deutschland sind die folgenden drei Teile der Alpen als Zielgebiet möglich:
- Allgäuer Alpen mit Ferienorten wie Bad Hindelang, Nesselwang, Oberstdorf,
- Bayerische Alpen mit Ferienorten wie Bayrischzell und Garmisch-Partenkirchen,
- Salzburger Alpen mit Ferienorten wie Aschau, Rupolding, Berchtesgaden.

Planungsgruppen
Die Skifreizeit wird erst dann ein Erfolg, wenn sich die ganze Klasse an den Vorbereitungen beteiligt. Teilt die Klasse in Planungsgruppen ein, so verschafft ihr euch einen besseren und schnelleren Überblick. Sammelt nun Informationen, die wichtig sind für eure Planungsgruppe. Karten, Fotos, Prospekte u. a. Materialien zur Veranschaulichung eurer Ergebnisse für die anderen Planungsgruppen sind wichtig.

Schülerkonferenz
Trefft euch in regelmäßigen Abständen zu einer Schülerkonferenz. Diese kann von jeder Planungsgruppe einberufen werden, um Abstimmungen bei der Planung vorzunehmen oder Fragen zu klären. Hierbei solltet ihr einander immer auf den neuesten Stand der Planung bringen. Führt über alle Entscheidungen ein Protokoll, das ihr im Klassenzimmer aufhängt.

Ihr könnt
- verschiedene Ziele für die Skifreizeit heraussuchen und bewerten,
- Verkehrsmittel und Verkehrsanbindungen ermitteln,
- in der von euch gewählten Planungsgruppe Aktivitäten für die ganze Klasse planen,
- Angebote einholen und Preise vergleichen,
- nach der Rückkehr eine Fotoausstellung für das Schulfest oder den nächsten Elternabend vorbereiten,
- für die Homepage der Schule einen Bericht verfassen.

- Bereite dich auf den Wintersport mit Skigymnastik vor.
- Achte auf gute Ausrüstung.
- Helm nicht vergessen!
- Beachte die Regeln im Lift und auf der Piste.

M 4 Sicherheitstipps

Planungsgruppe: Bus & Bett
− Kontaktiert verschiedene Pensionen, Berghütten u.a. und holt Preise ein.
− Fragt nach Preisen bei Reiseveranstaltern, Busunternehmen und der Bahn.
− Ermittelt, was das Ausleihen von Ski und Schlitten pro Tag und Person an eurem Zielort kostet.
− Stellt Regeln für die Klassenfahrt auf.

Planungsgruppe: Sport & Spaß
− Ermittelt, wer aus eurer Klasse bereits Ski fahren kann und wer Anfänger ist.
− Findet heraus, welche Pisten, Loipen und Rodelbahnen sich in eurem Ort befinden.
− Kontaktiert verschiedene Skilehrer/-innen und holt Preise ein.
− Organisiert ein Schlittenwettrennen.
− Überlegt euch ein Motto für einen Wettbewerb „schönster Schneemann".

Planungsgruppe: Ski & Apres Ski
− Ermittelt, was ihr am Zielort unternehmen könnt, und holt Eintrittspreise ein.
− Findet heraus, ob und wo es in eurem Zielort Folgendes gibt: Eisbahn, Imbiss, Ausleihe für Ski und Schlitten, Hallenschwimmbad u. a. und tragt diese in einen Ortsplan ein.
− Bereitet eine Ortsrallye vor.

Planungsgruppe: Fun@Night
− Plant eine Begegnung mit der Bergwacht.
− Überlegt euch, wie ein Gesangswettbewerb/ein Spielabend ablaufen könnte.
− Organisiert eine Skitaufe.
− Bereitet eine „Modenschau" vor.
− Bereitet eine Schlittenfahrt bei Nacht vor.

M 5 *Aufgaben für die Planungsgruppen (Vorschläge)*

WEBCODE: UE641680-085

SONNENBRILLEPULLOVERTASCHENTÜCHERSOCKEN
TASCHENLAMPEMÜTZESONNENCREMESTIEFEL
SHAMPOOHANDTUCHBADEKLEIDUNGTASCHENGELD
UNTERWÄSCHEHAUSSCHUHEWINTERJACKEDUSCHGEL
HANDSCHUHEWARMEHOSEHAARBÜRSTE
TRINKFLASCHEFOTOAPPARATZAHNCREMESCHAL

Schreibe auf, was du mitnehmen solltest.
Ordne die Dinge dabei sinnvoll.

M 6 *Rätsel – Ab in den Koffer!*

NUTZUNG DER ALPEN UNTERSUCHEN

Schnelle Wege über die Alpen

M 1 *Verkehrsstau am Brenner*

Die Römer bauten die ersten Straßen über die Alpen. Sie überwanden das Gebirge an seiner niedrigsten Stelle, dem Pass. Der 1372 m hohe Brennerpass war schon damals der wichtigste Alpenübergang.

Verstopfte Straßen – dicke Luft
In den letzten Jahren hat der Verkehr über die Alpen sehr zugenommen. Nicht nur Urlauber aus Nord- und Mitteleuropa, die in den Süden wollen, sondern auch immer mehr Lkws schieben sich durch die Alpentäler. Deshalb kommt es vor allem zur Urlaubszeit häufig zu kilometerlangen Staus.
Der starke Verkehr belastet die Anwohner und auch die Umwelt. Immer mehr Straßen durchziehen die engen Alpentäler. Als Schutz vor Lawinen und Steinschlag werden aufwändige Überdachungen und Tunnels gebaut. Die Abgase schaden den Menschen und der Natur.

check-it
- Alpenpässe in der Karte verorten
- Verkehrsverbindungen über die Alpen nennen
- Auswirkungen des starken Verkehrs für die Reisenden und die Anwohner beschreiben
- Bedeutung der Basistunnel beurteilen

Barriere für den Verkehr
Jeder, der von Nord- und Mitteleuropa nach Südeuropa gelangen will, muss die Alpen überqueren. Sie bilden einen Sperrriegel für den Verkehr zwischen Nord und Süd.

Auf Schienen durch die Alpen
Die Alpenländer versuchen deshalb, sowohl den Personen- als auch den

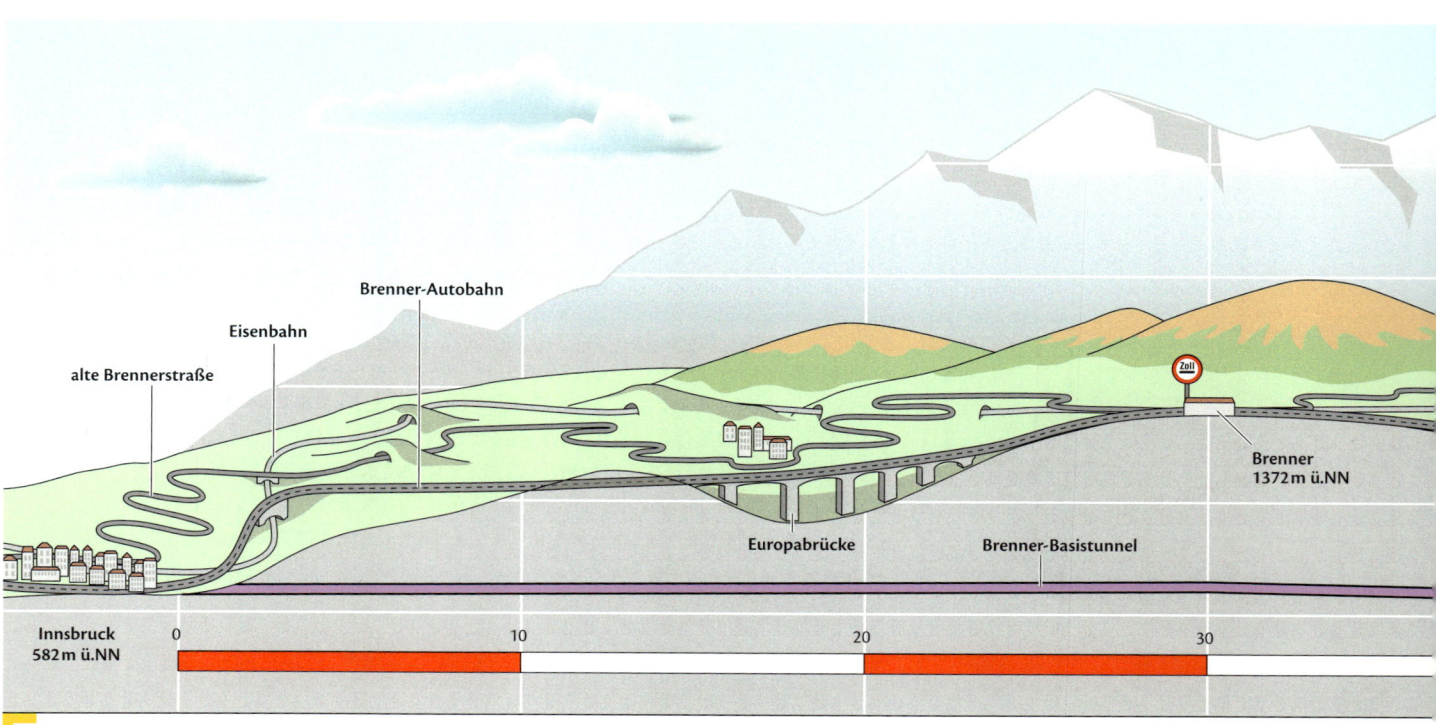

M 2 *Der Brenner-Basistunnel*

alte Brennerstraße — Eisenbahn — Brenner-Autobahn — Europabrücke — Brenner-Basistunnel — Brenner 1372 m ü.NN — Zoll

Innsbruck 582 m ü.NN

NUTZUNG DER ALPEN UNTERSUCHEN 87

	ohne Basistunnel	mit Basistunnel
Mögliche Züge pro Tag	237	405
Reisezeit im Personenzug	5 Std. 30 Min.	2 Std. 30 Min.

M 4 Verkehrsdaten der Strecke München–Verona

M 3 Verkehrswege am Brenner

Güterverkehr verstärkt von der Straße auf die Schiene zu verlagern. In den Alpen sind mehrere Eisenbahntunnels im Bau, die den Zugverkehr attraktiver machen sollen.

Auf den bereits bestehenden Eisenbahnstrecken über den St.-Gotthard-Pass in der Schweiz und den Brennerpass in Österreich dürfen die Züge ein festgelegtes Gewicht nicht überschreiten. Auch die Geschwindigkeit ist begrenzt, da größere Steigungen und Kurven überwunden werden müssen.

1 Beschreibe den Verlauf der wichtigsten Verkehrsverbindungen von Nord nach Süd über die Alpen und benenne Pässe (Karte S. 71 oben).

2 Nenne Auswirkungen des dichten Verkehrs auf den Alpenstraßen für die Umwelt und die Anwohner (**M 1**).

3 Berichte in einem **Kurzvortrag** über den Brenner-Basistunnel: Verlauf, Länge, Baufortschritt (**M 2**, **M 3**, Webcode).

4 Erläutere, welche Vorteile eine Alpendurchquerung auf der Schiene durch Basistunnel für die Reisenden und für die Anwohner hat, und vergleiche Basistunnel mit den bestehenden Verkehrswegen über die Alpen (**M 2** bis **M 4**).

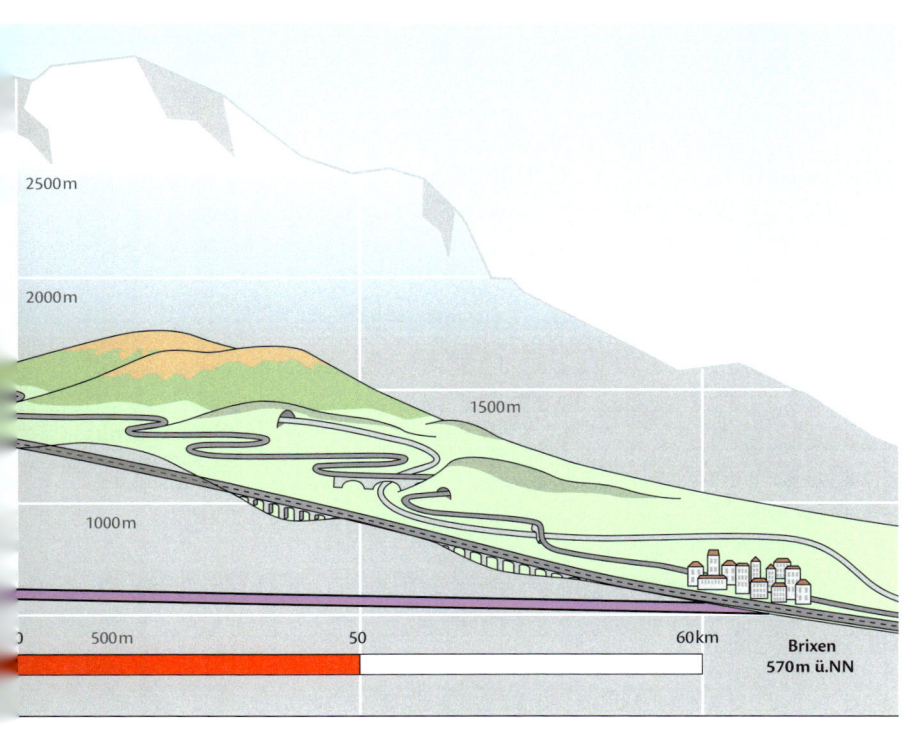

WEBCODE: UE641680-087

Geo-Check: Nutzung der Alpen untersuchen

Sich orientieren

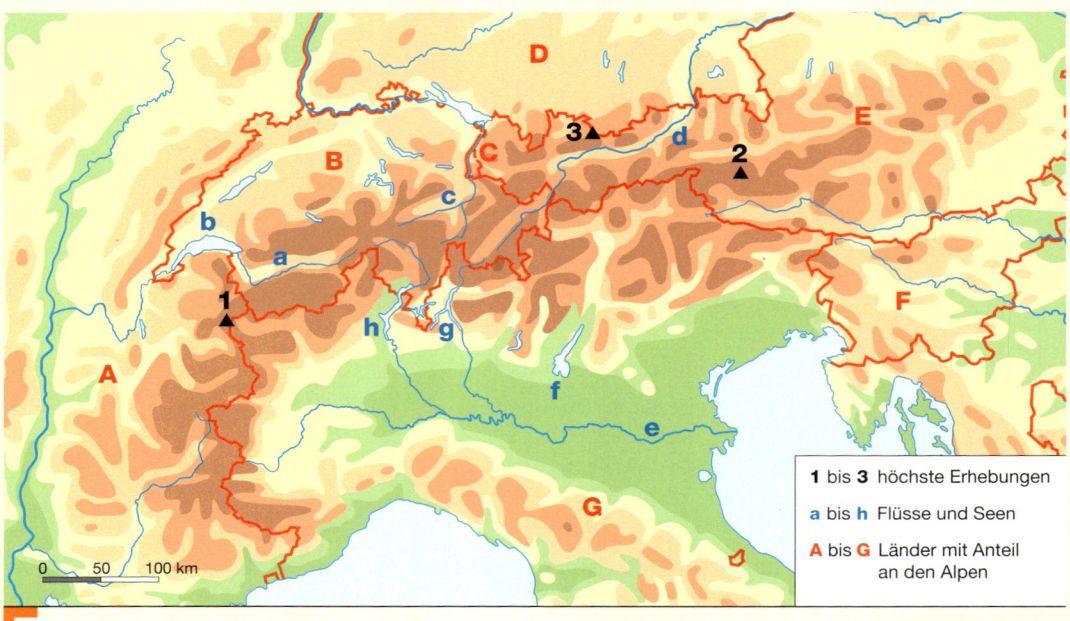

M 1 *Stumme Karte Alpen*

1 bis 3 höchste Erhebungen
a bis h Flüsse und Seen
A bis G Länder mit Anteil an den Alpen

1. Nenne die Staaten (A–G), die Anteil an den Alpen haben (**M 1,** Karten S. 71).
2. Nenne Flüsse und Seen (a–h) der Alpen (**M 1,** Karte S. 71 oben).
3. Benenne die höchsten Berge der Alpen (1–3) und beschreibe ihre geographische Lage (Karte S. 71 oben).
4. Nenne drei weitere Berge, die mehr als 3000 Meter hoch sind. Gib ihre genaue Höhe und den Staat an, in dem sie liegen an (Karte S. 71 oben).
5. Nenne je einen Fluss, der in den Alpen entspringt und ins Mittelmeer bzw. die Nordsee fließt (Karte S. 218/219).
6. Benenne die Alpenpässe, die du überqueren musst
   a) auf dem Weg von Basel nach Mailand und
   b) auf dem Weg von München nach Bologna
   (Karten S. 71 oben und 218/219).

Wissen und verstehen

7. Sortiere die Aussagen nach richtigen und falschen Aussagen. Verbessere die falschen Aussagen und schreibe sie richtig auf.

   Richtig oder falsch?
   - Der höchste Berg der Alpen liegt in den Ostalpen.
   - Die Schneegrenze liegt auf der Alpennordseite bei 2000 Metern Höhe.
   - Die Almen befinden sich auf der Nadelwaldstufe.
   - Nur im Sommer kann das Vieh auf der Hochalm weiden.
   - Im Allgäu wird wegen der hohen Niederschläge und der niedrigen Temperaturen Grünlandwirtschaft betrieben.
   - In Grindelwald können Touristen im Sommer wandern und im Winter Ski fahren.
   - Der Bannwald schützt die Alpenorte vor kalten Winden.
   - Der schnellste Weg von München über die Alpen führt über den Brenner-Pass.

8. Ordne jedem der folgenden Begriffe mindestens zwei Merkmale zu.

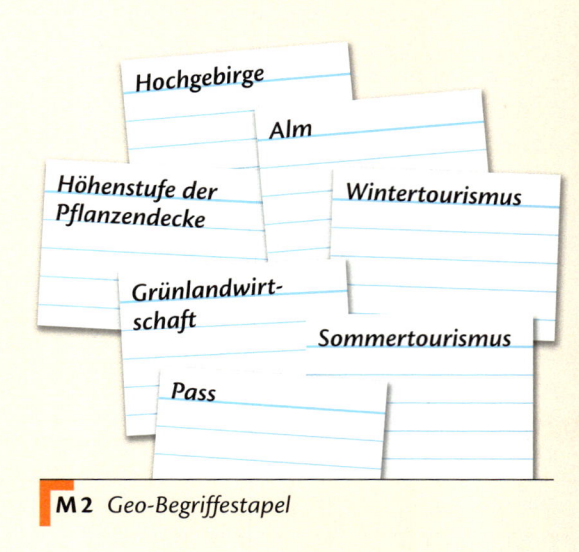

   - Hochgebirge
   - Alm
   - Höhenstufe der Pflanzendecke
   - Wintertourismus
   - Grünlandwirtschaft
   - Sommertourismus
   - Pass

   M 2 *Geo-Begriffestapel*

STADT UND LAND ALS LEBENSRÄUME VERGLEICHEN

Wiesbaden und Berlin

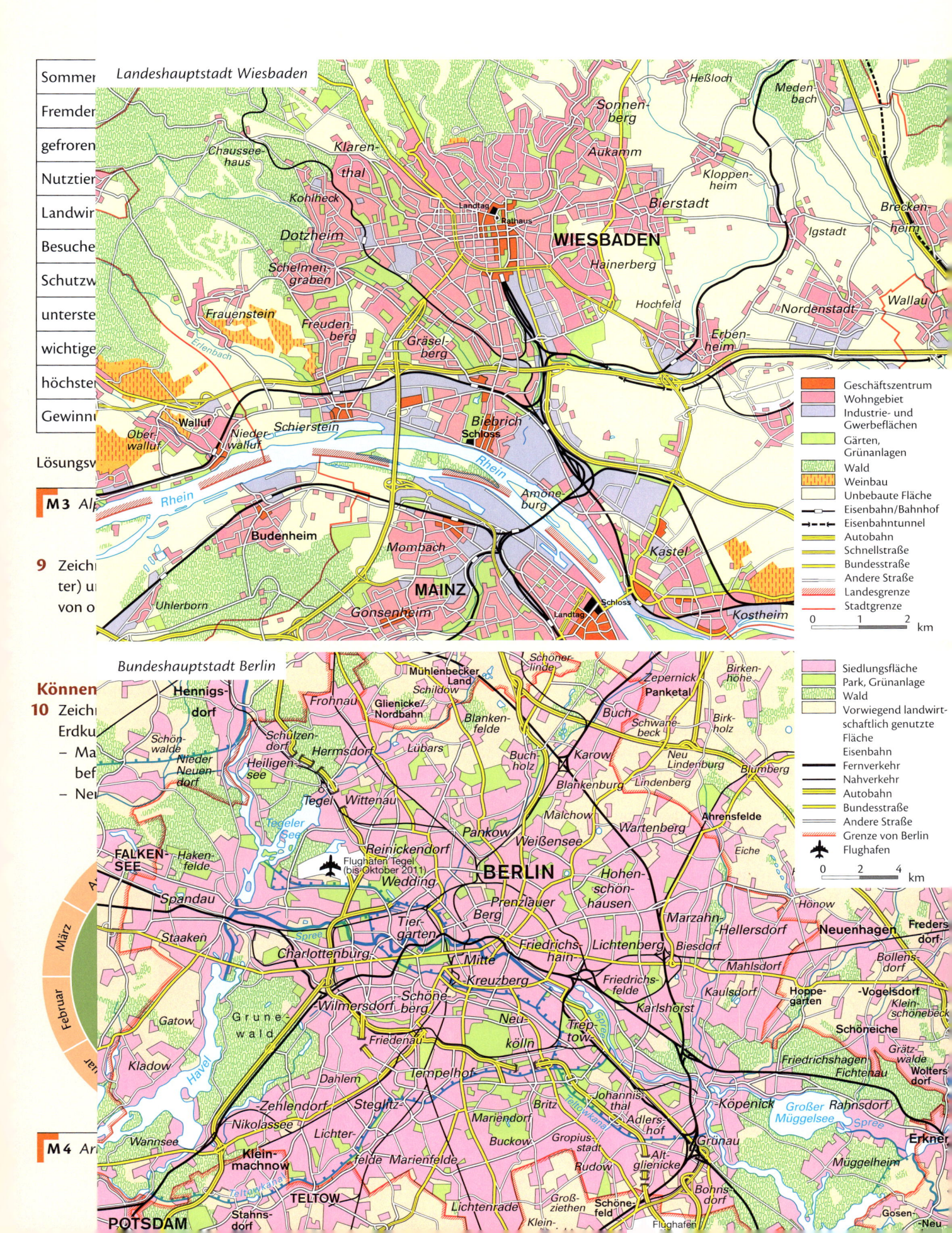

Landeshauptstadt Wiesbaden

Legende:
- Geschäftszentrum
- Wohngebiet
- Industrie- und Gewerbeflächen
- Gärten, Grünanlagen
- Wald
- Weinbau
- Unbebaute Fläche
- Eisenbahn/Bahnhof
- Eisenbahntunnel
- Autobahn
- Schnellstraße
- Bundesstraße
- Andere Straße
- Landesgrenze
- Stadtgrenze

0 1 2 km

Bundeshauptstadt Berlin

Legende:
- Siedlungsfläche
- Park, Grünanlage
- Wald
- Vorwiegend landwirtschaftlich genutzte Fläche
- Eisenbahn
- Fernverkehr
- Nahverkehr
- Autobahn
- Bundesstraße
- Andere Straße
- Grenze von Berlin
- Flughafen

0 2 4 km

4 Stadt und Land als Lebensräume vergleichen

Stadt oder Land?
Einerseits ein Häusermeer, das aber viel zu bieten hat, zum Beispiel an Geschäften und kulturellen Einrichtungen – andererseits Felder, Wiesen und Wälder mit nur kleinen Ortschaften. Doch auch auf dem Land ist viel los! Da fällt es schwer, den besten Lebensraum zu finden …

In diesem Kapitel lernst du
- die Bundesländer Deutschlands und ihre Hauptstädte zu benennen,
- die Merkmale einer Stadt zu beschreiben,
- die Funktionen der Landeshauptstadt Wiesbaden und der Bundeshauptstadt Berlin zu nennen,
- Individualverkehr und öffentlichen Nahverkehr zu vergleichen,
- die Verflechtung von Stadt und Land zu erläutern.

Dazu nutzt du
- Bilder,
- thematische Karten,
- Stadtpläne,
- Verkehrsnetzpläne.

Du beurteilst,
- welche Vor- und Nachteile das Leben in der Stadt beziehungsweise auf dem Land hat.

Links: Luftbild aus dem ländlichen Raum
Rechts: Landeshauptstadt Wiesbaden

STADT UND LAND ALS LEBENSRÄUME VERGLEICHEN

Landeshauptstadt Wiesbaden – eine Stadt mit vielen Gesichtern

M 1 Der hessische Landtag

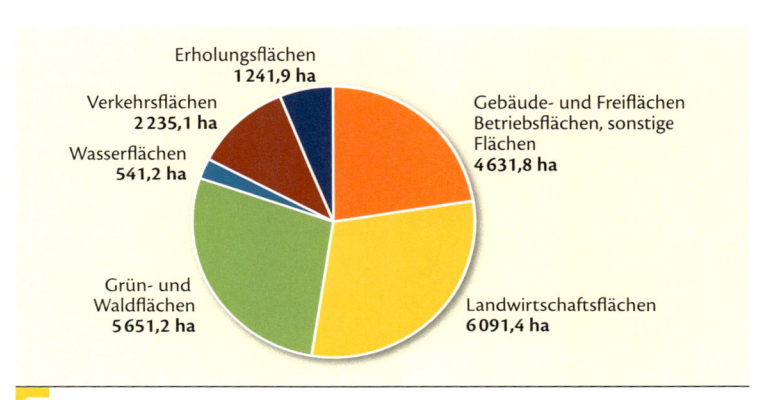

M 2 Flächennutzung im Stadtgebiet Wiesbaden (2010)

Erholungsflächen 1 241,9 ha
Verkehrsflächen 2 235,1 ha
Wasserflächen 541,2 ha
Gebäude- und Freiflächen Betriebsflächen, sonstige Flächen 4 631,8 ha
Grün- und Waldflächen 5 651,2 ha
Landwirtschaftsflächen 6 091,4 ha

M 3 Das Bundeskriminalamt

check-it
- Stadtviertel auf einem Stadtplan lokalisieren
- Merkmale einer Stadt nennen
- Bundesländer nennen und ihre Hauptstädte zuordnen
- Funktionen der Landeshauptstadt Wiesbaden beschreiben
- eine Besichtigungstour planen

Häuser und viele Menschen

Jeder war schon einmal in einer Stadt. Wer nicht in einer Stadt wohnt, wird dennoch häufiger die nächstgelegene Stadt besuchen. Eine Stadt hat viele Anziehungspunkte und jede ihre Besonderheiten. Es gibt aber auch einige Merkmale, die alle Städte gemeinsam haben.
Wer in eine Stadt kommt, dem fallen die nahe zusammenstehenden Gebäude, der dichte Verkehr sowie die vielen Menschen auf. In Deutschland muss eine Stadt mindestens 2000 Einwohner haben. Großstädte haben mindestens 100 000 Einwohner. Die Einwohnerzahl allein macht aber noch keine Stadt. Eine Stadt ist gekennzeichnet durch
- eine Vielzahl von Arbeitsplätzen außerhalb der Landwirtschaft,
- die Dichte und die Höhe der Bebauung,
- die vielfältige Nutzung der Häuser,
- die Dichte der Verkehrswege.

Landeshauptstadt Wiesbaden

Seit der Gründung Hessens 1945 ist Wiesbaden die Hauptstadt dieses Bundeslandes. Der hessische Landtag tagt im ehemaligen Stadtschloss der Herzöge von Nassau. In vielen Gebäuden der Innenstadt sind die Ministerien der Landesregierung und andere Verwaltungseinrichtungen untergebracht. Daneben befinden sich in der Landeshauptstadt auch einige Bundesbehörden wie das Statistische Bundesamt und das Bundeskriminalamt.
In der Landeshauptstadt haben aber auch Banken und Versicherungen ihren Sitz, die Arbeitsplätze zur Verfügung stellen. Zudem wurde Wiesbaden 2010 Universitätsstadt.

M 4 *Thermalbrunnen*

M 5 *Das Kurhaus*

Kur- und Kongressstadt

Seit dem 19. Jahrhundert ist Wiesbaden wegen seiner 26 heißen Quellen eine bekannte Kurstadt. In den vielen Kliniken und Kureinrichtungen der Stadt werden Patienten aus dem In- und Ausland behandelt. Es finden zahlreiche medizinische Kongresse statt, die weitere Besucher nach Wiesbaden bringen. Wegen der vielen Parks rund um die Kureinrichtungen ist Wiesbaden eine sehr grüne Stadt.

Eine Stadt – viele Stadtviertel

Wie in den meisten Großstädten befindet sich auch in Wiesbaden im Stadtzentrum die Fußgängerzone mit vielen Geschäften und Kaufhäusern. Dieser sehr dicht bebaute Stadtkern wird auch als **City** bezeichnet. Im Stadtkern liegt häufig auch der älteste Teil der Stadt, die **Altstadt.** Deshalb sind die Straßen sehr schmal.

An die City schließen sich **städtische Wohngebiete** an. Sie werden in Wiesbaden geprägt durch Stadthäuser und Villen aus dem 19. Jahrhundert. Hier lebten in der Nähe der Parks in dieser Zeit wohlhabende Beamte, Generäle, Ärzte und Fabrikanten, die das milde Klima und die Kureinrichtungen schätzten.

Außerhalb des Stadtkerns ist die Bebauung weniger dicht. Einfamilienhäuser mit Gartengrundstücken stehen neben Mehrfamilienhäusern.

Am Rand des Stadtkerns befindet sich der Hauptbahnhof. An ihn schließen sich in Richtung Rheinufer **Industrie- und Gewerbebetriebe** an. Die Betriebe am Rhein erhalten einen Großteil ihrer Rohstoffe über den Fluss. Neue Gewerbegebiete liegen an den Autobahnen rund um Wiesbaden.

1. Nenne die Merkmale einer Stadt am Beispiel Wiesbadens (Karte S. 91 oben, **M 6**).
2. Suche die Stadtviertel auf dem Stadtplan und beschreibe ihre Lage (Karte S. 91 oben).
3. Wiesbaden – eine Stadt mit vielen Funktionen. Benenne sie (**M 1, M 3** bis **M 6**).
4. „Wiesbaden ist eine grüne Stadt". Überprüfe diese Aussage (**M 2**, Karte S. 91 oben).
5. Lege eine Tabelle an, in die du alle Bundesländer und jeweils deren Landeshauptstadt einträgst (Karte S. 213):

Bundesland	Hauptstadt
Hessen	Wiesbaden
...	...

6. Lukas bekommt Besuch von seiner Cousine Laura und möchte mit ihr Wiesbaden besichtigen. Entwirf einen Plan für eine eintägige Besichtigungstour (**M 1, M 4, M 5,** Webcode).

WEBCODE: UE641680-095

M 6 *Städtische Wohnviertel*

Bundeshauptstadt Berlin

M 1 Schrägluftbild des Regierungsviertels in Berlin (2008)

1871	Nach der Vereinigung der zahlreichen deutschen Kleinstaaten wird Berlin Hauptstadt des Deutschen Reiches.
1920	Berlin hat bereits 3,8 Mio. Einwohner und ist größte Industriestadt und ein kulturelles Zentrum Europas.
1945	Ende des Zweiten Weltkriegs: Deutschland und Berlin werden von den Siegermächten in vier Sektoren geteilt.
1949	Gründung der Bundesrepublik Deutschland und der Deutschen Demokratischen Republik (DDR); Berlin (Ost) wird Hauptstadt der DDR.
1961	Die DDR baut quer durch Berlin eine Mauer, die Berlin (Ost) und Berlin (West) trennt.
1989	Die Berliner Mauer fällt, die innerdeutschen Grenzen werden geöffnet.

M 2 Aus der Geschichte Berlins

check-it
- wichtige Gebäude auf Luftbild und Karte lokalisieren
- Funktionen Berlins als Bundeshauptstadt kennen
- Berlin als Hauptstadt beschreiben
- Regierungsgebäude benennen
- den Potsdamer Platz als neuen Stadtteil auf ehemaligem Mauergelände kennen

Hauptstadt und Weltstadt

Nach der **Wiedervereinigung** 1990 beschloss das Parlament, dass Berlin wieder deutsche Hauptstadt werden sollte. In den folgenden Jahren entstand rund um das völlig umgebaute Reichs-

M 3 Der Reichstag

M 4 Das Bundeskanzleramt

M 5 Schloss Bellevue

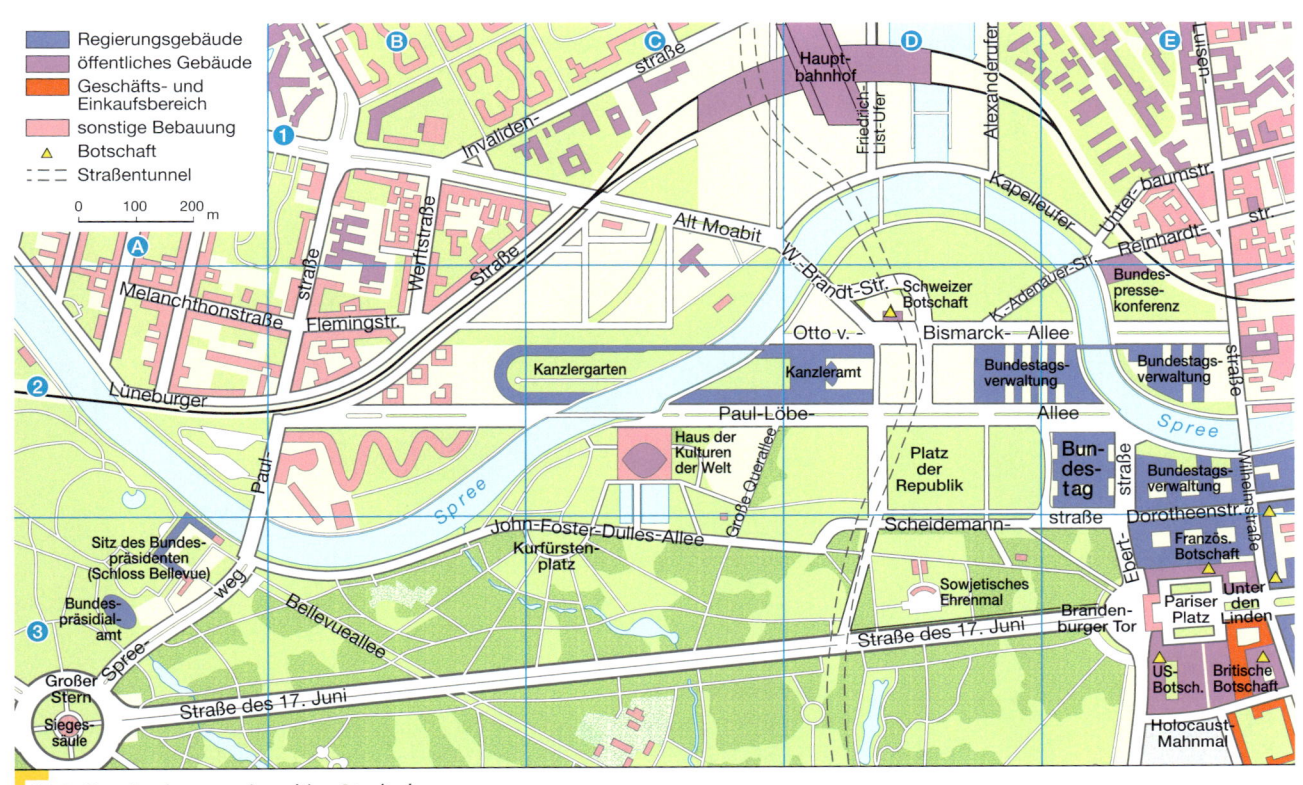

STADT UND LAND ALS LEBENSRÄUME VERGLEICHEN 97

M 6 Das Regierungsviertel im Stadtplan

tagsgebäude, in dem der Bundestag untergebracht ist, das Regierungsviertel. Im Schloss Bellevue wurde der Sitz des Bundespräsidenten eingerichtet.
Als **Bundeshauptstadt** ist Berlin das politische Zentrum Deutschlands. Regierung und Parlament, die diplomatischen Vertretungen, aber auch alle wichtigen Rundfunk- und Fernsehanstalten sowie Pressehäuser haben ihren Sitz in der Stadt. Täglich kommen viele Besucher aus aller Welt in die Bundeshauptstadt. In der Weltstadt Berlin finden sie neben eleganten Geschäftsstraßen auch mehrere Universitäten und Hochschulen sowie kulturelle Einrichtungen vor.

Der Potsdamer Platz – die neue Mitte

Der Potsdamer Platz war früher einer der belebtesten Plätze Berlins und Europas. Nach der Teilung der Stadt wurde er zum Grenzraum. Große Flächen im Umkreis des Platzes blieben unbebaut. Nach der Wiedervereinigung ist der Potsdamer Platz wieder zu einem Zentrum der Stadt ausgebaut worden. Es entstanden Wohnungen, Büros, Restaurants, Kinos, Hotels sowie eine Einkaufspassage und ein Theater. Der Potsdamer Platz hat neben einem U- und S-Bahnanschluss auch einen eigenen Regionalbahnhof.

1 Berichte, wann Berlin im Laufe seiner Geschichte Hauptstadt Deutschlands war (**M 2**).
2 Beschreibe den Verlauf der Spree durch Berlin. Miss die Länge und nenne die Stadtteile, die der Fluss von Osten nach Westen durchfließt. In welchen Fluss mündet die Spree (Karte S. 91 unten)?
3 Liste auf, welche Funktionen eine Bundeshauptstadt hat. Vergleiche mit der Landeshauptstadt Wiesbaden (S. 94/95).
4 Nenne die Regierungsgebäude und beschreibe deren Lage (**M 3** bis **M 6**).
5 Orientiere dich auf dem Schrägluftbild: Beschreibe den Verlauf der Spree, die Lage des Brandenburger Tors und des Reichstags (**M 1**, **M 6**).
6 Gib die Lage der Regierungsgebäude im Schrägluftbild an (**M 1**, **M 6**).
7 Erläutere, warum am Potsdamer Platz ein neuer Stadtteil entstehen konnte (**M 7**).

M 7 Der Potsdamer Platz heute

WEBCODE: UE641680-097

STADT UND LAND ALS LEBENSRÄUME VERGLEICHEN

Unterwegs in der Stadt

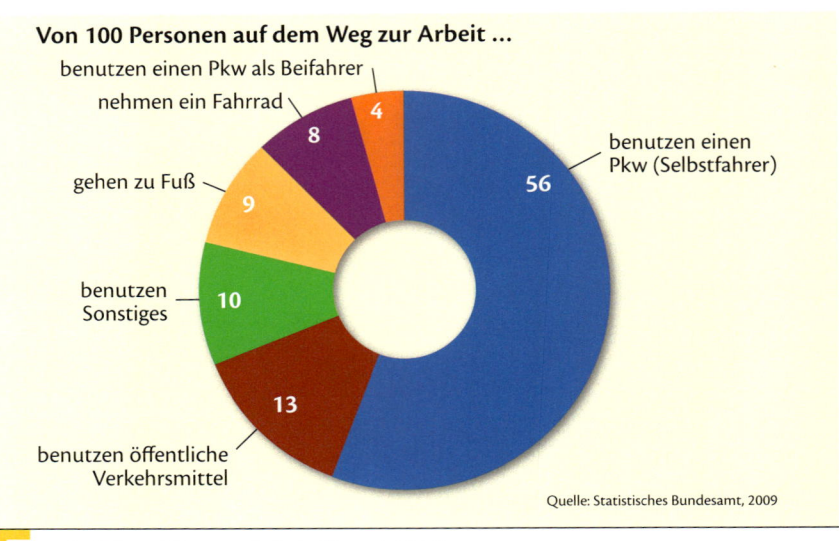

M 1 Eine Familie morgens unterwegs

M 2 Auf dem Weg zur Arbeit (Stand 2009)

Von 100 Personen auf dem Weg zur Arbeit ...
- benutzen einen Pkw als Beifahrer: 4
- nehmen ein Fahrrad: 8
- gehen zu Fuß: 9
- benutzen Sonstiges: 10
- benutzen öffentliche Verkehrsmittel: 13
- benutzen einen Pkw (Selbstfahrer): 56

Quelle: Statistisches Bundesamt, 2009

check-it
- verschiedene Arten von Verkehrsmitteln benennen
- Flächenbedarf und Umweltbelastung durch verschiedene Verkehrsmittel beschreiben
- einen Fahrplan lesen
- eine Umfrage durchführen

Individualverkehr ...

Beim **Individualverkehr** verwendet jeder Einzelne ein ihm frei zur Verfügung stehendes **Verkehrsmittel** oder er geht zu Fuß. Er kann selbst bestimmen, wann er losfährt oder -geht und welchen Weg er nimmt. Da dies sehr bequem ist und finanziell auch günstig war, hat der Individualverkehr ständig zugenommen.

So sind besonders in den Morgenstunden, wenn alle zur Arbeit müssen, und am späteren Nachmittag, wenn es wieder nach Hause geht, die Straßen in den Städten verstopft und es kommt zu langen Staus. Zudem belasten Abgase und Lärm die Anwohner.

... und öffentlicher Nahverkehr

Wer den **öffentlichen Nahverkehr,** also zum Beispiel U- und S-Bahnen, Busse oder Straßenbahnen benutzt, muss sich an vorgegebene Fahrpläne halten. Er kann außerdem die Fahrtstrecke nicht frei wählen, sondern nur an Haltestellen zu- oder aussteigen. Jeder, der mit dem öffentlichen Nahverkehr unterwegs ist, muss deshalb einiges beachten:
- Er muss die nächste Haltestelle suchen, an der er zusteigen kann.
- Er muss sich informieren, zu welchen Zeiten der Bus oder die Bahn fährt.
- Er muss erkunden, ob er umsteigen muss, um sein Ziel zu erreichen.
- Er muss die Haltestelle, die seinem Ziel am nächsten liegt, finden.

Während Busse und Bahnen in den größeren Städten oft alle zehn Minuten fahren, sind auf dem Land die Abstände zwischen den Fahrten deutlich länger.

Linienverlauf:
- Hofheim am Taunus-Wildsachsen Parkstraße
- Wiesbaden-Bierstadt Kappenbergweg
- Wiesbaden-Bierstadt Aukamm (01)
- Wiesbaden-Bierstadt Plutoweg (03)
- Wiesbaden-Bierstadt Wartestraße (04)
- Wiesbaden Fichtestraße Handwerkskammer (05)
- Wiesbaden Alwinenstraße (06)
- Wiesbaden Blumenstraße (07)
- Wiesbaden Dernsches Gelände (09)
- Wiesbaden Kirchgasse (11)
- Wiesbaden Platz der Deutschen Einheit (12)

(Hauptweg, Weg A, Weg B, Weg C)

ABFAHRTSZEITEN Kappenbergweg — Bus 31

⏰	Montag – Freitag			Samstag		Sonntag	
05	09	39	56	56			
06	16	36	56ᴬ	26	56	09	
07	16	31ᴮ	36ᶜ 59	26	56	09	
08	19	39	59	26	59	09	
09	29	59		29	59	21	
10	29	59		29	59	21	
11	29	59		29	59	21	
12	29	59		29	59	23	
13	19	39		29	59	23	53
14	09	29	49	29	59	23	53
15	09	29	51	29	59	23	53
16	09	29	51	29	59	23	53
17	09	29	51	29	59	23	53
18	09	29	51	29	59	23	53
19	19	51		29	59	23	53
20	19	53		23	53	23	53
21	23	53		23	53	53	
22	23	53		23	53	53	
23	23	53		23	53	53	
00	16			16		16	

Zeichenerklärung:
A = fährt Weg A
B = fährt Weg B
C = fährt Weg C

M 3 Auszug aus einem Busfahrplan

STADT UND LAND ALS LEBENSRÄUME VERGLEICHEN   99

200 Personen in einer Straßenbahn

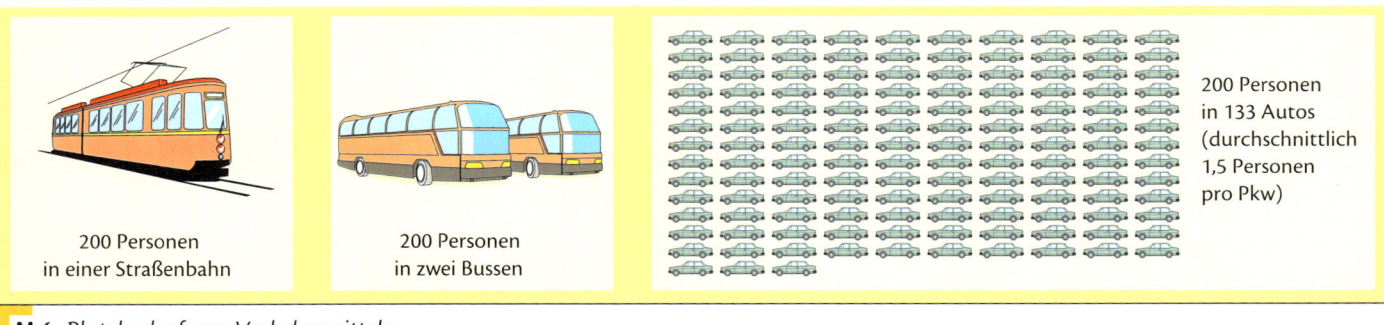

200 Personen in zwei Bussen

200 Personen in 133 Autos (durchschnittlich 1,5 Personen pro Pkw)

M 4 *Platzbedarf von Verkehrsmitteln*

1 Morgens verlassen viele ihre Häuser und Wohnungen, um zur Arbeit oder in die Schule zu gelangen. Nenne die Verkehrsmittel, die sie hauptsächlich benutzen. Berichte, wie du zur Schule kommst (**M 1, M 2**).

2 Lege eine Tabelle an und ordne die verschiedenen Verkehrsmittel dem Individualverkehr oder dem öffentlichen Nahverkehr zu (**M 2, M 5**).

3 Sortiere Straßenbahn, Bus und Auto nach Flächenverbrauch und Umweltverträglichkeit (**M 4, M 5**).

4 Du wohnst in Wiesbaden im Kappenbergweg und musst pünktlich um 8 Uhr in der Schule in der Nähe des Platzes der Deutschen Einheit sein. Die Fahrtzeit beträgt zwölf Minuten. Nenne die Abfahrtszeit des Busses (**M 3**).

5 Führt eine Umfrage in eurer Klasse oder in der Schule durch, wie die Schülerinnen und Schüler in die Schule kommen.

WEBCODE: UE641680-099

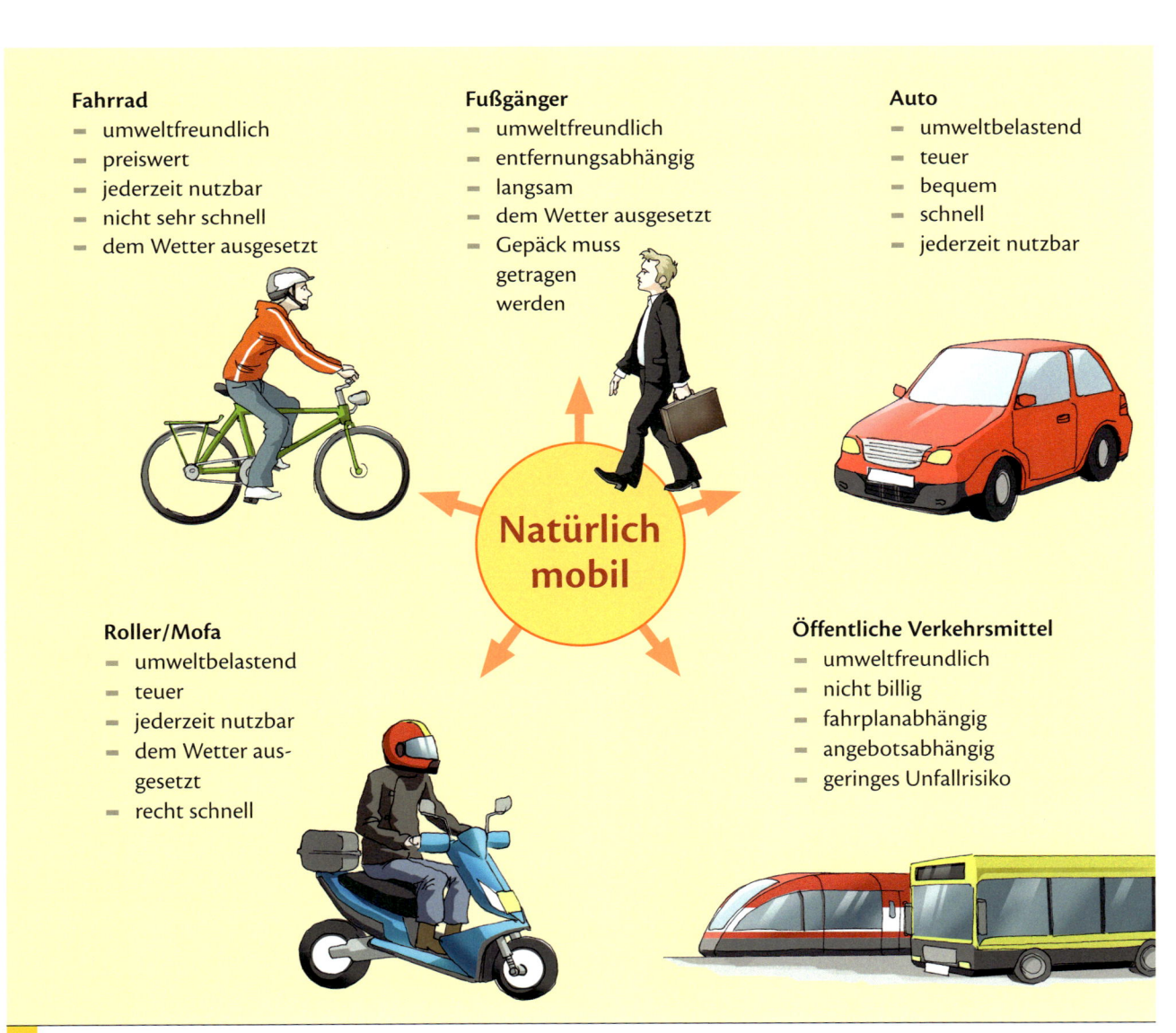

Fahrrad
- umweltfreundlich
- preiswert
- jederzeit nutzbar
- nicht sehr schnell
- dem Wetter ausgesetzt

Fußgänger
- umweltfreundlich
- entfernungsabhängig
- langsam
- dem Wetter ausgesetzt
- Gepäck muss getragen werden

Auto
- umweltbelastend
- teuer
- bequem
- schnell
- jederzeit nutzbar

Natürlich mobil

Roller/Mofa
- umweltbelastend
- teuer
- jederzeit nutzbar
- dem Wetter ausgesetzt
- recht schnell

Öffentliche Verkehrsmittel
- umweltfreundlich
- nicht billig
- fahrplanabhängig
- angebotsabhängig
- geringes Unfallrisiko

M 5 *Mobil – aber wie?*

Wir orientieren uns auf Verkehrsnetzplänen

check-it
- Verkehrsnetzplan lesen
- Haltestellen und Verbindungen auf dem Verkehrsnetzplan finden
- Reiserouten planen

Was ist ein Verkehrsnetzplan?
Ein Verkehrsnetzplan ist eine thematische Karte, auf der der Verlauf und die Anbindungen öffentlicher Verkehrsmittel abgebildet sind. Weil er für diese spezielle Anwendung gemacht wurde, fallen viele Angaben weg. Mithilfe eines Verkehrsnetzplanes kannst du dir eine schnelle Orientierung in einer fremden Stadt verschaffen und Entfernungen abschätzen. Er dient vor allem aber zur Planung der Reiseroute von einem Ort zum anderen.

U- und S-Bahnpläne
Der Untergrund- und Schnell-Bahnplan einer Stadt ist häufig zusammengefasst, weil sich beide Verkehrsmittel in unmittelbarer Nähe zueinander befinden. Orte, an denen Verkehrswege unterschiedlicher Art zusammenkommen und ein Verkehrsmittelwechsel zum Beispiel von der U-Bahn in die S-Bahn möglich ist, nennt man „Verkehrsknotenpunkt". Häufig wird an diesen Knotenpunkten das Verkehrsnetz durch Buslinien noch verdichtet.

Checkliste zum Lesen von Verkehrsnetzplänen
1. Schritt: Lies die Legende und ermittle die Bedeutung der Farben, der Linien und anderer Symbole. Suche den Nordpfeil; wenn dieser fehlt, ist Norden oben.
2. Schritt: Suche zentrale oder bekannte Orte, wie den Hauptbahnhof, das Rathaus oder Namen von Straßen oder Plätzen.
3. Schritt: Suche deinen momentanen Standort.
4. Schritt: Suche deinen Zielort.
5. Schritt: Lege fest, in welcher Richtung du mit welchem Verkehrsmittel fahren musst.
6. Schritt: Präge dir ein, welche Linien du nutzen und an welchen Verkehrsknotenpunkten du umsteigen musst.

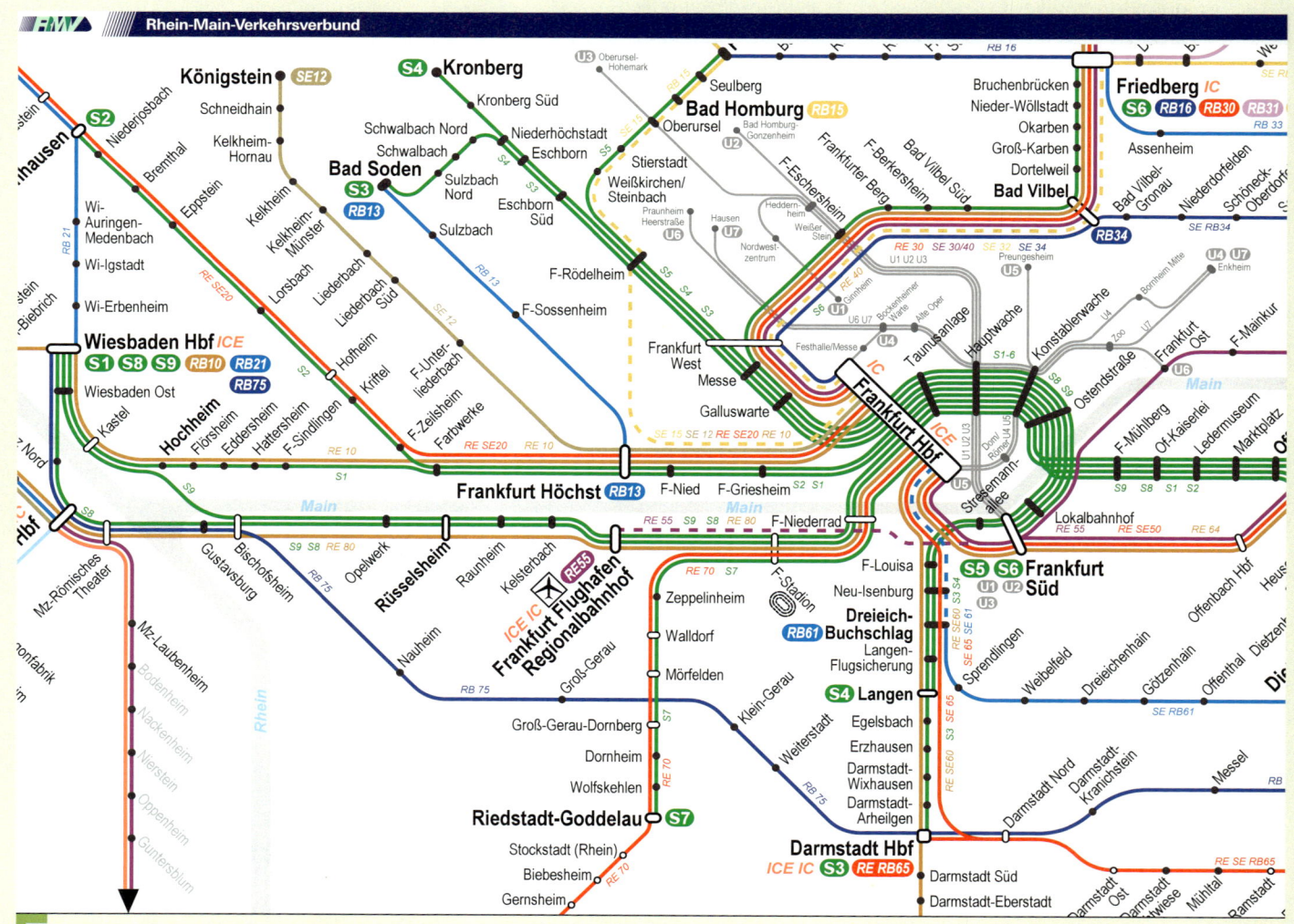

M 1 *Ausschnitt aus dem Verkehrsnetzplan des Rhein-Main-Gebietes*

Beispiel: Vom Hauptbahnhof zum Flughafen

Zum Lesen des Verkehrsnetzplans von Frankfurt gehe anhand der Checkliste vor. Schritt 1 und 2 geben dir einen Überblick vom Verkehrsnetz Frankfurts. Finde den Hauptbahnhof, deinen momentanen Standort. Der Hauptbahnhof ist immer ein Verkehrsknotenpunkt. Im Frankfurt laufen nahezu alle Linien hier zusammen, er ist also leicht zu finden (Schritt 3). Im vierten Schritt sollst du den Flughafen suchen. Er ist durch ein Symbol gekennzeichnet und liegt westlich des Hauptbahnhofes. Die Hauptrichtung deiner Fahrtroute ist also Westen. Präge dir ein, dass du mit den grünen Linien S8 oder S9 Richtung Flughafen fahren musst. Du brauchst nicht umzusteigen, da die S8 und die S9 direkt bis zum Flughafen (Regionalbahnhof) fahren.

1 Nenne öffentliche Verkehrsmittel Frankfurts und erläutere Unterschiede (**M 1, M 2**).
2 Finde den Bahnhof Frankfurt-Süd auf der Verkehrsnetzkarte (**M 1**). Notiere dir, an welchen S- und U-Bahnen dieser liegt und finde heraus, wie die Endstationen der jeweiligen Bahnlinien heißen (Webcode).
3 Schreibe alle Bahnhöfe auf, an denen die S3 auf ihrer Fahrt von Darmstadt bis Frankfurt Hauptbahnhof anhält. Unterstreiche die Bahnhöfe, die Verkehrsknotenpunkte sind (**M 1,** Webcode).
4 Verfolge den Linienverlauf der S4 auf der Verkehrsnetzkarte und beschreibe, in welcher Hauptrichtung sie Frankfurt durchfährt. Nenne die Station, an der du in die S-Bahn Richtung Flughafen umsteigen kannst (**M 1**).
5 Übertrage die Tabelle in dein Heft und vervollständige die Angaben (**M 1,** Webcode).

Startpunkt	Endpunkt	Linie	Fahrtrichtung	Anzahl der Bahnhöfe
Langen	?	S 3	Süden	5
?	Frankfurt-Mühlberg	S 2	Osten	3
Hauptbahnhof	Messe	?	Norden	2
Ledermuseum	?	S 1	Westen	13
Langen	Hauptwache	?	?	?

6 Denke dir ein Ratespiel für deine Mitschüler aus. Lege hierzu einen Startpunkt fest, den du bekannt gibst und sage an, in welche Richtung du wie viele Stationen fährst. Steige auch um! Lass die Mitschüler herausfinden, wohin du gefahren bist.

M 2 *Öffentliche Verkehrsmittel im Rhein-Main-Gebiet*

WEBCODE: UE641680-101

Stadt und Umland – eng verflochten

check-it
- Stadt-Umland-Beziehungen beschreiben
- Probleme durch hohe Pendlerzahlen benennen
- die Verflechtung von Stadt und Land beurteilen

Die Stadt – Zentrum für das Umland

Die Städte und ihr **Umland**, das Gebiet, das sie umgibt, sind auf vielfältige Weise miteinander verbunden. In den Städten gibt es viele Angebote, wie zum Beispiel spezielle Geschäfte, Krankenhäuser und Fachärzte, kulturelle Einrichtungen wie Museen, Theater oder Kinos, Banken und Versicherungen oder weiterführende Schulen und Universitäten, die nicht nur von den Stadtbewohnern genutzt werden, sondern auch von den Menschen, die im Umland der Städte wohnen. Sie nehmen dafür weite Wege in Kauf.

„HR 3, 7.32 Uhr. Hier die aktuellen Verkehrsmeldungen: A 66 zwischen dem Wiesbadener Kreuz und dem Nordwestkreuz Frankfurt stockender Verkehr …"
Svens Vater schaltet das Radio ab. Er ist froh, dass er die S-Bahn benutzen kann. Die Familie wohnt in Niedernhausen. Der Vater arbeitet in Frankfurt. Die S-Bahn-Fahrt nach Frankfurt dauert etwa eine halbe Stunde. Vom Frankfurter Hauptbahnhof läuft er zu Fuß zu seiner Arbeitsstelle, einer Bank.

Interview mit einem Landwirt:
Welche Produkte verkaufen Sie direkt in Ihrem Hofladen?
Landwirt: Bei uns gibt es frisches Gemüse, Salat und Obst. Besonders gerne werden Marmeladen und Apfelsaft gekauft. Meine Frau stellt beides aus unseren eigenen Früchten her.
Wer sind Ihre Kunden?
Zu uns kommen Stammkunden aus dem Ort und den umliegenden Städten Frankfurt und Wiesbaden. Mittwochs und samstags haben wir einen Stand auf dem Wiesbadener Wochenmarkt.

M 1 *Stadt und Umland ergänzen sich*

Pendler

Tausende Bewohner des Umlandes pendeln täglich in die Stadt, um dort zu arbeiten, zu studieren oder die Schule zu besuchen. Sie müssen oft weite Wege zurücklegen, da die Wohn- und die Arbeitsstätten der Menschen weit auseinanderliegen. Wegen der vielen **Pendler** sind morgens nicht nur die Straßen, sondern auch Busse und Bahnen in die Städte total überfüllt. Abends wollen alle wieder nach Hause in die Umlandgemeinden. Deshalb staut sich am Abend der Verkehr aus der Stadt heraus und auch Busse und Bahnen stadtauswärts sind oft überfüllt.

Einpendler/-innen aus der Region Frankfurt/Rhein-Main am 30. Juni 2008
(mehr als 10 000)

Kreis Offenbach	32 510
Main-Taunus-Kreis	31 100
Main-Kinzig-Kreis	29 994
Wetteraukreis	25 096
Hochtaunuskreis	23 003
Kreis Groß-Gerau	22 489
Stadt Offenbach am Main	13 984
Wiesbaden	10 065

M 2 *Pendlerströme in der Region Frankfurt am Main*

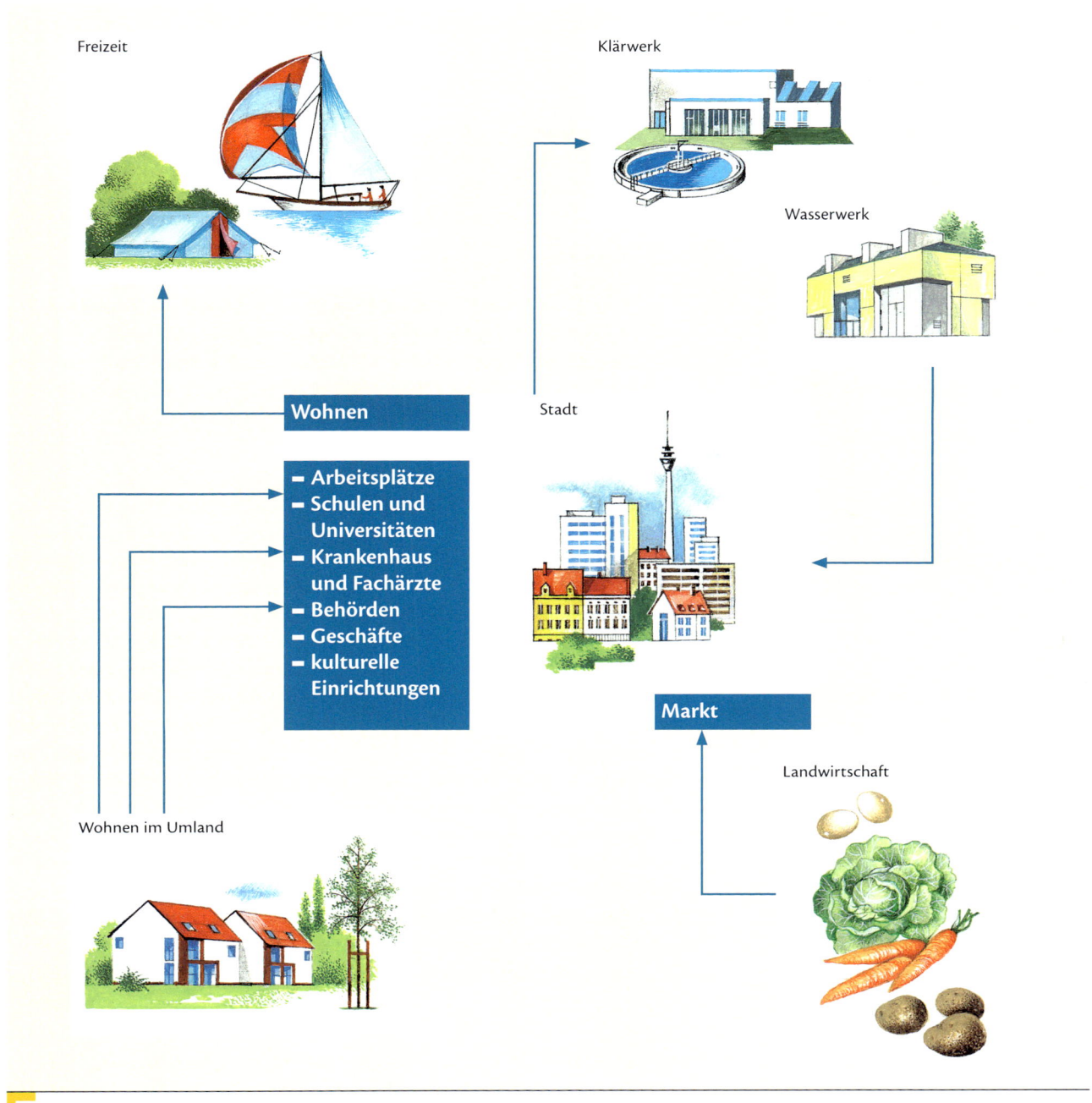

STADT UND LAND ALS LEBENSRÄUME VERGLEICHEN **103**

Freizeit

Klärwerk

Wasserwerk

Wohnen

Stadt

- **Arbeitsplätze**
- **Schulen und Universitäten**
- **Krankenhaus und Fachärzte**
- **Behörden**
- **Geschäfte**
- **kulturelle Einrichtungen**

Markt

Landwirtschaft

Wohnen im Umland

M 3 *Stadt und Umland sind eng verflochten*

Das Umland – nicht nur Natur für die Stadtbewohner

Im Umland großer Städte ist meist ausreichend Platz vorhanden und die Grundstückspreise sind in der Regel niedriger. Deshalb ziehen nicht nur viele Familien dorthin ins Grüne. Auch Einkaufszentren und Industriebetriebe, die viel Platz benötigen, siedeln sich im Umland an.

Für die Menschen, die in der Stadt wohnen, stellt das Umland aber auch einen wichtigen Erholungsraum dar mit Wiesen, Wäldern und Seen, Rad- und Spazierwegen.

1. Berichte, wenn du im Umland wohnst, wozu du in die Stadt kommst, und wenn du in der Stadt wohnst, wozu du ins Umland fährst.
2. Werte **M 2** aus: Nenne die Kreise im Raum Frankfurt/Main, aus denen die meisten Einpendler nach Frankfurt kommen (**M 2**).
3. Auch aus zwei großen Nachbarstädten kommen viele Einpendler nach Frankfurt. Nenne sie und miss die Entfernung, die die Pendler täglich zurücklegen müssen (**M 2**, Karte S. 216/217).
4. Nenne Probleme, die auftreten können, wenn viele Menschen vom Wohnort zum Arbeitsplatz in der Stadt pendeln (**M 1**).
5. „Stadt und Umland sind eng verbunden." Erläutere diese Aussage (**M 1** bis **M 3**).
6. Viele Schülerinnen und Schüler sind auch Pendler, denn sie fahren vom Umland in die Stadt zur Schule. Befragt sie und berichtet von ihren Erfahrungen und Erlebnissen.

Vielfalt auf dem Land

M 1 Spaß beim Tennisspielen auf dem Land?

Von 100 Berufstätigen in einem Dorf waren/sind

früher:	84 Landwirte
	9 Handwerker
	7 Lehrer, Wirt, Händler, Geistlicher u.a.
heute:	3 Landwirte
	18 Arbeiter/Handwerker
	79 Angestellte in Büros, Geschäften u.a.

M 2 Berufe auf dem Land vor 100 Jahren und heute

check-it
- Wandel von Dörfern beschreiben
- heutige Nutzung ehemaligen Acker- oder Weidelandes benennen
- Veränderungen im ländlichen Raum beurteilen

Dörfer verändern sich

Früher arbeiteten in einem Dorf die meisten Bewohner in der Landwirtschaft. Daneben gab es noch einige Handwerksbetriebe von Hufschmieden, Radmachern, Sattlern, manchmal gab es auch eine Schneiderin oder einen Korbmacher.
Heute arbeiten nur noch wenige Menschen in der Landwirtschaft. Auch die meisten Handwerksbetriebe sind aus den Dörfern verschwunden. In zahlreichen Dörfern gibt es nur noch eine Metzgerei und einen Bäckerladen. Sie gehören aber häufig schon größeren Handelsketten. Selbst zum Einkaufen von Lebensmitteln fahren die Dorfbewohner in das nächste Einkaufszentrum oder in die Stadt.
Viele Menschen ziehen es vor, auf dem Land zu wohnen, obwohl sie in der Stadt arbeiten. Das Aussehen der Dörfer hat sich deshalb stark verändert. Bauernhäuser wurden umgebaut zu Wohnhäusern. Aus Scheunen und Ställen wurden kleine Werkstätten, Gasthäuser oder Ferienwohnungen. Es sind große **Neubaugebiete** mit Einfamilienhäusern entstanden.
Am Rand vieler Dörfer, die verkehrsgünstig liegen, haben sich Gewerbebetriebe angesiedelt. So entstehen auch wieder neue Arbeitsplätze in den Dörfern.

Erholung auf dem Land

Zahlreiche Landwirte haben ihre Betriebe aufgegeben, weil sie nicht mehr wirtschaftlich sind. Oft waren die Betriebe zu klein oder die Anschaffung der erforderlichen Maschinen zu teuer. Die Gemeinden mussten deshalb überlegen, was mit den nicht mehr genutzten Ackerflächen und Weiden geschehen sollte.
Zahlreiche Gemeinden beschlossen, diese ungenutzten Flächen in Erholungsgebiete umzugestalten. Einige Bereiche wurden aufgeforstet und andere sogar unter **Naturschutz** gestellt. Es wurden Erholungsgebiete geschaffen mit Liegewiesen und Bänken sowie Bereiche für Sportanlagen zur Verfügung gestellt.
Einige Landwirte haben nur noch eine kleine Landwirtschaft behalten und betreiben diese neben ihrem Arbeitsplatz in der Stadt. Teilweise verdienen sie sich aber auch etwas dazu, indem sie Zimmer oder Ferienwohnungen vermieten für „Ferien auf dem Bauernhof". Diese Art des Urlaubs ist besonders bei Stadtbewohnern mit Kindern sehr beliebt.

1. Erstelle eine Tabelle, in der du auflistest, was früher in Dörfern zu finden war und was heute (**M 2**, **M 3**).
2. Auch die Berufe von Dorfbewohnern haben sich geändert. Berichte (**M 2**).
3. Zähle auf, wie ehemaliges Acker- und Weideland heute genutzt wird (**M 1**, **M 3**).
4. Dörfer haben heute viel mehr zu bieten als Bauernhöfe. Erläutere die Veränderungen im ländlichen Raum (**M 1** bis **M 3**).
5. Urlaub auf dem Bauernhof – sammle Argumente, wie du deine Familie überzeugen könntest, einmal so Urlaub zu machen (**M 3**).
6. Beschreibe die Karikatur und erläutere, wie der Zeichner die neue Vielfalt auf dem Land beurteilt (**M 1**, *Karikaturen auswerten*).

STADT UND LAND ALS LEBENSRÄUME VERGLEICHEN **105**

Neubaugebiet am Dorfrand

Ferien auf dem Bauernhof

Golfplatz

Gewerbegebiet

M 3 *Auf dem Land – viel mehr als Äcker und Weiden*

WEBCODE: UE641680-105

In der Stadt bleiben – oder aufs Land ziehen?

> *Im Umland sind die Grundstücke wesentlich billiger. Wenn wir dorthin umziehen, können wir uns endlich ein Häuschen leisten. Dumm wäre dann nur, dass ich nicht mehr in zehn Minuten in meiner Firma wäre.*
>
> Uwe, Vater

M 2 *So stellt sich Olaf (12 Jahre) ein Dorf vor*

> *Aufs Dorf zu ziehen, finde ich nicht schlecht. Dort kann ich besser draußen spielen.*
>
> Olaf, Sohn

M 3 *Oberreifenberg im Taunus*

> *Was soll ich in einem Dorf? Bestimmt ziemlich öde da. Außerdem wohnen alle meine Freunde hier in der Stadt.*
>
> Katrin, Tochter

> *Bei uns ist es schon sehr eng. Mit unserem Geld könnte es für eine Eigentumswohnung reichen. Aber eigentlich will ich ein Haus mit Garten. Das geht nur auf dem Land.*
>
> Sarah, Mutter

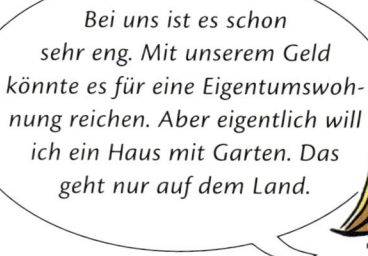

M 1 *Familie Roth will sich entscheiden*

GEO-AKTIV **107**

Stadtbewohnerin: Warum verlassen nur so viele Bewohner und Firmen die großen Städte? Besser als bei uns können sie es doch gar nicht haben, oder?

Stadtpolitiker

Dorfpolitiker: Ich kann die Leute gut verstehen, die zu uns aufs Land ziehen. Denn wir bieten ihnen sowohl gute Einkaufs-, Bildungs- und Freizeitmöglichkeiten als auch gute Luft und heile Natur.

Dorfbewohnerin

Stadtbewohnerin: Wenn viele aus der Stadt wegziehen, wird es hier öde und langweilig. Ich habe Angst, dass dann die Stadt auch kein sicherer Ort mehr ist.

Dorfbewohnerin: Also, ich finde, das ist doch jedermanns eigene Sache, wo er wohnen will. Wir fahren in die Stadt zum Einkaufen, aber im Dorf fühlen sich meine Familie und ich rundum wohl.

M 4 Eine Stadtbewohnerin, ein Stadtpolitiker, eine Dorfbewohnerin und ein Dorfpolitiker diskutieren

Wo wir leben

In Deutschland leben die meisten Menschen in einer Stadt. Doch auch das Leben auf dem Land ist für viele – und nicht nur für Landwirte, die dort auch ihre Arbeitsplätze haben – attraktiv. Gerade Familien mit Kindern oder Menschen, die sich ein eigenes Haus mit großem Garten wünschen, ziehen aus der Stadt in die umliegenden Gemeinden. Dort sind mehr Freiflächen, Naturnähe und die Grundstückspreise sind in der Regel niedriger.

Mit öffentlichen Verkehrsmitteln oder dem eigenen Auto ist man dennoch relativ schnell in der Stadt, am Arbeitsplatz oder in der Schule. Viele Dörfer in Großstadtnähe wachsen deshalb sehr schnell und entwickeln sich zu kleinen Städten.

„Geographische" Entscheidungen treffen

Vielleicht habt ihr in der Familie auch schon einmal diskutiert, ob ihr lieber in der Stadt oder auf dem Land wohnen wollt.

Nachdem ihr in den letzten Unterrichtsstunden schon viel über Städte und ihr Umland erfahren habt, könnt ihr dieses Wissen nun anwenden, um zu einer „geographischen" Entscheidung zu kommen.

Ihr könnt

- eure Vorstellungen vom Leben in einem Dorf sammeln und sie mit den Abbildungen **M 2** und **M 3** vergleichen,
- je eine Gruppe bilden mit Schülerinnen und Schülern, die auf dem Dorf wohnen, und mit Schülerinnen und Schülern, die in der Stadt wohnen. Jede Gruppe listet auf, was sie gut beziehungsweise schlecht an ihrem Wohnort findet. Stellt die Ergebnisse vor.
- die Argumente der Familie Roth in zwei Tabellen festhalten (**M 1**):

Dorf		Stadt	
Vorteile	Nachteile	Vorteile	Nachteile

- die Argumente der Diskussionsteilnehmer (**M 4**) ebenfalls in die Tabelle einordnen,
- in einem Rollenspiel
  a) die Diskussion in der Familie und/oder
  b) die Diskussion der Politiker nachspielen.
- Zu Beginn und am Ende der Unterrichtsstunde abstimmen, wer auf dem Dorf oder in der Stadt leben will. Ist es zu Meinungsänderungen gekommen?

Geo-Check: Stadt und Land als Lebensräume vergleichen

Sich orientieren

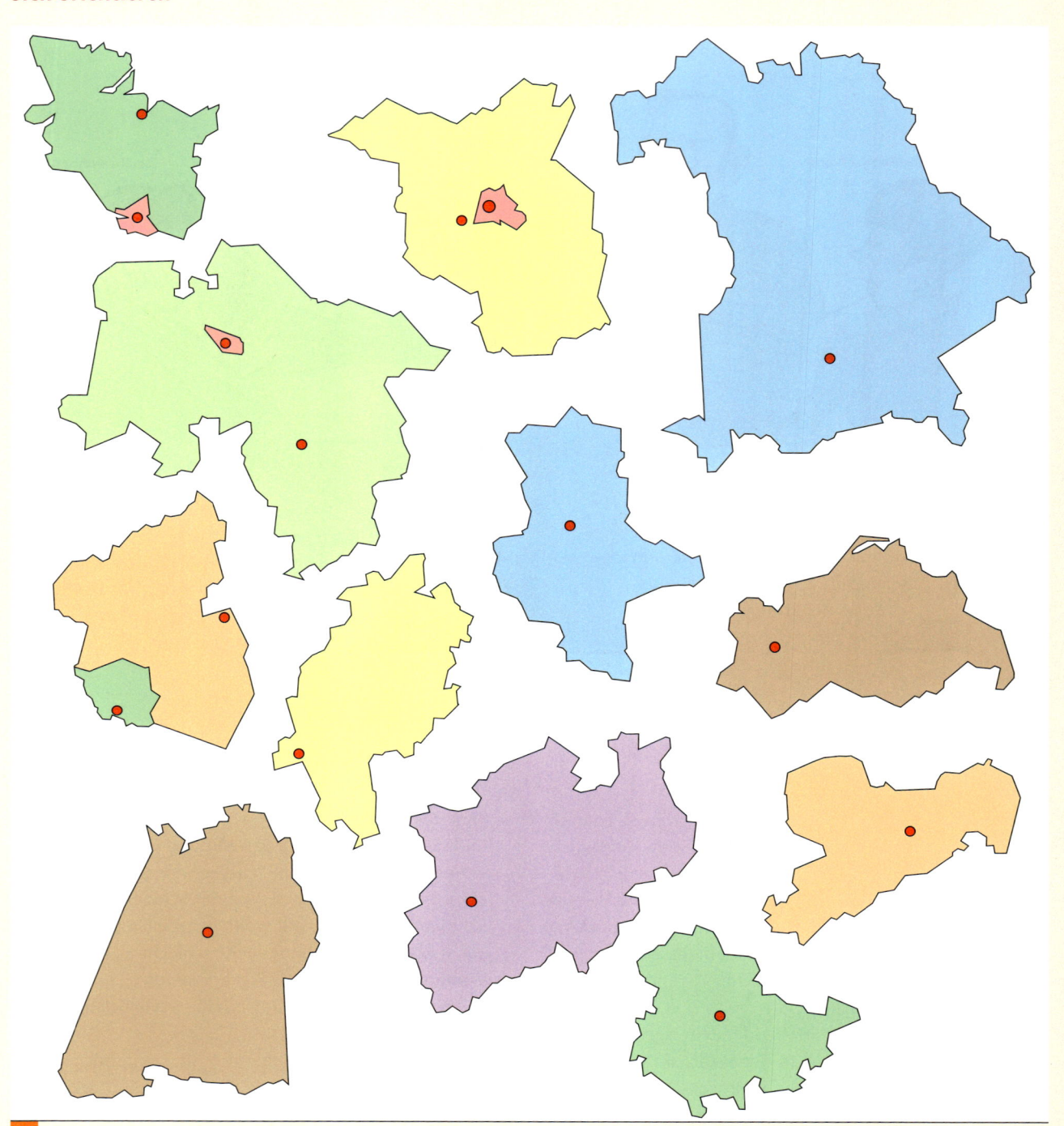

M 1 *Bundesländer-Puzzle Deutschland*

1. Zeichne die Umrisse der Bundesländer (**M 1**) ab (oder lade sie per Webcode herunter) und schneide dann die Teile aus.
2. Male die Bundesländer mit unterschiedlichen Farben aus. Kontrolliere, ob du auch alle Bundesländer gefunden hast. Wie viele müssten es sein?
3. Beschrifte die Hauptstädte der Bundesländer.
4. Setze die Teile zu einer Deutschlandkarte zusammen.
5. Lege eine Tabelle an, in die du die Bundesländer und ihre jeweilige Landeshauptstadt einträgst.
6. Nenne das flächenmäßig größte Bundesland.
7. „Hessen grenzt an sechs Bundesländer."
Beweise diese Aussage, indem du sie aufzählst.

WEBCODE: UE641680-108

Europa physisch und politisch

Europa: Physische Karte

Wissen
8 Sortie...
Aussa...
und s...

Richtig...
– Berl...
Deu...
– Im Z...
Woh...
– Die...
– Den...
– In d...
Kön...
– Berl...
– Im ö...
eine...
– Die...
Erh...
– Die...
raus...
Stad...
– Das...
Berl...

Europa: Politische Karte

- BELG. Belgien
- B.-H. Bosnien-Herzegowina
- KOS. Kosovo
- KRO. Kroatien
- LIE. Liechtenstein
- LUX. Luxemburg
- MAZ. Mazedonien
- MONT. Montenegro
- SLO. Slowenien

5 Europa betrachten

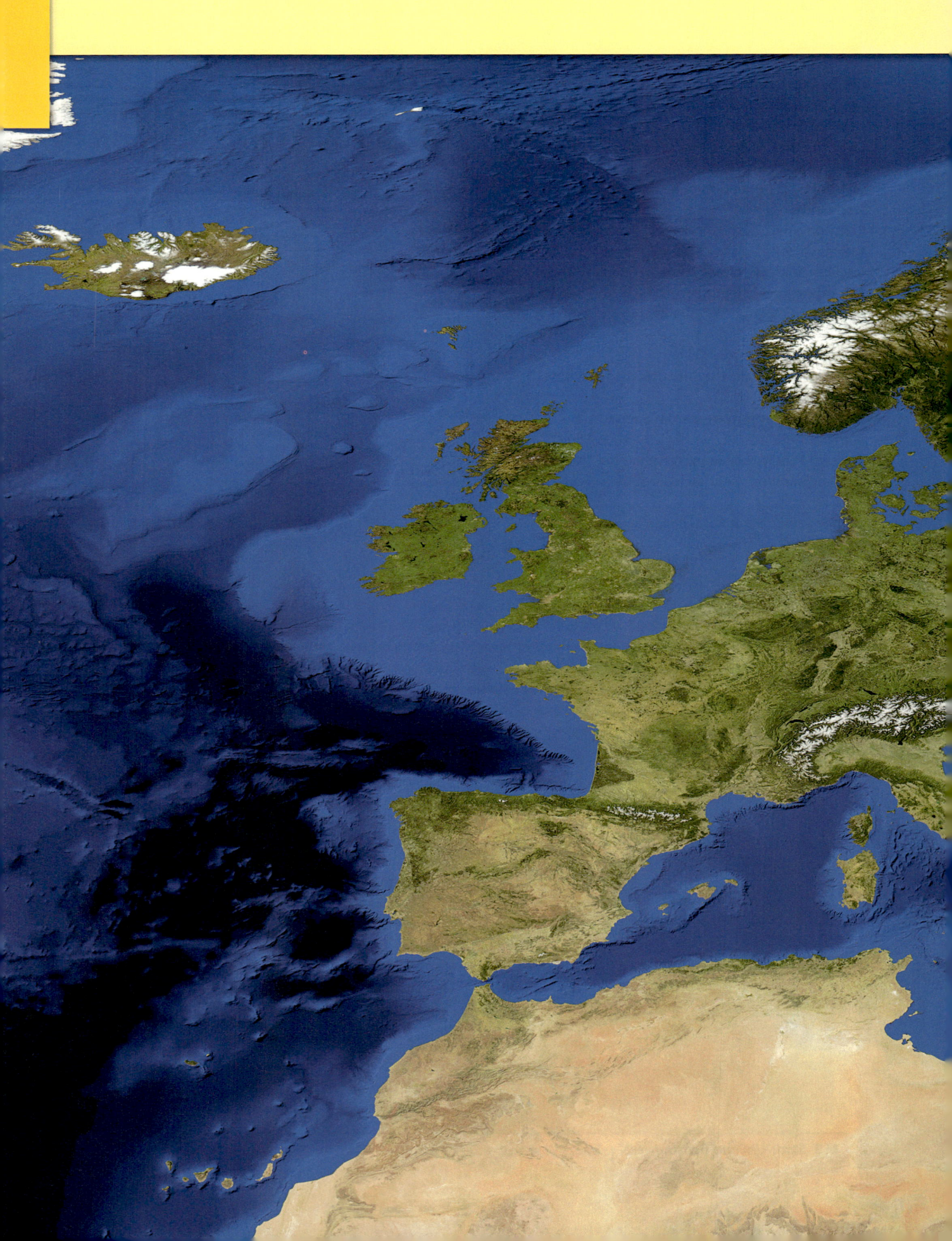

Europa – ein Kontinent?

Wenn man Europa betrachtet, fallen die vielen großen und kleinen Inseln und Halbinseln sowie die lange Küstenlinie auf. Doch wo endet Europa im Osten? Wer unseren Kontinent Europa einmal genauer betrachtet, kann dies und noch viel mehr entdecken.

In diesem Kapitel lernst du
- dich in Europa zu orientieren,
- Europa und die Europäische Union kennen,
- Naturräume Europas zu beschreiben,
- Klimadiagramme zu lesen,
- den Zusammenhang zwischen Klima und Vegetation zu erläutern.

Dazu nutzt du
- Karten,
- Klimadiagramme,
- Bilder und
- Spiele zu Europa.

Orientieren in Europa

check-it
- Meere, Flüsse, Halbinseln und Inseln in Europa verorten
- Grenzen Europas beschreiben
- Größe Europas benennen

- Der Montblanc ist mit 4807 m der höchste Berg.
- Das Nordkap ist der nördlichste Punkt auf dem Festland Europas.
- Die Wolga ist mit einer Länge von 3531 km der längste Fluss.
- Moskau ist mit etwa 10,4 Mio. Einwohnern die größte Stadt.
- Der Ladogasee ist mit 17 703 km² der größte See.
- Die Ukraine ist das größte Land.

M1 *Rekorde Europas*

Europas Grenzen

Im Norden, Westen und Süden bilden Meere die natürliche Grenze des **Kontinents** Europa. Im Osten bilden die Kontinente Europa und Asien eine zusammenhängende Landmasse. Man fasst sie auch unter dem Namen „Eurasien" (Europa und Asien) zusammen. Hier ist die Abgrenzung komplizierter. Da es im Osten keine natürliche Abgrenzung gegenüber Asien gibt, haben Wissenschaftler die Grenze zwischen den beiden Kontinenten festgelegt. Dabei gibt es verschiedene Ansichten. Am häufigsten wird die Abgrenzung entlang des Uralgebirges und des Uralflusses bis ins Kaspische Meer und von dort durch die Manytschniederung bis zum Nordrand des Schwarzen Meeres verwendet.

Europa – der Kontinent

Europa ist nach Australien der zweitkleinste Kontinent. Der Name „Europa" ist abgeleitet von „ereb" (Sonnenuntergang). So bezeichneten Seefahrer des Altertums die Westküste des Ägäischen Meeres. Die Ostküste wurde „asu" (Sonnenaufgang) genannt, wovon sich der Name „Asien" ableitet.
Ein Drittel der Fläche Europas besteht aus Inseln und Halbinseln. Eigentlich ist Europa selbst eine große Halbinsel im Westen Eurasiens. Europa hat so mit 37 000 Kilometern eine längere Küstenlinie als das dreimal so große Afrika (30 000 km).

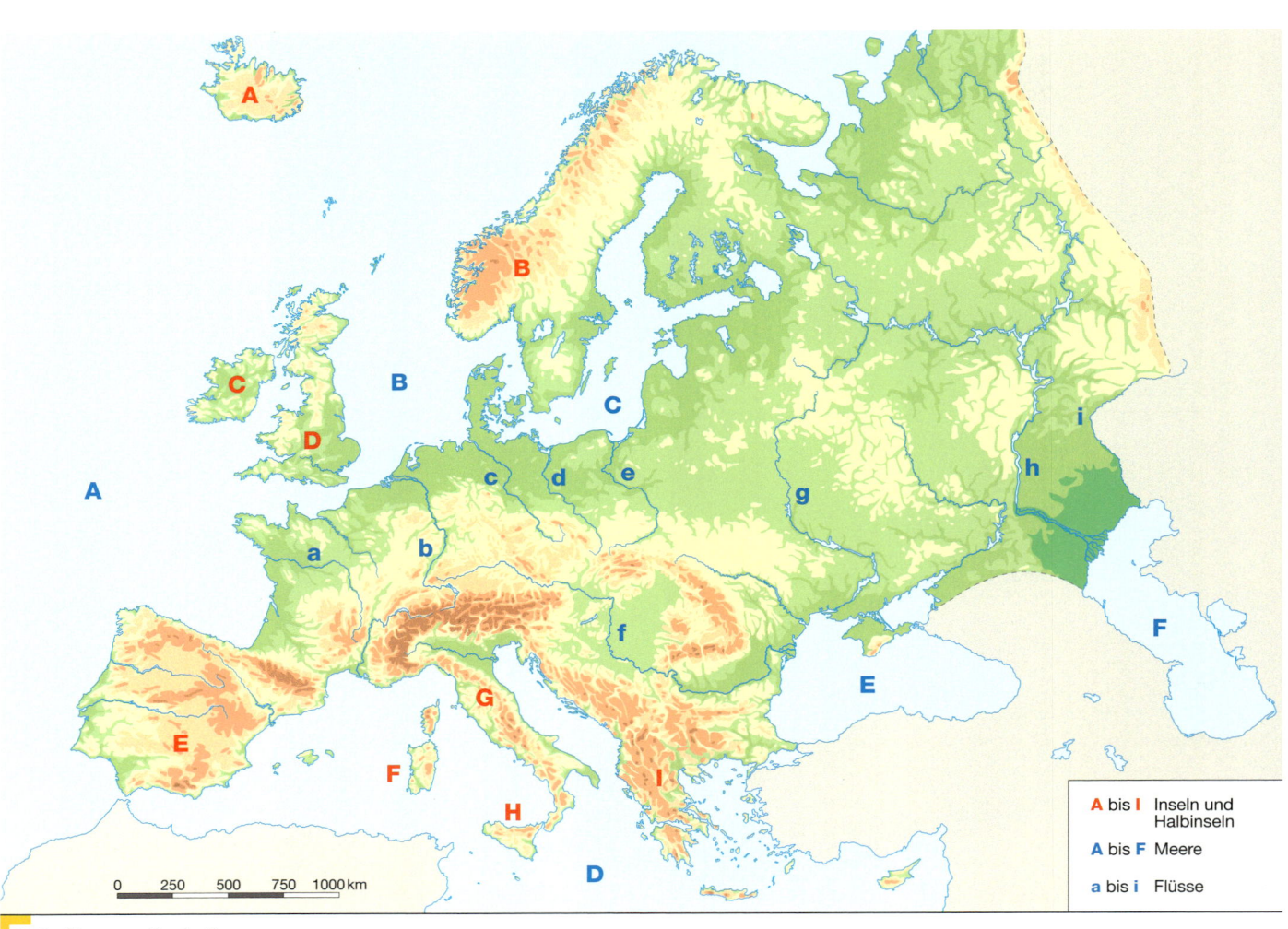

M2 *Stumme Karte Europas*

EUROPA BETRACHTEN **115**

Island

Nordkap

1 Beschreibe die Grenzen Europas im Norden, Westen, Süden und Osten (**M 2**).
2 Benenne die Meere, Flüsse, Halbinseln und Inseln, die mit Buchstaben markiert sind (**M 2,** Karte S. 218/219).
3 Nenne jeweils die Länder, in denen Donau, Oder, Rhein, Loire und Wolga entspringen, und die Meere, in die sie münden (**M 2,** Karte S. 111).
4 Arbeitet in Gruppen: Jede Gruppe übernimmt einen Teilraum Europas. Ermittelt Staaten und ihre Hauptstädte sowie größere Flüsse (**M 4,** Karten S. 111). Gestaltet je ein Lernplakat und stellt euren Teilraum vor (*Lernplakate erstellen*).
5 Ordne den Rekorden und den Grenzpunkten Europas jeweils den Staat bzw. den Teil Europas zu, in dem sie liegen (**M 1** bis **M 4**).

Gibraltar

Istanbul

M 3 *An den Grenzen Europas*

WEBCODE: UE641680-115

M 4 *Europas Teilräume*

Teilräume (Regionen) Europas
- Nordeuropa
- Westeuropa
- Mitteleuropa
- Südeuropa
- Osteuropa
- Südosteuropa

Die Naturräume in Europa

check-it
- ausgewählte Landschaften Europas lokalisieren
- Bilder der Karte zuordnen
- Naturräume Europas beschreiben

Auf Entdeckungsreise
Bitte einsteigen – auf unserer Fahrt mit dem Eurocity von Dänemark nach Italien lernen wir die **Naturräume** Europas kennen.

Das Tiefland
Fast ebene Landschaften, weite Sicht, Weiden, Getreidefelder, kleine Hügelländer bis höchstens 200 Meter Höhe – wir sind im Tiefland. Häufig führen Brücken über breite Flüsse und feuchte Niederungen. Auf einer Strecke von 200 Kilometern verändert sich das Landschaftsbild nur wenig. Auch weiter im Westen bis am Atlantischen Ozean und weiter im Osten bis zum Gebirgsrand des Ural ist auf über 4000 Kilometern das Aussehen des europäischen Tieflands ähnlich.

Das Mittelgebirgsland
Nach etwa 700 Kilometern führt die Strecke bergan. Das Landschaftsbild wird abwechslungsreicher. Wälder reichen bis auf die Berghöhen. Der Weg führt durch Täler und manchmal sehr nah an Berghängen vorüber. Das Mittelgebirgsland setzt sich aus vielen einzelnen Mittelgebirgen, Flusstälern und Senken zusammen. Auf unserer Fahrt von Nord nach Süd begleiten uns über 400 Kilometer weit abgerundete Berge, weite, wellige Hochflächen und unterschiedlich geformte Täler, die typischen Oberflächenformen der Mittelgebirge.

M 1 *Mitteleuropäisches Tiefland (Odertal)*

Das Hochgebirgsland
Wie Wolken sehen die schneebedeckten Gipfel des Hochgebirges aus. Es sind die Alpen. Steile Felswände ragen aus den grünen Tälern auf. Dieses gewaltige Gebirge können wir mit dem Zug nur mithilfe von hohen Brücken und vielen Tunneln durchqueren.
Die Alpen sind ein Teil des europäischen Hochgebirgsgürtels. Er erstreckt sich am südlichen Rand von Südeuropa bis nach Mitteleuropa und Südosteuropa.
Das Hochgebirgsland erreicht in den Westalpen mit bis zu 4807 Metern (Montblanc) die höchsten Höhen. Das Gelände ist sehr steil und die Höhenunterschiede zwischen den Bergen und den Tälern sind sehr groß.

M 2 *Mittelgebirgsland Böhmerwald*

EUROPA BETRACHTEN **117**

1 Beschreibe die Landschaftsmerkmale auf den Fotos vom Tiefland, vom Mittelgebirgsland und vom Hochgebirgsland (**M 1** bis **M 3**).
2 Benenne die Gebirge und Tiefländer, die in der stummen Karte von Europa mit Zahlen und Buchstaben markiert sind (**M 4,** Karte S. 111, oben).
3 Ordne die Bilder der Karte zu und begründe deine Zuordnung (**M 1** bis **M 4**).
4 Beschreibe und benenne von Nord nach Süd die Naturräume, die du bei deiner Zugfahrt durchquerst (**M 1** bis **M 4**).
5 Ordne die Naturräume (Tiefland, Mittelgebirgsland, Hochgebirgsland) den europäischen Teilräumen (S. 115, **M 4**) zu. Lege dazu eine Tabelle an.

M 3 *Hochgebirge (Montblanc-Massiv)*

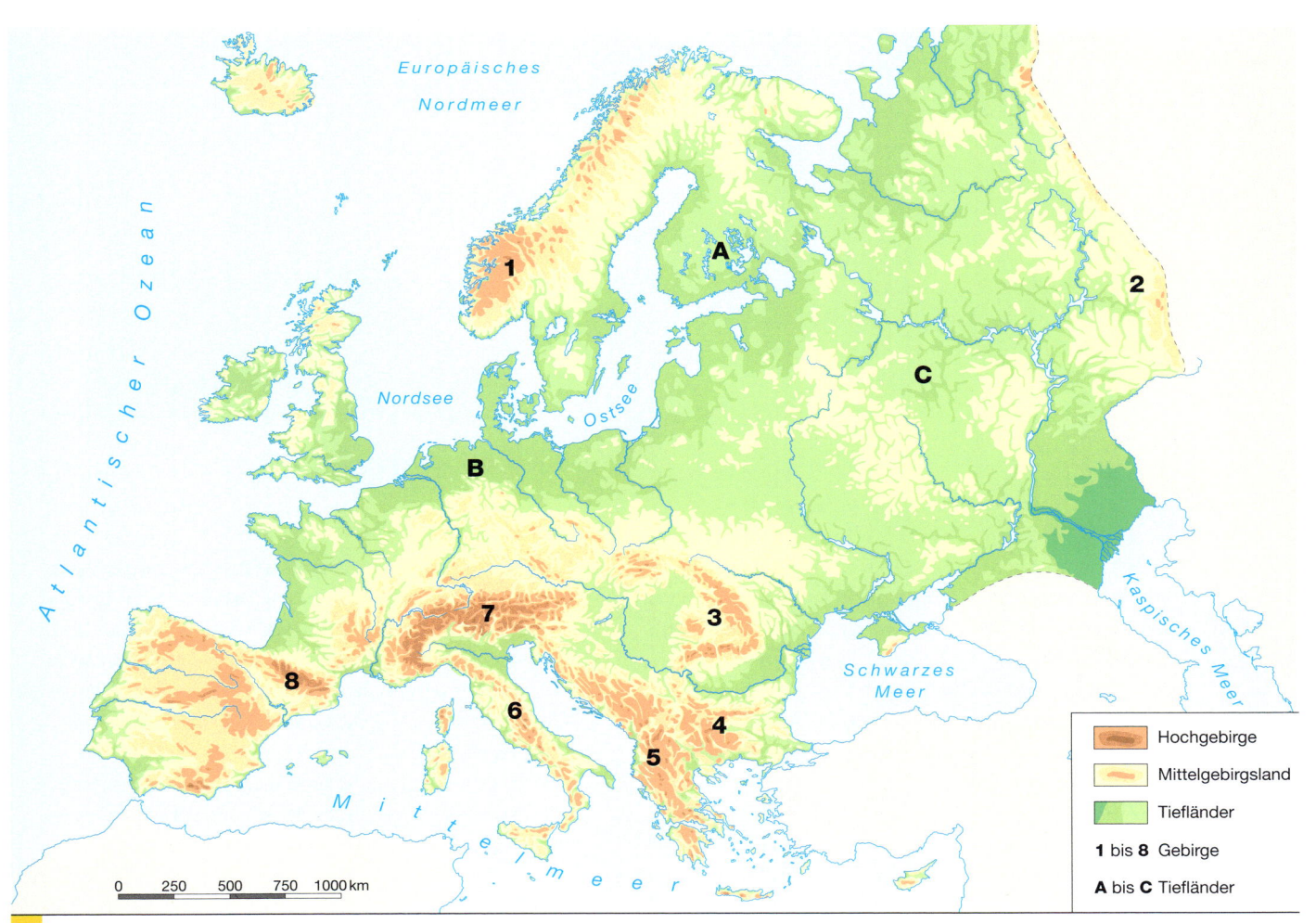

M 4 *Stumme Karte Europas*

GEO-METHODE

Wir lesen Klimadiagramme

check-it
- Aufbau eines Klimadiagramms erklären
- Merkmale des Klimas für Berlin und Paris benennen
- Vorgehen beim Lesen von Klimadiagrammen kennen und anwenden

Wetter und Klima

Vom Wetter reden alle. Mal ist es zu kalt, mal zu warm, dem einen ist es zu trocken und dem anderen zu nass. Unter „Wetter" versteht man das Zusammenwirken von Temperatur, Niederschlägen, Bewölkung und Wind zu einem bestimmten Zeitpunkt an einem bestimmten Ort. Die Wetterwerte erhält man durch Beobachtung und Messung. Das Wetter kann täglich wechseln.

Das Klima eines Raumes wird hingegen bestimmt, indem Wetterbeobachtungen und -messungen über einen langen Zeitraum gesammelt und deren Mittelwerte berechnet werden. Auf der ganzen Welt gibt es Klimastationen. Hier werden jede Stunde die Temperatur und einmal pro Tag die Niederschlagsmenge gemessen. Wenn man diese Werte über mindestens 30 Jahre sammelt und daraus die Durchschnittswerte berechnet, kann eine Klimatabelle angelegt werden. Mit den Werten einer solchen Tabelle kann man Aussagen über das Klima an einem Ort machen. Zur Erhöhung der Anschaulichkeit und besseren Vergleichbarkeit werden die Daten der Tabelle grafisch in Form eines Klimadiagramms dargestellt.

Checkliste zum Lesen eines Klimadiagramms

1. Schritt: Einordnen der Klimastation
Nenne den Namen der Station und das Land, in dem sie liegt. Gib die Höhenlage und die Lage im Gradnetz an.

2. Schritt: Beschreiben der Aussagen zur Temperatur
Lies die Jahresmitteltemperatur ab. Ermittle den wärmsten Monat des Jahres (Monat, T in °C). Ermittle den kältesten Monat des Jahres (Monat, T in °C). Beschreibe den Verlauf der Temperaturkurve. Benenne die Monate, in denen Frost herrscht.

3. Schritt: Beschreiben der Aussagen zum Niederschlag
Lies die Jahresniederschlagssumme ab. Ermittle den niederschlagsreichsten Monat (Monat, N in mm). Ermittle den niederschlagsärmsten Monat (Monat, N in mm). Beschreibe die Verteilung der Niederschläge über das Jahr.

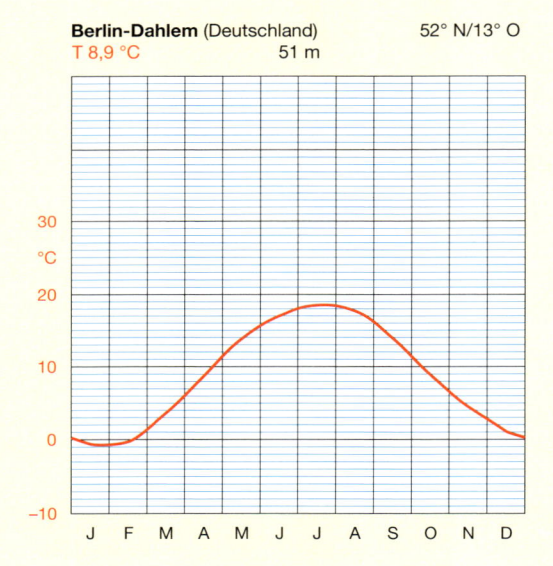

Berlin-Dahlem (Deutschland)   52° N/13° O
T 8,9 °C   51 m

Die Temperatur wird in Grad Celsius (°C) angegeben. Die Temperaturwerte werden stündlich gemessen. Die an einem Tag gewonnenen Werte werden zusammengezählt und die Summe durch 24 geteilt. So erhält man die Tagesmitteltemperatur. Alle Tagesmitteltemperaturen eines Monats werden addiert und die Summe durch die Anzahl der Tage des Monats geteilt. So gewinnt man die Monatsmitteltemperatur.
Die Mittelwerte der Monate werden als Punkte eingetragen und durch eine rote Linie verbunden. Zehn Millimeter entsprechen zehn Grad Celsius.

M 1 *Die Temperaturkurve*

Berlin-Dahlem (Deutschland)   52° N/13° O
51 m   N 581 mm

Die Niederschläge werden in Millimetern (mm) angegeben. Ein Millimeter Niederschlag bedeutet, dass auf einen Quadratmeter ein Liter Niederschlag gefallen ist. Die Niederschlagsmenge eines Monats wird addiert – so erhält man die Summe der Niederschläge eines Monats. Addiert man die Monatssummen, so erhält man den Jahresniederschlag.
Die Monatssummen werden als blaue Säulen eingezeichnet. Zehn Millimeter entsprechen zwanzig Millimetern Niederschlag.

M 2 *Die Niederschlagssäulen*

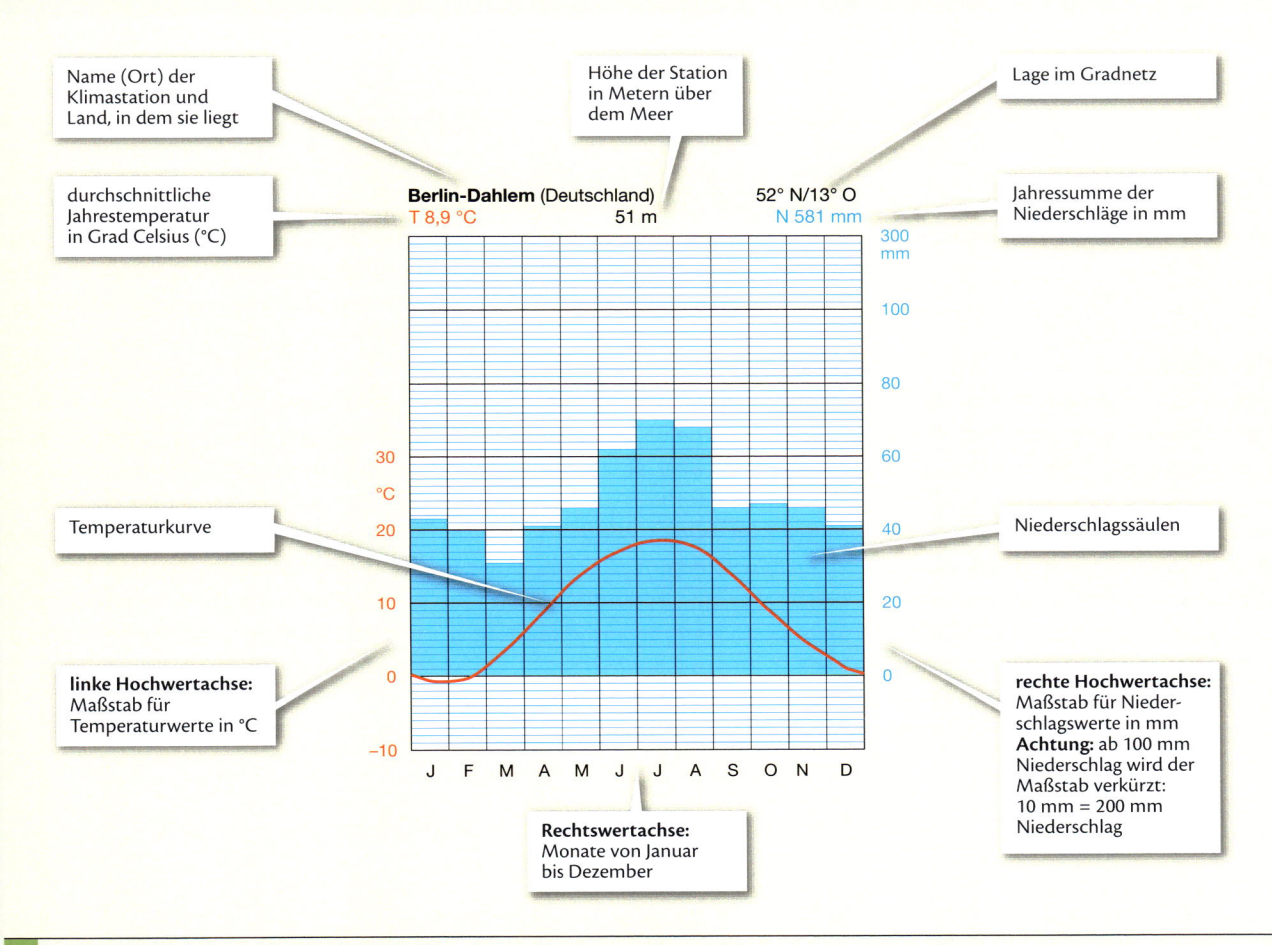

GEO-METHODE

Name (Ort) der Klimastation und Land, in dem sie liegt

Höhe der Station in Metern über dem Meer

Lage im Gradnetz

Berlin-Dahlem (Deutschland)
T 8,9 °C 51 m 52° N/13° O N 581 mm

durchschnittliche Jahrestemperatur in Grad Celsius (°C)

Jahressumme der Niederschläge in mm

Temperaturkurve

Niederschlagssäulen

linke Hochwertachse: Maßstab für Temperaturwerte in °C

rechte Hochwertachse: Maßstab für Niederschlagswerte in mm
Achtung: ab 100 mm Niederschlag wird der Maßstab verkürzt: 10 mm = 200 mm Niederschlag

Rechtswertachse: Monate von Januar bis Dezember

M3 *Der Aufbau eines Klimadiagramms*

Beispiel für das Lesen eines Klimadiagramms

1. Schritt: Die Klimastation Berlin-Dahlem liegt auf einer Höhe von 51 Metern über dem Meeresspiegel. Berlin befindet sich auf 52 Grad nördlicher Breite sowie 13 Grad östlicher Länge.

2. Schritt: Die jährliche Durchschnittstemperatur beträgt 8,9 °C. Die drei wärmsten Monate sind Juni, Juli und August. Die kältesten Monate sind Dezember, Januar und Februar. Im Januar und Februar gibt es Frosttage. Der wärmste Monat ist der Juli mit einer Durchschnittstemperatur von 19 °C, der kälteste Monat ist der Januar mit einer Durchschnittstemperatur von −1 °C.

3. Schritt: Die Summe der Jahresniederschläge beträgt 581 Millimeter. Die drei niederschlagsreichsten Monate sind der Juni, der Juli und der August. Am wenigsten Niederschlag fällt im Februar, März, April und Dezember. Der niederschlagsreichste Monat ist der Juli mit 70 Millimetern Niederschlag und der niederschlagsärmste Monat ist der März mit 31 Millimetern Niederschlag.

Paris (Frankreich)
T 10,9 °C 52 m 49° N/2° O N 585 mm

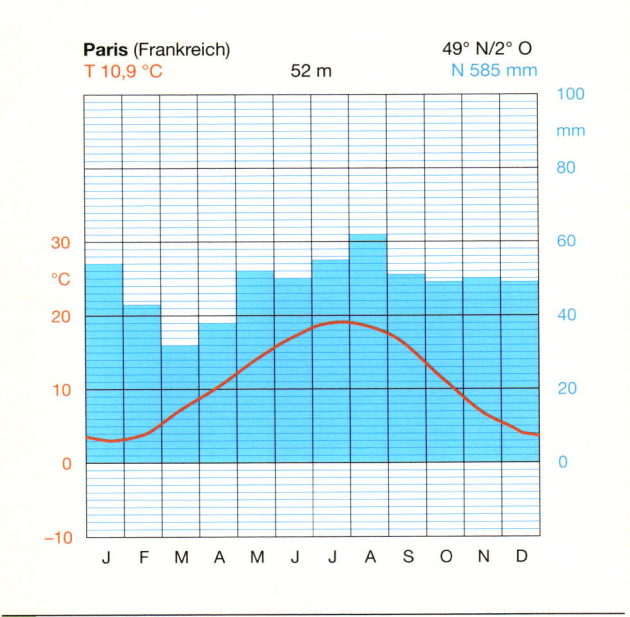

M4 *Klimadiagramm von Paris*

1. Erkläre den Aufbau eines Klimadiagramms (**M1** bis **M3**).
2. Ermittle mithilfe der Checkliste wichtige Klimawerte aus dem Klimadiagramm von Paris (**M4**).

WEBCODE: UE641680-119

Das Klima in Europa

check-it
- ausgewählte Klimazonen kennen
- Faktoren, die das Klima beeinflussen, erläutern
- Klimadiagramme lesen und zuordnen

Klimazonen

Gebiete mit ähnlichen Temperaturen und Niederschlägen werden als **Klimazonen** bezeichnet. Teile von Nordeuropa liegen in der subpolaren Klimazone. Hier sind die Sommer sehr kurz und kühl, die Winter lang und kalt. Der Süden Europas gehört zur subtropischen Klimazone mit heißen, trockenen Sommern und milden, feuchten Wintern. Der größte Teil Europas liegt in der gemäßigten Zone. Die Sommer sind warm und die Winter kühl. Niederschläge fallen zu allen Jahreszeiten. Die gemäßigte Klimazone wird noch weiter in die drei Klimagebiete **See-, Übergangs- und Landklima** unterteilt.

Seeklima

Große Wassermengen wärmen sich im Sommer langsamer auf und kühlen im Winter langsamer ab als das Festland. Deshalb ist das Klima am Meer (= Seeklima) von milden Wintern und nicht so heißen Sommern gekennzeichnet. Je weiter aber ein Ort vom Meer entfernt liegt, desto geringer wird diese ausgleichende Wirkung des Meeres.

Eine warme Meeresströmung wie der gigantische Golfstrom verstärkt die Wirkung des Meeres noch. Er transportiert enorme Mengen warmen Wassers aus der Karibik wie eine Heizung an die Küsten Europas. So können in manchen Buchten Irlands sogar Palmen gedeihen.

Landklima

Landmassen erwärmen sich rasch, kühlen aber auch schnell wieder aus. Dadurch wird das Klima auf dem Festland durch sehr kalte Winter und warme Sommer bestimmt. Man spricht vom „Landklima". Große Unterschiede zwischen Sommer und Winter sind typisch für das Landklima.

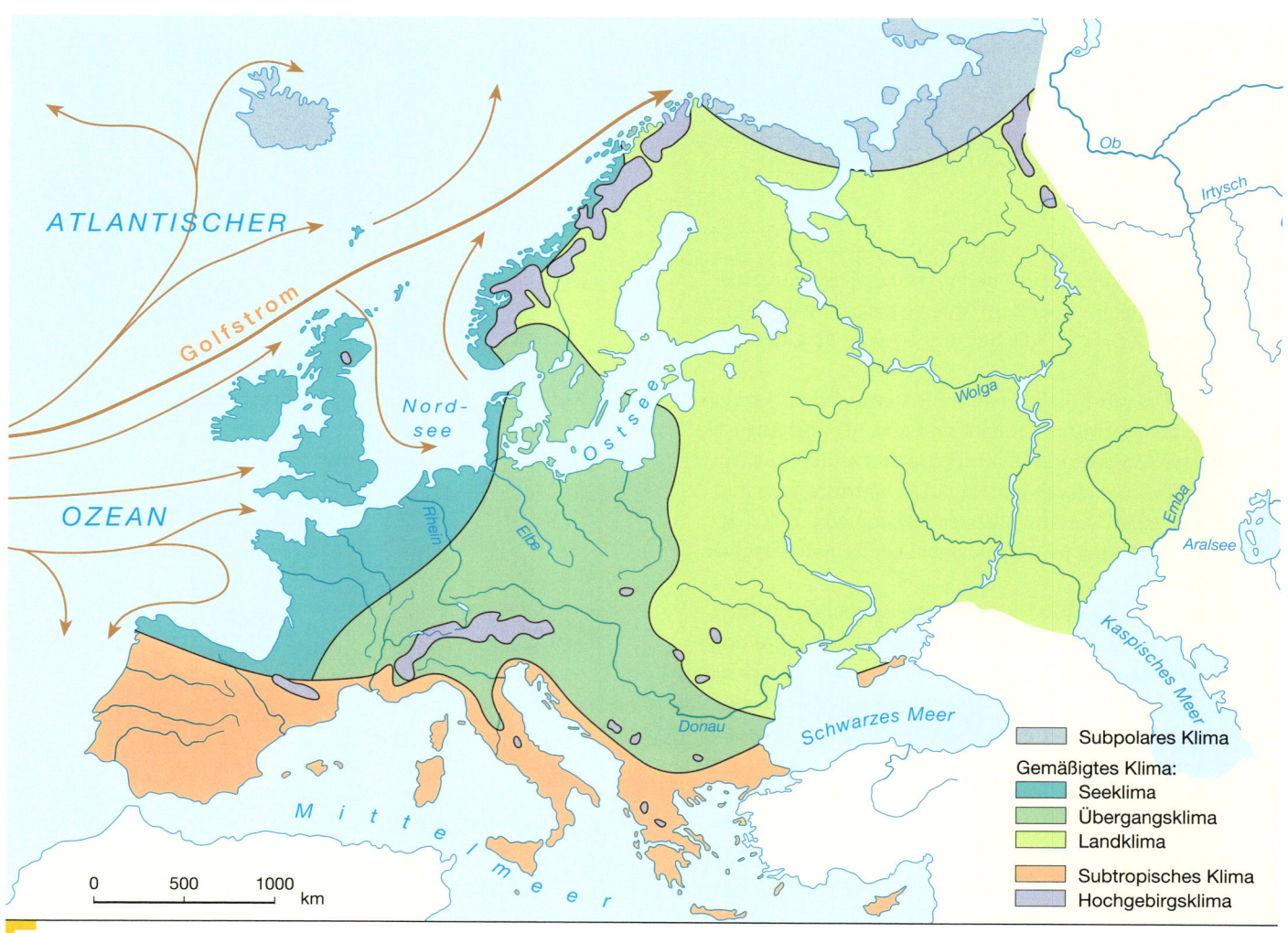

M1 *Klimazonen in Europa*

London (Großbritannien) — 51° N/0° — T 10,7 °C — 5 m — N 593 mm

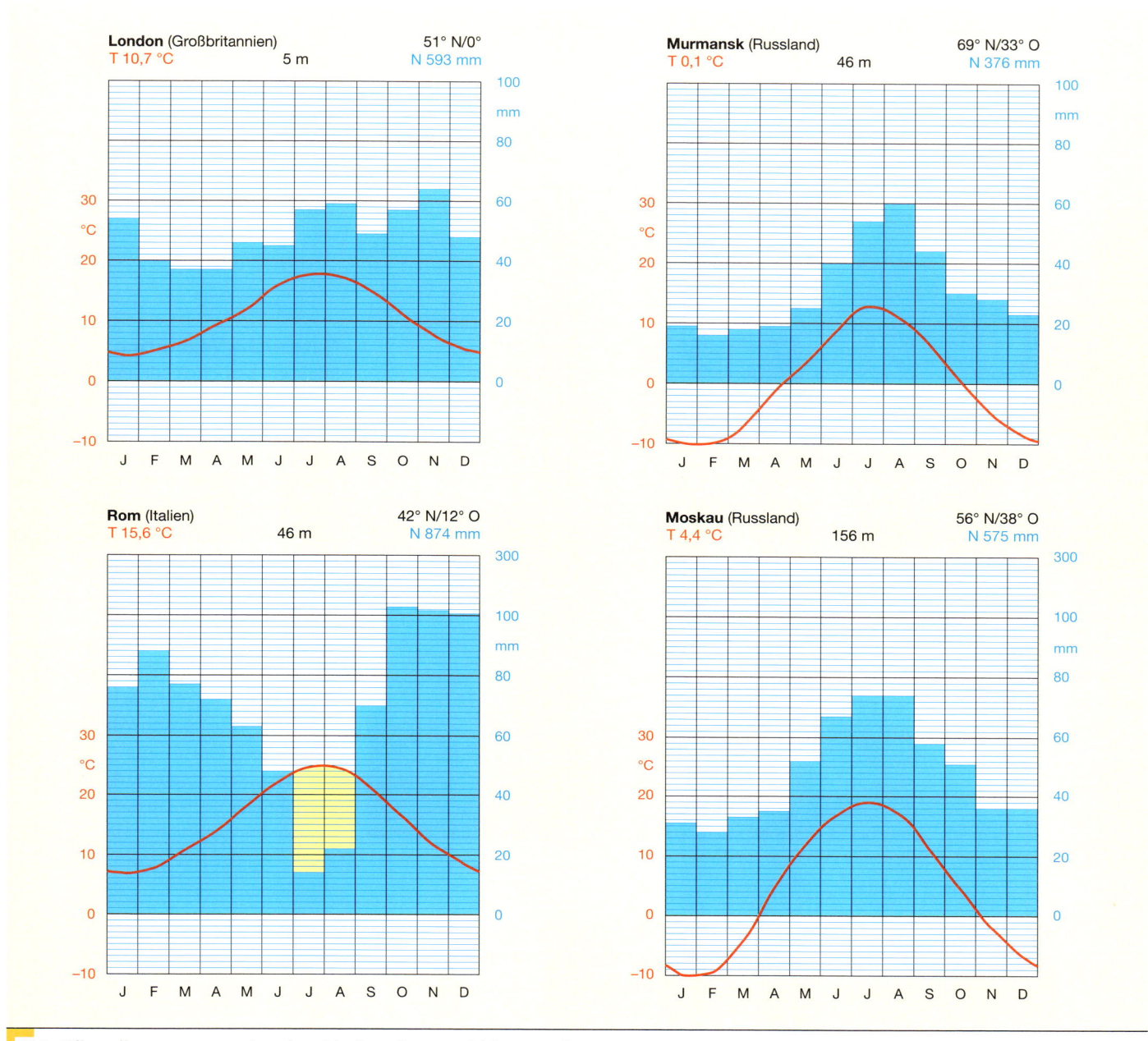

Murmansk (Russland) — 69° N/33° O — T 0,1 °C — 46 m — N 376 mm

Rom (Italien) — 42° N/12° O — T 15,6 °C — 46 m — N 874 mm

Moskau (Russland) — 56° N/38° O — T 4,4 °C — 156 m — N 575 mm

M 2 *Klimadiagramme von London, Moskau, Rom und Murmansk*

Übergangsklima

Zwischen dem Seeklima und dem Landklima gibt es einen Bereich mit Übergangsklima. Abhängig vom Wettergeschehen und der Lage eines Ortes im Übergangsbereich kann der Einfluss des regenreichen Seeklimas oder des trockenen Landklimas mit Ostwinden überwiegen.

1. Nenne Merkmale einer Klimazone.
2. Benenne die Teile von Nord- und Osteuropa, die in der subpolaren Zone liegen (**M 1**).
3. Erläutere den Einfluss von Wasser- bzw. Landmassen auf das Klima.
4. Beschreibe die Lage der Klimastationen (**M 2**, Karte S. 111 oben).
5. Werte die Klimadiagramme von London, Moskau, Rom und Murmansk mithilfe der Checkliste (Seite 118) aus und ordne sie einer der Klimazonen zu (**M 1, M 2**).
6. Lies die beiden folgenden Aussagen und begründe, welche richtig ist:
   – Die gemäßigte Klimazone wird deshalb in drei Klimagebiete unterteilt, weil sie vom Atlantischen Ozean bis nach Osteuropa reicht.
   – Die gemäßigte Klimazone wird deshalb in drei Klimagebiete unterteilt, weil große Länder in dieser Klimazone liegen.

WEBCODE: UE641680-121

Das Klima beeinflusst die Vegetation

Die **Tundra** ist ein baumloses Gebiet mit Zwergsträuchern, Gräsern, Moosen und Flechten, die höchstens 50 Zentimeter groß werden. Die Pflanzen kommen mit geringer Wärme und einer kurzen Wachstumszeit aus.

M 1 *Tundra*

check-it
- Vegetationszonen Europas verorten
- Vegetationszonen Europas kennen
- Zusammenhang von Klima und Vegetation erläutern

Natürliche Vegetation

Pflanzen brauchen für ihr Wachstum Nährstoffe, Wasser, Wärme und Licht. In Gebieten mit ähnlichem Klima hat sich deshalb auch meist eine ähnliche natürliche Vegetation gebildet. Zusammenhängende Gebiete mit gleicher oder ähnlicher Pflanzenbedeckung nennt man **Vegetationszonen.**

Eingriffe des Menschen

Die Menschen errichteten Siedlungen, landwirtschaftliche Nutzflächen, Arbeitsstätten, Verkehrsflächen und anderes mehr. Sie holzten Wälder ab, legten Sümpfe und Moore trocken und machten aus Steppen Ackerflächen. Deshalb gibt es in Europa kaum noch Gebiete mit natürlicher Vegetation.

Hier kommen in erster Linie Fichten, Lärchen und Kiefern vor. Sie vertragen Frost und lange, sehr kalte Winter, in denen viel Schnee fällt. In Russland heißt diese Vegetationszone **Taiga.**

M 2 *Nadelwaldzone*

Nadel- und Laubbäume bilden den **Mischwald.** Er kommt in Gebieten mit mäßig warmen Sommern und mäßig kalten Wintern sowie Niederschlägen zu allen Jahreszeiten vor. Der Boden ist meist von Moosen, Gräsern, Kräutern und Sträuchern bedeckt. Die Laubbäume – hauptsächlich Eichen, Buchen und Birken – werfen im Herbst ihr Laub ab.

M 3 *Laub- und Mischwaldzone*

Steppen sind baumlose Grasländer mit winterharten Gräsern und Kräutern, die auch bei Sommertrockenheit wachsen können.

M 4 *Steppe in Osteuropa*

EUROPA BETRACHTEN **123**

Weil es im Mittelmeerraum fast nur im Winter regnet, müssen sich die Pflanzen vor der Hitze und der hohen Verdunstung im Sommer schützen. Sie tun dies mit lederartigen Blättern, Dornen oder einem Wachsüberzug. Zu diesen Pflanzen gehört zum Beispiel der Ölbaum.

M 5 *Subtropische Vegetation*

Im Hochgebirge nehmen mit der Höhe die Temperaturen ab. Deshalb kommen in den unterschiedlichen Höhenlagen verschiedene Pflanzen vor. Von unten nach oben sind das Mischwälder, Nadelwälder, Zwergsträucher und Gräser sowie Kräuter.

M 6 *Hochgebirgsvegetation*

1. Erläutere, was man unter „natürlicher Vegetation" versteht.
2. Nenne Gründe, wieso in Europa kaum noch natürliche Vegetation vorhanden ist.
3. Beschreibe die Abfolge der Vegetationszonen in Europa von Nord nach Süd (**M 1** bis **M 7**).
4. Nenne je zwei Staaten, die Anteil an den einzelnen Vegetationszonen haben (**M 7**; Karte S. 111 unten).
5. Erläutere den Zusammenhang zwischen Klima und natürlicher Vegetation (**M 7**; S. 120, **M 1**).

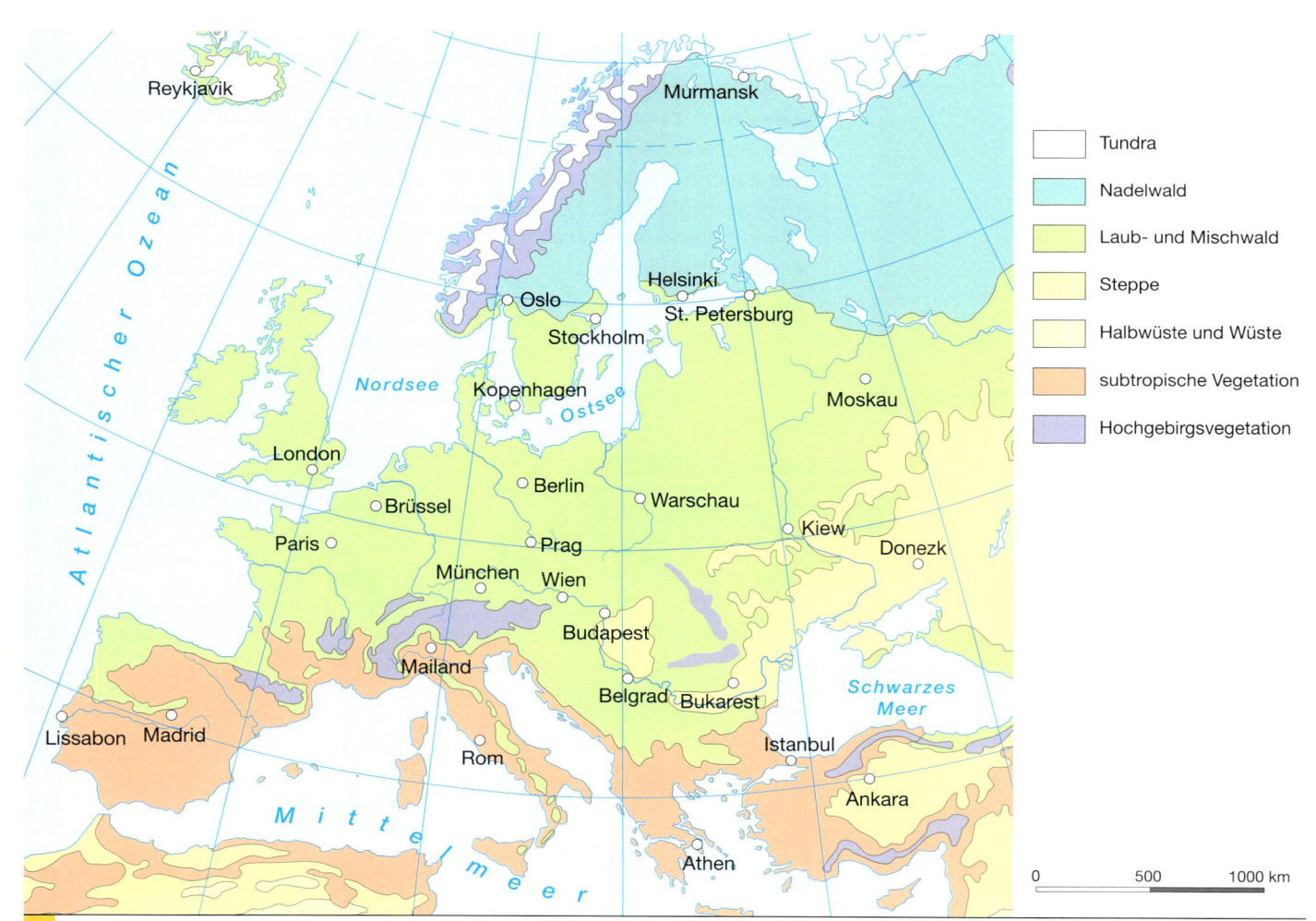

Legende:
- Tundra
- Nadelwald
- Laub- und Mischwald
- Steppe
- Halbwüste und Wüste
- subtropische Vegetation
- Hochgebirgsvegetation

M 7 *Vegetationszonen in Europa*

Europa wächst zusammen

Speech bubbles (M1):
- Ich werde nach der Schule ein „ökologisches Jahr" in Lettland machen.
- Und in vielen Ländern kann man mit dem Euro bezahlen.
- Ich finde es cool, einfach so in die Niederlande fahren zu können ohne Grenzkontrolle.
- Bekannte von uns haben ihren Betrieb nach Rumänien verlegt, weil dort die Löhne niedriger sind.
- Mein Vater überweist jeden Monat Geld auf sein Konto in Athen, weil er dort mal ein Geschäft gründen will.
- Meine Großeltern leben im Süden Spaniens. Ich möchte nach der Schule in Spanien ein Jahr arbeiten.
- Ein Onkel von mir handelt mit Obst und Gemüse. Seine Ware kommt aus ganz Europa: Spargel aus Griechenland, Erdbeeren aus Spanien, Tomaten aus den Niederlanden.

M 1 Europa ohne Grenzen – was bringt mir das?

check-it
- Mitgliedsstaaten der EU kennen und verorten
- Stufen der Einigung und die Entwicklung der EU beschreiben
- ausgewählte Merkmale der EU kennen

Die Europäische Union (EU)

Die europäische Einigung hat mit sechs Staaten begonnen: mit Frankreich, Deutschland, Italien, Belgien, den Niederlanden und Luxemburg. Ihr Ziel war es, Kriege zwischen den Ländern durch ein neues Zusammengehörigkeitsgefühl zu verhindern und wirtschaftlich eng zusammenzuarbeiten. Die EU besteht gegenwärtig aus 27 europäischen Ländern. Damit leben etwa 500 Millionen Menschen in der EU.

Zwischen den EU-Mitgliedsstaaten gibt es keine Grenzkontrollen für Waren. An vielen Grenzen sind auch die Personenkontrollen weggefallen. Dies fördert die Zusammenarbeit und den Handel. In 16 Ländern der EU wird mit der gleichen Währung, dem **Euro,** bezahlt. Neben dem US-Dollar ist der Euro die wichtigste Währung der Welt. Wenn wir Deutschen zum Beispiel Ferien in Italien, Österreich oder Frankreich machen, brauchen wir kein Geld zu tauschen.

1951	D, F, I, B, L, NL bilden eine Wirtschaftsgemeinschaft für Kohle und Stahl
1957	Gründung der Europäischen Wirtschaftsgemeinschaft (EWG)
1968	Abschaffung der Zölle zwischen den Mitgliedsstaaten, gemeinsamer Außenzoll
1993	Binnenmarkt: keine Grenzen für Menschen und Waren innerhalb der EU
1995	Abschaffung der Grenz- und Passkontrollen
2002	In zwölf Ländern ersetzt der Euro die nationalen Währungen
2007	Die EU hat 27 Mitgliedsstaaten

M 2 Stufen der Einigung in Europa

M 3 Abriss einer Autobahngrenzanlage im November 2005

EUROPA BETRACHTEN **125**

Die Flagge der EU entstand, als sich zwölf Staaten zusammengeschlossen hatten. Deshalb zeigt sie einen Sternenkreis mit nur zwölf Sternen.

Europa ist viel mehr

Europa ist der fünftgrößte Kontinent, auf dem rund 730 Millionen Menschen in 47 Staaten leben. 82 Millionen Menschen leben davon allein in Deutschland.

1 Beschreibe den Weg der europäischen Einigung (**M 2** bis **M 5**).

2 Liste in einer Tabelle auf, welche Vorteile der EU die Jugendlichen nennen (**M 1**):

Für Ausbildung/ Beruf	Für Urlaub/ Reisen	Für die Wirtschaft
…	…	…

3 Ordne den Ländern der EU ihre Hauptstädte zu. Sortiere sie nach dem Jahr des Beitritts zur EU und markiere jene, in denen du mit dem Euro bezahlen kannst (**M 5**).

M 4 *Die Flagge der EU*

4 Erläutere den Unterschied zwischen „Europa" und der „EU" (**M 5**).

5 Führe in der Schule eine Befragung zum Thema: „Woran denkst du beim Begriff „Europa"?" durch.

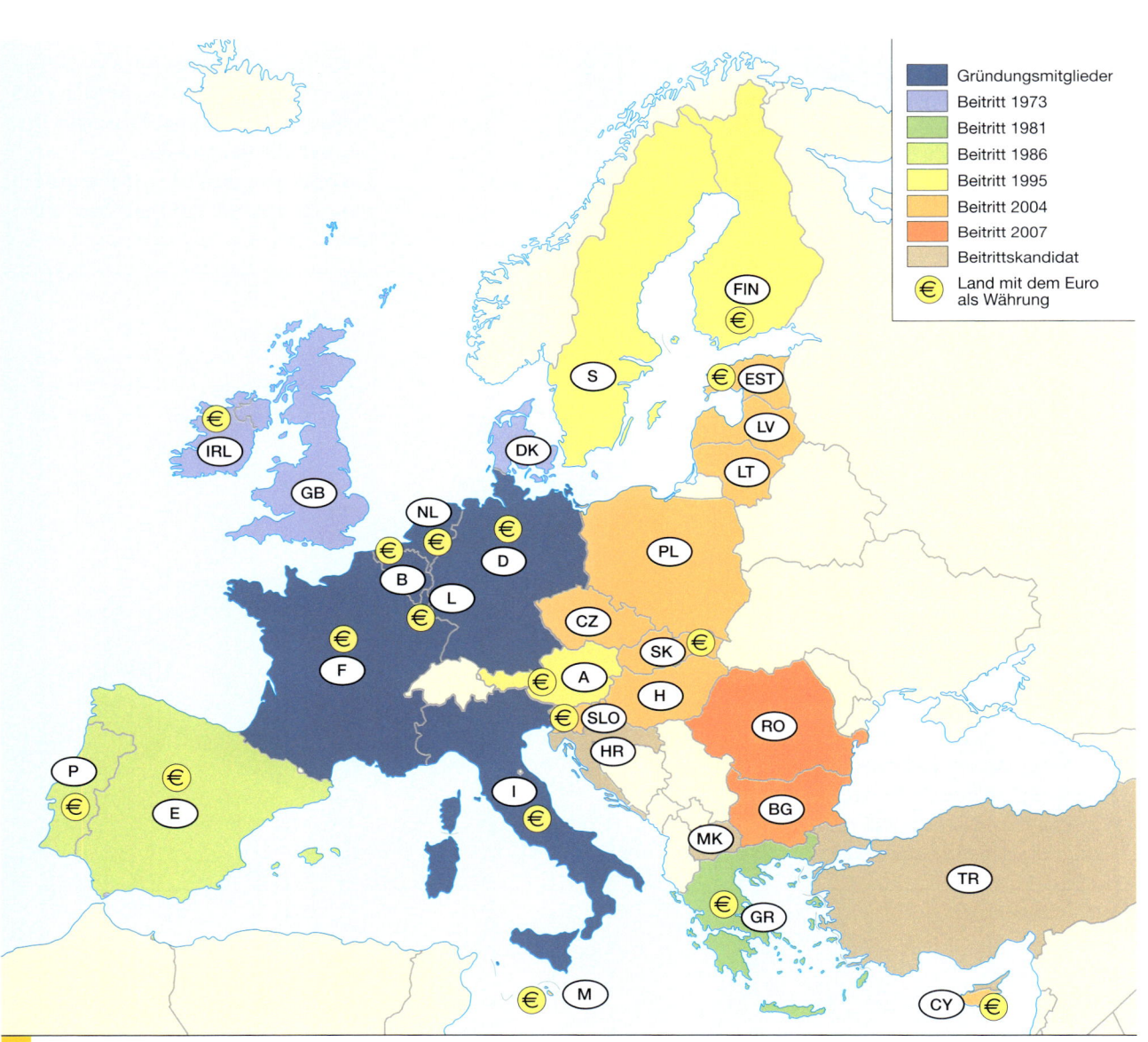

WEBCODE: UE641680-125

M 5 *Die Europäische Union (EU)*

Wir entdecken Europa spielerisch

Master of Europe
Dieses Spiel kannst du mit deiner ganzen Klasse oder nur mit deinem Nachbarn spielen.
Zunächst teilst du ein DIN-A4-Papier in vier gleich große Stücke. Jeder Schüler überlegt sich nun vier Fragen zu Europa. Auf die Vorderseite schreibst du eine Frage, auf die Rückseite die Antwort. Alle Fragekarten werden auf einen Stapel gelegt.
Die Show kann beginnen. Ein Mitglied von Gruppe A liest eine Frage vor, die Gruppe B versucht zu antworten. Danach liest jemand von Gruppe B eine Frage vor. Jede richtige Antwort gibt einen Punkt. Die Gruppe, die zuerst 15 Punkte hat, gewinnt und darf den Titel „Master of Europe" tragen.
Natürlich kannst du dein Wissen zu Europa mit diesen Fragekarten auch selbst testen.

M 1 *Wer wird „Master of Europe"?*

Europa puzzeln
Zunächst benötigst du eine Europakarte. In deiner Schule befinden sich bestimmt noch irgendwo alte Atlanten. Hierin findest du sicherlich eine geeignete Europakarte. Natürlich kannst du deine Karte auch selbst auf ein DIN-A3-Papier zeichnen. Klebe die Karte auf Plakatkarton und zeichne ein Gitternetz, sodass sich gleich große Quadrate ergeben. Nun musst du die Quadrate nur noch ausschneiden und schon ist dein Europapuzzle fertig.
Wer schafft es in der kürzesten Zeit, Europa wieder richtig zusammenzusetzen?

M 2 *Europapuzzle*

Europa-Meister

Teilt eure Klasse in gleich große Ausgangsteams (etwa vier Schüler) auf. Nun schaut sich jeder Schüler fünf Minuten die stumme Europakarte auf Seite 114 an und wiederholt mithilfe seines Heftes noch einmal alle Objekte, die auf der Karte markiert sind. In den nächsten drei Minuten trainieren immer zwei Teammitglieder ihr Wissen, indem sie sich gegenseitig abfragen. Hoffentlich ist dein Team nun optimal für das Turnier vorbereitet.

Nun werden neue Schülergruppen so gemischt, dass sich nur jeweils ein Mitglied eines Ausgangsteams in einer neuen Gruppe befindet. Der jüngste in jeder Gruppe beginnt nun seinem linken Nachbarn, zehn Markierungen auf der stummen Karte zu zeigen. Für jede richtige Antwort erhält der Kandidat einen Punkt. Nun testet der Kandidat selbst seinen linken Nachbarn. Wenn alle Schüler getestet wurden, gehen die Spieler in ihre Ausgangsteams zurück.

Jeder Spieler kann nun maximal zehn Punkte für sein Team beisteuern. Das Team mit den meisten Punkten gewinnt das Turnier. Bei Gleichstand wird eurer Lehrkraft sicherlich eine Entscheidungsfrage einfallen.

M 3 *Gruppenturnier*

M 4 *„Europa-Meister"*

Weitere Europaspiele

Im Internet gibt es zahlreiche Lernspiele zu Europa. Dies ist ein guter Anlass, um mit deiner ganzen Klasse dein Europawissen im Computerraum zu testen.

WEBCODE: UE641680-127

Geo-Check: Europa betrachten

Sich orientieren

M1 *Staatenpuzzle Europa ohne Osteuropa*

1. Zeichne die Umrisse der Staaten ab (oder lade sie per Webcode herunter) und schneide dann die Teile aus (M1).
2. Setze die Teile in deinem Erdkundeheft zu einer Europakarte zusammen und klebe sie ein.
3. Lege eine Tabelle an, in die du die Staaten Europas und ihre Hauptstädte einträgst.
4. Markiere die Staaten, die zur Europäischen Union gehören.
5. Male die Teilräume Europas in deiner Karte verschiedenfarbig aus.
6. Nenne das größte Land Europas. In welchem Großraum liegt es?
7. Nenne die Meere, die Europa im Süden, Westen und Norden begrenzen.
8. Nenne die Staaten, an die Europa im Osten grenzt.

WEBCODE: UE641680-128

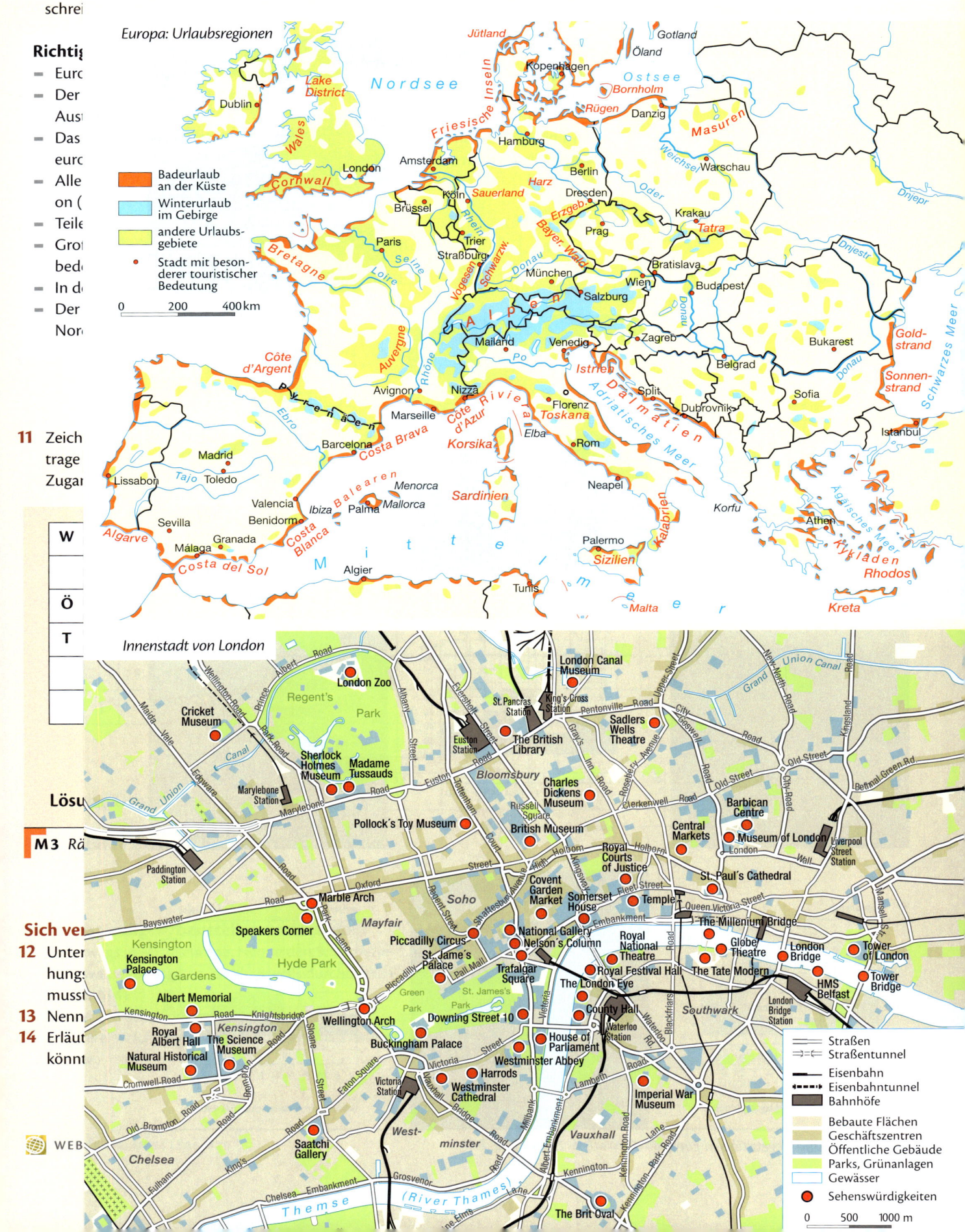

131 TOURISMUS IN EUROPA UNTERSUCHEN

Tourismus in Europa

Europa: Urlaubsregionen

- Badeurlaub an der Küste
- Winterurlaub im Gebirge
- andere Urlaubsgebiete
- Stadt mit besonderer touristischer Bedeutung

0   200   400 km

Innenstadt von London

Legende:
- Straßen
- Straßentunnel
- Eisenbahn
- Eisenbahntunnel
- Bahnhöfe
- Bebaute Flächen
- Geschäftszentren
- Öffentliche Gebäude
- Parks, Grünanlagen
- Gewässer
- Sehenswürdigkeiten

0   500   1000 m

6 Tourismus in Europa untersuchen

Sommer, Sonne, Urlaubszeit – wo verbringen wir unsere Ferien?
Badeurlaub am Mittelmeer? Städtereisen nach London, Prag oder Budapest? Wie wäre es mit einer Radtour? Welche anderen Möglichkeiten gibt es noch, um in Europa schöne Ferien zu verbringen?

In diesem Kapitel lernst du
- die Lage von Reisezielen und -gebieten in Europa zu beschreiben,
- Besonderheiten des Tourismus in verschiedenen Reisegebieten zu erläutern,
- Merkmale des Bade- und Massentourismus zu benennen.

Dazu nutzt du
- physische und thematische Karten,
- Straßenkarten,
- Bilder und
- die Planung einer Radtour.

Du beurteilst
- Massentourismus und andere Formen des Reisens bezüglich deren Einflüsse auf die Umwelt.

Links: Strand in Ligurien, Italien
Rechts oben: Piccadilly Circus in London
Rechts unten: Vor dem Start zu einer Radtour

Flughafen Frankfurt – Zentrum des Luftverkehrs

M 1 Flugzeugabfertigung am Flughafen Frankfurt/Main

check-it
- geographische Lage des Flughafens beschreiben
- Abläufe auf einem Flughafen beschreiben
- Bedeutung des Flughafens Frankfurt/Main kennen
- eine Grafik auswerten

Flughafen	Fluggäste (in Mio.)
London/Heathrow	66,0
Paris/Charles-de-Gaulle	57,9
Frankfurt/Main	50,9
Madrid	48,3
Amsterdam	43,6
Rom/Fiumicino	33,7
München	32,7
Moskau/Domodedovo	18,7
Düsseldorf	17,8
Berlin/Tegel	14,2
Hamburg	12,2

M 2 Europäische Flughäfen im Vergleich (2009)

Im Flughafen Frankfurt/Main

Täglich treffen im Flughafen Frankfurt/Main etwa 150 000 Menschen ein, die eine Flugreise antreten wollen oder dort landen.

Vom Flughafen Frankfurt/Main kann man über 300 Ziele in 110 Ländern anfliegen. Viele der Flüge sind **Linienflüge**, die regelmäßig an bestimmten Tagen und zu bestimmten Zeiten durchgeführt werden. Etwa die Hälfte der Fluggäste wechselt in Frankfurt das Flugzeug und bleibt bei der Ankunft im Transitbereich. So können sie schneller und ohne weitere Kontrollen umsteigen. Zwischen den Terminals 1 und 2 pendelt die Hochbahn „Sky Line".

Gleich nach der Landung bringen Spezialfahrzeuge die Container mit dem Reisegepäck zu einer der größten Gepäckförderanlagen der Welt, einem 67 Kilometer langen System von Förderbändern. Hier wird das Gepäck auf die Ausgabebänder oder die Anschlussflüge verteilt. Die Passagiere, die in Frankfurt ihr Ziel erreicht haben, nehmen an einem der Förderbänder ihre Koffer in Empfang.

Nur noch wenige Menschen reisen mit einem **Charterflug.** Das sind meist Ferienflüge, mit denen Reiseunternehmen ihre Urlauber an die Ferienziele bringen. Charterflüge werden von den Reiseunternehmen nach Bedarf eingesetzt – sie fliegen in der Regel nicht nach einem regelmäßigen Flugplan.

Arbeitsplatz Flughafen

Der Flughafen Frankfurt/Main ist wie eine eigene Stadt mit Restaurants, Geschäften, Banken, Hotels, einem Friseur, Arzt und Zahnarzt, Kinderspielplätzen und vielem mehr. Am Flughafen arbeiten etwa 70 000 Menschen, sodass er die größte Arbeitsstätte Deutschlands ist.

Der Flughafen ist aber auch ein beliebtes Ausflugsziel. Bei einer der Erlebnistouren kann man ihn besser kennenlernen.

TOURISMUS IN EUROPA UNTERSUCHEN **135**

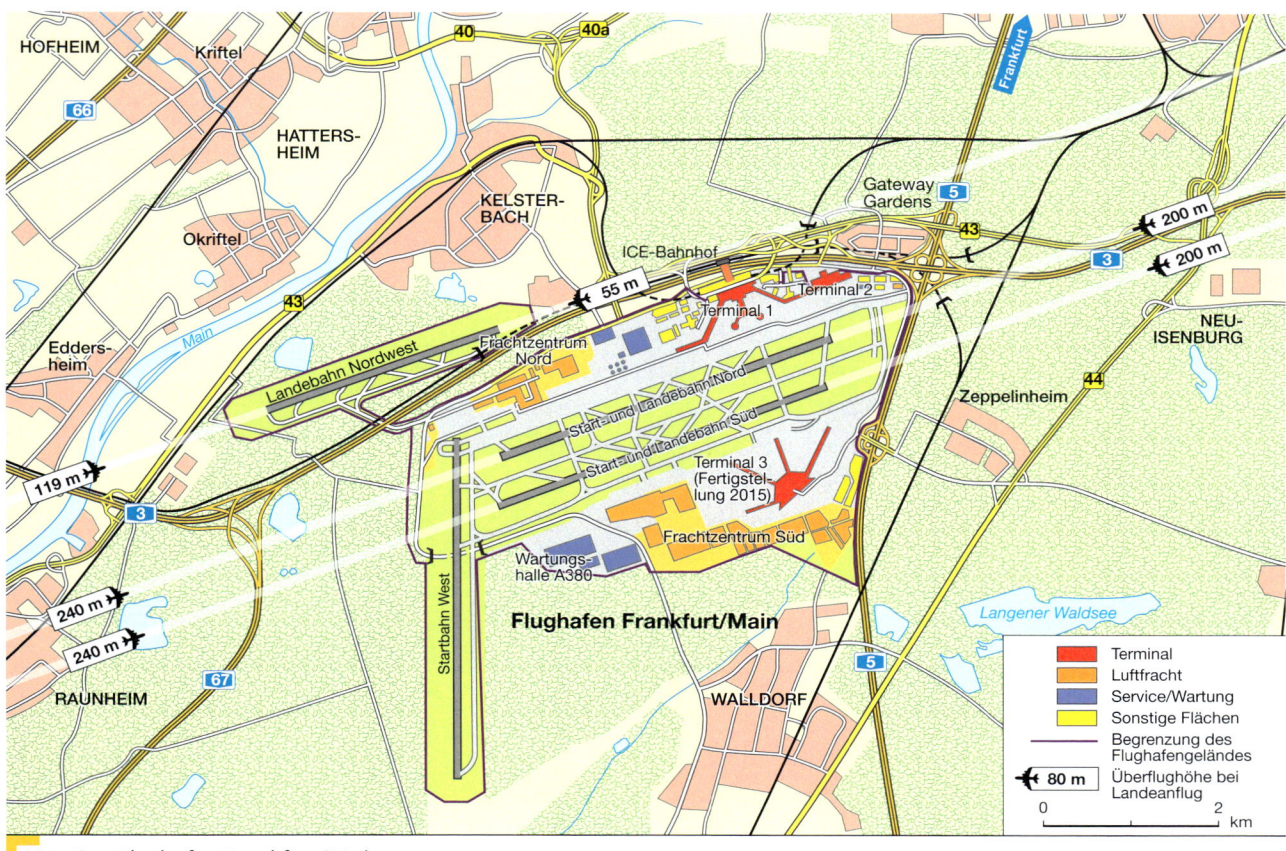

M 3 Der Flughafen Frankfurt/Main

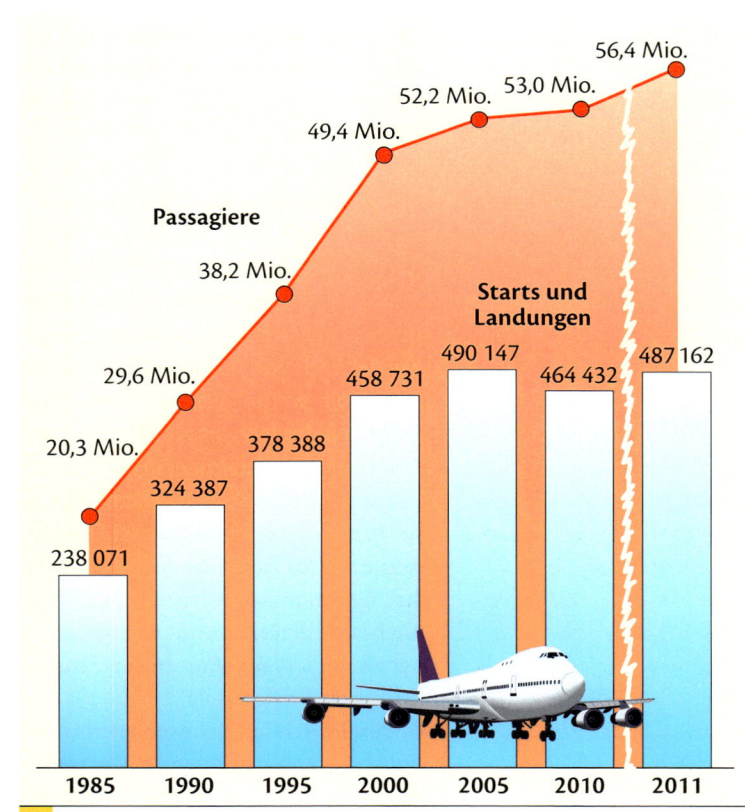

Legende:
- Terminal
- Luftfracht
- Service/Wartung
- Sonstige Flächen
- Begrenzung des Flughafengeländes
- 80 m Überflughöhe bei Landeanflug

M 4 Entwicklung des Flughafens

Passagiere:
- 1985: 20,3 Mio.
- 1990: 29,6 Mio.
- 1995: 38,2 Mio.
- 2000: 49,4 Mio.
- 2005: 52,2 Mio.
- 2010: 53,0 Mio.
- 2011: 56,4 Mio.

Starts und Landungen:
- 1985: 238 071
- 1990: 324 387
- 1995: 378 388
- 2000: 458 731
- 2005: 490 147
- 2010: 464 432
- 2011: 487 162

1. Erkläre, welche Teile des Flughafens in **M 1** zu sehen sind. Vergleiche mit **M 3**.
2. Werte **M 3** aus: Beachte die Größe des Flughafengeländes, Verkehrsanbindungen, besonders vom Fluglärm betroffene Gemeinden.
3. Schreibe einen Steckbrief des Flughafens: Terminals, Start- und Landebahnen, Starts und Landungen, Passagierzahlen, Bedeutung, Ausstattung (**M 1** bis **M 4**).
4. Berechne, wie viele Flugzeuge im Durchschnitt 2009 monatlich und täglich gestartet und gelandet sind (**M 4**).
5. Begründe, warum ein Ausbau des Flughafens für einige erforderlich scheint, bei Anwohnern und Umweltschützern aber umstritten ist (**M 3**, **M 4**).

WEBCODE: UE641680-135

TOURISMUS IN EUROPA UNTERSUCHEN

Das Mittelmeer – Badewanne für Millionen

M 1 Sonnenbaden

M 2 Wassersport

check-it
- Lage der Touristenstrände im Mittelmeerraum beschreiben
- Merkmale und Ursachen des Massentourismus kennen
- Klimamerkmale der Mittelmeer- und der Nordseeküste vergleichen
- Diagramme lesen und vergleichen

Ab in den Süden
In den Sommermonaten heißt es für Millionen Europäer: ab in den Süden. Die Folgen sind endlose Autoschlangen mit oft kilometerlangen Staus, Warteschlangen vor Tunnels und Mautstellen, Gedränge an Flughäfen und Fähren. Doch nichts kann die Urlauber von ihrem Ziel abhalten: Sonne, Strand und Meer, aber auch kulturelle Sehenswürdigkeiten der Mittelmeerländer.

Mehr Freizeit zum Reisen
Noch nie hatten die Europäer, auch wir Deutschen, so viel Freizeit und Urlaub wie in der Gegenwart. Die Urlaubsdauer hat sich seit 30 Jahren mehr als verdreifacht. Die meisten Deutschen können heute mehr als vier Wochen im Jahr Urlaub machen. Das Auto und der Ausbau von Verkehrswegen über die Alpen, eine zunehmende Zahl von Flugverbindungen und preisgünstige Flüge haben das Reisen vereinfacht. Ein- oder mehrmalige Urlaubsreisen im Jahr sind für viele Europäer selbstverständlich und gehören zur Lebensqualität.

Massentourismus am Mittelmeer
Mittelmeer heißt das Traumziel von Millionen Touristen jedes Jahr. Das Mittelmeer hat sich zum wichtigsten Reiseziel der Welt entwickelt und der Tourismus soll weiter wachsen. Bis 2020 werden jedes Jahr bis zu 350 Millionen Urlauber am Mittelmeer erwartet.

Warum zieht es so viele Menschen an die Küsten im Süden Europas? Der Mittelmeerraum ist relativ schnell erreichbar, bietet preisgünstigen Urlaub, aber auch tolle Strände und viele Möglichkeiten, im Urlaub aktiv zu sein: Surfen, Segeln und vieles mehr.

In den letzten Jahrzehnten entstanden entlang der Küsten unzählige touristische Einrichtungen wie Flugplätze, Straßen, Ferienclubs, große Hotels, Fe-

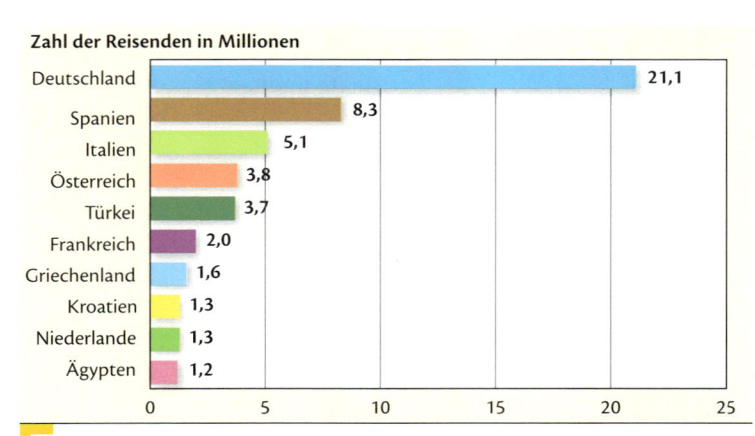

Zahl der Reisenden in Millionen

Deutschland	21,1
Spanien	8,3
Italien	5,1
Österreich	3,8
Türkei	3,7
Frankreich	2,0
Griechenland	1,6
Kroatien	1,3
Niederlande	1,3
Ägypten	1,2

M 3 Beliebteste Reiseziele der Deutschen in Europa 2009

TOURISMUS IN EUROPA UNTERSUCHEN 137

M 4 Touristenstrände und Ferienorte am Mittelmeer

rienwohnungen, Campingplätze, Restaurants, Cafés, Pools und Bootshäfen. Das Aussehen vieler Orte hat sich dadurch völlig verändert. Die Zahl der Urlauber ist im Sommer oft hundertmal größer als die Einwohnerzahl der Küstenorte.

Der Massentourismus ist zu einer Belastung für Mensch und Natur geworden. Der Tourismus schafft aber auch Arbeitsplätze und ist eine wichtige Einnahmequelle für die Einwohner und die Staaten im Mittelmeerraum.

1. Ordne den Mittelmeerländern Spanien, Frankreich, Italien, Kroatien, Griechenland und Türkei bekannte Touristenstrände und Ferienorte zu. Gestalte dazu eine **Mindmap** (M 4).
2. Nenne Merkmale, Ursachen und Folgen des Massentourismus (M 1 bis M 6).
3. Berechne, wie viele Deutsche in den Ländern Urlaub machen, die Anteil am Mittelmeer haben (M 3).
4. Erkläre, warum es so viele Menschen im Urlaub an die Mittelmeerküsten zieht (M 4 bis M 6).

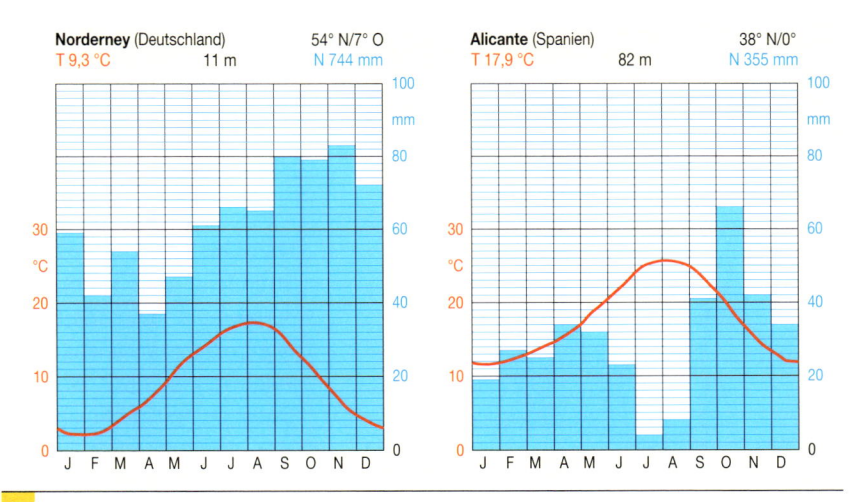

M 5 Klimadiagramme von Norderney und Alicante

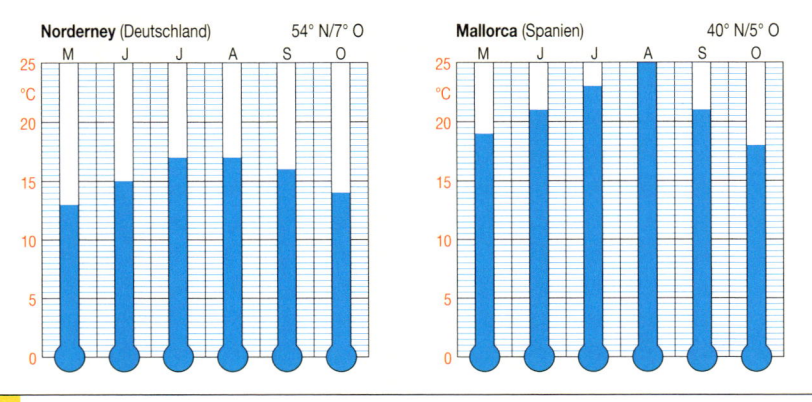

M 6 Wassertemperaturen der Nordsee und des Mittelmeers

Benidorm – Wolkenkratzer am Badestrand

M 1 Benidorm an der Costa Blanca

check-it
- geographische Lage Benidorms beschreiben
- Veränderungen durch den Massentourismus am Beispiel Benidorms erläutern
- Stadtpläne vergleichen
- Vor- und Nachteile eines Urlaubs in Benidorm erörtern

Benidorm
Costa Blanca: weiße Küste – ein verlockender Name. An diesem Küstenabschnitt zwischen Valencia im Norden und Alicante im Süden liegt Benidorm: weiße Strände unter strahlender Sonne, Apfelsinen-, Zitronen- und Mandelbäume, wohin das Auge schaut. Benidorm, die lebhafte Ferienstadt für einen erlebnisreichen Urlaub wird eingerahmt von majestätischen Bergen. Sie bietet ein riesiges Unterhaltungsprogramm: Freizeitparks, Diskotheken, Bars und vieles mehr.

Die Qualität des Wassers und der Strände ist gut bis sehr gut. Um die seit 30 Jahren anhaltende Bebauung in geregelte Bahnen zu lenken, haben einige angrenzende Orte ein Bauverbot für Gebäude mit mehr als vier Stockwerken ausgesprochen. Häuser in landestypischer Bauweise werden wieder häufiger errichtet. Beton zählt immer noch zu den bevorzugten Baumaterialien. Außerdem wird für die Trennung des Abfalls gesorgt.

Geringe Niederschlagsmengen im Winter können zu Wasserknappheit führen. Die Trinkwasserversorgung für Einwohner und Urlauber ist dennoch sichergestellt. Aus anderen Gebieten Spaniens, auch aus Madrid, wird Wasser herangeführt. Zusätzlich werden mobile Meerwasserentsalzungsanlagen betrieben.

Vom Fischerdorf zur Ferienstadt
Die Entwicklung Benidorms vom verschlafenen Fischerdorf zur quirligen Ferienstadt begann in den 1960er-Jahren. Deutsche und spanische Touristen erkannten die Vorzüge der kilometerlangen feinsandigen Strände, der warmen Sommer und milden Winter. Infolge billiger Charterflüge und einer starken Werbung kamen immer mehr Touristen. Aus Fischern wurden Kellner, Taxifahrer, Tennislehrer und Cafébesitzer.

Doch Anfang der Achtzigerjahre kam Benidorm als „Urlaubsfabrik" in Verruf. Probleme mit der Müllentsorgung traten auf. Hotelburgen aus grauem Beton und Umweltprobleme führten zum Ausbleiben der Touristen. Denn nicht jedem gefällt der Urlaubsspaß rund um die Uhr: tagsüber volle Strände und abends das laute Nachtleben im Freien.

TOURISMUS IN EUROPA UNTERSUCHEN **139**

M 2 Benidorm 1960

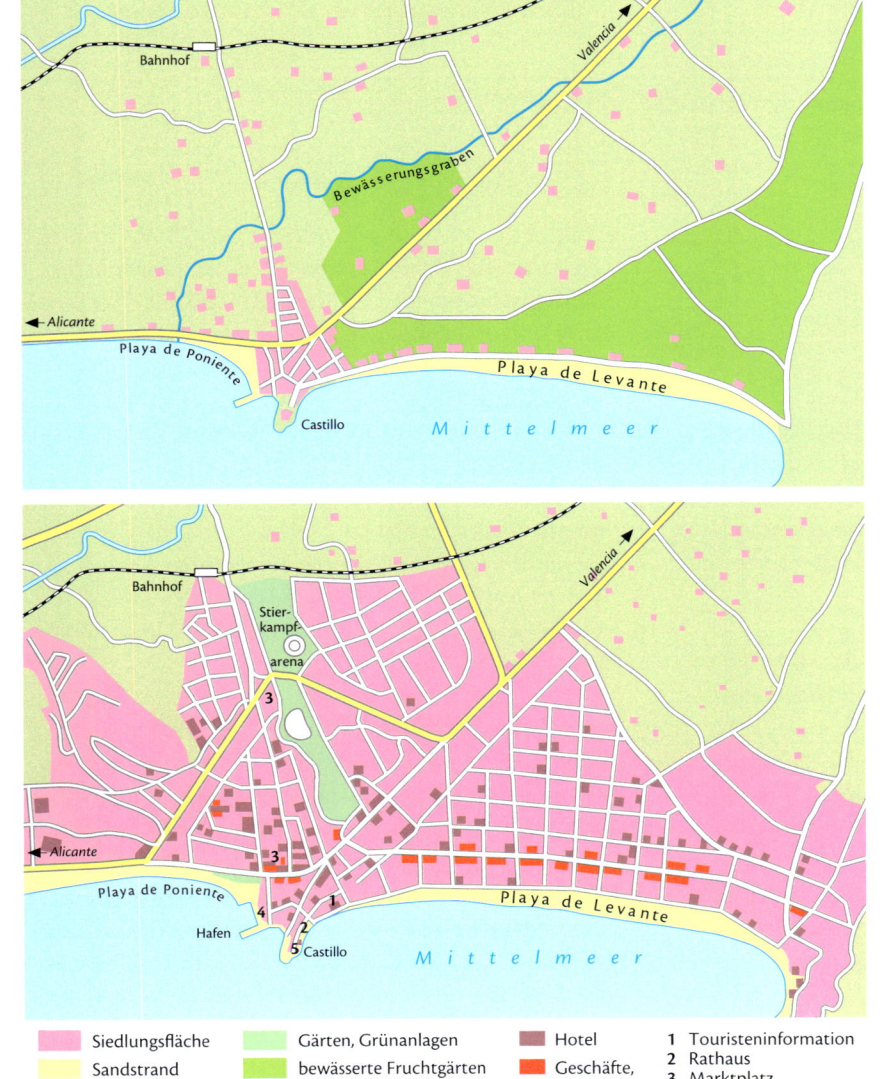

Jahr	Einwohner
1950	2 787
1960	6 161
1981	24 983
1991	42 442
2001	57 227
2009	71 034

M 4 Entwicklung der Einwohnerzahl (Bewohner mit ständigem Wohnsitz in Benidorm)

Benidorm ist „in"

Jedes Jahr fahren etwa 5,5 Millionen sonnenhungrige und Vergnügung liebende Urlauber nach Benidorm. Im Sommer zieht die Kombination aus Baden, Sport und städtischem Leben vor allem junge Spanier und Briten an. Doch auch im Winter schläft Benidorm nicht. Denn jedes Jahr überwintern Tausende Rentner im milden Klima der Weißen Küste.

1 Beschreibe die geographische Lage von Benidorm (Karte S. 131 oben und Karte S. 222/223).
2 Nenne Gründe, warum Benidorm als Ferienstadt bezeichnet wird.
3 Erläutere, wie der Massentourismus das Ortsbild von Benidorm verändert hat (**M 1** bis **M 4**).
4 Bildet zwei Gruppen: Gruppe 1 stellt Gründe zusammen, die für einen Urlaub in Benidorm sprechen, Gruppe 2 stellt Gründe zusammen, die gegen einen Urlaub in Benidorm sprechen. Tauscht eure Argumente anschließend aus und diskutiert in der Klasse (**M 1** bis **M 4**).

Legende:
- Siedlungsfläche
- Sandstrand
- Gärten, Grünanlagen
- bewässerte Fruchtgärten
- Olivenhaine
- Hotel
- Geschäfte, Banken
- 1 Touristeninformation
- 2 Rathaus
- 3 Marktplatz
- 4 Club für Wassersport
- 5 Bibliothek

M 3 Benidorm zwischen 1960 und 2005

WEBCODE: UE641680-139

Wir orientieren uns auf Straßenkarten

M 1 Möglichkeiten zur Orientierung: Navigationssystem und Routenplaner

check-it
- Straßenkarte lesen

Den Stau umfahren
Wir fahren auf der Schnellstraße E55 nach Prag. Kurz vor Nová Ves wird im Radio ein 20 Kilometer langer Stau gemeldet. Das Navigationssystem zeigt keine Umleitung an. Jetzt muss schnell mit der Straßenkarte eine Möglichkeit gefunden werden, den Stau zu umfahren. Kannst du die Straßenkarte richtig lesen?

Checkliste zur Orientierung auf der Straßenkarte
1. Orientiere dich über den Karteninhalt und lies die Legende.
2. Suche Ausgangs- und Zielort der Fahrt.
3. Ermittle, wie du zum Zielort kommst. Beachte die unterschiedlichen Arten von Straßen.
4. Suche Orte, die durchfahren werden.
5. Berechne die Länge der Fahrstrecke.
6. Beachte wichtige Dinge, die an der Fahrstrecke liegen, wie Tankstellen, Raststätten, Grenzübergänge, Sehenswürdigkeiten und Ähnliches.

Beispiel: Fahrstrecke von Slaný nach Prag (Praha)
1. Die Karte zeigt einen Ausschnitt aus der Straßenkarte Tschechische Republik im Maßstab 1:500 000. In der Karte sind unter anderem Autobahnen und andere Straßen, Straßenbreiten, Bahnlinien und Sehenswürdigkeiten dargestellt.
2. Ausgangsort der Fahrt ist Slaný (nordwestlich von Prag), Zielort ist Prag.
3. Von Slaný nach Prag gelangt man über die Hauptverbindungsstraße Nummer 7.
4. Die Karte zeigt keine Orte, die durchfahren werden.
5. Fahrstrecke: 38 km.
6. An der Fahrstrecke liegen: ein Denkmal in Lidice und der Prager Flughafen.

1 Ermittle, wie man den Stau auf der Schnellstraße in Richtung Prag umfahren kann.

2 Beschreibe die Wegstrecke und berechne die Fahrstrecke. Wie groß ist der Umweg im Vergleich zur Schnellstraße (**M 2**)?

3 Plant verschiedene Fahrten mit dem Kartenausschnitt und beschreibt die Fahrstrecken, zum Beispiel von Prag nach Karlštein, von Mělnik nach Prag. Welche Sehenswürdigkeiten oder anderen Besonderheiten, die in der Karte dargestellt werden, liegen an der Wegstrecke (**M 2**)?

GEO-METHODE **141**

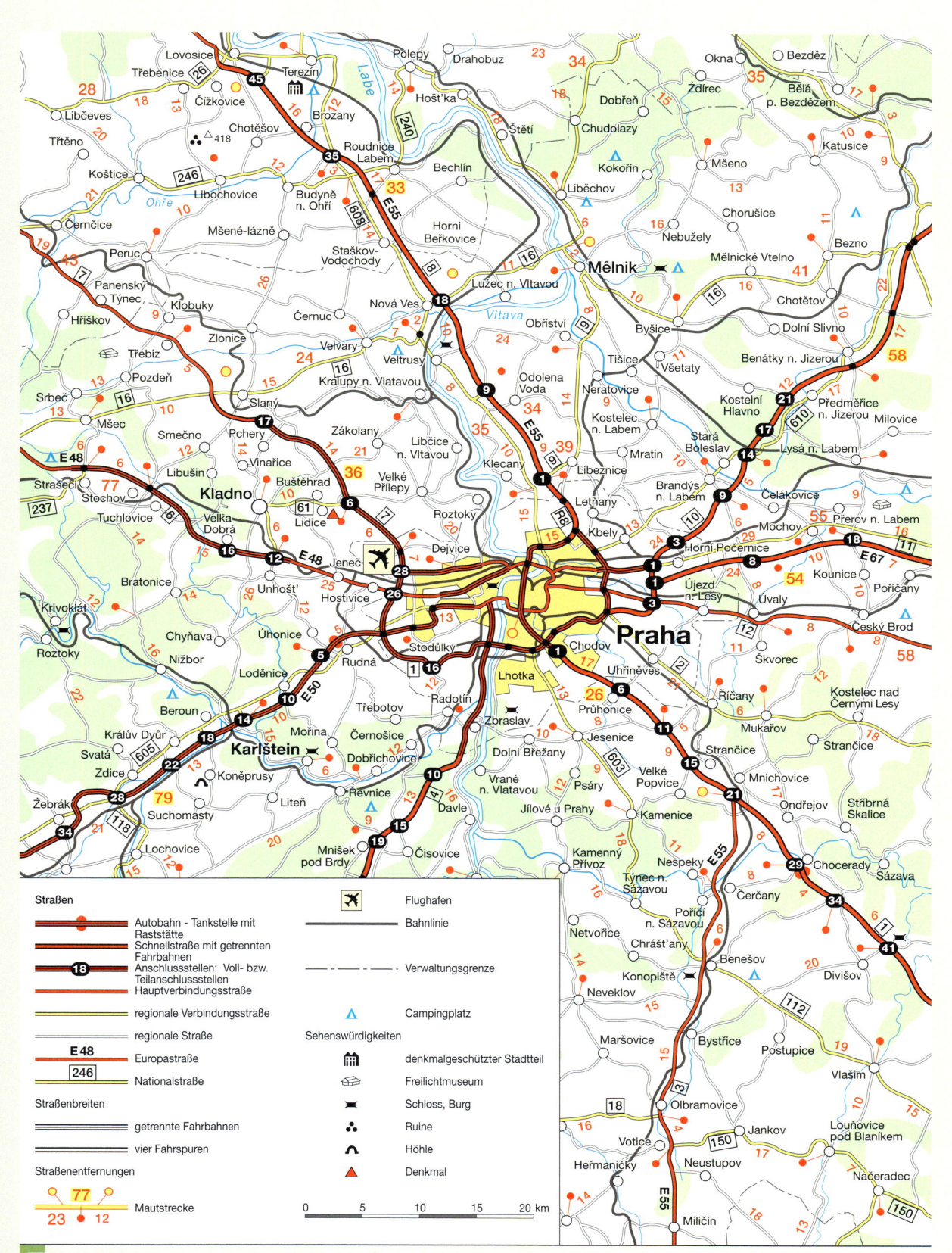

M 2 *Ausschnitt aus der Straßenkarte Tschechische Republik*

Straßen
- Autobahn – Tankstelle mit Raststätte
- Schnellstraße mit getrennten Fahrbahnen
- Anschlussstellen: Voll- bzw. Teilanschlussstellen
- Hauptverbindungsstraße
- regionale Verbindungsstraße
- regionale Straße
- E 48 Europastraße
- 246 Nationalstraße

Straßenbreiten
- getrennte Fahrbahnen
- vier Fahrspuren

Straßenentfernungen
- 77 Mautstrecke
- 23 · 12

Zeichen
- ✈ Flughafen
- Bahnlinie
- Verwaltungsgrenze
- ▲ Campingplatz
- Sehenswürdigkeiten
- 🏛 denkmalgeschützter Stadtteil
- Freilichtmuseum
- Schloss, Burg
- ⋮ Ruine
- ∩ Höhle
- ▲ Denkmal

0 5 10 15 20 km

Ein Tag in Budapest

M 1 Blick auf Budapest und Donau

check-it
- Merkmale des Städtetourismus kennen
- ausgewählte Sehenswürdigkeiten Budapests kennen
- Stadtplan von Budapest lesen
- ein Werbeplakat gestalten

Sehenswürdigkeiten in Budapest
1. Burgpalast *(Budavári palota)* ✔
2. Historisches Museum ✔
   (Történeti Múzeum)
3. Fischerbastei
4. Matthiaskirche
5. Kettenbrücke ✔
   (Széchenyi Lánchíd)
6. Burgtheater
7. Seilbahn
8. Gellértberg ✔
9. Parlament ✔
10. Türkisches Bad

M 2 Steffis Top Five

Große Stadt – wenig Zeit

Viele Touristen, die eine Stadt besuchen, haben nur einen oder wenige Tage Zeit, denn der Aufenthalt in einer Stadt ist meist teuer. Daher können sie auf ihrer Städtereise nur die Stadt, aber nicht das Umland erkunden. Ein beliebtes Ziel für Städtetouristen ist die ungarische Hauptstadt Budapest, die 2007 von etwa 2,5 Millionen Urlaubern besucht wurde. Besonders aus den Nachbarländern wie Österreich und der Slowakei, aber auch aus Deutschland, reisen die Städtetouristen an, um sich die zahlreichen Attraktionen anzusehen. Viele Reiseveranstalter bieten Wochenendreisen nach Budapest an. Die Touristen bringen viel Geld in die Stadt. Die Stadt hat zahlreiche Museen und Kirchen, aber besonders bekannt ist sie wegen der über hundert heißen Quellen und Brunnen.

Spuren der Römerzeit können in den Ruinen von Militärlagern und Bädern besichtigt werden. Budapest entstand durch die Zusammenlegung von zwei Städten: Buda und Pest. Auf der östlichen, flachen Seite der Donau liegt Pest, das zwei Drittel der Stadtfläche einnimmt, auf der westlichen, bergigen Seite Buda, wo es über 200 Höhlen gibt. Den Touristen stellt sich die Frage: Welche Sehenswürdigkeiten sollten wir bei unserem Aufenthalt unbedingt besichtigen?

„Auf der Budaer Seite erhebt sich das größte und bekannteste Gebäude der Stadt: der Burgpalast. Er nimmt den gesamten Südteil des Burgbergs ein. Die Geschichte dieses riesigen Gebäudes reicht bis in die Anfänge des 13. Jahrhunderts zurück. Autos können zwar zur Burg hinauffahren, im Sommer sind Parkplätze jedoch rar."

M 3 Der Burgpalast

„Eigentlich ist die Donau die Hauptattraktion Budapests. Der Fluss wird im Stadtgebiet von insgesamt neun Brücken überspannt. Die älteste von ihnen ist die Kettenbrücke. Sie ist auch ein Wahrzeichen von Budapest. Die Kettenbrücke ist eine „Hängebrücke". Ihren Namen trägt sie wegen der eisernen Ketten, die entlang der 375 Meter langen Brücke gespannt sind."

M 4 Die Kettenbrücke

„Der Gellértberg mit seinen 235 Metern Höhe ist bei den Einheimischen und bei Touristen wegen seines wundervollen Ausblicks auf die Stadt besonders beliebt. Auf ihm befinden sich eine große Zitadelle und die Freiheitsstatue."

M 5 Der Gellértberg

TOURISMUS IN EUROPA UNTERSUCHEN **143**

Steffis Tipp:

🇭🇺 → 🇩🇪

utca (út) → Straße
tér → Platz
híd → Brücke
körút (krt) → Ringstraße
hegy → Berg
pályaudvar (pu) → Bahnhof
Metro (M) → U-Bahn

M 6 *Steffis Tipp: Ungarisch für Stadttouristen*

Besuchsziele auswählen

Auch Steffi aus Fulda möchte mit ihren Eltern für ein Wochenende nach Budapest reisen. Damit sie ihre Zeit dort gut nutzen können, haben sie sich einen Reiseführer gekauft. Eine Liste der beliebtesten Touristenziele (M 2) hilft ihnen, eine Auswahl zu treffen.
Steffi liest ihren Eltern aus dem Reiseführer vor, für welche Attraktionen sie sich entschieden hat.

1. Nenne Merkmale des Städtetourismus.
2. Die Donau (Ungarisch: *Duna*) durchfließt Budapest. Finde heraus, wo sie ihre Quelle hat und wo sie mündet (Karte S. 218/219).
3. Zeige alle fünf von Steffi ausgewählten Touristenattraktionen (✔) auf dem Stadtplan (M 2, M 7).
4. Stelle Informationen über die anderen fünf Sehenswürdigkeiten aus der Liste zusammen (M 2). Benutze hierzu Reiseprospekte und Bücher (Webcode).
5. Finde auf dem Stadtplan Beispiele für die in M 6 genannten ungarischen Bezeichnungen. Fertige hierzu eine Tabelle an.
6. Gestalte ein Werbeplakat für die Stadt Budapest und stelle es der Klasse vor. Besorge dir hierzu Reiseprospekte aus dem Reisebüro.

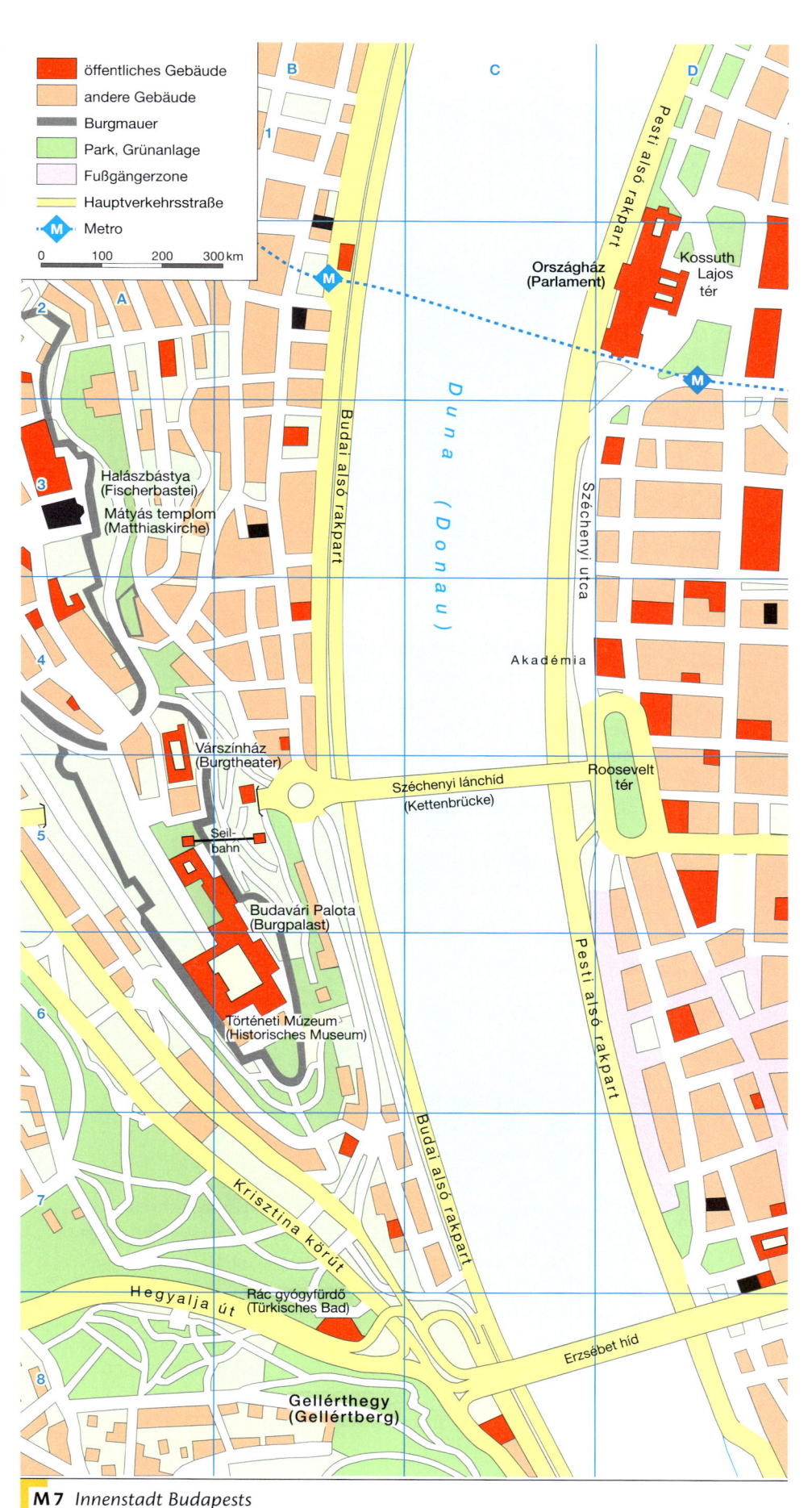

WEBCODE: UE641680-143

M 7 *Innenstadt Budapests*

GEO-AKTIV

Wir planen eine Radtour in Hessen

Lahntalradweg
dasLahntal

Mit dem Fahrrad umweltfreundlich reisen
Einmal ganz ohne Flugzeug oder Auto in den Urlaub? – Da ist eine Fahrradtour eine gute Idee. Fahrradfahren macht nicht nur Spaß und ist gesund durch die Bewegung an der frischen Luft – es ist auch eine Möglichkeit umweltfreundlich zu reisen.

M 1 *Start zur Radtour in Bad Ems*

Mit dem Fahrrad in Hessen unterwegs
Um weite Anfahrtswege zu vermeiden, bietet sich eine Fahrradtour im eigenen Bundesland an. Das Netz der hessischen Radfernwege ist über 3300 Kilometer lang. Darunter gibt es solche, die entlang von Flüssen oder Seen weitgehend eben verlaufen und solche, die in Berg- und Talfahrten die Mittelgebirge überqueren und deshalb eher etwas für sportliche und trainierte Radfahrer sind.
Alle Radfernwege sind durchgehend beschildert und gut ausgebaut. Da ist es gar nicht so leicht, sich für eine Route zu entscheiden.

WEBCODE: UE641680-144

Ihr könnt
- Gruppen bilden und euch jeweils über einen der hessischen Radfernwege informieren (Webcode),
- Übernachtungsmöglichkeiten und touristische Attraktionen entlang des Radfernwegs auflisten,
- jeweils ein Infoblatt zu „eurem" Radfernweg erstellen (**M 3**) und diesen der Klasse vorstellen,
- die einzelnen Infoblätter zu einem Radfernwege-Führer zusammenfassen,
- Informationen sammeln über Radwege im Umkreis des Schulortes,
- eine Tages-Tour im Umkreis des Schulortes planen.

Reiseziel und -verlauf planen
1. **Radfernwege vergleichen**
   - Nähe und Erreichbarkeit vom Wohnort
   - Streckenverlauf, zum Beispiel Steigungen, Radwege oder Straßen
   - touristische Angebote entlang der Strecke
2. **Streckenabschnitte und Tagestouren festlegen**
   - Dauer der Radtour
   - Kilometer pro Tag
3. **Anreise inklusive Fahrradtransport planen**

Unterkunft auswählen
1. **Übernachtungsmöglichkeiten vergleichen**
   - Campingplätze
   - Jugendherbergen
   - Hotels und Pensionen
2. **Übernachtungen planen**
   - gewünschte Unterkunft für die einzelnen Tagestouren aussuchen und gegebenenfalls buchen

Ausrüstung überprüfen
1. **Fahrräder überprüfen**
   - Verkehrstüchtigkeit (z. B. Reifen, Beleuchtung)
   - Sicherheit (z. B. Bremsen, Katzenauge)
   - Reparaturset
2. **Gepäcktransport planen**
   - Gepäck selbst transportieren
   - Gepäckservice organisieren
3. **Ausrüstung der Fahrer**
   - wetterfeste Fahrradkleidung
   - Fahrradhelm
   - eventuell Packtaschen

M 2 *Planung der Radtour – der Familienrat tagt*

GEO-AKTIV **145**

Burgen im Lahntal

Kurzinformation	
Länge	245 km
Verlauf	Flussradweg
geeignet für	– Touren-, Trekking- und Reiserad – Familien
besondere Merkmale	– landschaftlich reizvoll – kulturelle Sehenswürdigkeiten – meistens asphaltierte Radwege

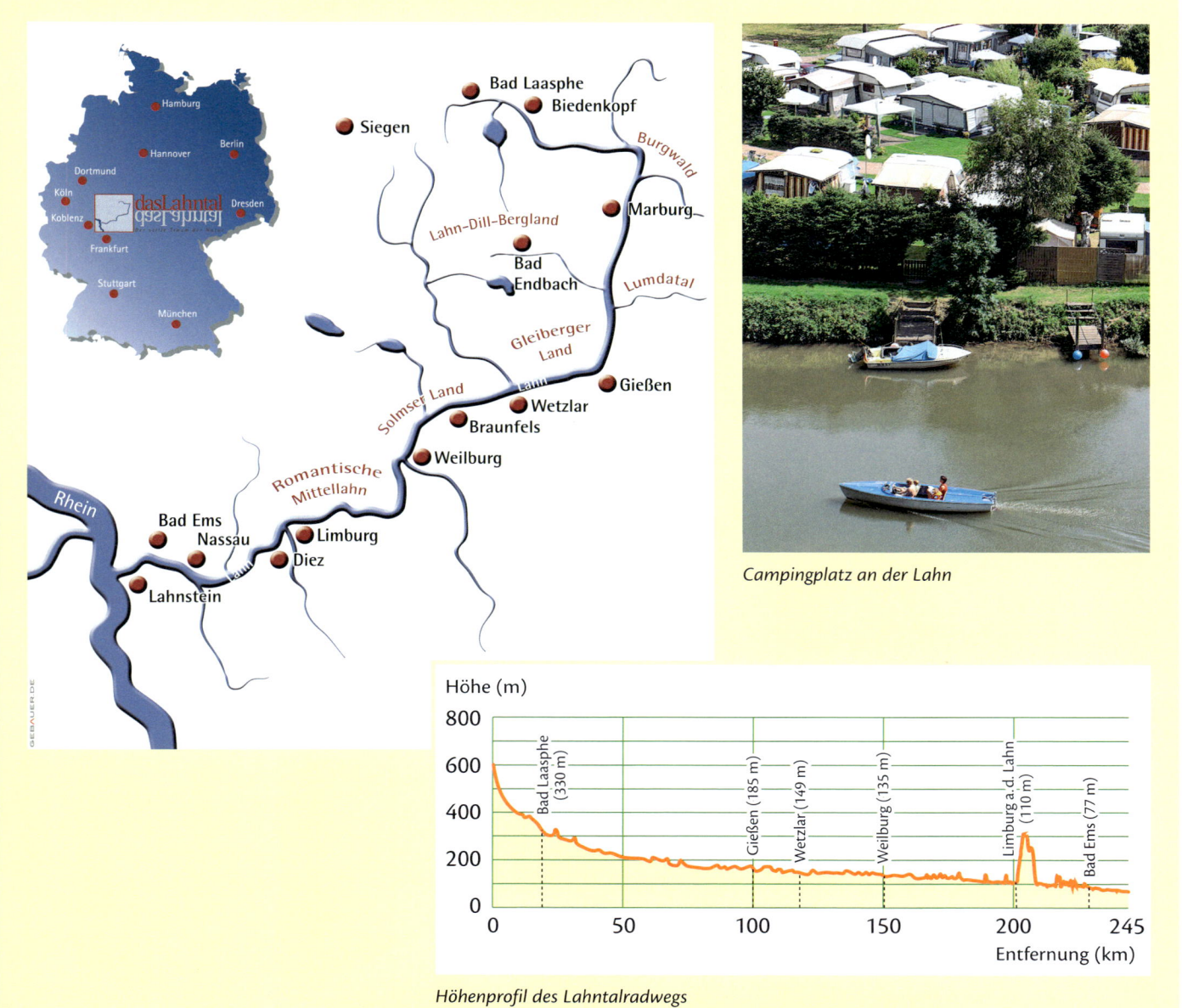

Campingplatz an der Lahn

Höhenprofil des Lahntalradwegs

M 3 *Der Lahntalradweg*

Welcome to London

London is the capital of England and the United Kingdom. It is one of the largest urban zones[1] in the European Union. London is one of the most visited cities in the world. Imagine your class wants to go on a school trip to London. What do you want to do in London? Let's plan a sightseeing tour through London.

1 **urban zones** städtische Räume
2 **retail space** Verkaufsfläche
3 **art** Kunst
4 **space travel** Raumfahrt
5 **wax figure** Wachsfigur
6 **prison** Gefängnis
7 **jewel** Juwel
8 **observation wheel** Riesenrad
9 **duration** Dauer

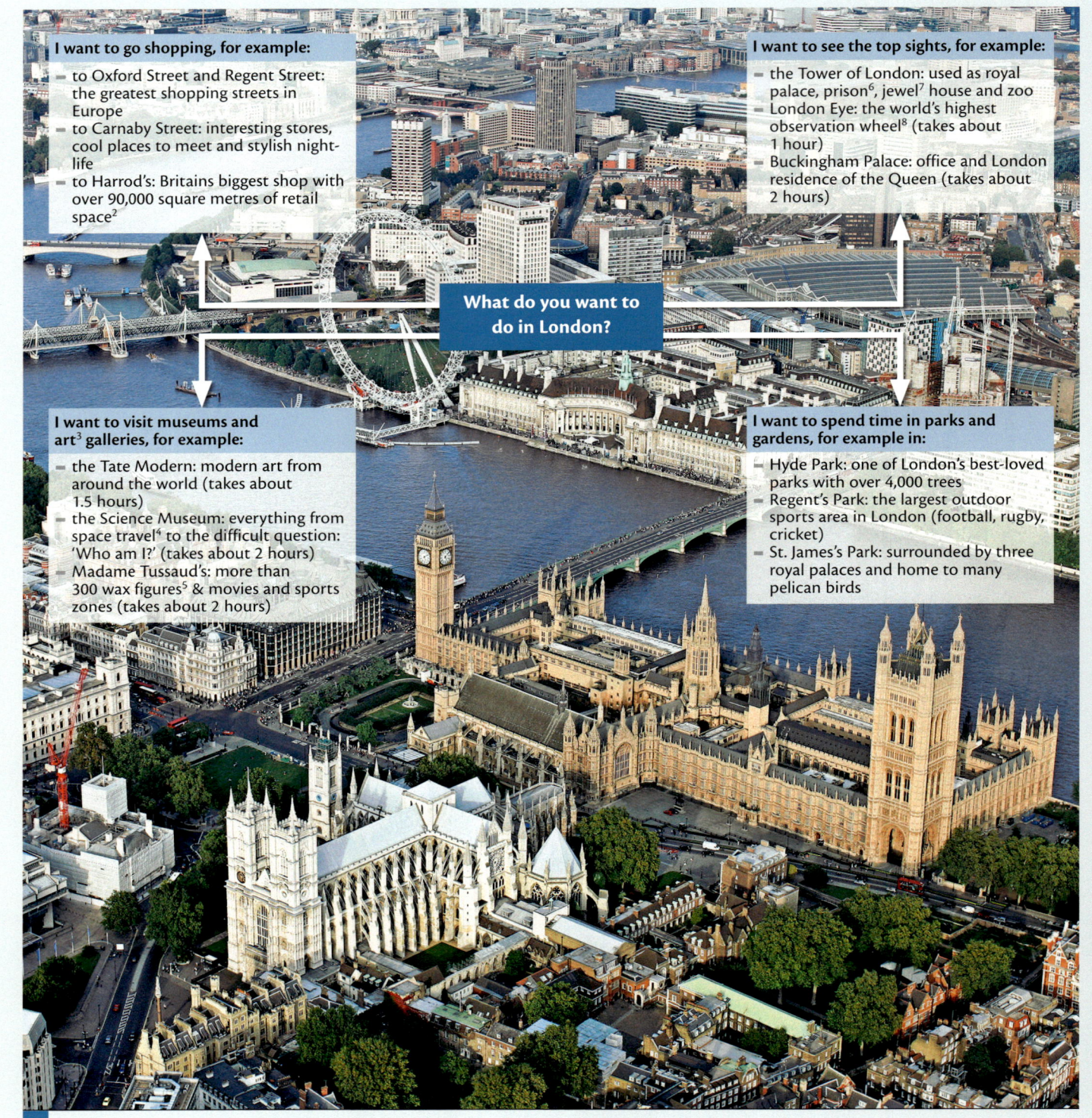

I want to go shopping, for example:
- to Oxford Street and Regent Street: the greatest shopping streets in Europe
- to Carnaby Street: interesting stores, cool places to meet and stylish night-life
- to Harrod's: Britains biggest shop with over 90,000 square metres of retail space[2]

I want to see the top sights, for example:
- the Tower of London: used as royal palace, prison[6], jewel[7] house and zoo
- London Eye: the world's highest observation wheel[8] (takes about 1 hour)
- Buckingham Palace: office and London residence of the Queen (takes about 2 hours)

What do you want to do in London?

I want to visit museums and art[3] galleries, for example:
- the Tate Modern: modern art from around the world (takes about 1.5 hours)
- the Science Museum: everything from space travel[4] to the difficult question: 'Who am I?' (takes about 2 hours)
- Madame Tussaud's: more than 300 wax figures[5] & movies and sports zones (takes about 2 hours)

I want to spend time in parks and gardens, for example in:
- Hyde Park: one of London's best-loved parks with over 4,000 trees
- Regent's Park: the largest outdoor sports area in London (football, rugby, cricket)
- St. James's Park: surrounded by three royal palaces and home to many pelican birds

M 1 *A mind map of activities in the centre of London (where necessary the typical duration[9] of the activity)*

My visit to London
FIRST DAY   SECOND DAY
8.30 a.m.[10]   have breakfast in the hostel   9.00 a.m.   …
9.30 a.m.   go to Buckingham Palace by bus   …
10.00 a.m.   spend time in Buckingham Palace
12.00 p.m.[11] have a picnic in Green Park

M 2 Example for a sightseeing programme

1. Work with a partner. Plan what you want to do in London. Choose activities from each of the four main branches of the mind map (**M 1, M 3, M 5**). You only have two days for your visit.
2. Make a programme for your sightseeing trip (**M 2, M 4**, lower map p. 131).

Think of following points:

- duration of the activity
- the location[12] of a place of interest (see map of London)
- the distance to another location (see map of London)
- how you travel from one location to another, for example by bus, by underground train[13], on foot
- time for breaks and meals

M 4 Important points[14] in your programme

3. Write your programme on a big sheet of paper. Put your programme on the classroom wall.
4. Look at the other programmes on the wall. Choose the programme you like most. Give reasons for your choice.

M 3 Buckingham Palace

M 5 Oxford Street

Phrases

Task 4
I like this programme because …
It's my favourite programme because …
… there is enough time for …
… there are different activities, like …
… it concentrates on …

10 **a.m.** *vormittags*
11 **p.m.** *nachmittags*
12 **location** *Lage*
13 **underground train** *U-Bahn*
14 **point** *Aspekt, Gesichtspunkt*

WEBCODE: UE641680-147

148 GEO-CHECK

Geo-Check: Tourismus in Europa untersuchen

Sich orientieren
Die Tabelle zeigt die zehn Länder, die 2009 weltweit von den meisten Touristen besucht wurden.

Rang	Land	Internationale Ankünfte 2009 in Mio.
1	Frankreich	74,2
2	USA	54,9
3	Spanien	52,2
4	China	50,9
5	Italien	43,2
6	Großbritannien	28,0
7	Türkei	25,5
8	Deutschland	24,2
9	Malaysia	23,6
10	Mexiko	21,5

Quelle: UNWTO World Tourism Barometer; Juni 2010

M1 *Internationaler Tourismus*

1. Benenne die Länder, die in Europa liegen und schreibe deren Namen in dein Heft.
2. Ordne diesen Ländern ihren Umriss zu, indem du hinter dem Namen die richtige Nummer notierst (M2).
3. Suche die größten Tourismusländer Europas auf der Karte und beschreibe deren geographische Lage.
4. Gib für mindestens zwei Länder an, welche Attraktionen diese Länder den Urlaubern bieten.

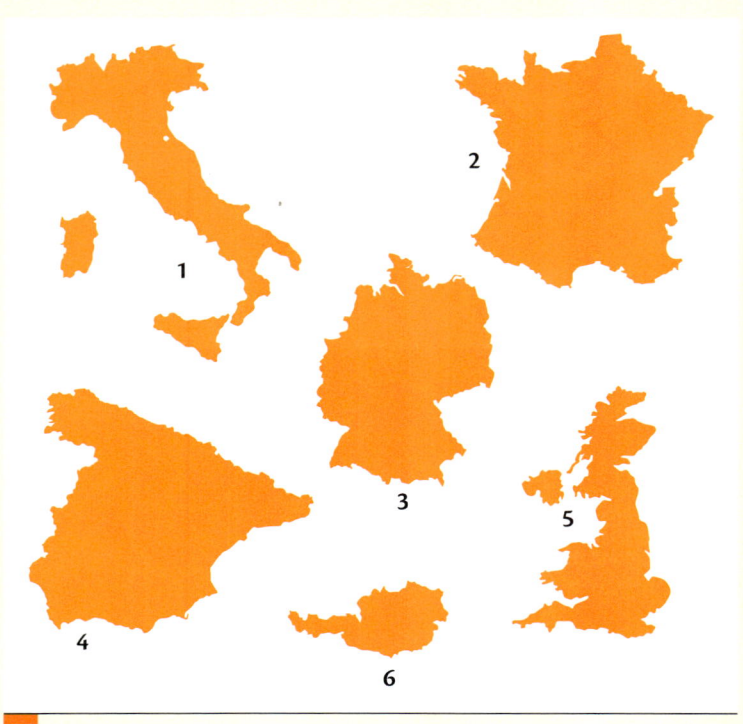

M2 *Länderumrisse*

Wissen und verstehen
5. Sortiere jedem Ort (linke Puzzleteile) einen passenden Begriff zu (rechte Puzzleteile). Schreibe die Begriffspaare in dein Heft.

Wer passt zu wem?

- Benidorm — Zentrum des Luftverkehrs
- Grindelwald — Berlin, Paris, London
- Budapest — Wolkenkratzer am Badestrand
- Mittelmeer — Gellértberg, Fischerbastei, Kettenbrücke
- Umweltfreundlich Reisen — Skilaufen
- Frankfurter Flughafen — Radfahren
- Städtereisen — Massentourismus

M3 *Schnitzeljagd zum Tourismus*

151 WIRTSCHAFTEN IN EUROPA BESCHREIBEN

Europa – Bodennutzung und Industrie

Europa: Bodennutzung
- Fels- und Eisregion
- Tundra
- Nördlicher Nadelwald
- Laub- und Nadelwald
- Ackerland mit guten Böden
- Ackerland mit geringeren Böden
- Grünland
- Sonderkulturen (Obst, Gemüse, Wein)
- Hartlaubgewächse
- Steppe
- Halbwüste und Wüste

Europa: Industrie
- Eisenverhüttung
- Buntmetallverhüttung
- Aluminiumherstellung
- Metall verarbeitende Industrie
- Maschinenindustrie
- Kraftfahrzeugindustrie
- Flugzeugbau
- Schiffbau
- Elektroindustrie
- Chemische Industrie
- Erdölraffinerie
- Textilindustrie
- Bekleidungsindustrie
- Holzindustrie
- Papierindustrie
- Nahrungsmittelindustrie
- Ballungsraum

- Steinkohle
- Braunkohle
- Erdöl
- Erdgas
- Fe Eisenerz
- Cu Kupfer
- Zn Zink
- Al Bauxit

M 5

7 Wirtschaften in Europa beschreiben

Europa – ein Lichtermeer?
Selbst in der Nacht, wenn man aus dem Weltraum die Erde betrachtet, lässt sich die Vielfalt Europas erkennen. Während die großen Städte als helle Punkte erstrahlen, erscheinen andere Gebiete Europas in völliger Dunkelheit. Was kann man da erst alles im Licht des Tages entdecken – große Städte, wichtige Industriegebiete, unterschiedliche Landschaften, aus denen viele unserer Nahrungsmittel kommen …

153

In diesem Kapitel lernst du
- die industrielle und landwirtschaftliche Nutzung ausgewählter Gebiete in Europa zu beschreiben,
- Produkte kennen, die in anderen Ländern Europas hergestellt werden,
- Arbeitsbedingungen in verschiedenen Ländern Europas kennen.

Dazu nutzt du
- thematische Karten,
- Bilder,
- die Gestaltung einer Europakarte.

Du beurteilst
- die Bedeutung des Erdöls für Norwegen.

GEO-METHODE

Wir lesen thematische Karten – was die Legende verrät

check-it
- Merkmale einer thematischen Karte kennen
- Schrittfolge für das Lesen einer thematischen Karte kennen und anwenden

Was ist eine thematische Karte?
Die Geographie beschäftigt sich mit Landschaften, Gewässern, Böden, Temperaturen und Niederschlägen, Verkehr, Städten und Dörfern, Landwirtschaft, Industrie und Bergbau und vielen anderen Themen. Stelle dir vor, dass alle diese Themen beispielsweise für Hessen oder Deutschland in einer Karte dargestellt sind. Das ist unmöglich, weil solch eine Karte überladen und damit unübersichtlich wäre. Deshalb gibt es zu bestimmten Themen für ausgewählte Räume thematische Karten.

Checkliste zum Lesen thematischer Karten
1. Informiere dich über das Thema der Karte und den abgebildeten Raum. Lies dazu den Kartentitel oder die Bezeichnung der Abbildung (M 1, M 2).
2. Bestimme die Lage und Größe des dargestellten Raumes. Beachte dabei den Maßstab der Karte.
3. Stelle mithilfe der Legende fest, was die Farben, Linien und Zeichen in der Karte bedeuten.
4. Beschreibe den Karteninhalt.
   - Welche Farben oder Zeichen treten häufig auf?
   - Welche Bedeutung haben diese?
   - Wie sind bestimmte Zeichen und Farben in dem jeweiligen Raum verteilt? Beachte Häufigkeit und Größe der Zeichen.
   - Welcher Zusammenhang besteht zum Beispiel zwischen einer Stadt oder einer Landschaft und dem Auftreten bestimmter Farben und Zeichen in der Karte?

Legende:
- Siedlungsfläche der Städte über 1 000 000 Einwohner
- Wald
- Hartlaubgewächse der Subtropen und Macchie
- Grünland
- Fels- und Eisregion
- Ertragreiches Ackerland mit vorwiegend Getreideanbau
- Übriges Ackerland
- Obst- und Weinbau
- Bewässerungskulturen
- Staatsgrenze
- Obst
- Wein
- Zitrusfrüchte
- Oliven
- Gemüse
- Reis
- Zuckerrohr
- Baumwolle

1 : 7 500 000   0 50 100 150 200 250 km

M 1 *Bodennutzung Spanien und Portugal*

Beispiel: Lesen der thematischen Karte „Bodennutzung Spanien und Portugal" (M 1)

1. Der Kartentitel ist: Spanien und Portugal (Raum) Bodennutzung (Thema)
2. Die Karte zeigt die Länder Spanien und Portugal, im Norden Frankreich, den Atlantischen Ozean im Westen und das Mittelmeer im Süden und Osten. Der Maßstab der Karte ist 1: 7 500 000.
3. Die Legende zeigt Farben und Zeichen. Die einzelnen Farben stellen Folgendes dar: rote Farbe: dicht bebaute Siedlungsflächen (große Städte), dunkelgrüne Farbe: Wald, dunkelbraune Farbe: Hartlaubvegetation, hellgrüne Farbe mit Strichen: Grünland, orange Farbe: Obst- und Weinbau. Durch Zeichen sind unter anderem Obst, Wein, Zitrusfrüchte, Oliven, Gemüse, Reis, Zuckerrohr und Baumwolle abgebildet.
4. Bodennutzung in Spanien, ein ausgewähltes Gebiet: La Mancha. Dieses Gebiet in der Mitte Spaniens ist Ackerland. Es wird Obst- und Weinbau betrieben und es sind Olivenbäume zu finden.

1 Ordne die Kartenausschnitte in die Wirtschaftskarte Europas ein (M 1, M 2; Karte S. 224/225).
2 Erkläre am Beispiel von M 1 und M 2, was eine thematische Karte ist.
3 Ermittle die Aussagen der Karte „Industrie Niederlande, Belgien, Luxemburg" für die Städte Amsterdam, Antwerpen und Lüttich.
4 Informiere dich darüber, welche thematischen Karten dein Schulbuch enthält, und nenne drei Beispiele.

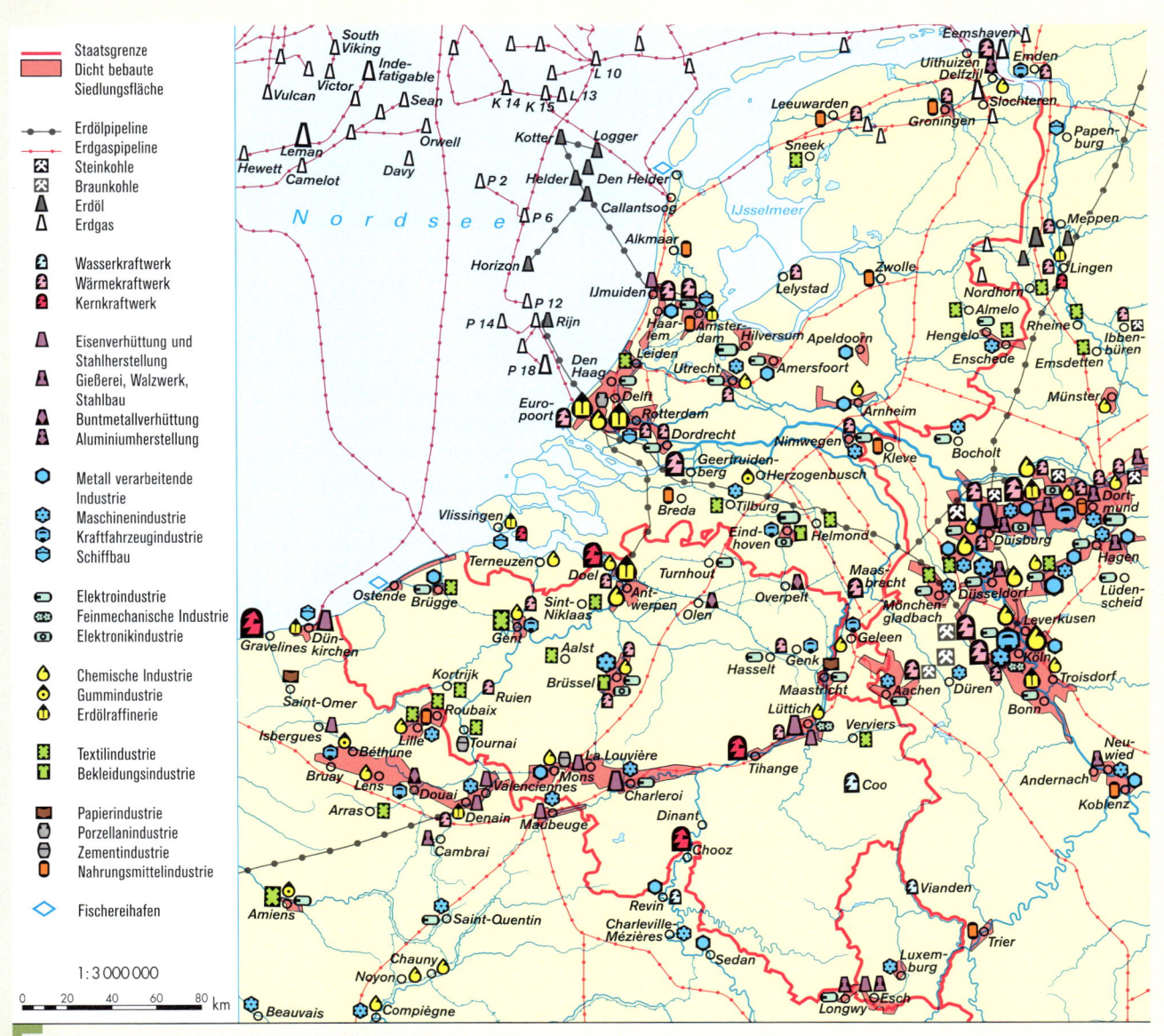

M 2 *Industrie Niederlande, Belgien, Luxemburg*

WIRTSCHAFTEN IN EUROPA BESCHREIBEN

Oliven aus dem Mittelmeerraum

M 1 Olivenernte mit Netzen

check-it
- Verbreitung des Olivenanbaus im Mittelmeerraum beschreiben
- verschiedene Olivenprodukte kennen
- Anpassung des Olivenbaums an die natürlichen Bedingungen erläutern

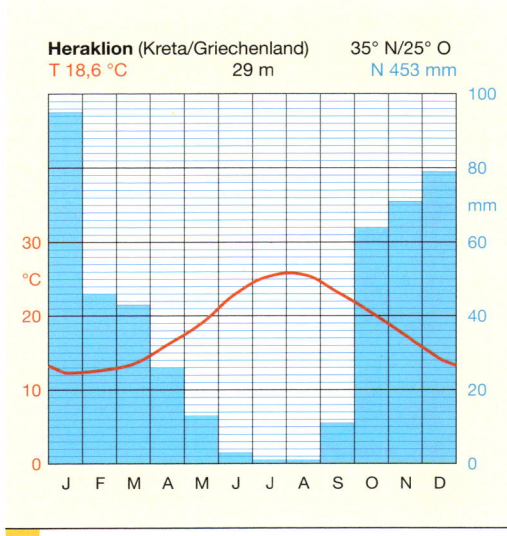

Heraklion (Kreta/Griechenland) 35° N/25° O
T 18,6 °C   29 m   N 453 mm

M 2 Klimadiagramm Heraklion

Der Ölbaum – perfekt angepasst

Der Oliven- oder Ölbaum ist an das **Mittelmeerklima** perfekt angepasst. Er übersteht die lange Trockenperiode der Sommermonate und kann sogar leichten Frost aushalten. Die immergrünen Blätter des Ölbaums besitzen einen lederartigen Überzug, der eine zu starke Verdunstung verhindert. Die Niederschläge in den Wintermonaten genügen ihm. Seine besonders tief reichenden Wurzeln helfen ihm, sich mit Wasser aus bis zu fünf Metern Tiefe zu versorgen. Er gedeiht selbst auf steinigen Böden. Der Ölbaum kann seinen Wasserbedarf vollständig aus den Niederschlägen decken. Diese Art des Anbaus wird als **Regenfeldbau** bezeichnet.

Für eine besonders gute Qualität müssen die Oliven im Oktober und November von Hand gepflückt oder in Netzen gesammelt werden, die am Boden ausgebreitet sind.

Wenn die Bauern einen Olivenhain pflanzen, müssen sie viel Geduld haben, denn in den ersten sieben Jahren bringen die Bäume noch keinen Ertrag. Bis zum fünfundzwanzigsten Lebensjahr des Ölbaumes steigt die Olivenmenge, aber erst in den folgenden rund 75 Jahren liefert der Baum den vollen Ertrag. Oliven werden als Speiseoliven eingelegt oder zu Öl weiterverarbeitet.

Land	Menge in 1000 t
Spanien	5475
Italien	3474
Griechenland	2313
Portugal	346
Kroatien	56
Albanien	36

M 3 Europäische Olivenproduktion (2008)

WIRTSCHAFTEN IN EUROPA BESCHREIBEN **157**

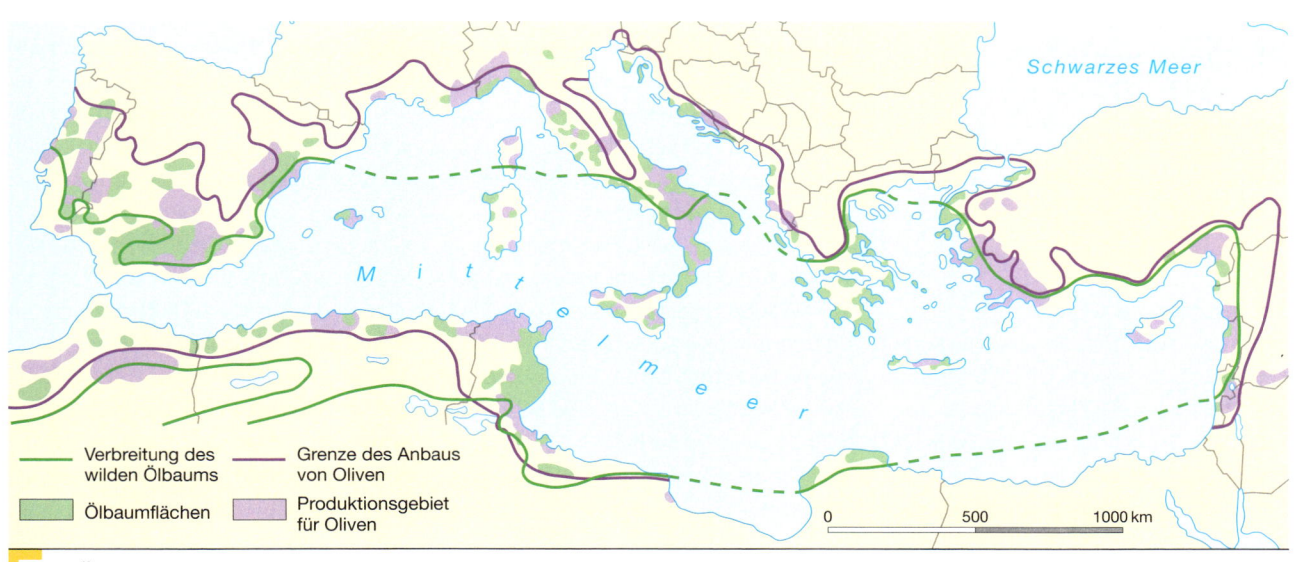

M4 Ölbaumflächen und Olivenanbau im Mittelmeerraum

Verbreitung des wilden Ölbaums
Grenze des Anbaus von Oliven
Ölbaumflächen
Produktionsgebiet für Oliven

1. Benenne Staaten im Mittelmeerraum, in denen Olivenbäume wachsen. Welche dieser Staaten liegen in Europa (**M4**, Karte S. 111 unten)?
2. Erläutere, wie der Olivenbaum an die Bedingungen im Mittelmeerraum angepasst ist (**M1**, **M2**).
3. Nenne wichtige Produktionsgebiete für Oliven und vergleiche die Erntemengen (**M3**, **M4**).
4. Berichte in einem Kurzvortrag über die Bedeutung des Olivenanbaus für den Mittelmeerraum. Berücksichtige dabei Wachstumsbedingungen, Erträge, Ernte und Verarbeitung sowie Produkte (**M1** bis **M7**, *Kurzvortrag*).

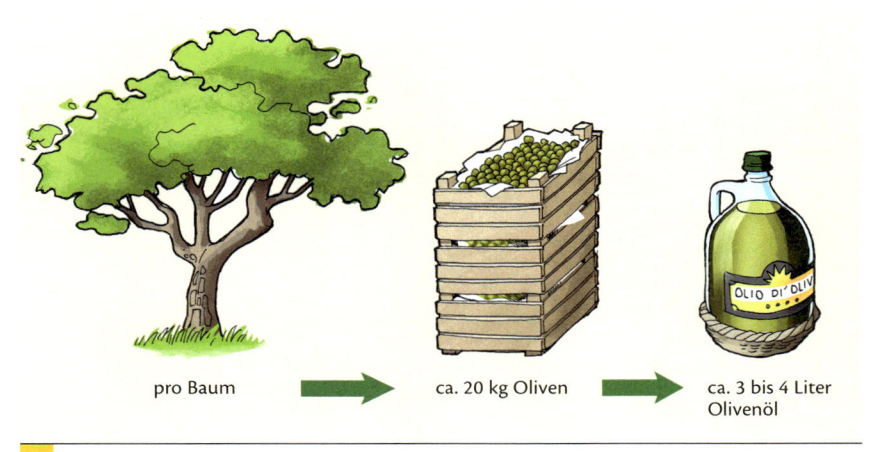

pro Baum → ca. 20 kg Oliven → ca. 3 bis 4 Liter Olivenöl

M5 Vom Baum zum Olivenöl

M6 Ölmühle in Betrieb

M7 Eingelegte Oliven

WIRTSCHAFTEN IN EUROPA BESCHREIBEN

Tomaten aus den Niederlanden

check-it
- Anbau von Gemüse in Gewächshäusern erläutern
- Entwicklung des Gemüseanbaus unter Glas beschreiben
- Experiment zum Anbau unter Folie durchführen
- Bilder auswerten

Treibhaustomaten

Teile der Niederlande sehen aus der Luft wie eine verschneite Landschaft aus. Die weißen Flächen bestehen aber nicht aus Schnee, sondern es sind die Dächer von riesigen **Gewächshäusern**. Enno de Han besitzt solch ein Gewächshaus. Es ist fast drei Hektar groß. Das entspricht der Fläche von fünf Fußballfeldern. Er baut dort Tomaten an. Im Februar beginnt er damit, das leer geräumte Treibhaus einzurichten. Zuerst legt er mit seinen Arbeitern Kunststofffolien aus. Die schützen die Pflanzen vor Verunreinigungen aus dem Boden und vor Schädlingen. Auf lang gezogenen Bahnen werden dann 40 000 Steinwollewürfel platziert.
In jeden Würfel wird eine junge Tomatenpflanze gesetzt. Außerdem werden zur Versorgung der Pflanze zwei Schläuche zum Würfel gelegt: einer versorgt die Pflanze mit Wasser, der andere liefert Mineralstoffe. Das überschüssige Wasser fließt unterhalb der Tomatenpflanze ab. Es wird gesammelt, gereinigt und wieder verwendet.

Computer steuern das Wachstum

Nun können die Tomatenpflanzen unter besten künstlich geschaffenen Bedingungen wachsen. Eine Computeranlage steuert die Versorgung der Pflanzen und die Temperatur im Gewächshaus. Da es im Februar und März oft noch zu kalt ist, muss geheizt werden.
Eine wichtige Arbeit während des Wachstums ist es, die Pflanzen immer wieder neu an die höhenverstellbaren Stahldrähte anzuhängen.
Sobald die ersten Blüten erscheinen, werden Hummeln für die Bestäubung eingesetzt. Hummeln sind nicht die einzigen Insekten, die sich im Gewächshaus nützlich machen. Überall sind Schlupfwespen zu entdecken, welche die Ausbreitung von Schädlingen verhindern. Gegen Blattläuse sind Marienkäfer im Einsatz.

M 1 *Tomatenanbau ohne Boden*

WIRTSCHAFTEN IN EUROPA BESCHREIBEN

M2 Gewächshäuser in den Niederlanden

Jetzt hofft Enno de Han, dass keine Pflanzenkrankheit ausbricht oder sich die Schädlinge nicht übermäßig vermehren. Sonst müsste er die betroffenen Pflanzen mit chemischen Mitteln spritzen. Dabei würden aber auch die nützlichen Insekten vernichtet, die sehr teuer sind und schnell wieder im Gewächshaus angesiedelt werden müssen. Außerdem bekäme Enno de Han dann beim Verkauf der Tomaten einen geringeren Preis.
Bereits im März beginnt die Tomatenernte. Die Pflanzen tragen bis in den Herbst Früchte. Im November ist die Tomatenernte für Enno de Han beendet. Das Gewächshaus wird leer geräumt. Die Folien und die Steinwolle werden im nächsten Jahr wieder verwendet.

1 Erläutere die Aussage: „Die Gewächshäuser machen die Landwirte von der Natur unabhängig" (M1, M2).
2 Beschreibe die Entwicklung des Gemüseanbaus unter Glas in den Niederlanden (M2, M3).
3 Vergleiche das Wachstum von Pflanzen im Gewächshaus und im Freiland: Führe dazu das Kresse-Experiment durch (M4).

WEBCODE: UE641680-159

Entwicklung der Anbauflächen unter Glas (in Hektar, gerundet)

	2000	2005	2009
Fläche gesamt	10 500	10 700	10 400
Gemüse gesamt	4 000	4 300	4 600
Tomaten	1 100	1 400	1 600
Gurken	600	600	600
Paprika	1 200	1 200	1 300
sonstige	1 100	1 100	1 100
Topfpflanzen	1 300	1 400	1 500
Schnittblumen	3 700	3 300	2 700
Obst	200	300	300
sonstige Aufzuchtpflanzen	900	1 000	900
mehrjährige Pflanzen und Bäume	400	400	400

M3 Entwicklung der Anbauflächen unter Glas in den Niederlanden 2000 bis 2009

Experiment Versuch zum Anbau in Gewächshäusern

Du brauchst
– zwei Schälchen
– zwei Wattepads
– Kressesamen
– Wasser und Folie

Plan zur Durchführung
– Lege in jede Schale ein Wattepad.
– Streue Kressesamen auf die Wattepads.
– Befeuchte beide Schalen mit Wasser.
– Decke nur eine Schale mit Folie ab.
– Stelle beide Schalen für einige Tage in die Sonne (Fensterbrett).

M4 Das Kresse-Experiment

GEO-AKTIV

Wir gestalten eine Europakarte – Europa deckt den Tisch

M 1 Ein prall gefüllter Kühlschrank

Die Lebensmittelvielfalt aus dem Kühlschrank

Ob du Hunger hast oder Durst: Wenn du an den Kühlschrank gehst, greifst du zu Lebensmitteln, die in den meisten Fällen in Europa produziert wurden. Viele Lebensmittel stellt die deutsche Landwirtschaft selbst her. Dass du aber eine so große Auswahl hast, liegt daran, dass die einzelnen Länder Europas sich gegenseitig beliefern. Da jedes Land unterschiedliche natürliche Gegebenheiten aufweist und auch verschiedene Essgewohnheiten bestehen, werden zahlreiche unterschiedliche Nahrungsmittel erzeugt. So betreiben zum Beispiel einige europäische Länder Hochseefischfang und entsprechend spielt Fisch bei der Ernährung eine große Rolle. In Südeuropa hingegen gedeihen Orangen, Zitronen und andere Südfrüchte. Einige Länder bauen Gemüse und Früchte in Gewächshäusern und unter Folie an. Mit dem Lkw, der Eisenbahn oder dem Flugzeug kommen die unterschiedlichsten Lebensmittel in den Supermarkt und in deinen Kühlschrank.

Woher kommen Schinken, Apfel & Co?

Damit ihr euch eine Vorstellung davon machen könnt, welche europäischen Länder welche Lebensmittel nach Deutschland liefern, findet ihr auf dieser Doppelseite einen Vorschlag für die Erstellung einer Europakarte.
Teilt dazu eure Klasse in Gruppen auf, so lässt es sich besser arbeiten. Ihr könnt die Klasse nach Lebensmittelgruppen aufteilen, wie zum Beispiel Gemüse, Obst, Fisch, Fleisch, oder nach europäischen Ländern. Beschafft euch nun Informationen darüber, woher die Lebensmittel geliefert wurden, die in eurem Supermarkt und im Kühlschrank zu finden sind.

Tipps zur Informationsbeschaffung:
- Untersucht die Etiketten auf den Verpackungen.
- Schaut in der Karte S. 224/225 nach, was in den jeweiligen Ländern vorwiegend angebaut wird.
- Befragt Angestellte eines Supermarktes.
- Informiert euch im Internet.
- Sucht die Bücherei auf.

Erstellen der Europakarte

Für die Anfertigung der Wandkarte zu Europa benötigt ihr das in M 2 aufgelistete Material. Klebt einen ausgewählten Bereich der Klassenzimmerwand mit Papier von der Rolle ab. Projiziert eine stumme Europakarte auf das Papier. Legt die Ränder der europäischen Länder mit Wollfäden nach und pinnt oder klebt diese Ränder fest. Jedes Land kann dabei eine andere Farbe erhalten. Damit ihr die Länder erkennt, klebt die Flagge des jeweiligen Landes in die Umrisse. Nun könnt ihr eure Karte um alle Informationen ergänzen, die ihr herausgefunden habt. Sucht zusammen eine passende Überschrift für eure Karte.

- Folie mit stummer Europakarte
- Tageslichtprojektor
- Wandfläche, die mit Papierrolle verkleidet ist
- Wolle oder Paketband
- Schere
- Pins zum Feststecken der Länderumrisse
- Länderflaggen (ausgedruckt oder selbst gemalt)
- Abbildungen von Lebensmitteln (ausgeschnitten aus Werbeprospekten oder selbst gemalt)
- Klebstoff
- Plakat mit einer Überschrift für die Wandkarte

M 2 Materialliste für die Europakarte

GEO-AKTIV **161**

M 3 *Wandkarte: Europa deckt den Tisch (mit einigen Vorschlägen)*

Ihr könnt
- eure Wandkarte der Parallelklasse präsentieren;
- einen Projekttag durchführen zum Thema „Internationale Rezepte kochen"; „Wir erkunden einen Supermarkt";
- ein eigenes Lebensmittellexikon anlegen;
- ein Klassenpicknick organisieren.

WEBCODE: UE641680-161

M 4 *Picknick mit Lebensmitteln aus Europa*

Erdöl aus der Nordsee

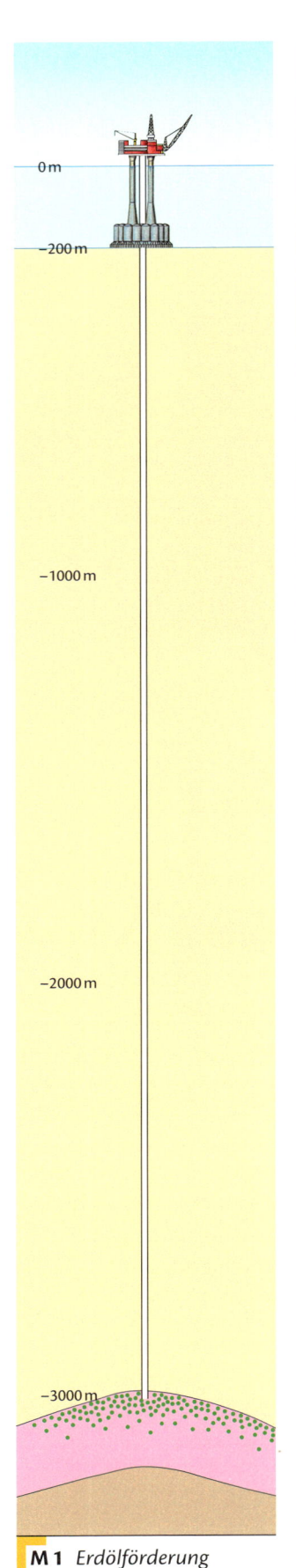

M 2 Erdölbohr- und Förderinsel in der Nordsee

check-it
- geographische Lage der Erdölfelder in der Nordsee beschreiben
- Erdölförderung in der Nordsee beschreiben
- Arbeitsbedingungen erläutern
- Erdölprodukte nennen
- Bedeutung des Erdöls für Norwegen erläutern

Erdöl vom Meeresgrund

1965 entdeckte man etwa 500 Kilometer vor der Küste Norwegens in der Nordsee riesige Erdölvorkommen. Erdöl entstand vor vielen Jahrmillionen aus Pflanzen- und Tierresten. Kleinstlebewesen, die auf den Meeresboden absanken, wurden dort kaum zersetzt, da kein oder zu wenig Sauerstoff vorhanden war. Schichten aus Schlamm,

Daten einer Bohrinsel

Zahl der Pfeiler	4
Fläche des Arbeitsdecks	114 m × 55 m
Höhe	271 m
Gewicht	836 000 t
Unterkünfte	278
Baukosten	rd. 3 Mrd. Euro

Beachte: Es gibt Bohrinseln, die auf dem Meeresboden fest stehen, und schwimmende Bohrinseln, die im Meeresboden verankert sind.

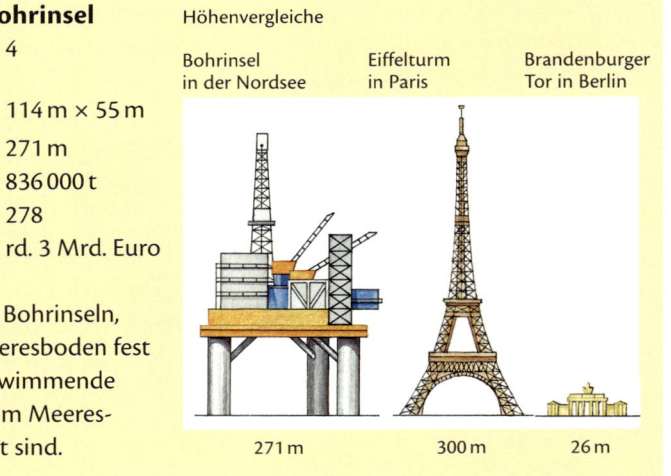

Höhenvergleiche

Bohrinsel in der Nordsee	Eiffelturm in Paris	Brandenburger Tor in Berlin
271 m	300 m	26 m

M 1 Erdölförderung

M 3 Eine Bohrinsel im Vergleich

WIRTSCHAFTEN IN EUROPA BESCHREIBEN

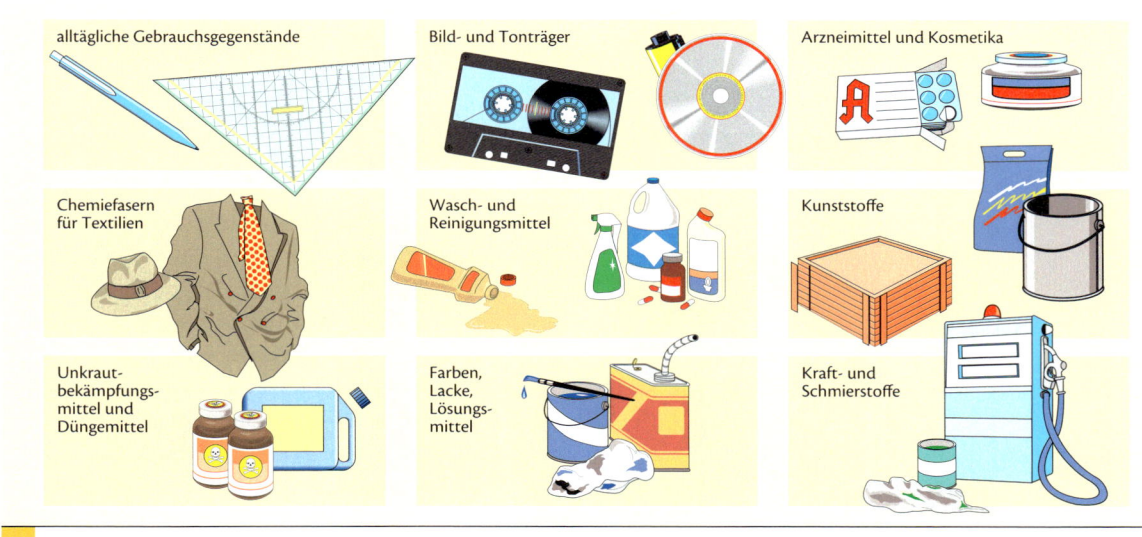

alltägliche Gebrauchsgegenstände	Bild- und Tonträger	Arzneimittel und Kosmetika
Chemiefasern für Textilien	Wasch- und Reinigungsmittel	Kunststoffe
Unkrautbekämpfungsmittel und Düngemittel	Farben, Lacke, Lösungsmittel	Kraft- und Schmierstoffe

M 4 *Produkte aus Erdöl*

die unter dem hohen Gewicht zu Gestein gepresst wurden, überlagerten die Teilchen. Durch den Druck des Gesteins stiegen die Temperaturen auf über 100 °C an, wobei sich Erdöl bildete.

Bei weiter steigenden Temperaturen trennten sich **Erdöl** und **Erdgas**. Deshalb trifft man heute oft an gleicher Stelle in verschiedenen Schichten sowohl Erdöl als auch Erdgas an.

Erdöllagerstätten befinden sich in Tiefen von 1500 bis 6000 Metern. Um Erdöl und Erdgas aus dem Meer fördern zu können, benötigt man riesige Plattformen, von denen aus man in den Meeresboden bohren kann.

Stavanger – Zentrum der norwegischen Erdölwirtschaft

Da Erdöl und Erdgas sehr begehrte Rohstoffe sind, ist Norwegen eines der reichsten Länder der Erde.

Die norwegische Ölfirma Statoil sowie viele internationale Erdölkonzerne haben ihren Sitz in Stavanger. Vom Hafen der Stadt aus sind die **Erdölförderplattformen** in der Nordsee gut zu erreichen. Außerhalb der Stadt liegt der drittgrößte Flughafen Norwegens, von dem aus die Erdölplattformen ebenfalls versorgt werden.

Stavanger ist heute eine moderne Großstadt. Hier findet man viele Geschäfte, Krankenhäuser sowie Museen und andere kulturelle Einrichtungen.

1. Beschreibe eine Förderplattform. Berücksichtige dabei auch die Größe (**M 1** bis **M 3, M 6**).
2. Erläutere die Arbeitsbedingungen auf einer Bohrinsel (**M 2, M 6**).
3. Nenne alle Erdölprodukte, die du heute schon benötigt hast (**M 4**).
4. Beschreibe die geographische Lage der Erdölfördergebiete in der Nordsee (Karte S. 151).
5. Erdöl – das schwarze Gold. Erläutere, welche Bedeutung das Erdöl heute hat (**M 4, M 5**).
6. Erdöl – nicht nur Segen, sondern auch Fluch. Erläutere (siehe auch S. 52/53).

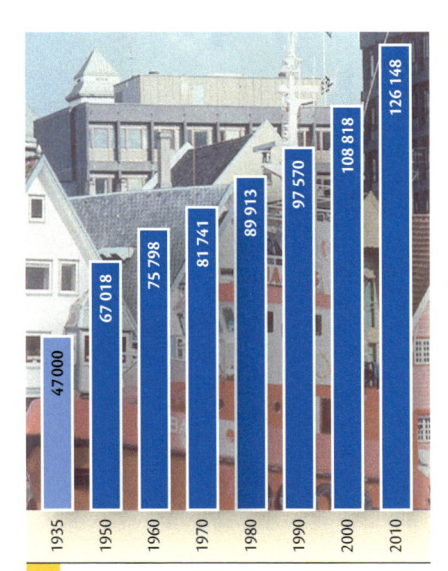

WEBCODE: UE641680-163

Jahr	Einwohner
1935	47 000
1950	67 018
1960	75 798
1970	81 741
1980	89 913
1990	97 570
2000	108 818
2010	126 148

M 5 *Einwohnerzahl Stavangers*

Ein Arbeiter auf einer Ölbohrinsel berichtet: Wir starten mit dem Hubschrauber in Stavanger. Nach eineinhalb Stunden Flug landen wir auf einer Bohrplattform im Erdölfeld Ekofisk. Es ist eiskalt dort draußen und der Wind peitscht uns den Regen ins Gesicht. Wir machen uns gleich an die Arbeit. Sieben Tage müssen wir nun hier bleiben und arbeiten, dann haben wir eine Woche frei. Auf dem von Bohrschlamm verschmierten Arbeitsdeck schrauben Männer am Bohrgestänge. Sie tragen alle Schutzhelme. Wegen des Krachs der Dieselmotoren, die das Bohrgestänge antreiben, verständigen sie sich nur mit Handzeichen.

Es wird ein harter Tag werden, denn der Wetterbericht kündigt Orkanböen an. Bis zu 30 Meter hohe Wellen können dabei an die Standbeine der Plattform klatschen. Bei sehr schweren Stürmen können im Meeresboden verankerte Plattformen umkippen. Bei solch einem Unfall starben 1980 über 100 Menschen. Die Bohrinsel ist wie ein kleiner Ort. Hier gibt es Werkstätten, ein Kraftwerk, Labors, eine Wetter- und eine Funkstation, Unterkünfte und Aufenthaltsräume. Ein Koch und ein Arzt sind für die Mannschaft da.

M 6 *Auf einer Bohrinsel*

WIRTSCHAFTEN IN EUROPA BESCHREIBEN

Norditalien – Autos und Mode

Turin – das ist Fiat!
Seit 1899 in Turin die Automobilfirma „Fiat" gegründet wurde, beeinflusst der **Konzern** ganz maßgeblich das Leben der Menschen in der Stadt. Während seiner langen Geschichte war die Fiatfabrik in Turin zeitweise die größte Automobilfabrik der Welt. Scharen von Arbeitskräften strömten in die Stadt und siedelten sich dort an – vor allem aus Süditalien. Der Fiat-Konzern gibt ihnen Arbeit, aber nicht nur das. Die Mitarbeiter und ihre Familien können Sporteinrichtungen und Ferienlager, kulturelle Veranstaltungen, Kindergärten und vieles mehr besuchen, die der Konzern zur Verfügung stellt.

M 1 *Fiat-Produktion in Turin*

---

check-it
- wichtige Industriezweige Norditaliens benennen
- die Bedeutung der Automobil- und der Modeindustrie für Italien erläutern
- Zentren der Mode- und Automobilindustrie auf einer Karte lokalisieren
- Kurzreferat vortragen

Wirtschaftliches Herz Italiens
Der Norden Italiens hat ein gut ausgebautes Verkehrsnetz. Dadurch entwickelten sich intensive Handelsbeziehungen nach West- und Mitteleuropa. Aber auch die großen Städte sind **Absatzmärkte** für die Industrie. So entstanden in Norditalien im Umkreis der Städte Turin, Mailand und Genua große Industriegebiete. Allein in der Provinz Turin sind über ein Drittel aller Beschäftigten in der Industrie tätig.

Exportprodukte Italiens

Maschinen und Ausrüstungen	54,5
Fahrzeuge	29,3
Metallerzeugnisse	32,2
Chemische Produkte	29,9
Textilien und Bekleidung	32,8
Nahrungs- und Genussmittel	20,1

M 2 *Die wichtigsten Ausfuhrgüter Italiens 2009 (nach Warenwert in Milliarden Euro)*

Die Schau beginnt gleich. Zweimal im Jahr findet in Mailand, dem Zentrum der Mode in Italien, die Modewoche statt. Dort stellen alle bekannten Designer ihre neuen Modelle für die nächste Saison vor – und die Stadt ist im Ausnahmezustand. Alle Hotels sind ausgebucht und der Verkehr bricht zusammen, denn etwa 15 000 Einkäufer von Modegeschäften und Journalisten sind nach Mailand gekommen. Obwohl alle Taxifahrer der Stadt länger arbeiten, ist kaum ein Taxi zu bekommen.
Ist die Modewoche wieder vorbei, kann man die neuen Modelle bald in den schicken und teuren Läden der Innenstadt bewundern und kaufen.

M 3 *Mailand – Stadt der Mode*

WIRTSCHAFTEN IN EUROPA BESCHREIBEN 165

Mailand und Turin

Mailand und Turin sind die **Wirtschaftszentren** Italiens. Hochhäuser mit Banken, Versicherungen und Geschäftsstraßen bestimmen das Bild der Innenstädte. Am Stadtrand liegen große Industriegebiete.

Mailand hat sich zum Zentrum der **Modeindustrie** entwickelt. Neben einer Vielzahl von Nähereien gibt es im Umland Orte, die sich auf die Stoffherstellung spezialisiert haben, in anderen werden Strickwaren oder Seidenstoffe hergestellt. Auch ausländische Modehäuser kaufen dort ihre Stoffe oder lassen Kleidungsstücke nähen oder stricken.

Fiat mit Firmensitz in Turin ist der größte Autohersteller Italiens. Neben den Personenwagen der Marken Fiat, Lancia und Alfa Romeo werden vom Fiat-Konzern auch Nutzfahrzeuge wie Lkws und Busse hergestellt. Aber auch Ferrari – bekannt durch seine Rennwagen – gehört heute zum Fiat-Konzern.

M 4 Elegante Einkaufspassage in Mailand

M 5 Ferrari – ein Traumauto

Automobilhersteller	Firmensitz	Fahrzeugproduktion
Fiat	Turin	429 701
Lancia*	Turin	111 805
Alfa Romeo*	Turin	103 687
Ferrari*	Maranello	6 213
Pininfarina	Cambiano	4 641
Maserati*	Modena	4 041
Lamborghini	Sant'Agata-Bolognese	1 253

* gehört zu Fiat

M 6 Automobilhersteller und Fahrzeugproduktion in Italien 2009

M 7 Wirtschaftskraft der Regionen Italiens

1. Erläutere, welche Bedeutung die Mode- und die Automobilindustrie jeweils für Mailand und Turin hat (**M 1** bis **M 6**).
2. Beschreibe die geographische Lage von Mailand und Turin (**M 7**, Karte S. 218/219).
3. Erläutere, wie sich die Industrialisierung Norditaliens auf die Wirtschaftskraft auswirkt (**M 2**, **M 7**).
4. Nenne Gründe, warum viele Menschen aus Süditalien in den Norden des Landes umziehen (**M 1**, **M 3**, **M 7**).
5. Teilt euch in Gruppen auf und sammelt weitere Informationen zu Automobilherstellern oder Modefirmen. Stellt eure Ergebnisse in einem Kurzreferat der Klasse vor (*Ein Kurzreferat halten*).

166 WIRTSCHAFTEN IN EUROPA BESCHREIBEN

Europa baut ein Flugzeug – der Airbus

M 1 Start eines A 380

check-it
- geographische Lage der Produktionsstandorte in Europa beschreiben
- Airbus Industrie als europäischen Flugzeughersteller kennen
- Zusammenarbeit beim Bau des A 380 erläutern

Der A 380
Der A 380 ist zurzeit das größte Passagierflugzeug der Welt. In ihm können je nach Innenausstattung 550 bis 853 Passagiere mitfliegen. Seit 2007 verkehrt er im Linienflug.

Flugzeuge aus Europa
Noch in den 1960er-Jahren wurden fast alle großen Flugzeuge in den USA hergestellt. Da die einzelnen Flugzeughersteller in Europa zu klein waren, um so große Flugzeuge bauen zu können, beschlossen sie, sich zu einem großen Unternehmen zusammenzuschließen.

1970 wurde „Airbus Industrie" als europäisches Großunternehmen gegründet. Es schlossen sich französische, spanische, britische und deutsche Flugzeughersteller zusammen. Seitdem baut Airbus verschiedene Großraumflugzeuge. Die meisten Flugzeuge von Airbus sind Passagierflugzeuge. Der „Beluga" (benannt nach einer großen Wal-Art) ist ein Frachtflugzeug von Airbus. Es wird auch oft zum Transport einzelner Flugzeugteile von einem Werk zum anderen eingesetzt.

Die Zusammenarbeit zwischen den europäischen Partnern war anfangs nicht

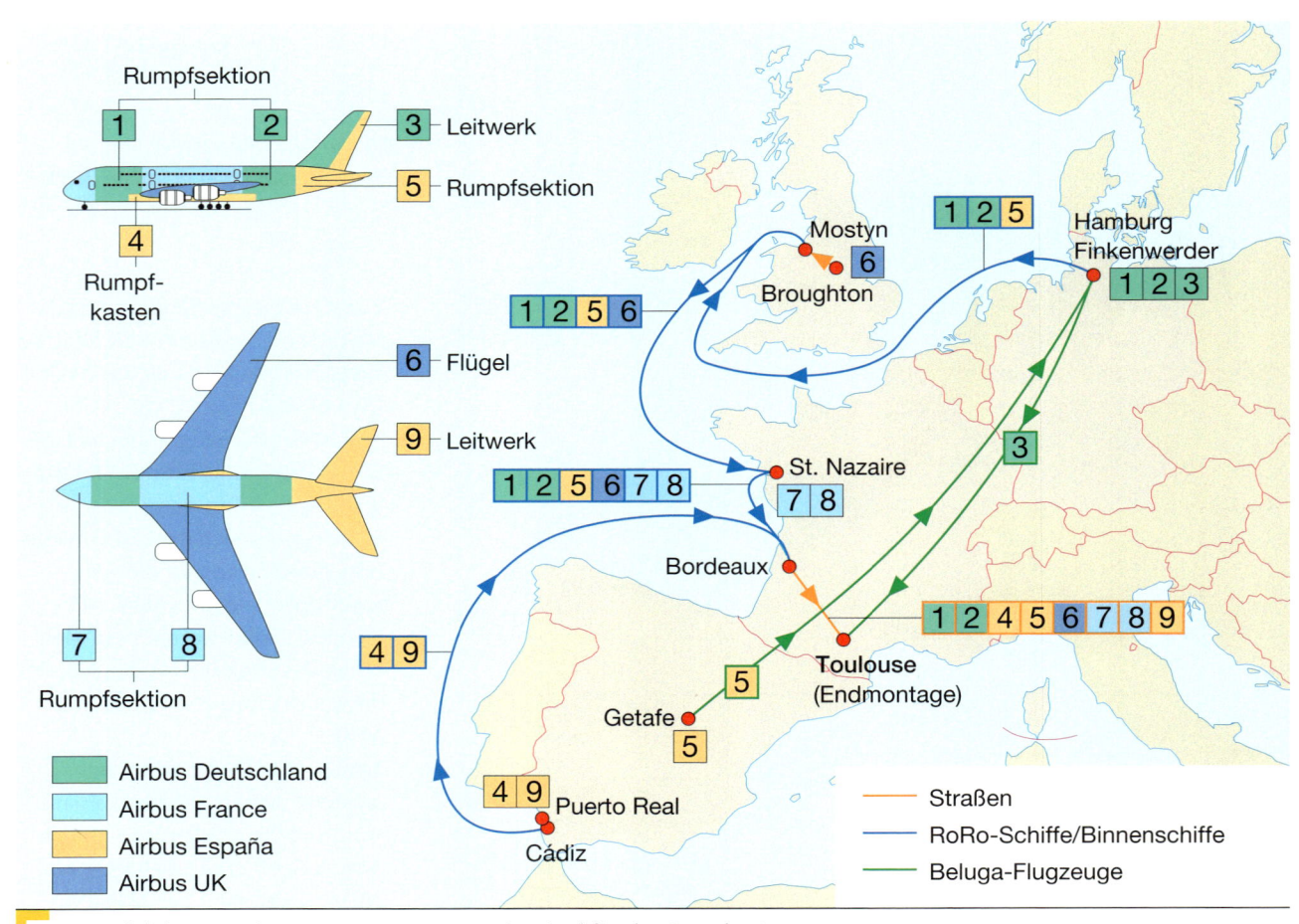

M 2 Produktionsstandorte, Transportwege und -mittel für den Bau des A 380

WIRTSCHAFTEN IN EUROPA BESCHREIBEN

M 3 Airbus-Teile werden in die Montagewerke transportiert

problemlos. In jedem Land wurde eine andere Sprache gesprochen und es gab unterschiedliche Maße und Gewichte. Mittlerweile arbeiten 52 000 Menschen weltweit für Airbus. Weitere 100 000 Mitarbeiter sind in den mehr als 1500 Zulieferbetrieben beschäftigt.

Standorte der Airbus Industrie

Das Unternehmen hat seinen Hauptsitz in Toulouse in Frankreich. Hier finden auch die Boden- und Flugversuche statt. In Toulouse und in Hamburg erfolgen die Innenausstattung, Endmontage und Auslieferung der verschiedenen Flugzeugtypen.

Da die einzelnen Teile des Flugzeugs, die als „Sektionen" bezeichnet werden, nicht am gleichen Ort hergestellt werden, müssen die Flugzeugteile mitunter über weite Strecken transportiert werden.

Werk Hamburg Finkenwerder

In Hamburg-Finkenwerder, dem Hauptsitz von Airbus in Deutschland, musste für die großen A-380-Flugzeuge die Start- und Landebahn verlängert werden. Dafür wurden zusätzliche Flächen im Dorf Neuenfelde benötigt. Dagegen protestierten Umweltschützer und Einwohner. Besonders die Obstbauern hatten große Sorge, dass sie ihr Land verlieren und ihren Beruf aufgeben müssten. Es dauerte sehr lange, bis sich Airbus, die Stadt Hamburg und die Obstbauern einigten.

M 4 Airbus-Werk in Hamburg-Finkenwerder

Airbus-Werk/Standort	Land	Mitarbeiter (2010)
Broughton	Großbritannien	4 557
Filton	Großbritannien	2 984
Toulouse	Frankreich	11 893
Saint-Nazaire	Frankreich	2 278
Nantes	Frankreich	1 857
Hamburg	Deutschland	11 355
Bremen	Deutschland	3 199
Stade	Deutschland	1 550
Getafe	Spanien	2 972
Puerto Real/Cadiz	Spanien	740

M 5 Ausgewählte Standorte von Airbus Industrie

1 Zeichne eine Mindmap „Airbus – Standorte in Europa", in die du die Länder und jeweils einige Standorte einträgst (M 2, M 5, *Eine Mindmap erstellen*).
2 Flugzeugteile auf Reisen – erläutere, wo die einzelnen Teile des A 380 gebaut werden (M 2, M 3).
3 Beschreibe die Lage der Airbus-Standorte in Deutschland (M 2, M 5, Karten S. 35 und S. 212).
4 Für den A 380 mussten viele Start- und Landebahnen verlängert werden. Nenne die Probleme, die dabei auftreten können (M 4).

WEBCODE: UE641680-167

Geo-Check: Wirtschaften in Europa beschreiben

Sich orientieren

Rätselflug über Europa

1 Benenne die Ziele, die angeflogen werden sollen, und schreibe sie in dein Erdkundeheft (**A** bis **H**).

A Pünktlich zum Wochenmarkt werden Oliven aus dem Land eingeflogen, das die meisten Oliven in Europa produziert.

B Unterwegs nimmt das Frachtflugzeug noch Treibhaustomaten auf in einem Land, in dem es riesige Anbauflächen unter Glas gibt.

C Das Frachtflugzeug landet in der Stadt, in der sich der deutsche Hauptsitz von Airbus befindet.

D Von dort befördert ein Hubschrauber Ausrüstungsgegenstände und Proviant zu Erdölplattformen mitten im Meer.

E Auf dem Rückflug nimmt der Hubschrauber einige Mitarbeiter der Erdölplattform mit, die ihre freie Woche zuhause in der norwegischen Stadt verbringen wollen, die Zentrum der Erdölwirtschaft ist.

F Da die Arbeit auf einer Erdölplattform sehr hart ist, sucht Herr X eine neue Arbeit. Er fliegt in die Stadt mit der europäischen Zentrale von Airbus, um sich dort vorzustellen.

In diesem Kapitel lernst du
- die immerfeuchten Tropen am Beispiel Südamerikas zu verorten,
- Merkmale des Klimas und der Vegetation im tropischen Regenwald kennen,
- Zusammenhänge zwischen Klima, Vegetation und Nährstoffkreislauf im tropischen Regenwald zu erklären,
- Anbau von Bananen in Plantagen zu erläutern und
- Ursachen und Ausmaß der Zerstörung tropischer Regenwälder zu erklären.

Dazu nutzt du
- Blockbilder,
- Klimadiagramme,
- Karten und
- Bilder.

Du beurteilst,
- Gefahren für den tropischen Regenwald und
- Maßnahmen zum Schutz der Regenwälder.

Im tropischen Regenwald

174 LEBENSBEDINGUNGEN IM TROPISCHEN REGENWALD ERLÄUTERN

Im tropischen Regenwald – sehr warm und immer feucht

check-it
- Merkmale des tropischen Regenwaldes kennen
- Unterschied zwischen Tageszeiten- und Jahreszeitenklima erklären
- Wasserkreislauf im tropischen Regenwald erklären
- Klimadiagramme lesen und vergleichen

Mit dem Boot fahren wir auf einem Nebenarm des Amazonas durch den Regenwald, denn Straßen gibt es hier nicht. Wir legen an, um in die Tiefe des Regenwaldes einzudringen. In dem dichten Gestrüpp der Pflanzen kommen wir nur langsam vorwärts. Wir wandern durch ein Gewirr von Lianen und schnurgerade gewachsenen Baumstämmen, viele davon kaum dicker als Hochsprungstangen. Nur vereinzelt treffen wir auf gewaltige Stämme mit weit ausladenden Brettwurzeln. Immer mehr verwächst der Pfad, und dann müssen wir auf allen Vieren kriechen, unter einer Schlingpflanze hindurch, über einen Baumstamm hinweg. Äste und Zweige schlagen uns ins Gesicht und überschütten uns mit Ameisen. Die Luft ist schwül.

Wir haben uns schnell an die mittäglichen Wolkenbrüche und die feuchte und schwüle Luft, die auch in der Nacht nur wenig abkühlt, gewöhnt. Am angenehmsten sind die Stunden kurz nach Sonnenaufgang. Nur dann ist die Luft mit etwa 22 °C angenehm kühl und klar, bevor die Hitze des Tages das Thermometer auf über 35 °C im Schatten ansteigen lässt. Affen und Vögel bekommen wir kaum zu Gesicht. Sie halten sich in den Baumkronen hoch über uns auf. Aber vor Schlangen und Insekten müssen wir uns hüten. Vogelspinnen werden unsere täglichen Begleiter und wir lernen, giftige von weniger giftigen Arten zu unterscheiden. An manchen Stellen sind Blutegel, die sich unbemerkt am Körper festsaugen, eine Plage. Aber auch damit lernen wir umzugehen, ebenso wie wir uns an die ständig feuchte und klamme Kleidung gewöhnt haben.

Am schlimmsten sind das ständige Dämmerlicht und erst recht die absolute Dunkelheit während der Nacht, denn kein Licht dringt durch das Kronendach des Waldes und die Wolkenschicht.

(nach: Th. Breitbach, Aus einem Reisetagebuch)

M1 *Im tropischen Regenwald*

M2 *Vogelspinne*

M3 *Eine Trekkingtour im Regenwald*

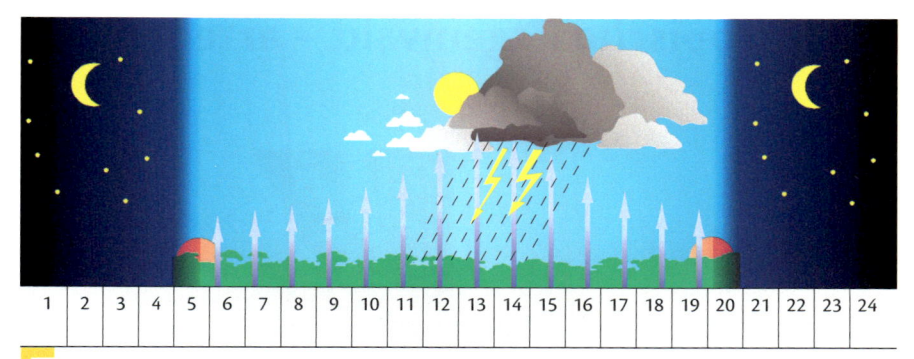

LEBENSBEDINGUNGEN IM TROPISCHEN REGENWALD ERLÄUTERN 175

Klima und Wasserkreislauf

Das ganze Jahr über fallen die Sonnenstrahlen sehr steil bis senkrecht ein. Die starke Sonneneinstrahlung bewirkt, dass ein Großteil des Regens sofort wieder verdunstet. Die feuchtwarme Luft steigt auf, kühlt sich mit zunehmender Höhe ab und der in ihr enthaltene Wasserdampf kondensiert zu Wolken. Es kommt beinahe täglich zu starken Niederschlägen. Nur ein Viertel des Wassers versickert im Boden und verlässt den Regenwald über die Flüsse. Drei Viertel des Wassers zirkulieren innerhalb des **tropischen Regenwaldes**. So entsteht ein zusammenhängender eigener Wasserkreislauf.

Tageszeitenklima

In den immerfeuchten Tropen zwischen dem nördlichen und südlichen Wendekreis ist es das ganze Jahr über warm und feucht. Es gibt es keine Jahreszeiten wie bei uns. Der Unterschied zwischen den Durchschnittstemperaturen des kältesten und des wärmsten Monats ist kleiner als der Unterschied zwischen der Tages- und der Nachttemperatur. Deshalb bezeichnet man dieses Klima als **Tageszeitenklima.**
Unser Klima hingegen ist ein **Jahreszeitenklima,** das vom jahreszeitlichen Wechsel der Temperatur gekennzeichnet ist.

M 4 Ein Tag im tropischen Regenwald

1 Lege eine Tabelle an, in die du Informationen zum Klima, zu Tieren und Pflanzen im tropischen Regenwald einträgst (**M 1** bis **M 3**, *Blockbild* S. 178/179).

2 Lies die Klimadiagramme und vergleiche das Klima am Äquator und in Deutschland (**M 6, M 7**).

3 Erkläre den Unterschied zwischen einem Tageszeiten- und einem Jahreszeitenklima (**M 4, M 6, M 7**).

4 Zeichne ein *Fließdiagramm* zum Wasserkreislauf im tropischen Regenwald und erkläre ihn damit.

5 Der tropische Regenwald – sehr warm und immer feucht: Erläutere, warum das so ist (**M 3** bis **M 7**).

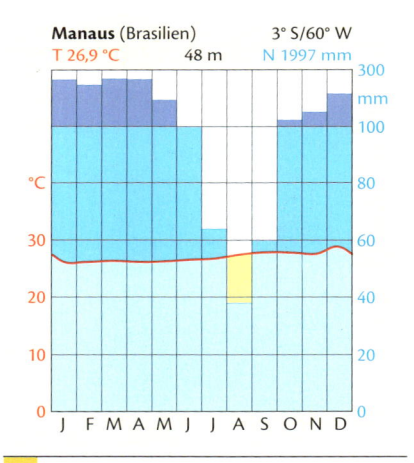

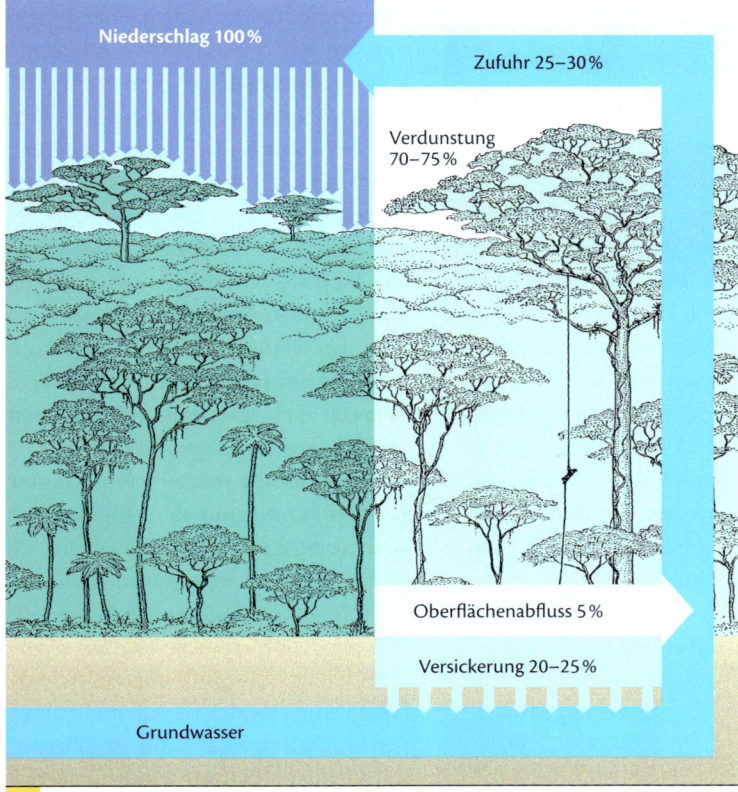

M 5 Wasserkreislauf im tropischen Regenwald

M 6 Klimadiagramm Manaus

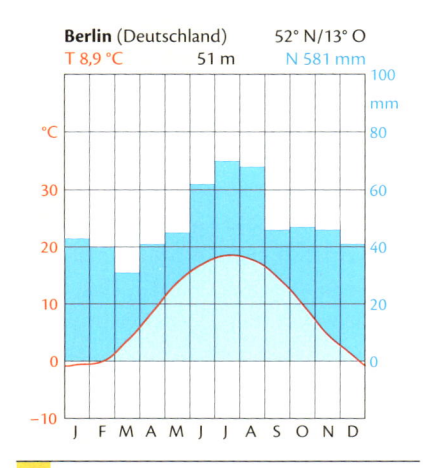

M 7 Klimadiagramm Berlin

LEBENSBEDINGUNGEN IM TROPISCHEN REGENWALD ERLÄUTERN

Der tropische Regenwald – artenreich und immergrün

check-it
- Merkmale der Vegetation beschreiben
- Nährstoffkreislauf erklären
- Ursachen für die Nährstoffarmut der Böden benennen
- Grafiken auswerten

Der tropische Regenwald

In keiner Region der Erde gibt es so viele Pflanzen und Tiere wie im tropischen Regenwald und täglich werden neue Arten entdeckt. Rund 90 Prozent der Tiere des Regenwaldes sind Insekten. Nach Schätzungen von Forschern gibt es im Regenwald über 10 000 Baumarten. Im Vergleich dazu sind in Deutschland nur etwa 50 Baumarten bekannt. In den immerfeuchten Tropen herrscht ein beständig feuchtwarmes Klima. Wasser und Wärme bewirken ein ganzjährig kräftiges Pflanzenwachstum. Frische und welkende Blätter, Blüten und Früchte können sich gleichzeitig an einem Baum befinden. Der tropische Regenwald ist immergrün.

Der Kampf ums Licht

Auf der Suche nach ausreichend Licht hat sich der Stockwerkbau des tropischen Regenwaldes entwickelt. Die bis zu 40 Meter hohen Bäume, deren Kronen ein dichtes Dach bilden, nehmen einen Großteil des Sonnenlichtes auf. Dieses Kronendach ist ein wichtiger Lebensraum für Säugetiere und Vögel. Die Baumschicht wird nur vereinzelt von bis zu 70 Meter hohen Baumriesen überragt, die jedoch nicht überall anzutreffen sind. Unter der Baumschicht befindet sich die Strauchschicht mit Sträuchern und jungen Bäumen.

Die am Boden wachsenden Kräuter, Kriechpflanzen und Pilze müssen mit sehr wenig Licht auskommen. Bei ihrem Kampf um das wenige Licht, das durch die Baumkronen fällt, haben die Pflanzen ganz spezielle Blätter entwickelt. Einige, die ganz unten wachsen, haben eine Oberfläche von mehr als einem Quadratmeter. Andere Pflanzen mit kleineren Blättern klettern an den Bäumen entlang zum Licht.

In diesem Treibhaus zu arbeiten, reicht ja schon – aber auf Bäumen voller giftiger Spinnen, Schlangen, Frösche, Tausendfüßler und Skorpione herumzuklettern – auf solche Ideen kommen nur wir Regenwaldforscher!
Heute bringen uns Kräne, an denen eine Art Gondel hängt, in die Gipfel der Urwaldriesen. Früher mussten wir hinaufklettern – auf die schmutzigsten Bäume, die ich kenne. An den Stämmen und Ästen wachsen Moose, Farne und Orchideen. Ihre Wurzeln bilden ein dichtes Geflecht, in dem sich Laub, Exkremente sowie tote Kleintiere sammeln und verrotten. Daraus entsteht eine dünne nährstoffreiche Humusschicht. Einige Baumarten treiben Wurzeln aus den Ästen in diese Schicht vor. Zwei Drittel aller Pflanzen und Tiere des Regenwaldes leben im Bereich der Baumkronen in 30 bis 40 Metern Höhe. Deshalb ist dieser Kronenraum für uns Forscher von großer Bedeutung. Hier können wir immer noch neue Arten entdecken, aber auch die Bedeutung der Regenwälder für das Klima der Erde erforschen.

M 1 *Forscher im Amazonas-Regenwald*

Der Boden

Lange Zeit vermutete man, dass die Böden des tropischen Regenwaldes besonders fruchtbar seien. Das ist jedoch ein Irrtum. Im warmen und immerfeuchten tropischen Klima verwittern Gesteine wesentlich schneller als im gemäßigten Klima Europas. In dem seit zehn Millionen Jahren kaum veränderten Klima am Äquator hat sich ein sehr tiefgründiger Boden entwickelt. Die täglichen Regengüsse waschen die Mineralien im Boden bis in tiefe Schichten aus, sodass ein harter, weitgehend unfruchtbarer Boden entsteht.

Die „Nährstofffalle"

Auf den Boden fallende Blätter und Zweige, abgestorbene Äste und Stämme sowie verendete Tiere werden von Ameisen, Termiten sowie Würmern zernagt und zersetzt. Diese Zersetzung und Umwandlung in Nährstoffe läuft sehr schnell ab, sodass sich kaum **Humus** bilden kann. Die Bäume haben deshalb nur flache Wurzeln, die direkt unter der Oberfläche bleiben. Ihre Standfestigkeit erhalten sie durch meterhohe, verzweigte **Brettwurzeln** über der Erde. Die Wurzeln der Pflanzen sind von Pilzen umkleidet, welche die Nährstoffe abfangen und langsam an die Pflanzen abgeben.

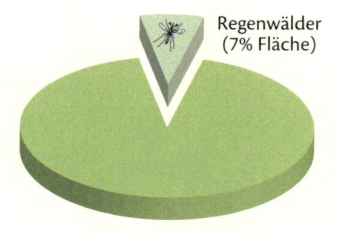

Regenwälder (7% Fläche)
restliche Landmassen (93% Fläche)

restliche Landmassen (10% Arten)
Regenwälder (90% Arten)

- **Lebensraum Regenwald:** Er ist Lebensraum für die Ureinwohner sowie eine Vielzahl von Tier- und Pflanzenarten, die zum Teil noch nicht einmal entdeckt sind.
- **Apotheke Regenwald:** Obwohl bisher nur etwa ein Prozent aller Pflanzen im tropischen Regenwald auf ihre Heilwirkung untersucht wurden, sind schon mehrere Pflanzen entdeckt worden, die medizinische Wirkstoffe enthalten und in der Arzneimittelindustrie eingesetzt werden, zum Beispiel bei der Antibiotika-Herstellung oder bei Malaria-Medikamenten.
- **Speisekammer Regenwald:** Über 80 Prozent aller weltweiten Nutzpflanzen sind tropischen Ursprungs – wie Banane, Tomate, Kartoffel und Kakao.
- **Rohstoffquelle Regenwald:** Neben den wertvollen Edelhölzern, die im Regenwald wachsen, lagern teilweise dort auch wertvolle Bodenschätze wie Eisenerz, Gold oder Erdöl.
- **Klimaregulator Regenwald:** Die tropischen Regenwälder können große Mengen an Kohlenstoffdioxid speichern, das zur globalen Erwärmung beiträgt.

M 2 *Schatzkammer Regenwald*

1 Beschreibe den Stockwerkbau im tropischen Regenwald (**M 1**; Blockbild S. 178/179).
2 Charakterisiere den tropischen Regenwald als Schatzkammer (**M 2**).
3 Erkläre den Nährstoffkreislauf im tropischen Regenwald vor und nach der Rodung (**M 3**).
4 Benenne Ursachen für die Nährstoffarmut der Böden (**M 3**).

WEBCODE: UE641680-177

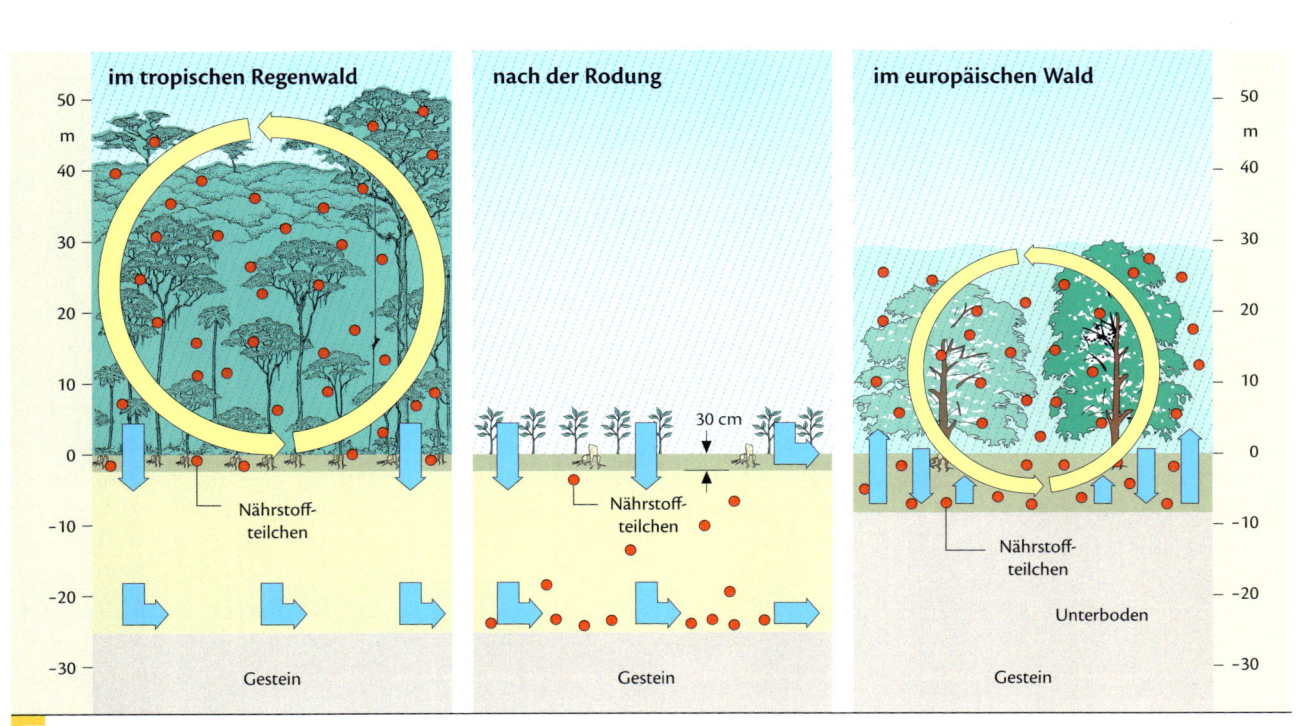

M 3 *Nährstoffkreislauf im tropischen Regenwald vor und nach der Rodung und im europäischen Wald*

Aufbau des tropischen Regenwaldes

Junge Kapuzineraffen spielen im tropischen Regenwald von Costa Rica. Im Gegensatz zu diesen bekannten Gesichtern sind die meisten Tierarten weder benannt, beschrieben noch analysiert.

Der Blue Morpho Schmetterling kann eine Flügelspannweite von 17 Zentimetern erreichen. Infolge seiner blau schillernden Färbung sieht man ihn noch in einem Kilometer Entfernung. Im Regenwald gibt es Millionen von Insektenarten.

über 100 Baumarten pro Hektar

Der Arakanga ist eine von über 5000 Vogelarten im tropischen Regenwald.

Eine Anakonda – sie kann bis zu 9 Meter lang und 230 Kilogramm schwer werden.

LEBENSBEDINGUNGEN IM TROPISCHEN REGENWALD ERLÄUTERN 179

- unermesslich viele, größtenteils noch unerforschte Heilpflanzen
- 60 m und mehr: Urwaldriesen
- bis 50 m: obere Baumschicht/ Blätterdach
- bis 40 m: mittlere Baumschicht mit kleineren Kronen
- bis 20 m: größere Sträucher und Bäume
- bis 10 m: Strauch- und Krautschicht

Epiphyten (Aufsitzerpflanzen) auf einem Urwaldbaum in Costa Rica (Atlantik-Bereich)

Brettwurzeln eines Urwaldriesen

WEBCODE: UE641680-179

Die Banane – eine tropische Frucht

M1 Bananenplantagen in Ecuador

Die Banane ist eine tropische Waldpflanze, die am besten bei etwa 25 °C und ganzjährig hohen Niederschlägen gedeiht.
Es gibt etwa 100 verschiedene Bananenarten, die jedoch nicht alle essbar sind.
In etwa acht Monaten wächst die Bananenstaude vier bis acht Meter in die Höhe. Aus der Blattkrone sprießt die rotviolette Blütendolde. In den Achseln der Deckblätter stehen mehrere Querreihen von Blüten, aus denen sich die Früchte entwickeln. Weil diese sich nach oben zum Licht hin krümmen, wird die Banane krumm. Von der Blüte bis zur Erntereife dauert es drei bis vier Monate.

M2 Wissenswertes zur Banane

check-it
- Ecuador lokalisieren
- Bananenproduktion beschreiben
- Merkmale der Plantagenwirtschaft am Beispiel der Banane erläutern
- Vorteile fair gehandelter Bananen beurteilen

Bananen aus Ecuador

Ecuador gehört weltweit zu den größten Produzenten von Bananen. Sie reifen dort bis in 1000 Meter Höhe. Bananen können das ganze Jahr über geerntet werden, denn aus der Bananenstaude schießen immer wieder Jungtriebe hervor, an denen sich neue Fruchtstände entwickeln.

Die Bananen werden grün, also im unreifen Zustand, geerntet. Ließe man die Bananen an der Staude ausreifen, würden sie erst mehlig und dann matschig werden. Die bis zu 50 Kilogramm schweren Bananenbüschel werden von der Staude geschnitten und mit einer Art Seilbahn zur Verpackungsstation gefahren. Dort werden sie gewaschen und für den Transport verpackt. Nach etwa zwei Monaten erreichen sie mit speziellen Kühlschiffen Europa. Im Zielhafen angekommen, kommen sie zur Nachreife in moderne computergesteuerte Reifekammern. Nach vier bis sechs Tagen sind die Bananen für den Verkauf bereit.

Anbau auf Plantagen

Produkte für den Weltmarkt werden im tropischen Regenwald auf **Plantagen** angebaut, landwirtschaftlichen Großbetrieben von mindestens 100 Hektar

M3 Bananenernte in Ecuador

M4 „Seilbahn" für Bananen

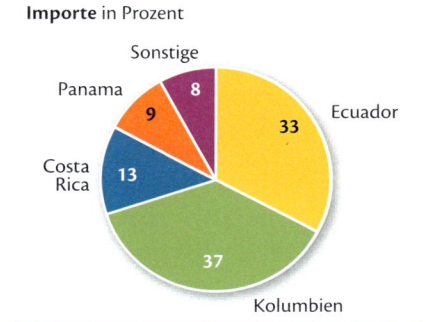

LEBENSBEDINGUNGEN IM TROPISCHEN REGENWALD ERLÄUTERN

Importe in Prozent
- Ecuador 33
- Kolumbien 37
- Costa Rica 13
- Panama 9
- Sonstige 8

M 5 Herkunftsländer der nach Deutschland eingeführten Bananen 2009

Anteile am Verkaufspreis einer Banane:
- Produzenten 7 %
- Verpackung und Transport 6 %
- Überseetransport 13 %
- Einfuhr 20 %
- Europäische Lizenzen 13 %
- Reifung und Handel 41 %

Anteile am Verkaufspreis einer fair gehandelten Banane:
- Produzenten 14 %
- Verpackung und Transport 6 %
- Überseetransport 12 %
- Einfuhr 5 %
- Europäische Lizenzen 17 %
- Reifung und Handel 46 %

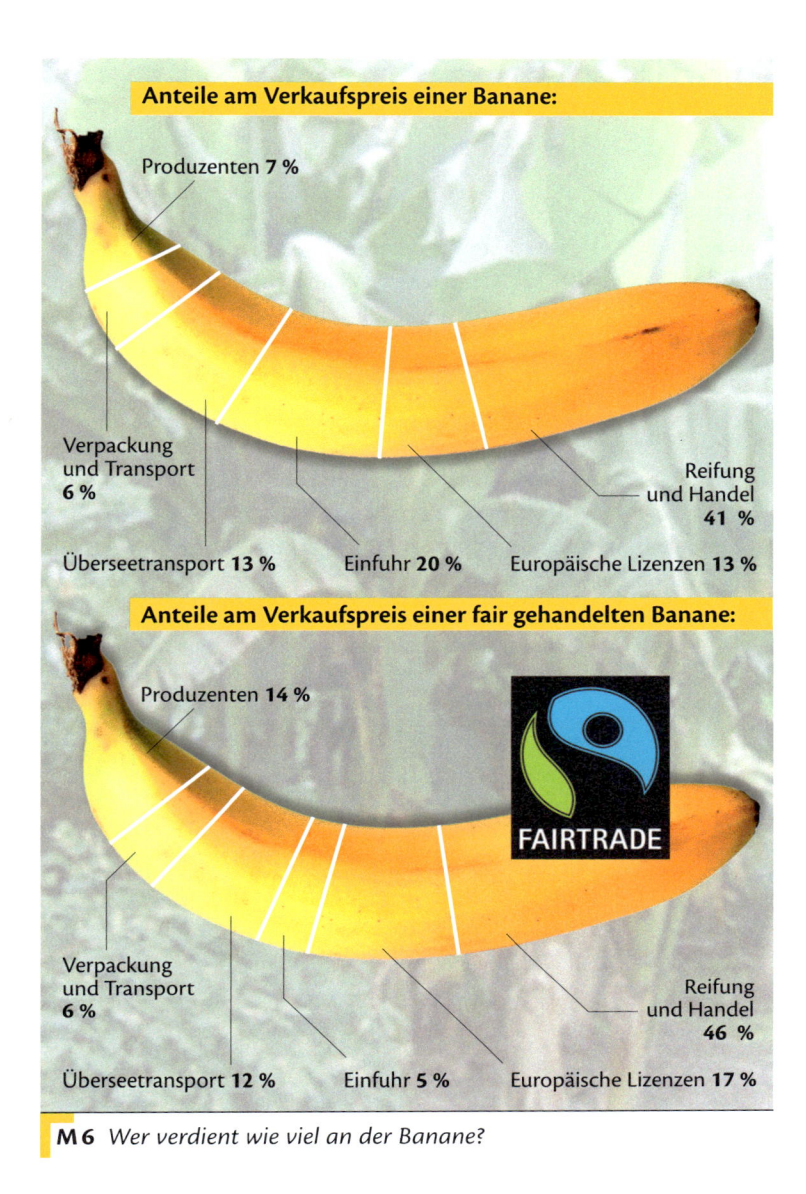

M 6 Wer verdient wie viel an der Banane?

Größe (etwa 200 Fußballfelder). Viele Plantagen in den Tropen wurden im 19. Jahrhundert von Europäern angelegt, die sie auch leiteten. Als billige Arbeitskräfte beschäftigten sie Einheimische oder Sklaven. Inzwischen sind die meisten Plantagen im Besitz einheimischer Unternehmer oder sie gehören internationalen Konzernen. Sie beschäftigen Landarbeiter oder Saisonarbeiter, die aber häufig sehr schlecht bezahlt werden.

Anbau in Monokultur

Auf den Plantagen werden mehrjährige Nutzpflanzen oder Dauerkulturen wie Kaffee, Kakao, Tee, Bananen oder Kautschuk in **Monokultur** angebaut. Pflanzen, die in Monokultur angebaut werden, sind sehr anfällig für Schädlinge und Krankheiten. Deshalb werden die Bananen, sobald sich die Früchte bilden, mit Plastikfolie umhüllt. Diese ist an der Innenseite mit **Pflanzenschutzmitteln** versehen. Zusätzlich werden die Bananenstauden während der gesamten Wachstumszeit vom Flugzeug aus mit Pflanzenschutzmitteln besprüht. Diese Chemikalien vergiften nicht nur die Böden und Gewässer, sie verursachen auch Gesundheitsschäden bei den Arbeitskräften auf den Plantagen.

Hunger durch Plantagenwirtschaft?

Für die Anlage der Plantagen wurden riesige Flächen des tropischen Regenwaldes abgeholzt und in landwirtschaftliche Nutzflächen umgewandelt. Dennoch reichen die Nahrungsmittel nicht aus für die Bevölkerung, denn dort, wo Bananen für den **Export** angebaut werden, können keine Grundnahrungsmittel wie Hirse, Mais, Kartoffeln und Gemüse mehr angebaut werden. Die Arbeitskräfte auf den Plantagen verdienen so wenig, dass ihr Verdienst oft nicht ausreicht, um Nahrungsmittel zu kaufen.

Fairer Handel

Bei uns werden nicht nur Bananen der großen internationalen Konzerne angeboten. Organisationen wie TransFair bemühen sich darum, dass die Arbeiterinnen und Arbeiter auf den Plantagen sowie die Kleinbauern bessere Arbeitsbedingungen und eine gerechtere Bezahlung erhalten. Zudem setzen sie sich dafür ein, dass auf chemische Dünge- und Pflanzenschutzmittel, die schädlich für die Menschen und die Umwelt sind, weitgehend verzichtet wird. Produkte mit dem TransFair-Siegel sind deshalb heute meistens auch Bio-Produkte.

1 Lokalisiere Ecuador und ordne das Land in die Zone der tropischen Regenwälder ein (Karte S. 171).
2 Beschreibe den Weg der Banane von der Plantage bis zu uns (**M 1** bis **M 5**).
3 Erläutere die Anbaubedingungen auf einer Plantage am Beispiel der Banane (**M 3**, **M 4**, **M 6**).
4 Plantagenwirtschaft mit Monokulturen im tropischen Regenwald – erläutere, welche Probleme sich daraus ergeben (S. 176/177; **M 1**).
5 Beurteile die Vorteile fair gehandelter Bananen für die Produzenten und die Verbraucher (**M 6**).

WEBCODE: UE641680-181

GEO-BILINGUAL

People of the rainforest

The Yanomami live in the tropical rainforest of South America for a very long time. They have a very traditional way of life in harmony with the forest environment[1]. Let's have a closer look at how and where they live.

1 Work in groups of three. Each group works on one task (**A, B, C, D** or **E**). Prepare a presentation of your group work.
  A Describe where the Yanomami live. Point out the Yanomami land on the wall map (**M 1**).
  B Describe how the Yanomami live. Draw a sketch of a roundhouse on the blackboard (**M 2**).
  C Describe how the Yanomami provide for themselves. Draw a cluster on the blackboard (**M 3**).
  D Describe how the Yanomami use the land. Draw a sketch of shifting cultivation on the blackboard (**M 4**).
  E Describe things which threaten the Yanomami. Draw a flow chart on the blackboard (**M 5**).
2 Memorise your text and practise your presentation.
3 Present your group work about the Yanomami. One of you reads out the text. At the same time, another one of you shows the drawing on the blackboard / the Yanomami land on the wall map. The third person helps both if necessary.
4 Talk about possible help for the Yanomami (in German) (Webcode).

WEBCODE: UE641680-182

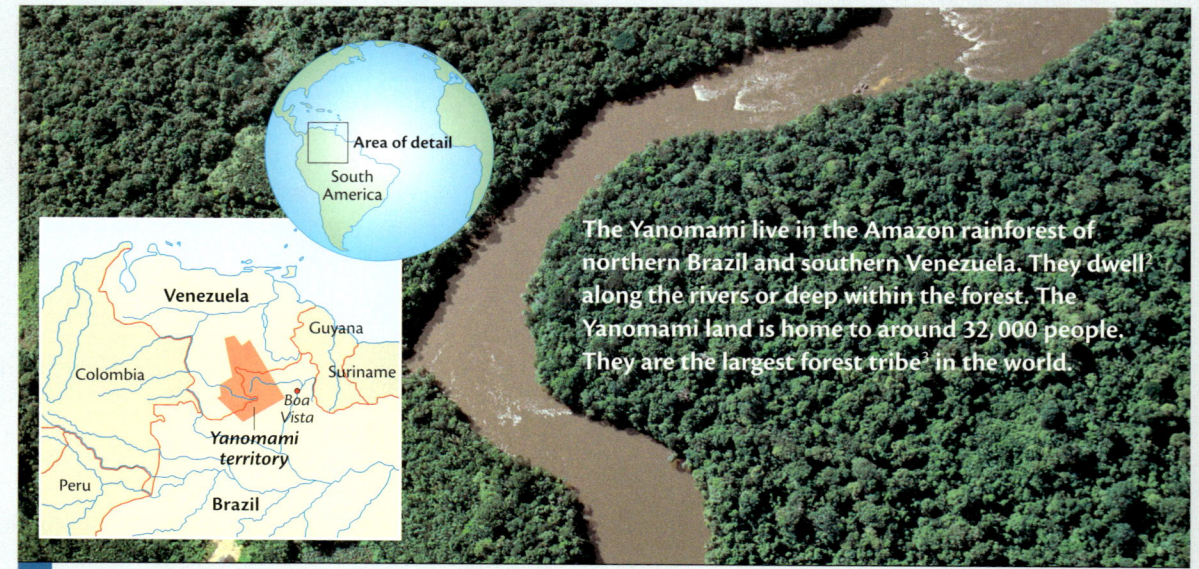

1 **environment** Umwelt
2 **dwell** wohnen
3 **tribe** Volk, Stamm
4 **to occupy** bewohnen
5 **feast** Fest
6 **hearth** Herdstelle
7 **hammock** Hängematte

The Yanomami live in the Amazon rainforest of northern Brazil and southern Venezuela. They dwell[2] along the rivers or deep within the forest. The Yanomami land is home to around 32,000 people. They are the largest forest tribe[3] in the world.

M 1 Where the Yanomami live

The Yanomami live in large roundhouses called "*shabonos*". 30 to 100 people occupy[4] each roundhouse. They use the central area in the roundhouse for activities like feasts[5] and games. Each family has its own hearth[6] where they prepare and cook the food. At night, they sleep in hammocks[7] near the hearth.

The "*shabono*" of the Yanomami

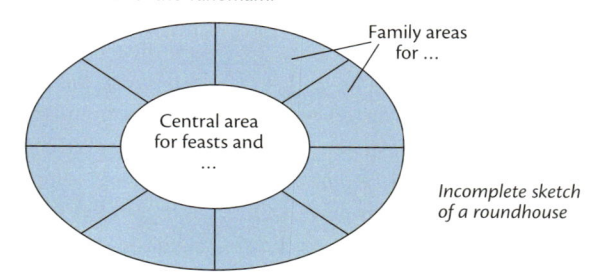

- Family areas for …
- Central area for feasts and …

Incomplete sketch of a roundhouse

M 2 How the Yanomami live

GEO-BILINGUAL   183

The Yanomami hunt[8] and gather[9] fruit in the forest. If they live near rivers they go fishing. On fields they cultivate[10] food like plantains[11], manioc[12], sweet potatoes, papaya and maize[13]. The Yanomami know about 500 plants they can use for food, medicine, house building and other things.

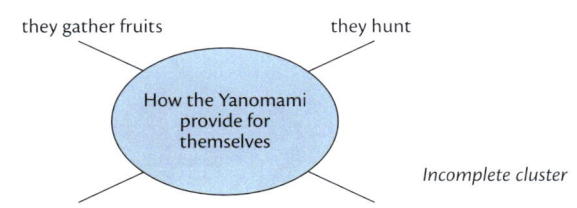

they gather fruits — they hunt

How the Yanomami provide for themselves

Incomplete cluster

M 3 *How the Yanomami provide for themselves[14]*

The Yanomami choose a small area of rainforest where they fell[15] and burn all the trees. Then they use the land to grow plants. The ash on the land contains[16] a lot of nutrients[17] for the plants. But after three to four years the nutrients are gone. The Yanomami have to move to another area and cultivate new land. This kind of land use is called shifting cultivation. The forest recovers[18] in about 50 years.

Shifting cultivation

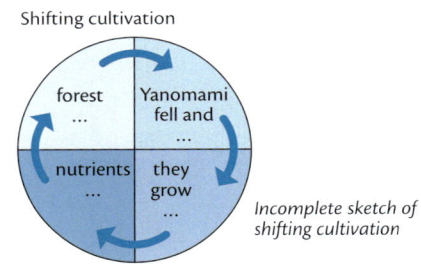

forest ... | Yanomami fell and ...
nutrients ... | they grow ...

Incomplete sketch of shifting cultivation

8 **hunt** *jagen*
9 **gather** *sammeln*
10 **cultivate** *anbauen, kultivieren*
11 **plantain** *Kochbanane*
12 **manioc** *Maniok*
13 **maize** *Mais*
14 **provide for themselves** *sich selbst versorgen*
15 **fell a tree** *einen Baum fällen*
16 **contain** *enthalten*
17 **nutrient** *Nährstoff*
18 **recover** *sich erholen*
19 **gold miner** *Goldgräber*
20 **grazing land** *Weideland*
21 **lumberjack** *Holzfäller*
22 **mine** *Bergwerk, Grube*
23 **disease** *Krankheit*
24 **immunity** *Immunität, keine Anfälligkeit*
25 **threaten** *drohen*

M 4 *How the Yanomami use their land*

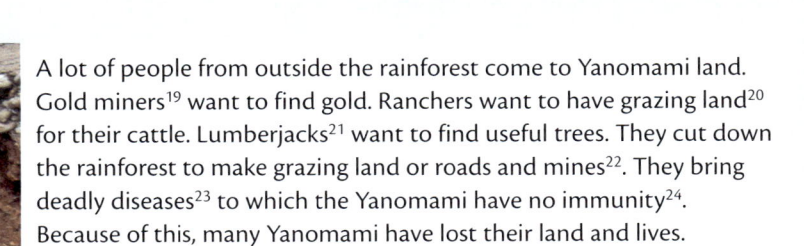

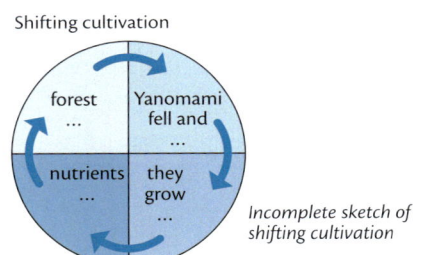

A lot of people from outside the rainforest come to Yanomami land. Gold miners[19] want to find gold. Ranchers want to have grazing land[20] for their cattle. Lumberjacks[21] want to find useful trees. They cut down the rainforest to make grazing land or roads and mines[22]. They bring deadly diseases[23] to which the Yanomami have no immunity[24]. Because of this, many Yanomami have lost their land and lives.

Threats to the Yanomami

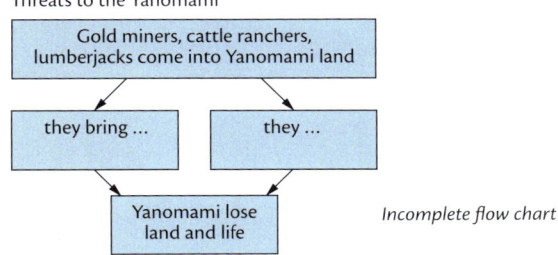

Gold miners, cattle ranchers, lumberjacks come into Yanomami land
→ they bring ...
→ they ...
→ Yanomami lose land and life

Incomplete flow chart

M 5 *Things which threaten[25] the Yanomami*

Der tropische Regenwald in Gefahr

check-it
- Rückgang der Regenwälder beschreiben
- Ursachen und Folgen der Vernichtung der Regenwälder erläutern
- Karikatur auswerten
- Pro-und-Kontra-Diskussion führen
- Möglichkeiten des Schutzes der Regenwälder beurteilen

M 1 „Schnell wachsen!"

M 2 Abholzung im tropischen Regenwald

M 3 Siedlung zur Erschließung Amazoniens

Plünderer im Regenwald

Die tropischen Regenwälder können vielfältig genutzt werden. Tropenholz, tropische Früchte, Grundstoffe für die chemische Industrie und die Arzneimittelherstellung, aber auch Erze und andere Rohstoffe sind begehrte Produkte auf dem Weltmarkt.

Aufgrund der Rodungstätigkeit der Holzgesellschaften, Plantagenbesitzer, Kleinbauern und Straßenbauunternehmen sind heute bereits 80 Prozent der tropischen Regenwälder der Erde vernichtet. Alle zwei Sekunden wird Regenwald von der Größe eines Fußballfeldes zerstört – pro Jahr eine Fläche etwa von der Größe Großbritanniens. Schon das Schlagen eines Urwaldriesen zerstört eine große Waldfläche, denn der riesige Baum reißt beim Fallen viele andere Bäume und Sträucher mit. Damit man an die wertvollen Hölzer gelangt und das Holz abtransportieren kann, werden Schneisen in den Wald geschlagen und Straßen angelegt.

Landwirtschaftliche Nutzung

Auf Rodungsweiden im tropischen Regenwald grasen tausende Rinder. In den letzten Jahren hat sich der Rinderbestand in Amazonien mehr als verdoppelt. Den Weideflächen fielen große Teile des Regenwalds zum Opfer. Zudem hat man große Plantagen angelegt, auf denen Soja als Viehfutter für den Export angebaut wird. Seit in Europa die Fütterung von Kühen und Rindern mit Tiermehl verboten ist, muss als Ersatz Futter aus Sojamehl importiert werden.

Wenn die Vernichtung der tropischen Regenwälder in diesem Tempo weitergeht, werden sie schon in wenigen Jahrzehnten ganz verschwunden sein.

LEBENSBEDINGUNGEN IM TROPISCHEN REGENWALD ERLÄUTERN 185

Rodung für die landwirtschaftliche Selbstversorgung (vor allem Ackerbau, aber auch Weidewirtschaft)

Rodung für den großflächigen Anbau exportfähiger Agrarprodukte (z. B. Pflanzenöl, Kakao, Kaffee)

Rodung für die Anlage von Siedlungen, Industrieanlagen, Energiegewinnung

Jedes Jahr verschwindet auf der Erde Regenwald durch Abholzung

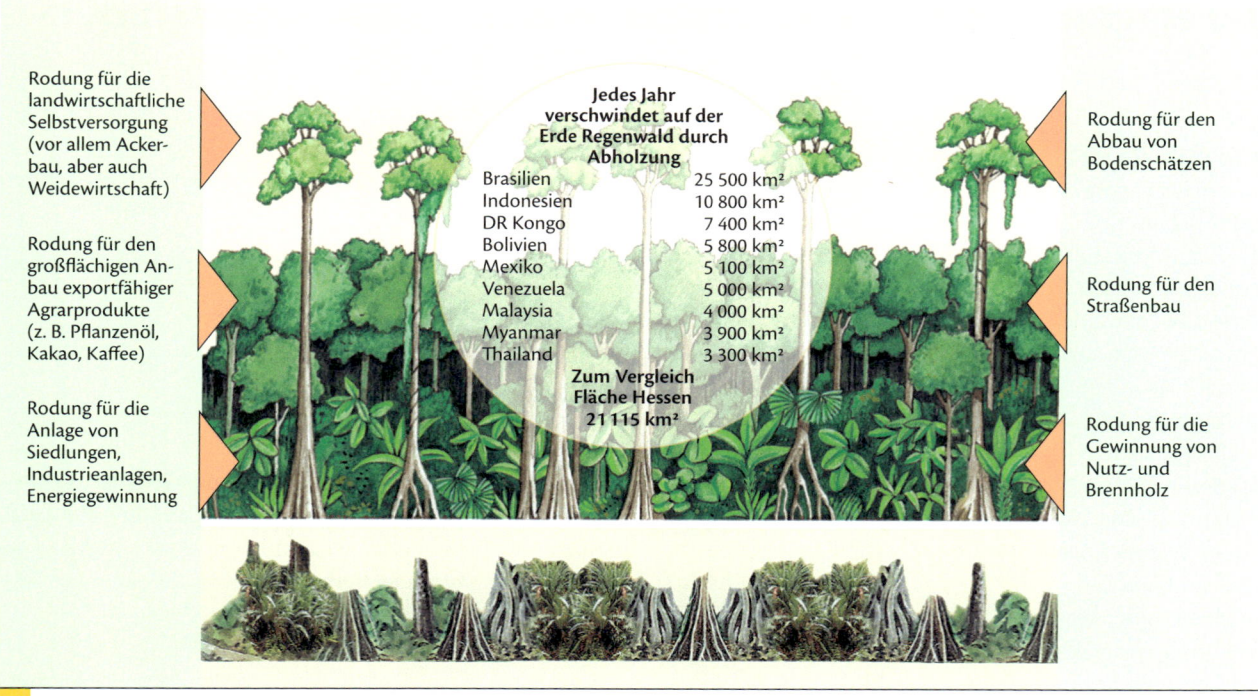

Brasilien	25 500 km²
Indonesien	10 800 km²
DR Kongo	7 400 km²
Bolivien	5 800 km²
Mexiko	5 100 km²
Venezuela	5 000 km²
Malaysia	4 000 km²
Myanmar	3 900 km²
Thailand	3 300 km²

Zum Vergleich Fläche Hessen 21 115 km²

Rodung für den Abbau von Bodenschätzen

Rodung für den Straßenbau

Rodung für die Gewinnung von Nutz- und Brennholz

M 4 *Gründe und Ausmaß der Rodung tropischer Regenwälder*

Folgen der Regenwaldzerstörung
Die Folgen der Zerstörung der tropischen Regenwälder sind enorm. Schon das Fällen eines Urwaldriesen beeinträchtigt das Zusammenspiel der Arten im tropischen Regenwald. Infolge der Abholzung sinkt die Luftfeuchtigkeit, die Temperatur steigt. Gerodete Flächen erwärmen sich stärker als bewaldete. Niederschläge werden nicht aufgenommen, sondern fließen sofort ab. Der Grundwasserspiegel sinkt. Da die schützende Pflanzendecke fehlt, wird bei Starkregen der Boden abgespült. Die Kreisläufe von Wasser, Energie und Nährstoffen sind zerstört.
Durch die Abholzung der tropischen Regenwälder kann sich das Weltklima ändern, da der gerodete Regenwald keine Feuchtigkeit mehr an die Luft abgeben kann. Zudem nimmt der Kohlenstoffdioxid-Gehalt der Atmosphäre zu, da die Bäume fehlen, die das Kohlenstoffdioxid aufnehmen.
Mit dem tropischen Regenwald verschwindet auch der Artenreichtum. Man schätzt, dass jährlich bis zu 17 500 Arten verloren gehen könnten, von denen viele noch gar nicht entdeckt worden sind.

1 Beschreibe den weltweiten Rückgang der Regenwälder (Karte S. 171 oben).
2 Erläutere Ursachen für die weltweite Abholzung der tropischen Regenwälder (**M 2** bis **M 5**).
3 Die großflächige Zerstörung der Regenwälder beginnt mit dem Bau einer Straße. Begründe dies (**M 2**, **M 3**, **M 5**).
4 Erläutere, welche Auswirkungen die Vernichtung der Regenwälder weltweit und auf die Region selbst hat (**M 2**, **M 4**, **M 5**).
5 Werte die Karikatur aus und beurteile, ob die Bildunterschrift berechtigt ist (**M 1** bis **M 5**).
6 Führt eine *Pro-und-Kontra-Diskussion* durch, ob man den noch verbliebenen Regenwald am Amazonas unter Naturschutz stellen sollte. An der Diskussion sollten Vertreter der Regierung, große Holzfirmen, Rinderzüchter, Betreiber der Erzgruben, einheimische Indianerstämme sowie Naturschützer beteiligt sein (**M 1** bis **M 5**, Webcode).

WEBCODE: UE641680-185

M 5 *Eisenerzabbau in Amazonien*

Der Regenwald muss geschützt werden – ein Rollenspiel

Ausgangssituation/Spielidee:
Im nordostbrasilianischen Bundesstaat Piauí möchte „Sojabaron" Alessandro Garcia seine Produktion erweitern. Dazu will er neue Regenwaldflächen im Cerrado-Wald roden. Naturschutzorganisationen beklagen die Zerstörung des tropischen Regenwaldes, denn es werden Lebensräume von Tier- und Pflanzenarten vernichtet, die noch nicht auf Wirkstoffe für neue Medikamente erforscht sind. Die Holzwirtschaft möchte die Rodung der Flächen übernehmen und neue Arbeitsplätze für die Bevölkerung schaffen. Die Arbeiter auf der Sojaplantage möchten sichere Arbeitsplätze und unterstützen den Plan ihres Chefs. Einheimische Bauern betreiben Wanderfeldbau im Cerrado-Wald und sehen ihre Existenz bedroht.
Um eine Lösung für diesen Konflikt zu finden, hat der Gouverneur von Piauí alle Interessengruppen zu einem „runden Tisch" geladen. Er bittet die Vertreter darum, ihre Positionen darzulegen, und versucht eine Entscheidung oder einen Kompromiss zu finden.

Flagge des brasilianischen Bundesstaates Piauí

Für das Rollenspiel gelten folgende Grundregeln:
Mithilfe eines Rollenspiels ist es möglich, schwierige Situationen zu durchlaufen und so eventuell zu einer Lösung zu gelangen. Jeder Mitspieler vertritt den Standpunkt seiner Rollenfigur und begründet ihn.
→ **Argumentieren**
Die anderen Mitspieler hören zu und versuchen, den Standpunkt des anderen nachzuvollziehen.
→ **Zuhören**
Meinungen und Interessen werden gemeinsam diskutiert und gegeneinander abgewogen.
→ **Diskutieren**
Ziel ist es, strittige Fragen zu klären und einen Kompromiss zu finden, den alle mittragen können.
→ **Konflikt lösen**

Durchführung des Rollenspiels:
1. **Situation beschreiben:**
    Um welches Problem geht es?
    Was soll mit dem Spiel geklärt werden?
    Wer ist beteiligt?
    Wo findet das Ganze statt?
2. **Spiel vorbereiten:**
    Auf Rollenkarten sind die Rollen der Mitspieler beschrieben. Sie werden als „Drehbuch" an die Gruppen verteilt.
    Welche Standpunkte werden vertreten?
    Was wollen die Einzelnen erreichen?
    Wie treten sie auf?
    Die „Bühnengestaltung" wird festgelegt.
3. **Spiel durchführen:**
    Beachtet dabei die Grundregeln für das Rollenspiel. Ein Beobachter wird bestimmt, der das Spiel als Unbeteiligter verfolgt und moderiert. Er könnte zum Beispiel als Vertreter der Presse auftreten und auch Fotos machen.
4. **Spiel auswerten:**
    War verständlich, was die Spieler darstellen wollten?
    Haben die Spieler ihre Rollen eingehalten, konnten ihre Argumente überzeugen?
    Wie entwickelte sich die Handlung?
    Wurde eine Lösung erzielt?

M1 *Piauí/Brasilien*

Plantagenbesitzer:
- mehr Produktion und Sicherung der Arbeitsplätze
- möchte mehr Geld verdienen

Forscher:
- die Artenvielfalt im Regenwald muss erhalten werden, um neue Substanzen für Medikamente zum Wohle aller Menschen zu finden

Gouverneur:
- eröffnet und leitet die Konferenz
- erteilt das Wort
- lässt abstimmen
- beendet die Konferenz

Bauer:
- unsere Heimat wird zerstört
- traditionelles Leben im Einklang mit der Natur hat Vorrang

Vertreter einer Naturschutzorganisation:
- der Regenwald ist sehr wichtig für alle Menschen auf der Welt – einzelne Interessen dürfen hier nicht im Vordergrund stehen

Guppenmitglieder sind Zuschauer des Spiels. Die Pressegruppe fotografiert und protokolliert.

Vertreter der Holzindustrie:
- mehr Arbeitsplätze für die Bevölkerung
- Vermarktung der Ressourcen, um zu den Industrienationen aufzuschließen

Plantagenarbeiter:
- muss seine Familie ernähren
- möchte die Arbeit auf der Plantage nicht verlieren

Geo-Check: Lebensbedingungen im tropischen Regenwald erläutern

Sich orientieren

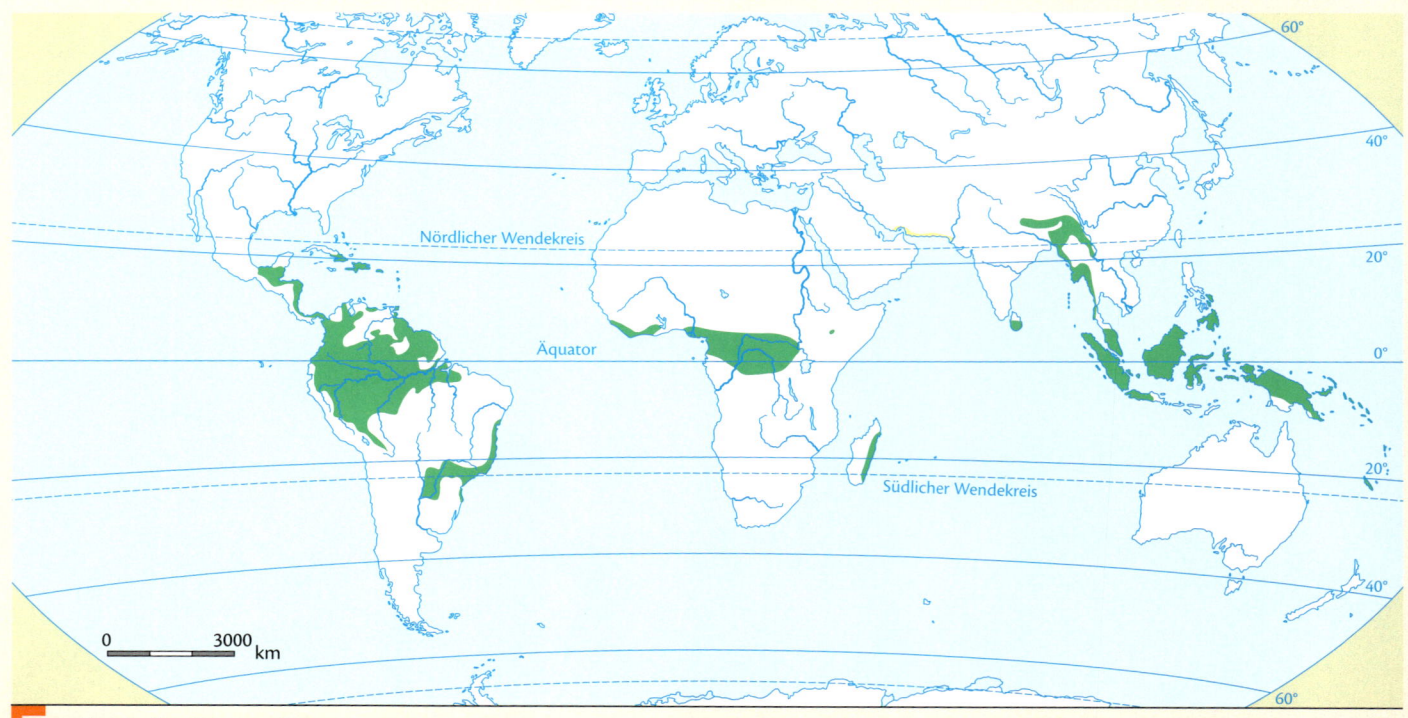

M 1 Tropischer Regenwald

1. Benenne die Kontinente und mindestens fünf Länder, die Anteil an den tropischen Regenwäldern haben (**M 1**).
2. Benenne die in der Karte eingetragenen Länder und deren Hauptstädte sowie die Meere, den Fluss und das Gebirge (**M 2**, Karte S. 230).
3. Erkläre folgenden Sachverhalt: Die in der Karte benannten Länder produzieren ein Produkt, das in vielen Ländern der Welt gern gegessen wird.
4. Ordne die Flaggen den in der Karte bezeichneten Ländern zu (**M 2**, **M 3**, Internet).

1–4 = Länder
a+b = Städte
A = Gebirge
1 = Fluss
A–C = Meere

M 2 Stumme Karte Südamerika

M 3 Flaggen

191 LEBENSBEDINGUNGEN IN DEN POLARREGIONEN ERLÄUTERN

Nord- und Südpolargebiet

Nordpolargebiet: Physische Karte

Inlandeis und Gletscher
Packeisgrenze
Eisberggrenze
Staatsgrenze

Landhöhen
4000 m
2000
1000
500
200
0

Meerestiefen
0
200
1000
4000
6000 m

0 400 800 km

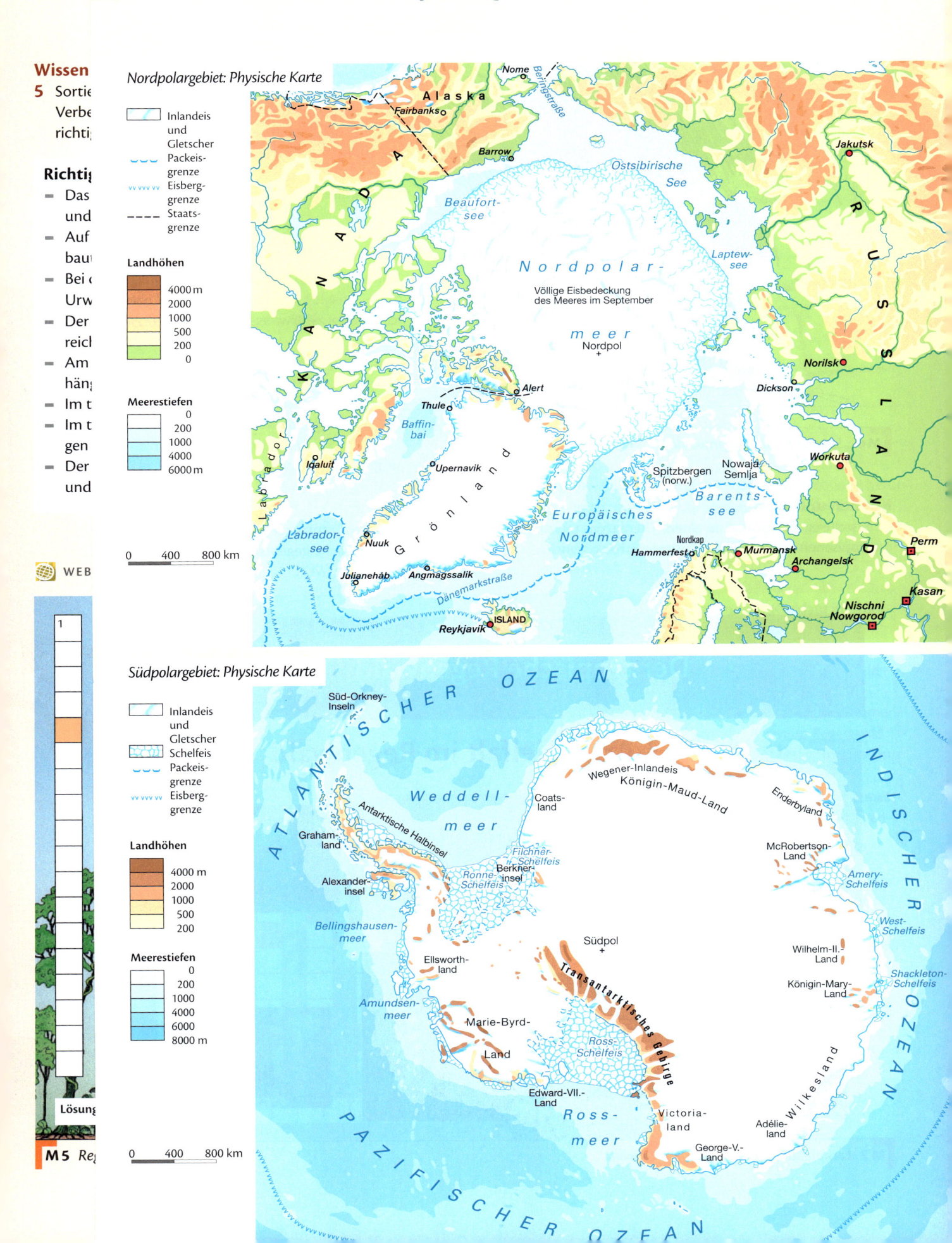

Südpolargebiet: Physische Karte

Inlandeis und Gletscher
Schelfeis
Packeisgrenze
Eisberggrenze

Landhöhen
4000 m
2000
1000
500
200

Meerestiefen
0
200
1000
4000
6000
8000 m

0 400 800 km

9 Lebensbedingungen in den Polarregionen erläutern

Mitten im ewigen Eis?
Kälte, Eis und Schnee prägen die Polarzonen. Sind Pinguine die einzigen Bewohner dieser eisigen Regionen? Leben dort auch Menschen? Welche Gefahren birgt das Leben und Arbeiten in den Polarzonen oder sind diese vielleicht sogar selbst in Gefahr?

In diesem Kapitel lernst du
- Lage und Ausdehnung der Polargebiete zu beschreiben,
- Arktis und Antarktis zu vergleichen,
- Lebensbedingungen in den Polarzonen zu erläutern,
- Probleme bei der Erschließung zu erklären.

Dabei nutzt du
- Karten,
- Profile,
- Bilder.

Du beurteilst
- die Lebenssituation der Inuit,
- die Auswirkungen einer verstärkten Nutzung für die Umwelt.

Pinguine am Rande der Antarktis

LEBENSBEDINGUNGEN IN DEN POLARREGIONEN ERLÄUTERN

Polargebiete – bedeckt vom ewigen Eis?

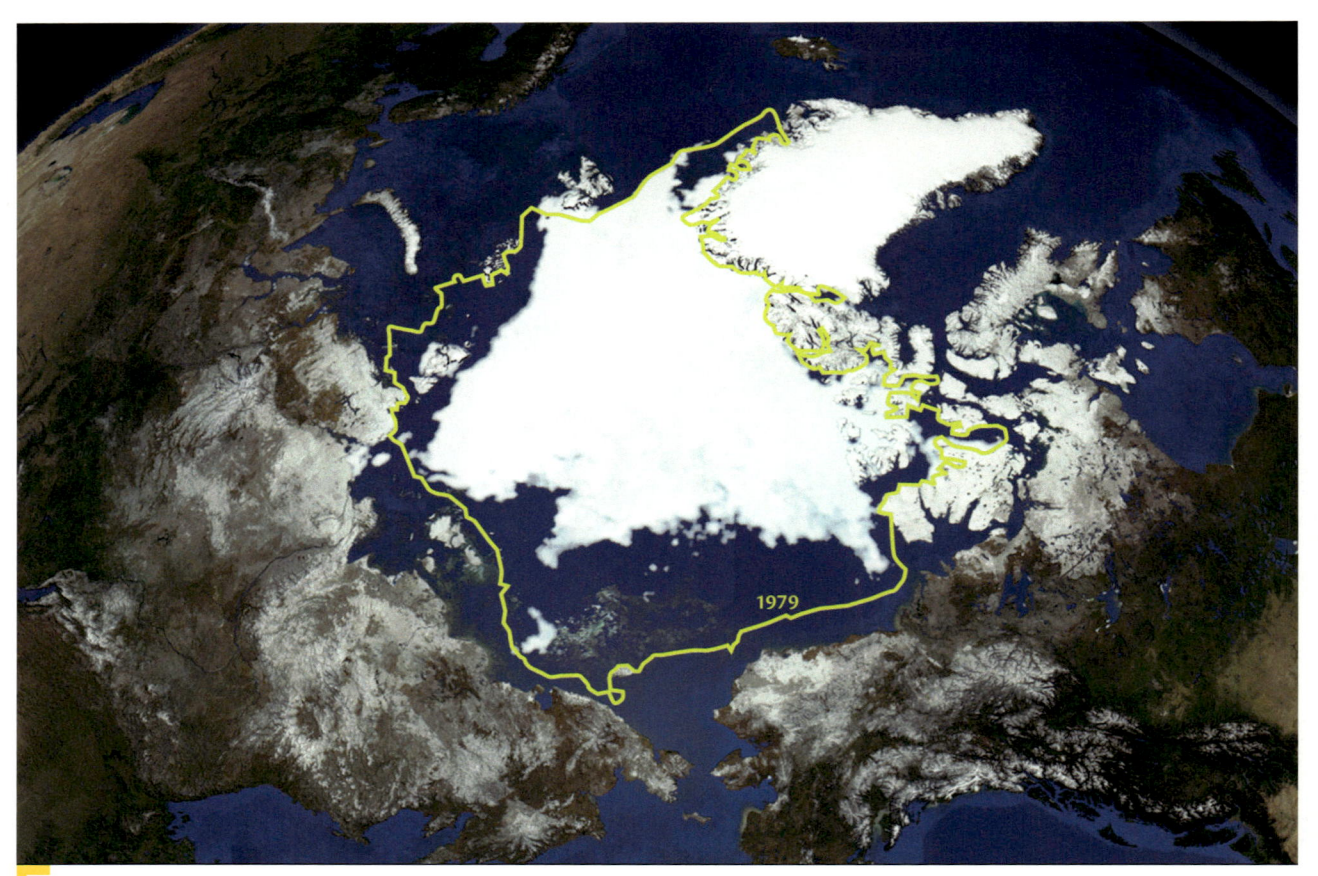

M 1 Eisbedeckung in der Arktis im September 1979 und 2008

check-it
- geographische Lage und Ausdehnung der Polargebiete beschreiben
- Merkmale der Polargebiete kennen
- Arktis und Antarktis vergleichen
- Profile auswerten
- Auswirkungen der Klimaerwärmung auf die Polargebiete erörtern

An den Polen
Die Polarregionen erstrecken sich vom nördlichen beziehungsweise südlichen Polarkreis bis zu den Polen. Den Nordpol umgibt die Arktis, während der Südpol in der Antarktis liegt.
Die Polarregionen sind nur sehr dünn besiedelt, denn sie sind die kältesten Gebiete der Erde. Große Teile sind ganzjährig vereist, das heißt mit Eis und Schnee bedeckt.

Tauwetter an den Polen
Immer mehr Eisbären schwimmen im Sommer auf kleinen Eisschollen durchs Nordpolarmeer auf der Suche nach Nahrung. Ihr Lebensraum, das Eis der Arktis, wird immer kleiner. Seit Jahren

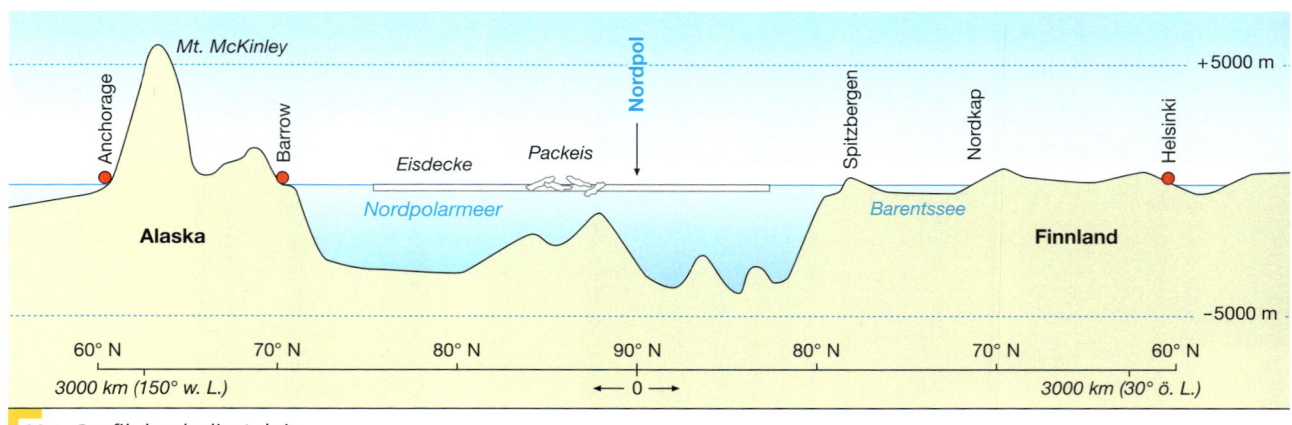

M 2 Profil durch die Arktis

LEBENSBEDINGUNGEN IN DEN POLARREGIONEN ERLÄUTERN

M 3 Eisbären auf einer Eisscholle

M 4 Pinguine auf dem Schelfeis

beobachten Wissenschaftler einen deutlichen Rückgang der Eisbedeckung an den Polen. Ursache hierfür ist, dass sich in den letzten 50 Jahren in der Arktis die durchschnittliche Lufttemperatur um mehr als ein Grad erhöht hat. Die weltweit gemessene Erwärmung ist nur etwa halb so hoch.

Die klimatischen Veränderungen an den Polen wirken sich aber nicht nur dort aus. Schmilzt das Eis weiter, würde der Meeresspiegel weltweit ansteigen. Rohstoffvorkommen und Schifffahrtswege, die heute noch unter Eis verborgen sind, könnten zugänglich werden. Gleichzeitig werden Menschen und Tiere der Polargebiete einen Teil ihrer Nahrungsgrundlage verlieren.

Arktis
Rund um den Nordpol erstreckt sich das Nordpolarmeer, das ebenso wie die angrenzenden Festländer und Inseln von Eis bedeckt ist. Das Meereis besteht aus Salzwasser. Die relativ dünne Eisdecke wird durch die Wellenbewegungen des Meeres in einzelne Schollen zerbrochen. So entsteht das Packeis. Das Inlandeis Grönlands hingegen wird von Gletschern gebildet. Diese entstehen durch Niederschläge in Form von Schnee, sodass Inlandeis aus Süßwasser besteht.

Antarktis
Im Zentrum der Antarktis liegt der Kontinent Antarktika, der von Inlandeis bedeckt ist. Es reicht an den Küsten bis aufs Meer hinaus. Von dem **Schelfeis** brechen immer wieder Eisplatten ab und schwimmen als Eisberge im Ozean.

In der Antarktis werden die tiefsten Temperaturen der Erde gemessen. Deshalb leben hier dauerhaft keine Menschen.

1 „Eisbär und Pinguin begegnen einander in der Natur nie." Begründe diese Aussage (**M 3**, **M 4**).
2 Beschreibe die geographische Lage und Ausdehnung der Arktis und der Antarktis (**M 2**, **M 5**, Karten S. 191).
3 Bildet zwei Gruppen und stellt je eines der Polargebiete vor. Vergleicht anschließend Arktis und Antarktis (**M 2** bis **M 5**).
4 Beschreibe das Abschmelzen des Eises in der Arktis und erörtere, welche Folgen das für Menschen und Tiere hat (**M 1**, Webcode).

WEBCODE: UE641680-195

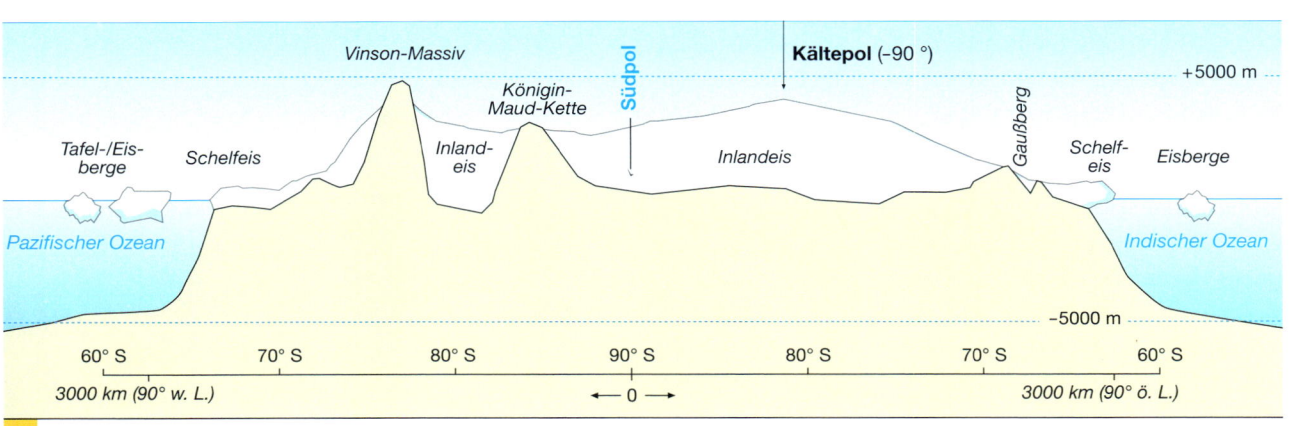

M 5 Profil durch die Antarktis

LEBENSBEDINGUNGEN IN DEN POLARREGIONEN ERLÄUTERN

Fairbanks – Leben am Polarkreis

M 1 Luftaufnahme von Fairbanks

check-it
- geographische Lage von Fairbanks beschreiben
- Gründe für eine Stadtgründung in der Polarzone benennen
- Probleme einer Stadt in der Polarzone erläutern
- Lebenssituation in der Polarzone beurteilen

Leben in der Polarzone

Winterliche Kälte von bis zu minus 54 Grad Celsius und viele Wintermonate, an denen es nur wenige Stunden am Tag hell wird – ein Leben in der Polarzone stellt besondere Anforderungen an die Menschen, aber auch an die Bauweise und Materialien. Bei Temperaturen unter minus 40 Grad zerbricht Gummi wie Glas und selbst Eisen kann spröde werden. Auf allen Parkplätzen gibt es Steckdosen, damit die Automotoren elektrisch angewärmt werden können, denn auch sie würden bei solchen Minustemperaturen nicht mehr funktionieren.
Im Sommer machen unzählige Stechmücken das Leben schwer. Bei Temperaturen von bis zu 30 Grad taut der **Permafrostboden** auf. Die Sümpfe sind ideale Brutplätze für die Mücken.

Goldrausch in Alaska

Fairbanks wurde 1901 als Handelsposten für Pelzhändler in der Wildnis gegründet. Als ein Jahr später ganz in der Nähe Gold gefunden wurde, kamen Tausende von Goldsuchern nach Alaska. Viele siedelten sich in Fairbanks an. Bis 1910 wurde Gold im Wert von 40 Millionen Dollar geschürft. Doch dann waren die Goldvorkommen erschöpft und die Menschen verließen Fairbanks wieder.
Einen erneuten Aufschwung erlebte die Stadt, als 1923 die einzige Eisenbahnlinie Alaskas von Seward an der Pazifikküste nach Fairbanks eröffnet wurde. Während des Zweiten Weltkriegs errichtete die US-amerikanische Regierung einen Militärstützpunkt in Fairbanks.
Seit 1959 ist Alaska ein Bundesstaat der USA. Die Regierung im 6743 Kilometer entfernten Washington ist vor allem an den Bodenschätzen dieses nördlichsten Bundesstaates interessiert.

Jahr	Bevölkerung
1910	3 541
1920	1 155
1930	2 151
1940	3 455
1950	5 771
1960	13 311
1970	14 711
1980	22 645
1990	30 843
2000	30 224
2008	35 132

M 2 Entwicklung der Einwohnerzahl

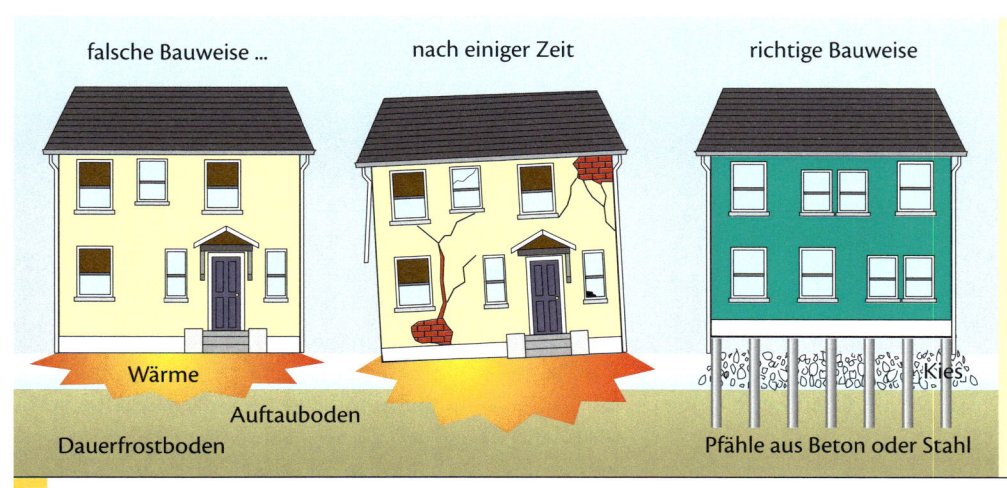

LEBENSBEDINGUNGEN IN DEN POLARREGIONEN ERLÄUTERN **197**

falsche Bauweise ...   nach einiger Zeit   richtige Bauweise

Wärme   Auftauboden   Dauerfrostboden   Kies   Pfähle aus Beton oder Stahl

Der Permafrost erfordert eine besondere Technik beim Bau von Häusern. Man bohrt Löcher bis zu zwölf Metern Tiefe in den gefrorenen Boden und setzt Eisenbetonpfähle ein, auf denen das Gebäude dann steht.
Beim Bau von Flugplätzen zum Beispiel muss ein Kühlsystem im Untergrund verlegt werden, damit die oberste Bodenschicht nicht auftaut.

M 3 *Bauen im Permafrost*

Erdöl – das „schwarze Gold"

1968 wurden bei Prudhoe Bay an der Küste des Nordpolarmeeres große Erdölvorkommen entdeckt. Um diese nutzen zu können, baute man die Trans-Alaska-Pipeline von Prudhoe Bay über Fairbanks bis nach Valdez an der Pazifikküste, dem nächsten eisfreien Hafen. Von Fairbanks aus wurden die Bauarbeiten koordiniert. Bis hierher konnte das Baumaterial per Eisenbahn oder auf geteerten Straßen transportiert werden. Weiter nördlich gibt es wegen des Permafrosts nur noch ungeteerte Straßen, die viele Monate im Jahr nur schwer passierbar sind.

Der Permafrost machte auch den Pipelinebau sehr aufwändig. Die Pipeline verläuft fast über die Hälfte der Länge auf Stelzen. Das Erdöl, das mit einer Temperatur von 80 Grad gefördert wird, fließt immer noch mit einer Temperatur von 50 Grad durch die Pipeline. Ohne Stelzen würde die Wärme den gefrorenen Untergrund zum Schmelzen bringen. Dadurch könnte die Pipeline versinken und wahrscheinlich beschädigt werden.

Studieren und Arbeiten am Polarkreis

Fairbanks ist heute die zweitgrößte Stadt in Alaska. Wegen der guten Verkehrserschließung haben sich hier viele Firmen der Erdölindustrie angesiedelt. Fairbanks besitzt auch eine Universität. Von Fairbanks aus können die Orte sowie die Nationalparks im Innern Alaskas gut erreicht werden. Deshalb sind heute auch der Handel sowie der Tourismus wichtige Wirtschaftsbereiche.

1 Beschreibe die geographische Lage von Fairbanks (**M 4**, Karte S. 191 oben).
2 Vergleiche die Entwicklung der Einwohnerzahl 1910, 1960 und 1990 (**M 2**).
3 Erstelle einen Zeitstrahl von der Gründung der Stadt Fairbanks bis heute. Trage für die Entwicklung der Stadt wichtige Ereignisse ein (**M 1**, **M 2**, **M 4**).
4 Erläutere, welche technischen Probleme beim Bau einer Stadt im Permafrostgebiet auftreten (**M 3**, **M 4**).
5 Leben in einer Stadt in der Polarzone – Traum oder Alptraum? Erörtert dies in der Klasse (**M 1**, **M 3**; S. 199, **M 6**).

WEBCODE: UE641680-197

M 4 *Verlauf der Alaska-Pipeline*

GEO-AKTIV

Die Inuit – Leben in der Kälte

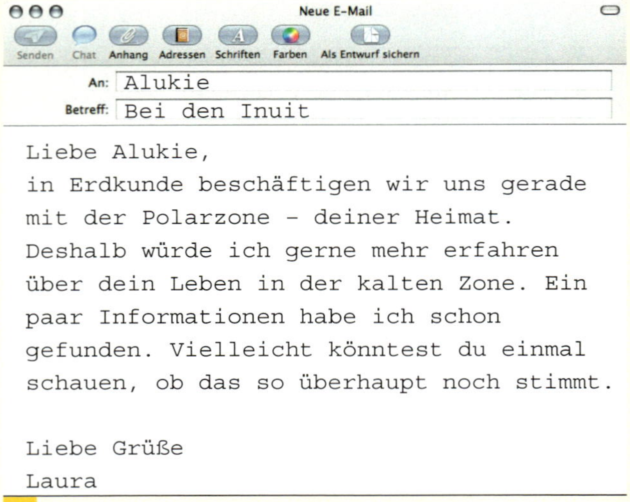

M 1 E-Mail an die Brieffreundin in Iqaluit (Nunavut)

An: Alukie
Betreff: Bei den Inuit

Liebe Alukie,
in Erdkunde beschäftigen wir uns gerade mit der Polarzone – deiner Heimat. Deshalb würde ich gerne mehr erfahren über dein Leben in der kalten Zone. Ein paar Informationen habe ich schon gefunden. Vielleicht könntest du einmal schauen, ob das so überhaupt noch stimmt.

Liebe Grüße
Laura

Leben der Inuit in der Polarzone

Die Inuit sind vor etwa 3000 Jahren von Sibirien über die Beringstraße nach Alaska eingewandert. Sie wurden früher auch **Eskimos** genannt.

Das Leben der Inuit wird vom Winter bestimmt, der bereits im September beginnt und bis Mitte Juni dauert. Die Männer gehen in dieser Zeit auf die Jagd. Als Transportmittel dient der Hundeschlitten. Schon im Alter von sechs Jahren begleiten die Söhne ihre Väter. Mit Harpunen jagen sie nach Robben, Eisbären, Walrossen, Walen und Karibus. Robben müssen auftauchen, um zu atmen. Deshalb halten sie sich im Eis Atemlöcher frei, vor denen die Jäger auf der Lauer liegen. Für die Zeit der Jagd leben die Inuit in Iglus. In den kurzen Sommern fahren die Inuit mit Kajaks zum Jagen und Fischen.

Die Frauen der Inuit sind für die Verarbeitung der Tiere zuständig. Eine Robbe wird fast vollständig genutzt. Die Inuit ernähren sich hauptsächlich von Fleisch und Speck. Pflanzliche Nahrung essen sie kaum, da in der Polarzone keine Landwirtschaft möglich ist.

Die Menschen können in der Polarregion nur überleben, wenn sie fest zusammenhalten. Die Jagdbeute wird unter allen aufgeteilt und jedes Tier nahezu vollständig genutzt.

M 2 E-Mail-Anhang von Laura

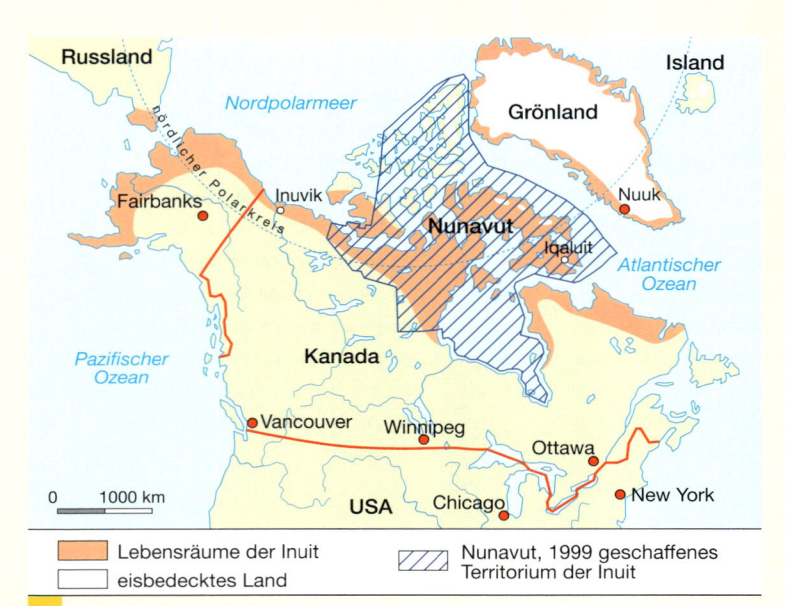

M 3 Lebensräume der Inuit

M 4 Verwertung einer Robbe

M 5 Robbenjagd mit der Harpune

Bei uns in Iqaluit

Meine Familie und ich wohnen in einem kleinen Haus gar nicht weit von unserer Schule. Dort sitze ich gerade am Computer, um dir zu antworten.

Meine Mutter arbeitet bei der Stadtverwaltung und mein Vater stellt ganz tolle Skulpturen her. Einige kann er an die Touristen hier verkaufen. In den Sommermonaten kommen sie immer öfter mit Kreuzfahrtschiffen zu uns. Mein Onkel organisiert für sie Fahrten mit dem Hundeschlitten. Wir benutzen heute einen Motorschlitten (Skidoo) oder im Sommer ein Quad. Wenn wir einen anderen Ort besuchen wollen, nehmen wir das Flugzeug. Fast jeder Ort hier hat einen Flugplatz, aber es gibt kaum Straßen. Auch die Waren für den Supermarkt und alles, was wir sonst so brauchen, wird mit dem Flugzeug gebracht. Mit der Jagd verdienen nur noch wenige Inuit ihr Geld. Seitdem nur noch eine vorgeschriebene Zahl von Tieren getötet werden darf, kann man davon kaum noch leben.

Ich spiele viel mit meinen Freundinnen, aber trotz Computer und Fernseher ist es hier in den langen Wintern oft schrecklich langweilig.

M 6 *Alukie berichtet*

An: Laura
Betreff: Leben bei uns in der Polarzone

Liebe Laura,
so wie du das Leben bei uns beschreibst, ist es schon lange nicht mehr. Heute unterscheiden sich unsere Siedlungen kaum von denen in anderen Teilen Kanadas mit Supermärkten, Schulen, festen Häusern mit Heizung und Fernsehern – aber natürlich auch ganz viel Eis und Schnee. Die Erwachsenen haben ganz unterschiedliche Berufe. Ich schicke dir ein paar Fotos und einen kleinen Bericht mit.

Liebe Grüße
Alukie

M 7 *E-Mail von Alukie an Laura*

Ihr könnt

- eine Tabelle anlegen zum Leben der Inuit früher und heute, die Auskunft gibt über die Art des Wohnens, die Kleidung, die Tätigkeiten, die Ernährung und die Fortbewegungsmittel.
- Gruppen bilden und zu je einem Aspekt (Wohnen, Berufe, Fortbewegung, Leben Jugendlicher …) eine Wandzeitung erstellen.
- eine Ausstellung organisieren zum Leben der Inuit mit Fotos, Zeichnungen und Berichten.
- über die spezielle Lebenssituation Jugendlicher in der Polarzone und ihre Probleme diskutieren.

WEBCODE: UE641680-199

M 8 *Frau in traditioneller Kleidung*

M 9 *Unterwegs mit dem Quad*

M 10 *Beim Spielen mit Freundinnen*

LEBENSBEDINGUNGEN IN DEN POLARREGIONEN ERLÄUTERN

Nutzung der Polarregionen – Chance oder Gefahr?

M1 *Schifffahrtswege durch die Arktis*

check-it
- mögliche Schifffahrtsrouten durch die Arktis und ihre Bedeutung beschreiben
- Umweltprobleme in den Polarregionen erläutern
- Auswirkungen des Polartourismus grafisch darstellen
- Auswirkungen einer verstärkten Nutzung beurteilen

Forscher gehen davon aus, dass bei fortschreitender globaler Erwärmung diese beiden Schifffahrtsrouten in den Sommermonaten immer länger eisfrei und somit befahrbar sein werden. Beide Routen verkürzen den Weg für Handelsschiffe zwischen Europa und Asien gegenüber der üblichen Route durch den Sueskanal erheblich. Deshalb wird die wirtschaftliche Erschließung der Nordwestpassage bereits vorbereitet. In einer Inuit-Siedlung am Nordpolarmeer ist der Bau eines Tiefwasserhafens für Tanker geplant.

Eisfreie Schifffahrtswege in der Arktis wären auch für den Abbau der Bodenschätze von großer Bedeutung. Heute wird das im Nordpolarmeer und in Nordsibirien geförderte Erdöl und Erdgas noch durch Pipelines über die Kontinente zu den nächsten eisfreien Häfen gepumpt.

Reise zu Eisbär und Pinguin

Sowohl in der Arktis als auch in der Antarktis hat der Tourismus in den letzten Jahren stark zugenommen. Die meisten Touristen kommen mit Kreuzfahrtschiffen in die Polarregionen. Die Hauptreisezeit für Polarreisen ist der Sommer. Das ist die Zeit, in der Robben und Vögel sich fortpflanzen, ihre Jungen säugen oder füttern, das Fell oder Gefieder wechseln. In diese Zeit fällt auch die kurze Wachstumsperiode der Pflanzen, sodass die Natur besonders anfällig für Störungen ist.

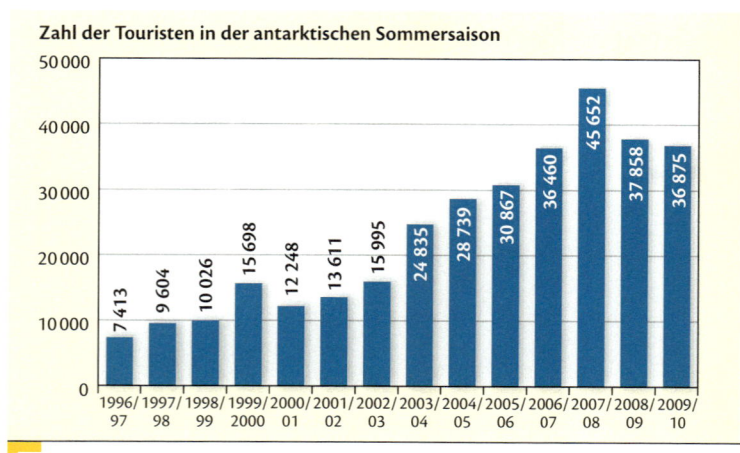

Schifffahrtswege ohne Eis

Im Sommer 2008 sorgte das deutsche Forschungsschiff „Polarstern" für Schlagzeilen, denn es hatte den Nordpol umrundet. Dies war möglich, weil sowohl die Nordwest- als auch die Nordostpassage erstmals gleichzeitig eisfrei waren.

Zahl der Touristen in der antarktischen Sommersaison

Saison	Touristen
1996/97	7 413
1997/98	9 604
1998/99	10 026
1999/2000	15 698
2000/01	12 248
2001/02	13 611
2002/03	15 995
2003/04	24 835
2004/05	28 739
2005/06	30 867
2006/07	36 460
2007/08	45 652
2008/09	37 858
2009/10	36 875

M2 *Entwicklung der Touristenzahlen in der Antarktis (IAATO 2010)*

M3 *Touristen und Pinguine*

LEBENSBEDINGUNGEN IN DEN POLARREGIONEN ERLÄUTERN

In der Arktis können Touristen neben Naturbeobachtungen auch Helikopterausflüge, Campingtouren in die Wildnis sowie Abenteuertouren mit Kanus, Hunde- oder Motorschlitten, Skiern oder Snowboards sowie Mountainbikes unternehmen. Auch Jagden sind möglich. Solche Aktivitäten sind in der Antarktis nicht erlaubt, denn sie ist durch ein Umweltschutzabkommen als Zusatz zum Antarktisvertrag geschützt, das klare Regeln für Besucher enthält. Jeder deutsche Antarktisbesucher – auch Forscher und Wissenschaftler – benötigen eine Erlaubnis des Umweltbundesamts.

M 4 Müllplatz in der Arktis

Gefahr für die Arktis

Die Polargebiete galten lange als nahezu schadstofffrei. Mit zunehmender Nutzung nehmen jedoch auch die Umweltbelastungen zu, denn die Natur ist besonders anfällig für Störungen. Selbst ein Fußtritt kann die Vegetation der Tundra für Jahre schädigen.

Der Schiffsverkehr allein führt zu einer hohen Belastung der Meere. Schiffsunfälle, bei denen Öl ausläuft, oder auslaufendes Erdöl aus Förderplattformen oder Pipelines verschlimmern die Situation. Meereis behindert den natürlichen Abbau des Öls. Zudem führt die großräumige Bewegung des Eises im Nordpolarmeer dazu, dass es über eine große Fläche verteilt wird.

Müllberge auf dem Eis

Überall dort, wo in den Polargebieten Menschen leben, türmen sich die Müllberge. Das gilt sowohl für die Siedlungen der Inuit in der Arktis als auch für die Forschungsstationen in der Antarktis. In der Kälte der Polargebiete verrotten organische Stoffe kaum oder nur sehr langsam. Zudem ist es in den Permafrostgebieten nicht möglich, Müll zu vergraben. Durch den lagernden Müll gelangen Schadstoffe in den Boden, die Luft und das Meer.

1 Beschreibe den Weg eines Schiffes von Hamburg nach Tokio über die Nordost- und die Nordwestpassage (M 1, Globus).

2 Berechne die ungefähre Verkürzung der Reiseroute zwischen Hamburg und Tokio durch die Nordwestpassage im Vergleich zur Route durch den Sueskanal (Globus).

3 Gestalte ein Plakat, auf dem du wahlweise für die Arktis oder Antarktis den Naturraum vorstellst sowie die Gefahren, die ihm drohen. Stellt eure Plakate in der Klasse aus und verleiht einen Preis für die überzeugendste Gestaltung (M 2, M 3, Webcode).

4 Erstelle ein Fließdiagramm zu den Auswirkungen des Polartourismus (M 3 bis M 5; *Fließdiagramm erstellen*).

5 Erläutere, mit welchen Umweltproblemen die Polarregionen zu kämpfen haben (M 4, M 5).

6 Neue Nutzungsmöglichkeiten für die Polarregionen durch Klimawandel – Chance oder Gefahr? Schreibe zu diesem Thema einen Artikel für die Schülerzeitung und begründe deine Meinung (M 1 bis M 5).

Luftschadstoffe und Ruß

Glas, Metall, Farbe, Asche, Lebensmittel, Haushalts- und Ladungsabfall

UMWELTBELASTUNG

ölhaltiges Abwasser; Abwasser der Toiletten, Bäder und Küche

Konservierungsstoffe

M 5 Umweltbelastung durch Schiffe

WEBCODE: UE641680-201

Geo-Check: Lebensbedingungen in den Polarregionen erläutern

Sich orientieren

- **A** = Anderer Name für das Südpolargebiet
- **B** = Insel in der Arktis, die zu Norwegen gehört
- **C** = Pol, der in der Arktis liegt
- **D** = Halbinsel im Nordosten Kanadas
- **E** = Meeresteil im Süden der Antarktis
- **F** = Land, das einen großen Anteil an der Arktis hat
- **G** = Staat, zu dem Grönland gehört
- **H** = Staat, zu dem die Provinz Nunavut gehört
- **I** = Bundesstaat der USA, der Anteil an der Arktis hat
- **J** = Insel südlich der Antarktischen Halbinsel

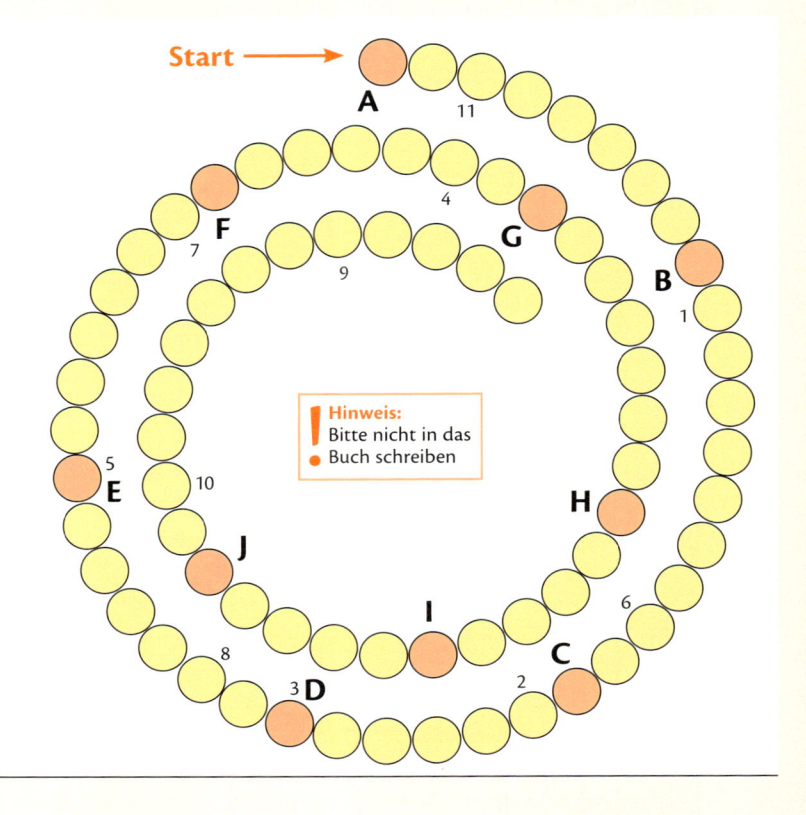

Hinweis: Bitte nicht in das Buch schreiben

Lösungswort: 1 2 3 4 5 6 7 8 9 10 11

M 1 *Rätselschnecke*

1. Zeichne die Rätselschnecke ab (oder lade sie per Webcode herunter) und löse in Pfeilrichtung. Der Endbuchstabe des einen Wortes ist zugleich der Anfangsbuchstabe des nächsten Wortes. Schreibe die gesuchten Begriffe und das Lösungswort in dein Heft (**M 1**).
2. Stelle in einer Tabelle die Gemeinsamkeiten und die Unterschiede von Arktis und Antarktis gegenüber.

M 2 *Eisbär und Pinguine*

Können und anwenden

3. Beschreibe das Bild (**M 2**).
4. Erkläre, warum ein solches Treffen in der Natur wie auf dem Foto nicht stattfinden kann (**M 2**).
5. Stelle Vermutungen an, wo das Foto entstanden sein könnte (**M 2**).

WEBCODE: UE641680-202

GEO-CHECK **203**

Wissen und verstehen

6 Nenne zu jedem dieser Begriffe mindestens zwei Merkmale (M 3):

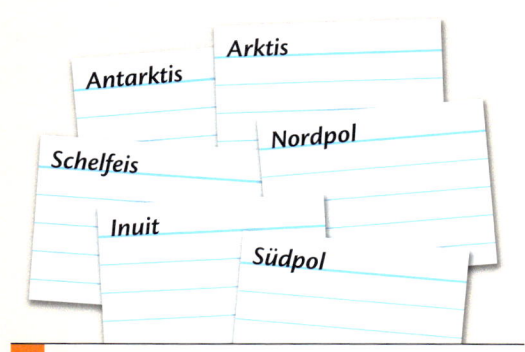

Arktis, Antarktis, Nordpol, Schelfeis, Inuit, Südpol

M 3 *Geo-Begriffestapel*

7 Sortiere die Aussagen in richtige und falsche Aussagen. Verbessere die falschen Aussagen und schreibe sie richtig auf.

Richtig oder falsch?
– Wenn das Eis an den Polen schmelzen würde, könnte man auf dem Nord- und Südpol wandern.
– Mithilfe der Trans-Alaska-Pipeline wird Erdöl vom Pazifik an die Küste des Nordpolarmeeres transportiert.
– Die Nordwest- und die Nordostpassage sind niemals gleichzeitig eisfrei.
– Organische Stoffe verrotten in den Polargebieten sehr schnell, sodass Müll kein Problem darstellt.
– Eisbären leben in der Antarktis, Pinguine in der Arktis.

Sich verständigen, beurteilen und handeln

8 Eisbär und Pinguin treffen immer häufiger auf ihnen bisher unbekannte Gegenstände. Erkläre, welche Gefahren für die Tiere und die Natur von dem Müll ausgehen (M 4).

9 Diskutiert, wie man das Müllproblem in den Polargebieten lösen bzw. verringern könnte.

M 4 *Neues „Spielzeug" für den Eisbär?*

10 Wer staunt hier mehr? Immer mehr Touristen kommen vor allem mit Kreuzfahrtschiffen in die Arktis und Antarktis. Entwerft in Gruppen eine Broschüre, in der ihr Touristen auf die Besonderheiten dieser Lebensräume aufmerksam macht (M 5).
Beschreibt den Naturraum, Klima, Vegetation und Tierwelt. Gebt aber auch Hinweise zum rücksichtsvollen Umgang mit der Natur.

M 5 *Außergewöhnliche Begegnung*

Arbeitstechniken

Blockbilder lesen
Ein Blockbild ist eine geographische Zeichnung. Es zeigt Dinge und Erscheinungen an der Erdoberfläche wie ein Bild. Seitlich werden in einem Blockbild die Höhenunterschiede dargestellt.
- Informiere dich, welche Landschaft dargestellt ist.
- Beschreibe die Lage, die Oberflächenformen, die Nutzung und andere Inhalte des Blockbildes.
- Ordne das Blockbild in eine Karte ein.

Einen Kurzvortrag, ein Kurzreferat halten
Ein Kurzvortrag ist eine mündliche Form der Präsentation, also der Darstellung eines Themas. Ein Kurzvortrag ist in drei Abschnitte gegliedert: Einleitung – Hauptteil – Schluss. Wenn du einen Kurzvortrag zu einem bestimmten Thema halten sollst, beachte folgende Schritte:
1. Das Thema/Problem erfassen: Wie genau lautet das Thema deines Vortrages? Formuliere eine passende Überschrift oder Fragestellung.
2. Informationen recherchieren, sammeln und ordnen: Informationsquellen können dein Schulbuch, weitere Bücher aus Bibliotheken oder das Internet sein. Angesichts der Fülle der Informationen musst du Schwerpunkte festlegen und das vorhandene Material sortieren.
3. Erstelle eine Gliederung für dein Referat. Bedenke, dass es sich um einen kurzen Vortrag handelt (etwa fünf bis zehn Minuten).
4. Du kannst bei deinem Vortrag auch Anschauungsmaterial einsetzen: Bilder, Gegenstände, Tabellen, ein Poster oder Ähnliches sowie Schlüsselwörter an die Tafel schreiben.
5. Referate sollen frei vorgetragen werden. Dabei hilft dir eine Zusammenstellung der wichtigsten Stichwörter auf Karteikarten. Achte dabei auf eine gut lesbare und große Schrift. Beschränke dich auf das Wesentliche. Vermeide komplizierte und verschachtelte Sätze.
6. Damit euer Minireferat gelingt, müsst ihr den Vortrag üben. Es empfiehlt sich, alles einem Freund oder einer Freundin oder der Familie vorzutragen.
7. **Tipps für den eigentlichen Vortrag:**
   - Stelle dich so hin, dass dich alle sehen können.
   - Versuche frei zu sprechen.
   - Orientiere dich an deinen Stichwörtern.
   - Schau beim Sprechen die Zuhörer/Mitschüler an.
8. Nach dem Vortrag können die Zuhörer Rückfragen stellen, um Begriffe und Sachverhalte präzisieren zu können.

Lernplakate erstellen
Das Lernplakat dient der Ergebnissicherung. Mit einem Lernplakat kann man wichtige Lernergebnisse zusammenfassen und das veranschaulichen, was man sich unbedingt merken will und anderen mitteilen möchte.
Lernplakate können gut in Gruppen entworfen werden:

1. Die Teilnehmer legen den Inhalt des Lernplakats fest.
2. Sie verständigen sich über die Aussage, die ihr Plakat vermitteln soll.
3. Sie sammeln Ideen für Materialien und die Überschriften.

Für die Fertigstellung werden Plakatkarton und dicke Filzstifte benötigt. Für kurze Sprüche ist ein Hochformat besser geeignet als ein Querformat. Format, Bild und Text müssen gut zusammenwirken. Die Aussage des Plakats muss auf weite Entfernung lesbar sein.
Siehe auch: *Tipps zum Erstellen von Plakaten und Folien*.

Tipps zum Erstellen von Plakaten und Folien
- Überschrift: Jedes Plakat / jede Folie hat einen Namen.
- Große Schrift: Nur so ist der Text auch lesbar. Bei Plakaten am besten dicke Stifte verwenden.
- Struktur: Der Aufbau muss mit einem Blick erkennbar sein. Da helfen
  - Blockbildung,
  - Trennlinien,
  - Kästen.
- Sinneinheiten sollen räumlich nah beieinander stehen.
- Wichtiges hervorheben: Dies lässt sich durch farbige Schrift, Unterstreichen, Umrahmen oder Schraffieren erreichen.
- Farben: Sie beleben das Plakat/die Folie. Pro Darstellung maximal drei Farben verwenden.
- Bild schlägt Wort: Nicht nur Text, sondern auch Schemazeichnungen, Diagramme oder Bilder verwenden.
- Mut zur Lücke: Auch Freiflächen sind Gestaltungselemente. Mindestens ein Drittel freilassen.
- Fernwirkung: Aus mindestens fünf Metern Entfernung müssen Plakate noch gut lesbar sein. Bei Folien sollte dies auch vom hinteren Bereich des Raumes möglich sein.

Erstellen eines Plakats

Fließdiagramme zeichnen
Mit Fließdiagrammen können Abläufe und Entwicklungen anschaulich dargestellt werden, z. B. die Nahrungskette im Watt. Bei dem zweiten Fließdiagramm haben wir einen Ausgangspunkt („Meer") und ein Ziel („Ackerland/Neuland"). Die Begriffsfelder dazwischen zeigen, welche Schritte bei der Neulandgewinnung in welcher Abfolge notwendig sind.

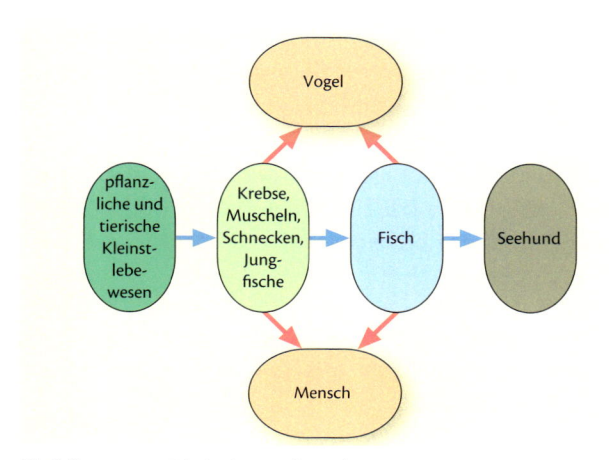

Fließdiagramm: Die Nahrungskette im Watt

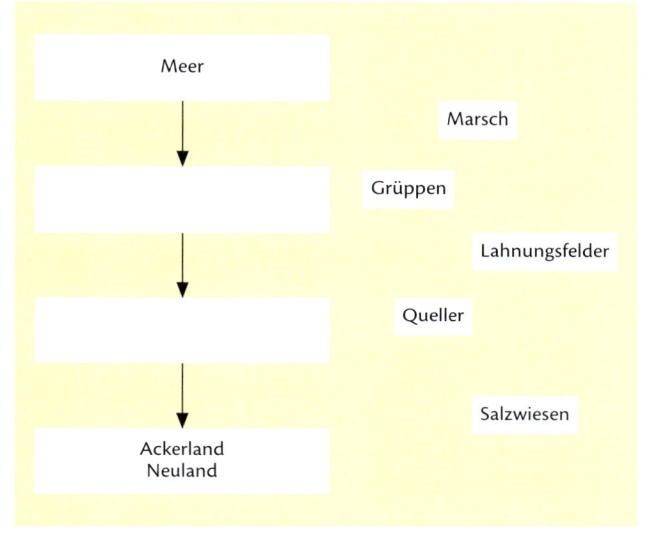

Auszufüllendes Fließdiagramm: Vom Meer zum Neuland

Karikaturen auswerten
Karikaturen sind bewusst übertriebene Darstellungen eines Sachverhalts oder eines Problems. Um die Aussage einer Karikatur herauszufinden, musst du so vorgehen:
- Betrachte die Karikatur genau und beschreibe, was dargestellt wird. Welche Bedeutung haben die dargestellten Personen und Gegenstände?
- Stelle fest, auf welchen Sachverhalt, welches Problem sich die Karikatur bezieht.
- Wie sieht der Zeichner die Situation / das Problem? Welche Meinung hast du zur Aussage der Karikatur?

Eine Mindmap erstellen
Eine Mindmap ist eine Gedankenlandkarte. Sie hilft, Informationen zu ordnen und besser im Gedächtnis zu behalten. Bei einer Mindmap fängt man in der Mitte an. Mindmaps bestehen aus Hauptästen und Nebenästen. Es werden immer nur Stichwörter aufgeschrieben.

Eine Mindmap zu erstellen, funktioniert in drei Schritten:
- Nehmt ein unliniertes Blatt Papier und schreibt euer Thema / den zentralen Begriff in die Mitte des Blattes.
- Überlegt, welche wichtigen Dinge / Oberbegriffe euch zu dem Thema einfallen. Von der Mitte ausgehend zeichnet ihr für jeden gefundenen Oberbegriff die Hauptstränge (Äste) und an jedem Ast notiert ihr den Oberbegriff.
- Von den Ästen gehen Zweige ab, an denen ihr die untergeordneten Gesichtspunkte und Begriffe notieren könnt.
- Tipp: Verwende für deine Mindmap Druckbuchstaben. Sie sind leichter zu entziffern als Schreibschrift.

Grundstruktur einer Mindmap

Eine Pro-und-Kontra-Diskussion führen
In einer Pro-und-Kontra-Diskussion werden unterschiedliche Positionen einander gegenüber gestellt. Dabei müsst ihr auch Sichtweisen und Begründungen vertreten, die vielleicht nicht eurer eigenen Meinung entsprechen.
A Vorbereitung
Zunächst müssen die Rollen festgelegt werden. Alle übrigen Schüler bilden das Publikum. Ein Moderator eröffnet und leitet die Diskussion.
B Ablauf
Die Pro-und-Kontra-Diskussion kann in mehrere Phasen unterteilt werden. Bei der Eröffnung begrüßt der Moderator die Teilnehmer, erläutert die Spielregeln und nennt das Thema. Anschließend findet eine erste Abstimmung statt. Nun stellen die verschiedenen Gruppen ihre Meinung dar und begründen sie. Es können auch Sachverständige gehört werden. Im Anschluss an die Diskussion findet eine zweite Abstimmung statt.
C Tipps zur Umsetzung
Ihr solltet vor der Diskussion bereits mit dem Thema vertraut sein und verschiedene Meinungen dazu kennengelernt haben.
Wichtig ist es, genau zuzuhören, auf die Argumente der Gegenpartei einzugehen und sie durch überzeugende Argumente zu entkräften.

Lexikon

Alpen, Alpenvorland: → *Großlandschaft*

Äquator (Lat.: *aequus* = gleich): der Kreis um die Erdkugel, der an allen Punkten denselben Abstand von den Polen hat. Er teilt die Erde in eine Nord- und eine Südhalbkugel. Der Äquator hat eine Länge von rund 40 000 Kilometern. Er ist der größte → *Breitenkreis*.

Atlas: eine Kartensammlung in Buchform. Geographische Schulatlanten enthalten physische und thematische Karten.

Atmosphäre: die aus einem Gemisch von Gasen bestehende Hülle eines Himmelskörpers, speziell die Lufthülle, die die Erde umgibt.

Bannwald: ein Waldstück in den Alpen, das meist oberhalb eines Ortes liegt und ihn vor Lawinen schützt.

Basalt: dunkles, oft schwarzes Gestein; entsteht, wenn dünnflüssiges Gestein aus dem Erdinnern an der Erdoberfläche austritt und relativ schnell erkaltet.

Breitenkreise (auch „Parallelkreise"): die Linien, die parallel, d. h. mit jeweils gleichem Abstand zum → *Äquator* um die Erde verlaufen.

Brettwurzeln: bis zu zehn Meter hohe, sternförmig angeordnete Wurzeln oberhalb des Bodens; geben den hohen Bäumen im tropischen Regenwald, die nicht sehr tief im Boden verwurzelt sind, einen besonderen Halt.

Charterflugverkehr: Im Gegensatz zum Linienflugverkehr findet der Charterflugverkehr nur zu bestimmten Zeiten – meistens während der Ferien – statt. Die im Charterflugverkehr eingesetzten Flugzeuge sind oft von Reiseunternehmen gemietet (gechartert).

Charterflugzeug

City: die Innenstadt von Großstädten, in der sich das Geschäftsviertel befindet.

Durchbruchstal: enges Flusstal im Gebirge. Der Fluss hat sich bei der Heraushebung des Gebirges tief in das Gestein eingeschnitten.

Erdrotation: die von West nach Ost verlaufende Drehung der Erde.

Europäische Union (EU): Die EU ist aus dem Zusammenschluss westeuropäischer Länder entstanden, die zur Überwindung ihrer oft jahrhundertealten Feindseligkeiten entschlossen waren. Heute gehören der EU 27 Staaten an, weitere befinden sich in Beitrittsverhandlungen.

Gezeiten: das regelmäßige Heben und Senken des Meeresspiegels an der Küste. Das Sinken des Wassers wird als „Ebbe" bezeichnet, das Ansteigen des Wassers als „Flut"..

Globus (Lat.: Kugel): Der Globus ist ein verkleinertes Modell der Erde. Er ist gewöhnlich mit einer durch die Pole gehenden Achse befestigt und drehbar.

Gradnetz: ein Netz aus (gedachten) → *Längen-* und → *Breitenkreisen*, das den → *Globus* überzieht. Es dient der Orientierung und der genauen Bestimmung der Lage von Orten auf der Erdkugel.

Granit: Gestein aus den Mineralien Feldspat, Quarz und Glimmer mit deutlich erkennbaren Kristallen. Die Farbe ist meist hellgrau, kann aber auch rötlich-braun sein.

Großlandschaften: Deutschland wird in drei Großlandschaften eingeteilt:
- Norddeutsches Tiefland: tief gelegenes Land mit geringen Höhenunterschieden. Die Landhöhen betragen zwischen 2,3 Metern unter dem → *Meeresspiegel* und 200 Metern über dem → *Meeresspiegel*.
- Mittelgebirgsland: abwechslungsreiche Landschaft mit gerundeten Formen und Höhen bis zu 1500 Metern.
- Alpenvorland und Alpen: Höhen von 500 bis 1500 Metern (Alpenvorland) und mit Berghöhen über 1500 Metern (Alpen).

Hartlaubvegetation: Vegetation der Gebiete mit Mittelmeerklima. Die Pflanzen haben lederartige, wachsüberzogene, glänzende Blätter. Dies vermindert die Verdunstung und ermöglicht es den Pflanzen, die trockenen Sommer ohne Schaden zu überstehen. Hartlaubgewächse sind Oleander, Steineiche und Ölbaum.

Ölbaum/Oleander

Hochgebirge, Hochgebirgsland: deutlich höher als Mittelgebirge und weisen schroffe Formen auf. In Europa haben sie Höhen von 2000 und mehr Metern.

Hochgebirge

Höhenlinie: verbindet alle Punkte, die in gleicher Höhe über dem → *Meeresspiegel* liegen. Mithilfe solcher Höhenlinien stellt man Geländeformen auf Karten dar.

Humus: oberste Bodenschicht, bestehend aus abgestorbenen und zersetzen Pflanzen, zum Teil auch aus Kleintieren; meist sehr fruchtbar.

Individualverkehr: Form des Personenverkehrs, die nicht mit öffentlichen Verkehrsmitteln, sondern mit privaten (Pkw, Moped, Motorrad, Fahrrad) stattfindet.

Individualverkehr

Jahreszeitenklima: durch deutliche Temperaturunterschiede zwischen Sommer und Winter entstehen vier Jahreszeiten mit Frühling und Herbst als Übergangszeiten.

Karte: verkleinertes, vereinfachtes, verebnetes und durch Signaturen (Zeichen) erläutertes Abbild der Erde oder eines Teils von ihr.

Klima: Zum Klima gehören die Erscheinungen, die auch zum Wetter gehören: Temperatur, Niederschlag, Luftdruck, Wind (Richtung und Stärke), Luftfeuchtigkeit, Sonnenscheindauer und Bewölkung. Das Klima wird berechnet, indem Wettererscheinungen eines Raumes über einen langen Zeitraum (circa 30 Jahre) gemessen werden.

Klimadiagramm: grafische Darstellung der Temperatur- und Niederschlagswerte.

Klimazonen: Gebiete mit gleichartigem Klima, die sich in einem breiten Gürtel um die Erde erstrecken und sich von weiteren Gebieten mit anderen klimatischen Verhältnissen abgrenzen.

Kontinent (Lat.: *continens* = zusammenhängend): Bezeichnung für die großen Festlandsmassen im Gegensatz zu Meeren und Inseln. Die sieben Kontinente (Erdteile) sind Europa, Asien, Afrika, Australien, Nordamerika, Südamerika und die Antarktis (Antarktika). Größter Kontinent ist Asien, kleinster Australien.

Längenkreis: Kreis, der durch beide Pole senkrecht zum Äquator um die Erdkugel verläuft. Ein Längenkreis besteht aus zwei Halbkreisen → *Meridiane*.

Lawine: die an Gebirgshängen plötzlich abrutschenden großen Schnee- und Eismassen.

Legende: Zusammenstellung und Erläuterung der auf einer Karte verwendeten Zeichen (Signaturen).

Massentourismus: Sonderform des Fremdenverkehrs, bei dem sehr hohe Gästezahlen erreicht werden. In der Regel ändert sich das Landschaftsbild durch die großen Besucherströme erheblich, weil zumeist Flughafenanlagen, viele Hotels, Wege, Straßen, Parkplätze und andere Versorgungseinrichtungen gebaut werden müssen. Damit ist oft auch eine hohe Umweltbelastung in den jeweilgen Reisegebieten verbunden.

Meeresspiegel: Der Meeresspiegel bezeichnet die Höhe des Meeres. Die Höhe des Meeresspiegels an einer Messstelle wird als Pegel bezeichnet.

Meridiane: Halbkreis im Gradnetz, der von Pol zu Pol verläuft. Meridiane werden auch als „Längengrade" bezeichnet.

Monokultur (Lat.: *mono* = eins): Feldbau, bei dem eine Nutzpflanze auf großen Flächen über viele Jahre angebaut wird.

Nationalpark: großer natürlicher Landschaftsraum, der wegen seiner besonderen Eigenart und Einmaligkeit erhalten werden soll und deshalb unter Schutz gestellt wurde.

Niederschlag: alle aus der Atmosphäre zur Erdoberfläche fallenden oder sich dort erst bildenden Formen des Wassers. Von den fallenden Niederschlägen wie Regen, Schnee und Graupel werden die abgesetzten Niederschläge wie Tau und Reif, die sich unmittelbar an der Erdoberfläche ausbilden, unterschieden.

Ozean (Griech.: *okeanos* = Weltmeer): Durch die Lage der → *Kontinente* wird die Wassermasse der Erde in drei Ozeane geteilt, den Pazifischen, den Atlantischen und den Indischen Ozean. Zu den Ozeanen gehören die Nebenmeere, die von den Ozeanen durch Inseln oder Halbinseln abgetrennt sind.

Pass: Übergang über einen Gebirgskamm an einer vergleichsweise niedrigen Stelle.

Pendler: Viele Menschen leben im Umland großer Städte, obwohl sie ihren Arbeitsplatz in der Stadt haben. Deshalb fahren sie tagtäglich vom Umland in die Stadt und nach Arbeitsschluss wieder ins Umland zurück. Sie sind Pendler.

Permafrostboden (Dauerfrostboden): ständig gefrorener Boden, der höchstens an der Oberfläche auftaut.

Planet: Himmelskörper, der sich auf einer festen Bahn um eine Sonne bewegt.

Planquadrat (auch: „Suchquadrat"): Teil eines Gitternetzes, das zur besseren Orientierung über eine Karte oder einen Stadtplan gelegt (gedruckt) wird. In einem Planquadrat kreuzen sich ein senkrechter Streifen und ein waagerechter Streifen eines Gitternetzes. Die Benennung erfolgt mit Zahlen und Buchstaben.

Plantage: landwirtschaftlicher Großbetrieb in den Tropen mit einseitiger Ausrichtung (→ *Monokultur*) zum Erzeugen von Produkten für den Weltmarkt (z. B. Kaffee).

Pol: Unter den „geographischen Polen" versteht man die beiden als „Nordpol" und „Südpol" bezeichneten Endpunkte der (gedachten) Erdachse.

Regenfeldbau: Ackerbau, bei dem der Wasserbedarf der Nutzpflanzen ausschließlich durch Niederschläge gedeckt wird.

Schelfeis: große Eisplatte, die auf dem Meer schwimmt und mit einem Gletscher an Land fest verbunden ist. Am Rande des Schelfeises brechen Eisberge ab.

Schiefer: Gestein, dass sich in dünne, mehr oder weniger ebene Platten brechen beziehungsweise spalten lässt.

Senkrechtluftbild: Das Senkrechtluftbild ist ein senkrecht von einem Flugkörper aus aufgenommenes Bild von einem Teil der Erdoberfläche oder eines anderen Weltkörpers.

Senkrechtluftbild

Sonderkulturen: ein Sammelbegriff für arbeits- und kapitalintensive Kulturen in der Landwirtschaft. Sie sind ein- oder mehrjährig und stellen oft auch besondere Ansprüche an Boden und Klima. Beispiele sind Feldgemüse, Spargel, Wein, Obst, Hopfen und Tabak.

Stadtumland: der Vorortgürtel rund um eine Stadt, dessen Einwohner eng mit der Stadt verbunden sind, weil sie dort ihre Arbeitsplätze haben, zur Schule gehen oder einkaufen. Viele Stadtbewohner sind in das stadtnahe Umland gezogen; sie arbeiten in der Stadt und wohnen im Grünen.

Stadtviertel: In einer Stadt befinden sich je nach der Nutzung, der Bebauung oder dem Alter unterschiedliche Stadtviertel, z. B. Geschäftszentrum, Altstadt, Industrieviertel, Wohnviertel.

Steigungsregen: Steigungsregen sind Niederschläge, die dann fallen, wenn sich feuchte Luftmassen an einem Berg oder einem Gebirge stauen, daran aufsteigen und sich abkühlen. Dabei bilden sich Wolken, aus denen es schließlich regnet.

Tageszeitenklima: In den Tropen sind die täglichen Schwankungen der Temperatur größer als die Jahresschwankung. Es gibt daher weder Sommer noch Winter.

Vegetationszone: Gebiet der Erde, dass sich durch bestimmte Pflanzenarten (Vegetation) auszeichnet; verläuft gürtelartig um die Erde, stark vom Klima beeinflusst; Beispiel Mitteleuropa: Laub- und Mischwaldzone.

Sachregister

A
Absatzmark 164
Äquator 16
Alm 75
Antarktis 195
Arktis 195
Atlas 54

B
Banane 180
Bannwald 83
Basalt 56
Bergwald 83
Bildbeschreibung 38
Bohrinsel 162
Brettwurzel 177

C
Charterflug 134

D
Deich 46
Durchbruchstal 64

E
Ebbe 44
Erdgas 163
Erdöl 162, 197
Erdölförderplattform 163
Erdrotation 11
Erdzeitalter 12
Eskimo 198
EU 124
Euro 124
Europäische Union 124
Export 181

F
fairer Handel 181
Flut 44
Fossil 13

G
geographische Breite 17
geographische Länge 17
geographische Lage 16
Gewächshaus 158
Gezeiten 44
Globus 16
Großlandschaft 38
Grünlandwirtschaft 76

H
Himmelsrichtung 22
Hochgebirge 74
Hochgebirgsland 116
Höhenlinie 40
Höhenschicht 40
Höhenstufe 74
Humus 177

I
Individualverkehr 98
Inuit 198

J
Jahreszeitenklima 175

K
Kartenskizze 62
Kartenweiser 54
Klimadiagramm 118
Klimazone 120
Kontinent 18, 114
Küstenschutz 46

L
Landgewinnung 46
Landklima 120
Längengrad 16
Längenkreis 16
Landschaft 38
Linienflug 134
Luftverkehr 134

M
Massentourismus 82, 136
Maßstab 26
Meridian 16
Mischwald 122
Mittelgebirge 58
Mittelgebirgsland 116
Mittelmeerklima 156
Modeindustrie 165
Monokultur 181

N
Nährstofffalle 177
Nationalpark 49
Naturschutz 104
Neubaugebiet 104
Nordostpassage 200
Nordwestpassage 200

O
Ökosystem 50
Ozean 18

P
Pendler 102
Permafrostboden 196
Pflanzenschutzmittel 181
physische Karte 40
Planet 10
Plantage 180
Polarkreis 196
Priel 48
Profil 66

R
Regenfeldbau 156

S
Schaltjahr 11
Schiefer 56
Schummerung 40
Seeklima 120
Sonnensystem 10
Stadtplan 26
Städtetourismus 142
Steigungsregen 77
Straßenkarte 140
Sturmflut 46

T
Tageszeitenklima 175
Taiga 122
thematische Karte 154
Tidenhub 44
Tiefland 116
Tourismus 80
Treibhaus 158
tropischer Regenwald 175
Tundra 122

U
Übergangsklima 120
Umland 102

V
Vegetation 122
Verkehrsmittel 98
Verkehrsnetzplan 100

W
Wasserkreislauf 175
Watt 48
Wattenmeer 48
Wiedervereinigung 96
Wirtschaftszentrum 165

Bildquellen

Aerophoto – Schiphol: 159 M 2;
AEROWEST GMBH, Dortmund: 20 M 2, 21 M 3, 208;
AIRBUS/P. Masclet: 166 M 1;
Aretz, S., Dörverden: 133 u.;
Argus Fotoarchiv: 43 M 2 (3);
Astrofoto/Numazano: S. 8/9;
Athesia Dolomiten/Otto Ebner: 86 M 1;
Bildagentur Huber: 38 M 3 (Radelt);
Cech, D., Vechta: 139 M 2;
Clusellas, Ernesto: 149 M 6;
Comstock/Images/Jupiterimages: 192/193;
Corbis: 31 M 4 o. l. (Construction Photography), 31 M 4 o. r. (Max Power), 31 M 4 m. (Paul C. Pet/Zefa), 31 M 4 u. r. (Reuters), 174 M 1 (Frans Lanting), 178/179 Hintergrund (Frans Lanting), 178 o. l. (Darrel Gulin), 178 o. r. (Wolfgang Kaehler), 178 u. l. (Frans Lanting), 178 u. r. (Sygma/Collart Herve), 180 M 1 Einklinker (John Coletti/JAI), 184 M 3 (Collart Herve), 185 M 5 (Stephanie Maze), 190 M 6 m. (1) (Frans Lanting), 190 M 6 m (2) (Darrel Gulin), 190 M 6 u. (1) (Frans Lanting), 190 M 6 u. (2) (Sygma/Collart Herve), 190 M 6 u. (4) (Wolfgang Kaehler), 197 M 4 (Momatink – Eastcott), 199 M 8 (Charles & Josette Lenars), 199 M 9 (Peter Guttmann), 199 M 10 (Robert van der Hilst), 200 M 3 (Wolfgang Kaehler), 201 M 4 (Ashley Cooper), 203 M 4 (Steven Kaslowski/Science Faction);
Cornelsen Verlagsarchiv: 16 M 1 r., 132, 133 o., 136 M 1, 136 M 2;
Das Luftbild-Archiv, Wennigsen: 38 M 1, 70 M 6, 70 M 7;
Deutsche Bahn AG – BahnimBild, Berlin: 27 M 4 o., 87 M 4, 116 o.;
Döring, Volker, Neuendorf: 27 M 2 u.;
Eichler, Heidelberg: 190 M 6 o.;
Eisele, Reinhard/eisele photos, Walchensee: 60/61 M 2;
Europäische Kommission, Bildarchiv: 124 M 1;
F1 online: 51 o. r. (Schaef/Adpics), 182 M 2 (Wave Images);
Google: 20 M 1;
Grindelwald Tourismus: 80 M 2 l. (1-3), 81 M 3, 82 M 2;
Guarino, Mario, Berlin: 147 M 5, 207 unten;
Häsler, Axel, Fotodesign, Langenselbold: 39 M 4, 57 M 5;
Hannemann, Lutz, Potsdam: 96 M 1;
www.hessen-tourismus.de: 144 o. r. (Logo), 145 M 3 u. r.;
Hürzeler, Peter, CH-Winterthur: 149 M 7;
Ignatius, ALEX, Vancouver: 184 M 1;
images.de: 182 M 1 (Mark Edwards/Still Pictures), 183 M 3 (© Dani-Jeske/Lineair), 183 M 4 (Mark Edwards/Still Pictures);
Klum, Matthias, Uppsala: 172/173;
Lahntal Tourismus Verband e. V., Wetzlar: 145 M 3 m. l.;
Lewandowski, Achim, Wien: 179 u. l.;
LOOK-Foto/Konrad Wothe: 195 M 3;
Luftseilbahn Grindelwald, Pfingsegg AG: 80 M 2 r. (1);
Marunde, Wolf-Rüdiger: 44 M 1, 104 M 1;
Mauritius Images: 3 l. (Photo Researches), 45 M 5 (Peter Lehner), 57 M 3 (imagebroker/Martin Moxter), 57 M 4 (Fritz Mader), 59 M 2 (Werner Otto), 79 M 3 (Rieger), 115 M 3 o. l. (Frank Lukassek), 115 M 3 u. l. (age), 115 M 3 u. r. (age), 116 M 2 (imagebroker), 117 M 3 (imagebroker), 122 M 1 (imagebroker), 122 M 3 (Raimund Linke), 122 M 4 (Ulrich Wiede), 123 M 6 (Haag + K.), 125 M 4, 138 M 1 (imagebroker), 156 M 1 Einklinker, 157 M 6 (imagebroker), 158 M 1 (creatas), 160 M 1, 183 M 5 (Markus Shimizu);
McClelland, Susanne, Kassebruch: 61 M 3;
NASA's Visible Earth: 112/113, 152/153, 194 M 1;
OKAPIA KG, Frankfurt/© Patrick Endres/Alaska Stock: 196 M 1;
Pfuschi-Cartoon, CH-Bern: 90 M 6;
picture-alliance: 57 M 6 (Fotoagentur KUNZ/Augenblick), 59 M 3 (picture-alliance), 66 M 3 (chromorange), 72/73 (Uwe Gerig), 76 M 1 (chromorange), 80 M 1 (Udo Bernhart), 84 M 1 (Bildagentur Huber), 84 M 3 (beyond/Jose Fankhuber), 84 M 4 (die KLEINERT.de/Fritz Krauss), 89 M 5 (Paul Mayall), 92 (chromorange), 95 M 4 (Frank May), 95 M 5 (Frank May), 122 M 2 (NHPA/photoshot), 142 M 1 (KPA/AQILA), 144 M 1 (Bildagentur Huber/Gräfenhain), 145 M 3 o. l. (Friedel Gierth), 147 M 3 (empics/Anthony Devlin), 168 A (Bildagentur Huber), 168 F (abaca), 169 H (Bildagentur-online/TIPS-Images), 170 M 3 (Cultura RM), 195 M 4 (dpa/Susanne Mayr);
picture-alliance/akg-images: 15 M 3, 64 M 1;
picture-alliance/dpa © dpa: 4 l. (K.-J. Hildenbrand), 15 M 4, 51 u. r. (Christian Hager), 64 M 2, 74 M 1, 80 M 2 r. (3), 101 M 2 (2), 134 M 1, 163 M 6, 168 C, 190 M 7 m. (4);
picture-alliance/dpa © dpa-Bildarchiv: 24, 66 M 1, 66 M 2, 75 M 5, 94 M 1, 101 M 2 (4), 105 M 3 m.; 156 M 1, 168 B, 174 M 2, 190 M 7 u. (3);
picture-alliance/dpa © dpa-Bilderdienste: 93
picture-alliance/dpa © dpa-Fotoreport: 46 M 1, 48 M 1, 52 M 1, 52 M 2, 53 M 4, 78 M 2, 94 M 3, 169 G, 170 M 4, 202 M 2;
picture-alliance/dpa © dpa-Report: 5, 31 M 4 u. l., 101 M 2 (3), 106 M 3, 145 M 3 m. r., 162 M 2, 164 M 1, 164 M 3, 168 D, 168 E, 180 M 1, 180 M 3, 180 M 4, 184 M 2, 190 M 7 m. (3);
picture-alliance/dpa/dpaweb © dpa: 95 M 6, 110 M 5, 124 M 3, 203 M 5;
picture-alliance/dpa/dpaweb © dpa-Report: 22 M 1;
picture-alliance/LaPress © dpa: 90 M 8;
picture-alliance/Okapia KG, Germany: 16 M 1 l. (Ron Russel), 18 M 2 (DRA), 43 M 2 (2), 50 o. l. (Willi Rolfes), 176 M 1 (Eric A. Sodes), 198 M 5 (Helfried Weyer);
picture-alliance/ZB © dpa: 4 r., 30 M 1, 84 M 2, 97 M 7, 146 M 1;
picture-alliance/ZB © dpa-Report: 13 M 3, 43 M 2 (1), 116 M 1;
picture-alliance/ZB © ZB-Fotoreport: 43 M 2 (4), 80 M 2 r. (2);
Rhein-Main-Verkehrsverbund GmbH, Hofheim: 100 M 1, 101 M 2 (1);
Rheingau-Taunus-Verkehrsgesellschaft mbH, Bad Schwalbach: 110 M 4;
Reißmüller, H., Kempten: 207 oben;
© Rosing, Norbert: 3 r., 36/37, 50/51 (Hintergrund), 50 u. r., 51 u. l.;
Rudyk, Ellen, Wiesbaden: 62 M 2, 62 M 3, 90 M 9, 115 M 3 o. r.;
www.satnavexpress.com: 140 M 1 l.;
Schulz, Thomas, Berlin: 85 M 5;
Schwalme, Reiner, Krausnick – Groß Wasserburg: 190 M 5;
Semmler, Thomas, Lünen: 68 M 3 u. l., 68 M 3 u. r.;
Shutterstock/Brandelet: 78 M 1;
Stadtmarketing & Touristik Limburg: 28 M 1, 28 M 2, 28 M 3, 28 M 4;
Steininger, Hans-Ragnar, Berlin: 96 M 3, 96 M 4, 96 M 5;
Tack, Jochen, Essen: 68 M 3 o. r.;
T & M Tourismus und Medien GmbH, Stuttgart/Ausschnitt Panorama Rhein-Main, ISBN 9783936184082: 58/59 M 1;
Tourism Office of Budapest: 142 M 3, 142 M 4, 142 M 5;
ullstein bild: 48 u. r. (Schöning), 123 M 5 (Chybiak), 165 M 4 (Photo Ambor), 167 M 3 (1 – 2) (Röhrbein);
VISUM/Aufwind-Luftbilder: 167 M 4;
Völker, Johannes, Geesthacht: 105 M 3 l. + r.;
WFL-GmbH, Gerhard Launer, Rottendorf: Titelfoto vorn und hinten, 45 M 6;
Wikimedia/Creative Commons/Friedrich Böhringer: 79 M 4;
Wikipedia: 157 M 7 (GNU Free Dokumentation License/Juhanson), 179 u. r. (GNU-Lizenz), 186 o. r. (gemeinfrei), 206 (Andrei Dimofte);
WILDLIFE: 50 m. l. (Dittrich);
Wirtz, Peter, Dormagen: 144 M 2 (Hintergrund);
Your Photo Today/Superbild: 38 M 2, 43 M 2 (5);

Nicht in allen Fällen war es möglich, die Rechteinhaber der Abbildungen ausfindig zu machen. Für eventuell entstandene Fehler oder Auslassungen bitten wir um Verständnis. Berechtigte Ansprüche werden selbstverständlich im Rahmen der üblichen Vereinbarungen abgegolten.

Kartenweiser und Inhaltsverzeichnis 211

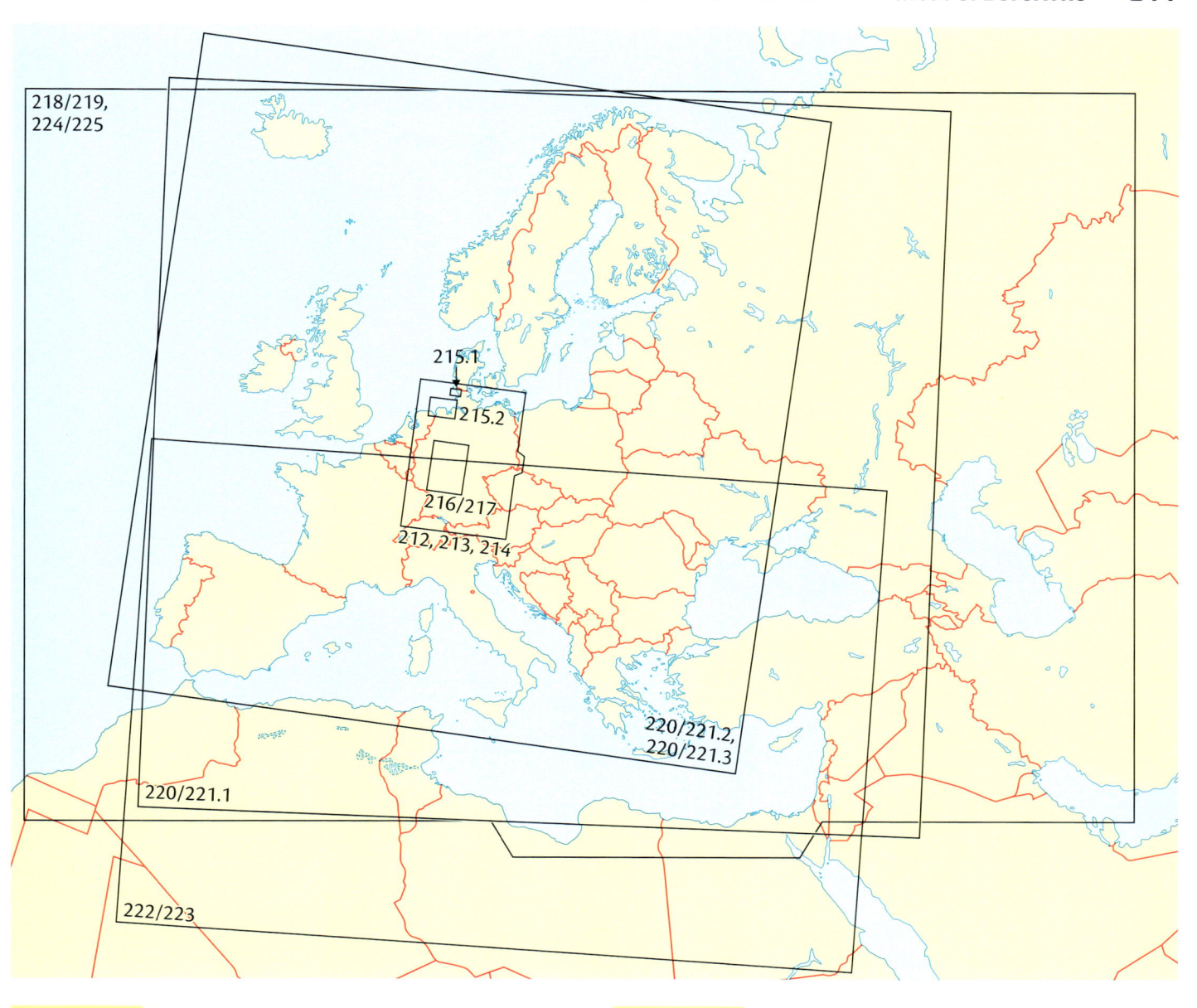

212	Deutschland: Physische Karte		224/225	Europa: Wirtschaftskarte
213	Deutschland: Politische Karte		226/227	**Erde: Physische Karte** 1. Oberflächengestalt der Erde 2. Kontinente und Ozeane 3. Plattentektonik 4. Naturkatastrophen
214	Deutschland: Wirtschaftskarte			
215	Nord- und Ostfriesland			
216/217	Hessen: Physische Karte		228/229	**Erde: Politische Gliederung** 1. Politische Gliederung 2. Kolonialmächte und Kolonien 1914 3. Mächtegruppen 4. Wirtschaftliche Zusammenschlüsse
218/219	Europa: Physische Karte			
220/221	**Europa: Politische Karte und Europäische Union** 1. Staaten in Europa 2. Europäische Union 2011 3. Europa, Verkehr			
			230	Südamerika: Physische Karte
			231	Polargebiete
222/223	Mittelmeerländer: Physische Karte		232–240	Atlasregister

212 Deutschland: Physische Karte

Deutschland: Politische Karte

214 Deutschland: Wirtschaftskarte

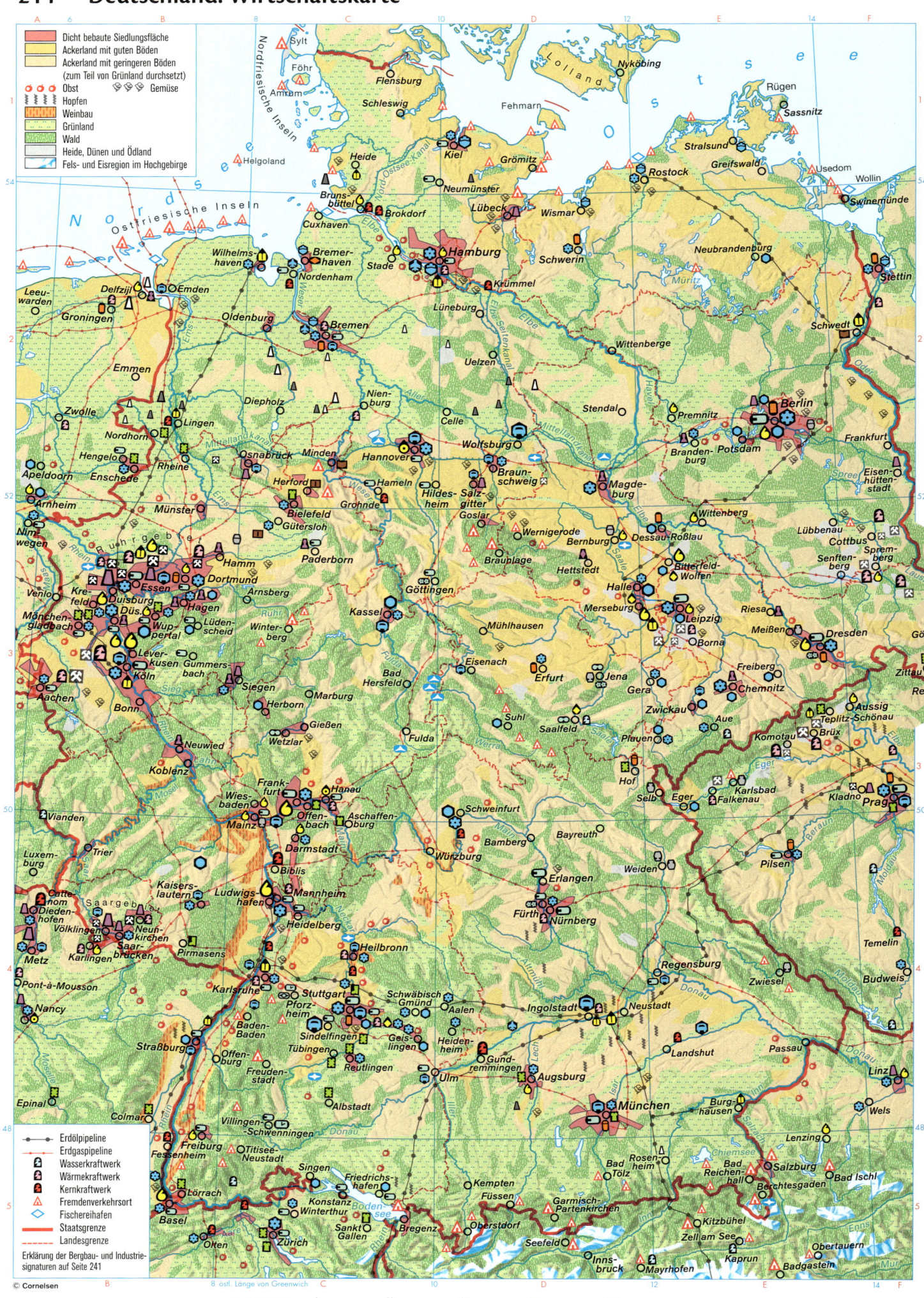

Nord- und Ostfriesland 215

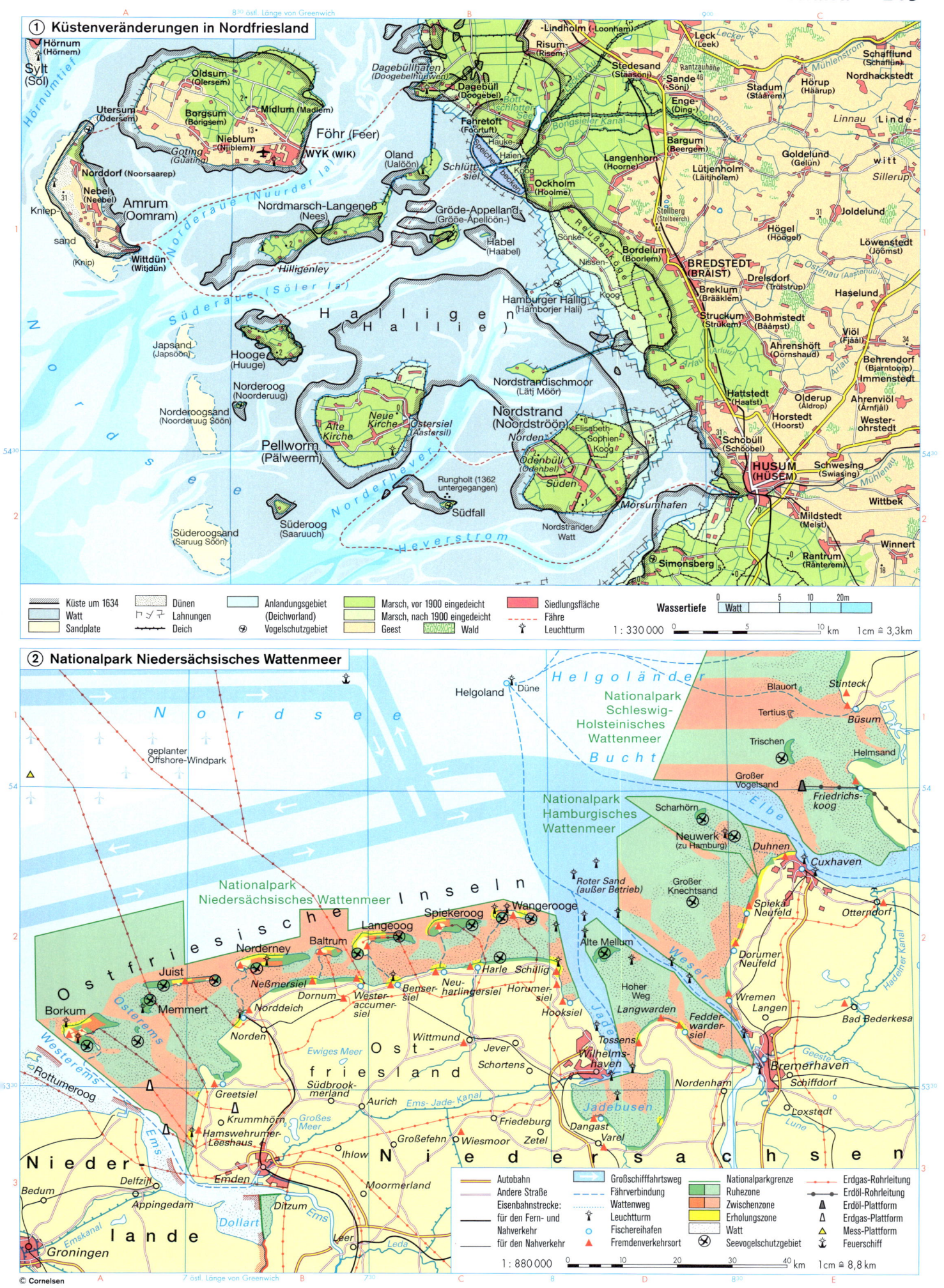

① Küstenveränderungen in Nordfriesland

1 : 330 000

Küste um 1634	Dünen	Anlandungsgebiet (Deichvorland)	Marsch, vor 1900 eingedeicht	Siedlungsfläche
Watt	Lahnungen		Marsch, nach 1900 eingedeicht	Fähre
Sandplate	Deich	Vogelschutzgebiet	Geest	Leuchtturm
			Wald	

Wassertiefe: Watt — 0, 5, 10, 20 m

1 cm ≙ 3,3 km

② Nationalpark Niedersächsisches Wattenmeer

1 : 880 000
1 cm ≙ 8,8 km

Legend:
- Autobahn
- Andere Straße
- Eisenbahnstrecke: für den Fern- und Nahverkehr / für den Nahverkehr
- Großschifffahrtsweg
- Fährverbindung
- Wattenweg
- Leuchtturm
- Fischereihafen
- Fremdenverkehrsort
- Nationalparkgrenze
- Ruhezone
- Zwischenzone
- Erholungszone
- Watt
- Seevogelschutzgebiet
- Erdgas-Rohrleitung
- Erdöl-Rohrleitung
- Erdöl-Plattform
- Erdgas-Plattform
- Mess-Plattform
- Feuerschiff

© Cornelsen

Hessen: Physische Karte

217

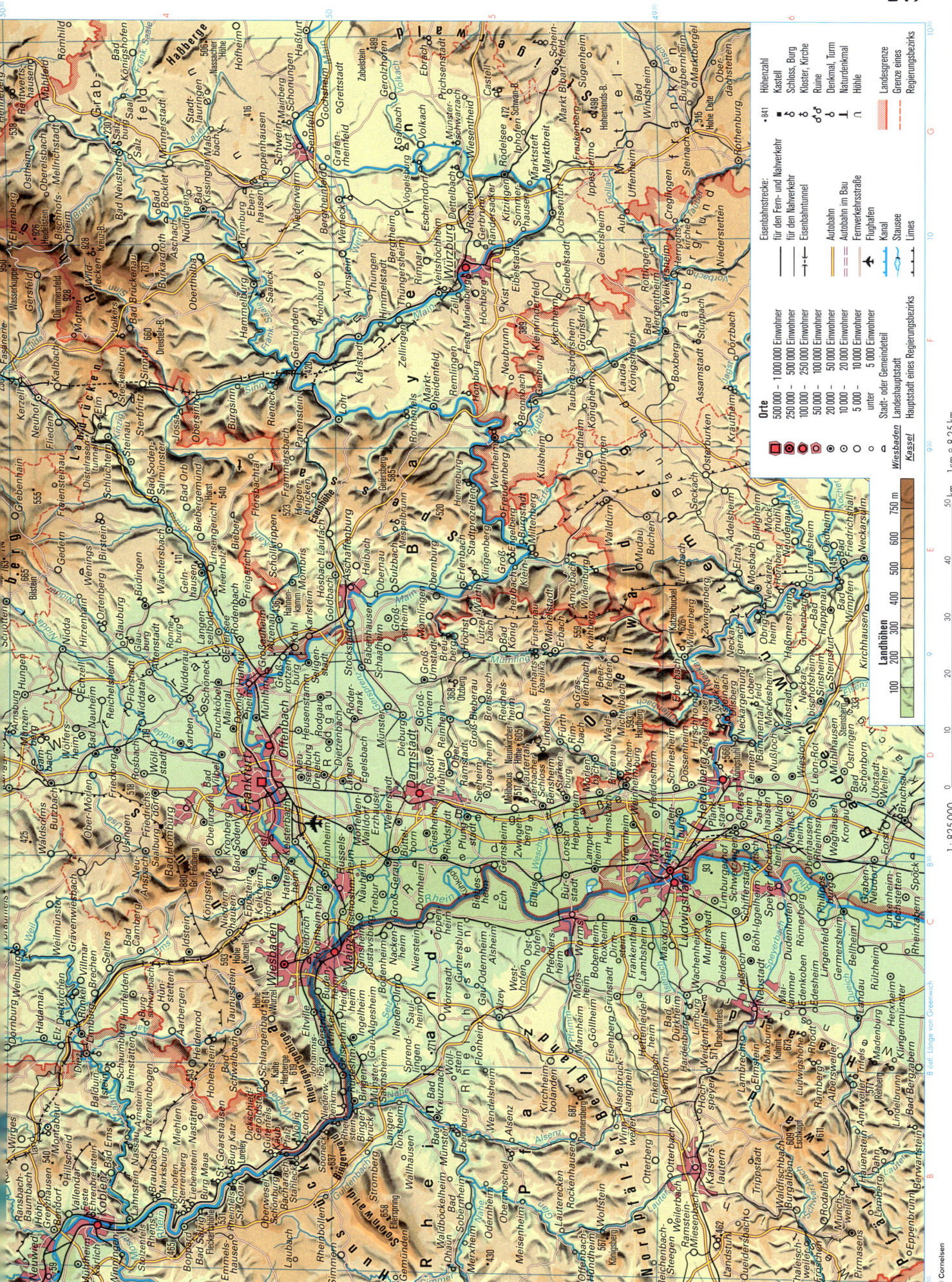

218 Europa: Physische Karte

219

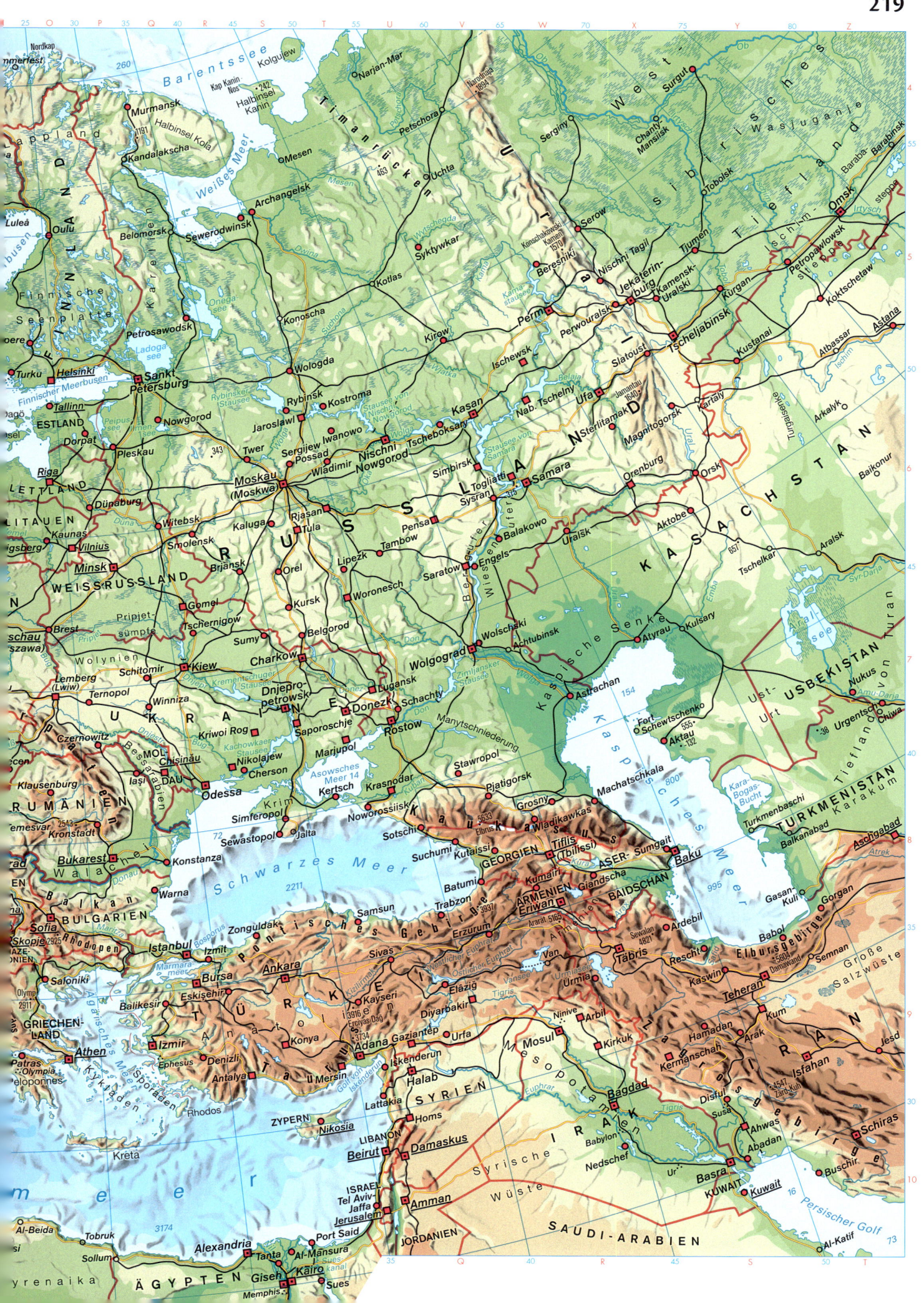

220 Europa: Politische Karte und Europäische Union

① Staaten in Europa

Legende:
- Staatsgrenze
- Grenzlinie gemäß des Dayton-Abkommens in Bosnien-Herzegowina
- **Berlin** Hauptstadt eines Staates
- *Den Haag* Regierungssitz eines Staates

Orte:
- ■ über 1 000 000 Einwohner
- ▪ 500 000 – 1 000 000 Einwohner
- • 100 000 – 500 000 Einwohner
- ○ unter 100 000 Einwohner

1 : 16 500 000   1 cm ≙ 165 km

© Cornelsen

② Europäische Union 2011

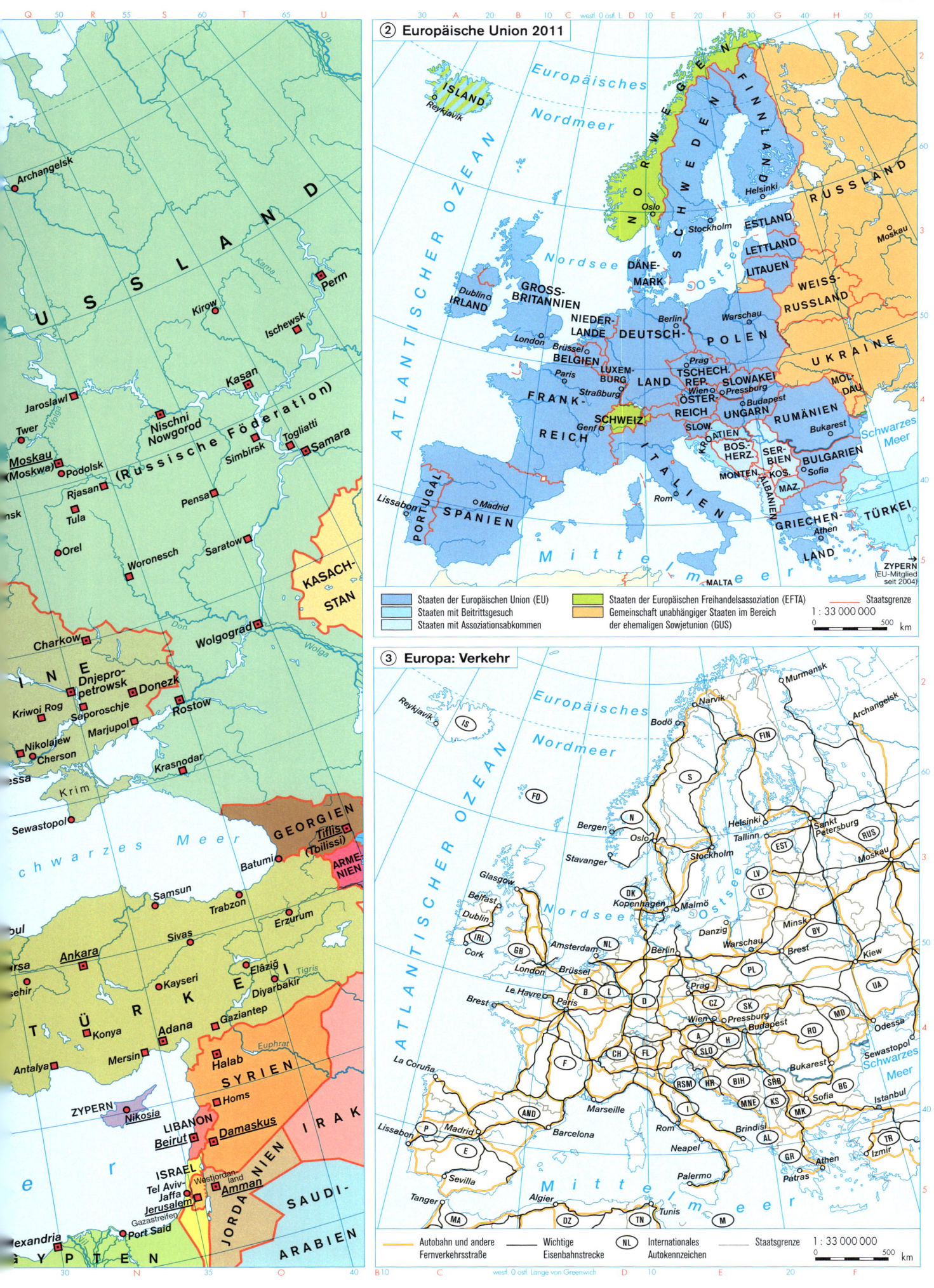

Staaten der Europäischen Union (EU)	Staaten der Europäischen Freihandelsassoziation (EFTA)
Staaten mit Beitrittsgesuch	Gemeinschaft unabhängiger Staaten im Bereich der ehemaligen Sowjetunion (GUS)
Staaten mit Assoziationsabkommen	Staatsgrenze

1 : 33 000 000

③ Europa: Verkehr

Autobahn und andere Fernverkehrsstraße	Wichtige Eisenbahnstrecke
(NL) Internationales Autokennzeichen	Staatsgrenze

1 : 33 000 000

222 Mittelmeerländer physisch

1 : 11 000 000

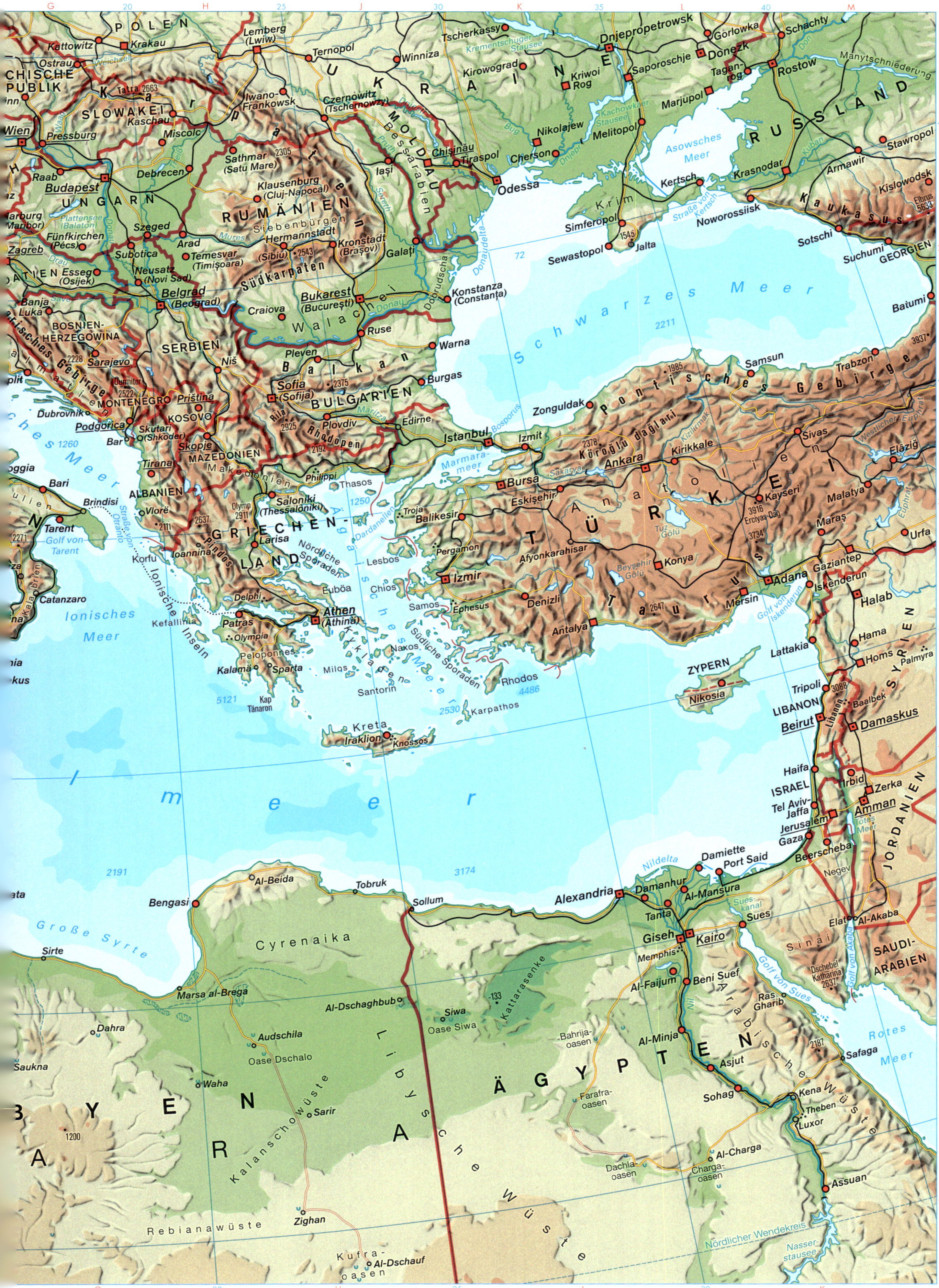

100 200 300 400 500 km 1cm ≙ 110 km

224 Europa: Wirschaftskarte

Legende:

- Fels- und Eisregion
- Heide, Fjell und Tundra
- Nördlicher Nadelwald (z. T. Taiga)
- Laub- und Laubmischwald
- Ertragreiches Ackerland mit vorwiegend Getreideanbau
- Übriges Ackerland
- Obst- und Weinbau
- Bewässerungskulturen und Oasen
- Grünland
- Hartlaubgewächse der Subtropen und Macchie
- Steppe
- Halbwüste und Wüste
- Zitrusfrüchte
- Tee
- Baumwolle
- Dattelpalmen
- Reis
- Hauptfischfanggebiet

Bergbau
- Steinkohle
- Braunkohle
- Erdöl
- Erdgas
- Fe Eisenerz
- Mn Mangan
- Ni Nickel
- Cr Chrom
- Cu Kupfer
- Zn Zink
- Pb Blei
- Al Bauxit
- Hg Quecksilber
- Pt Platin
- Schwefelkies
- P Phosphat

Industrie
- Eisenverhüttung, Stahlherstellung
- Buntmetallverhüttung
- Aluminiumherstellung
- Metall verarbeitende Industrie
- Maschinenindustrie
- Kraftfahrzeugindustrie
- Schiffbau
- Flugzeugbau
- Wasserkraftwerk
- Wärmekraftwerk
- Kernkraftwerk
- Fremdenverkehrsort
- Elektroindustrie
- Chemische Industrie
- Gummiindustrie
- Erdölraffinerie
- Textilindustrie
- Bekleidungsindustrie
- Holzindustrie
- Papierindustrie
- Nahrungsmittelindustrie
- Erdölpipeline
- Erdgaspipeline
- Fischereihafen
- Staatsgrenze

1 : 16 500 000   1 cm ≙ 165 km

© Cornelsen

225

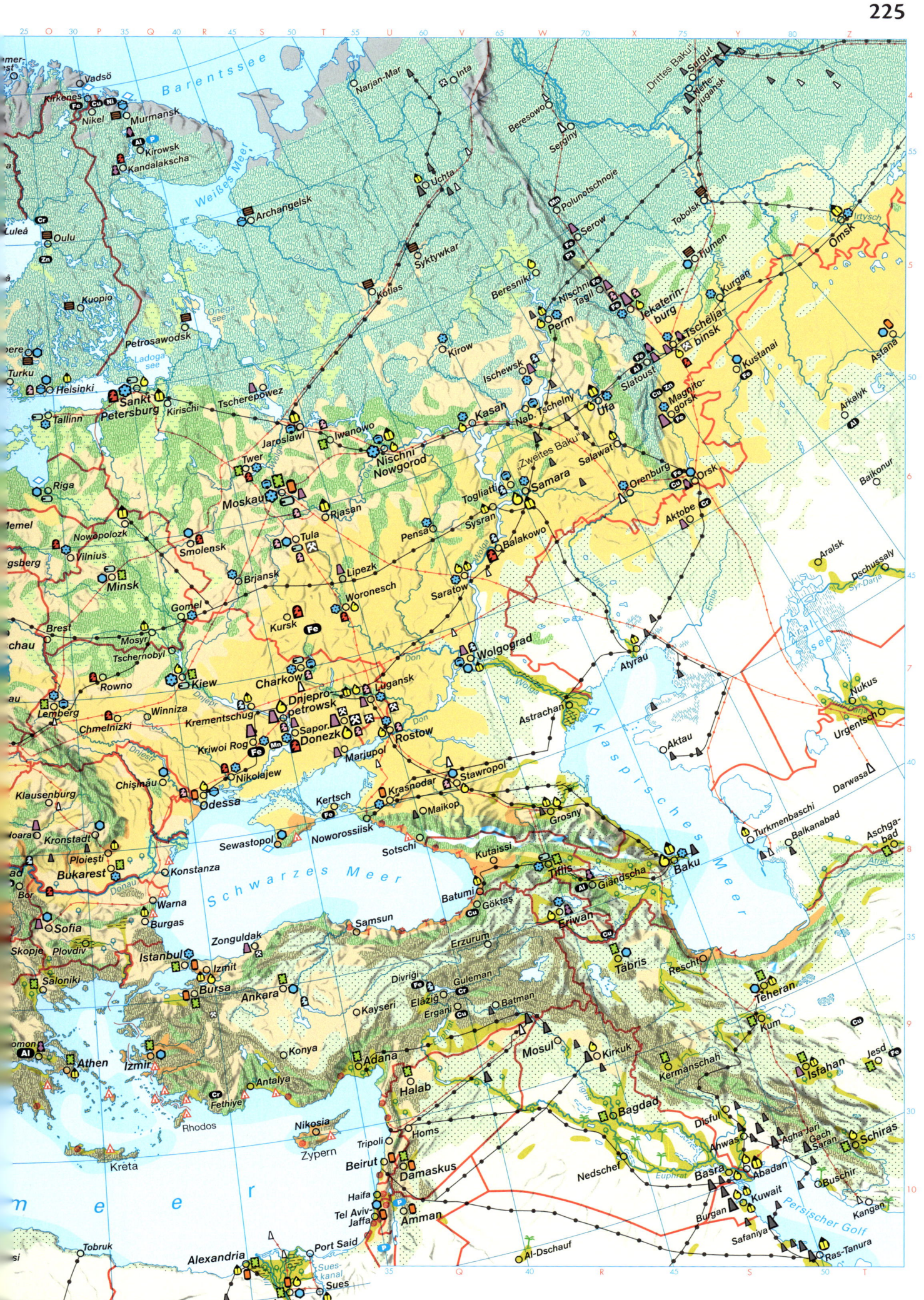

226 Erde: Physische Karte

1 Oberflächengestalt der Erde

2 Kontinente und Ozeane

- NORDAMERIKA 24 Mio. km²
- EUROPA 10 Mio. km²
- ASIEN 44 Mio. km²
- AFRIKA 30 Mio. km²
- SÜDAMERIKA 18 Mio. km²
- AUSTRALIEN UND OZEANIEN 9 Mio. km²
- ANTARKTIS 14 Mio. km²
- PAZIFISCHER OZEAN 180 Mio. km²
- ATLANTISCHER OZEAN 106 Mio. km²
- INDISCHER OZEAN 75 Mio. km²

Maßstab 1:264 000 000

3 Plattentektonik

- Nordamerikanische Platte
- Pazifische Platte
- Kokosplatte
- Karibische Platte
- Nazcaplatte
- Südamerikanische Platte
- Drakeplatte

Plattengrenzen
- Ozeanischer Rücken
- Andere Plattengrenze
- Richtung der Plattenbewegung

© Cornelsen

227

Map (main): Eastern Hemisphere – Asia, Indian Ocean, Australia, Pacific

Maßstab 1 : 88 000 000

Ständige Eisbedeckung, Gletscher

Landhöhen
unter 0 — 0 — 100 — 200 — 500 — 1000 — 2000 — 4000 m

Labels visible on the main map

- polarmeer, Spitzbergen, Nordkap, Franz-Josef-Land, Nowaja Semlja, Sewernaja Semlja, Neusibirische Inseln
- Taimyr, Nördlicher Polarkreis, Werchojansker Gebirge 3147, Kolymagebirge
- EUROPA, Moskau, Narodnaja 1894, Ural, Jenissej, Ob, Sibirien, Jekaterinburg, Nowosibirsk, Irtysch, Altai, Stanowoigebirge, Jablonowy-gebirge, Amur, Mandschurei, Sachalin, Ochotskisches Meer, Kamtschatka, Bering meer, Aleuten 7822, Aleutengraben
- Donau, Schwarzes Meer, Kaukasus, Kaspisches Meer, Tiefland von Turan, Tienschan 7439 Pik Pobiedy, Gobi, Peking, Hwangho, Japanisches Meer, Honshu, Tokio, 1962, Nordwest-pazifisches Becken, Nordost-pazifisches Becken
- ASIEN, Athen, Mittelmeer, Teheran, Bagdad, Euphrat, Hindukusch, Pamir, 8611, Kuenlun, Tibet, Himalaya 8848 Mount Everest, Brahmaputra, Yangtsekiang, Schanghai, Ostchinesisches Meer, 10340, Boningraben, Nördlicher Wendekreis
- AFRIKA, Kairo, Rotes Meer, Arabien, Vorder-indien, Delhi, Indus, Golf von Bengalen, Kolkata, Hinter-indien, Hongkong, Philippinen 10540, Manila, Philippinengraben 11022 Marianengraben, Marianen, Marshall-inseln
- 4620, Aden, Kap Guardafui, Arabisches Meer, Mumbai, Chennai, Ceylon, Arabisch-Indischer Rücken, Arabisches Becken, Bangkok, Mekong, Südchinesisches Meer, Sumatra, PAZIFISCHER, Zentral-pazifisches Becken, Mikronesien, Karolinen
- Kongo, Kongobecken, Kinshasa, Victoria-See, 5895 Kilimandscharo, Addis Abeba, Somalibecken, Seychellen, Komoren, Daressalam, Zentral-Indischer Rücken, indisches Becken 6335, Singapur, Borneo, 5520, Sundainseln, Java, 7440, Sundagraben, 7455, 5030, Äquator, Neuguinea, 9140, Salomoninseln, Melanesisches Becken, Gilbert-inseln, OZEAN, Ellice-inseln
- INDISCHER OZEAN, Madagaskar, Maskarenen, Mauritius, Nordwestaustralisches Becken, Arafurasee, Korallenbecken, Korallensee, Neue Hebriden, Fidschi-Inseln
- Sambesi, Mosambik, Madagaskar-becken 6400, Mittelindischer Rücken, 870, Westaustralisches Becken, AUSTRALIEN 1515, Neukaledonien
- Kalahari, Johannesburg, Straße von Mosambik, Südwest-indisches Becken, 2067, 1980, Perth, Südlicher Wendekreis
- Drakensberge, Kap Agulhas, Agulhasbecken, Westlicher Indischer Rücken, Große Australische Bucht, Mount Kosciusko 2230, Sydney, 770, Kermadec-inseln, 10047, Kermadecgraben
- 940, Kerguelen, Kerguelenrücken, Südaustralisches Becken, Tasmanien, Tasman-see, Auckland, Neuseeland
- Indischer Rücken, 6972, 6089, Östlicher Indischer Rücken, 4755, 969, Südkap, Auckland-inseln, Macquarie-inseln, 6250, Südpazifisches Becken
- 485, 2300, Indisch-Antarktisches Becken
- ANTARKTIS, Atlantisches Südpolarbecken

Inset (links): Tektonische Platten

Maßstab 1 : 264 000 000

- Eurasische Platte
- Chinesische Platte
- Iranische Platte
- Arabische Platte
- Somalische Platte
- Indisch-Australische Platte
- Pazifische Platte
- Philippinenplatte
- Karolinenplatte
- Antarktische Platte
- Äquator

Inset (rechts): ④ Naturkatastrophen

Maßstab 1 : 264 000 000

Gefährdung durch:
- ▲ Vulkanismus
- ▓ Erdbeben
- ▓ Überschwemmungen
- → Wirbelstürme

Beschriftungen: Nordamerika, Blizzards, Tornados, Cordonazos, Hurricanes, Südamerika, PAZIFISCHER OZEAN, ATLANTISCHER OZEAN, Europa, Afrika, Asien, Bengalenorkane, INDISCHER OZEAN, PAZIFISCHER OZEAN, Taifune, Mauritiusorkane, Willy Willies, Australien, Queensland Hurricanes, Antarktis, Äquator

① Politische Gliederung

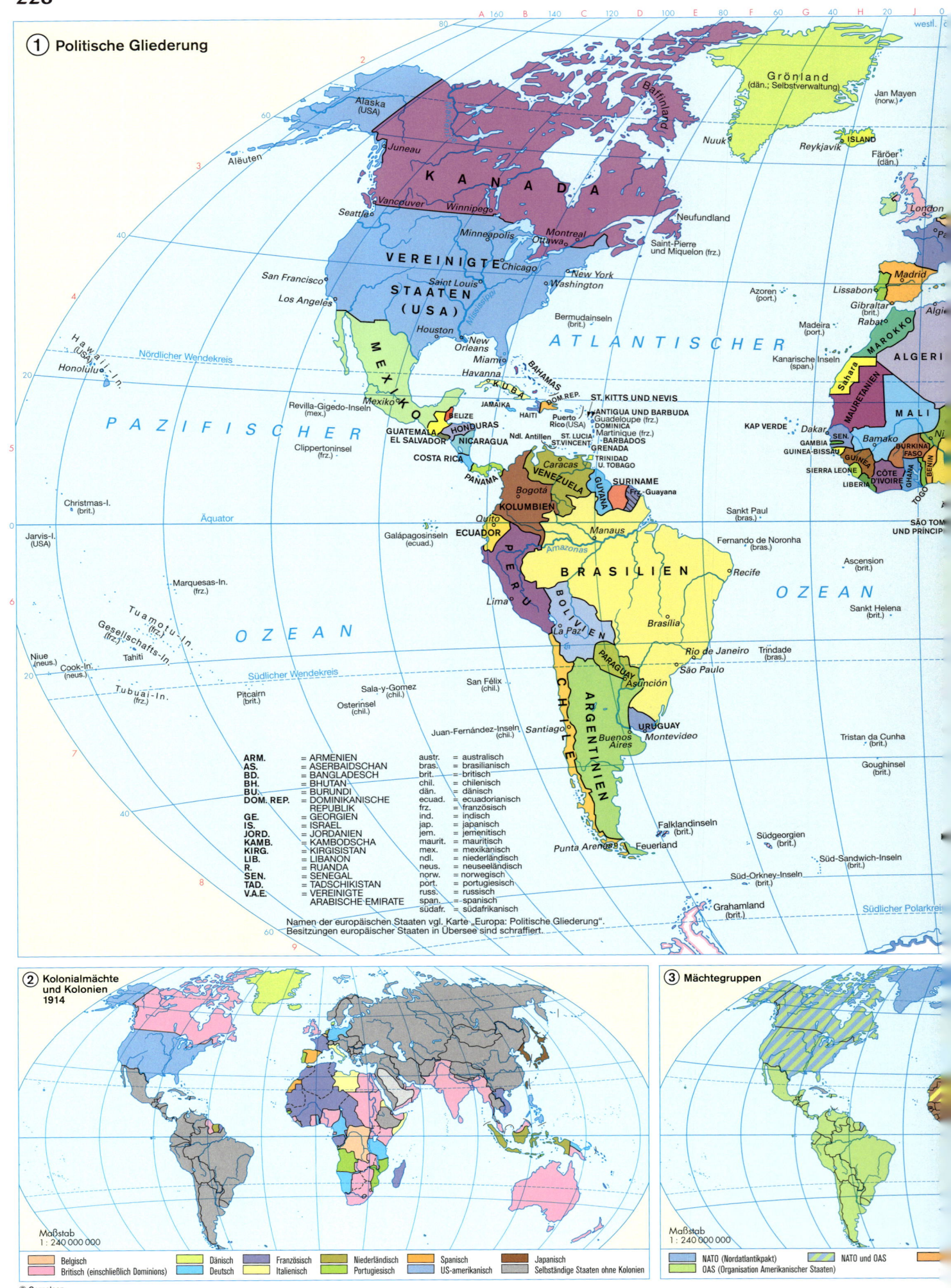

Map of the Americas showing political divisions, with country names in German.

Abkürzungen:

ARM.	= ARMENIEN	austr.	= australisch
AS.	= ASERBAIDSCHAN	bras.	= brasilianisch
BD.	= BANGLADESCH	brit.	= britisch
BH.	= BHUTAN	chil.	= chilenisch
BU.	= BURUNDI	dän.	= dänisch
DOM. REP.	= DOMINIKANISCHE REPUBLIK	ecuad.	= ecuadorianisch
GE.	= GEORGIEN	frz.	= französisch
IS.	= ISRAEL	ind.	= indisch
JORD.	= JORDANIEN	jap.	= japanisch
KAMB.	= KAMBODSCHA	jem.	= jemenitisch
KIRG.	= KIRGISISTAN	maurit.	= mauritisch
LIB.	= LIBANON	mex.	= mexikanisch
R.	= RUANDA	ndl.	= niederländisch
SEN.	= SENEGAL	neus.	= neuseeländisch
TAD.	= TADSCHIKISTAN	norw.	= norwegisch
V.A.E.	= VEREINIGTE ARABISCHE EMIRATE	port.	= portugiesisch
		russ.	= russisch
		span.	= spanisch
		südafr.	= südafrikanisch

Namen der europäischen Staaten vgl. Karte „Europa: Politische Gliederung".
Besitzungen europäischer Staaten in Übersee sind schraffiert.

② Kolonialmächte und Kolonien 1914

Maßstab 1 : 240 000 000

Legende:
- Belgisch
- Britisch (einschließlich Dominions)
- Dänisch
- Deutsch
- Französisch
- Italienisch
- Niederländisch
- Portugiesisch
- Spanisch
- US-amerikanisch
- Japanisch
- Selbständige Staaten ohne Kolonien

③ Mächtegruppen

Maßstab 1 : 240 000 000

- NATO (Nordatlantikpakt)
- OAS (Organisation Amerikanischer Staaten)
- NATO und OAS

© Cornelsen

229

④ Wirtschaftliche Zusammenschlüsse

Maßstab 1 : 80 000 000

Maßstab 1 : 240 000 000

Legende (untere Karte links):
- Volksrepublik China
- Arabische Liga
- AU (Afrikanische Union)
- AU und Arabische Liga

Legende (Wirtschaftliche Zusammenschlüsse):
- OECD (Organisation für wirtschaftliche Zusammenarbeit und Entwicklung)
- EU (Europäische Union)
- EU-assoziierte Staaten
- EFTA (Europäische Freihandelszone)
- GUS (Gemeinschaft Unabhängiger Staaten)
- NAFTA (Nordamerikanische Freihandelszone)
- APEC (Asiatisch-pazifische Wirtschaftskooperation)
- ASEAN (Verband Südostasiatischer Staaten)
- Mercosur (Gemeinsamer Markt im Süden Lateinamerikas)
- Andenpakt
- ECOWAS (Wirtschaftsgemeinschaft Westafrik. Staaten)
- SADC (Entwicklungsgemeinschaft des Südlichen Afrika)
- OPEC (Organisation Erdöl exportierender Staaten)

Südamerika: Physische Karte

Polargebiete

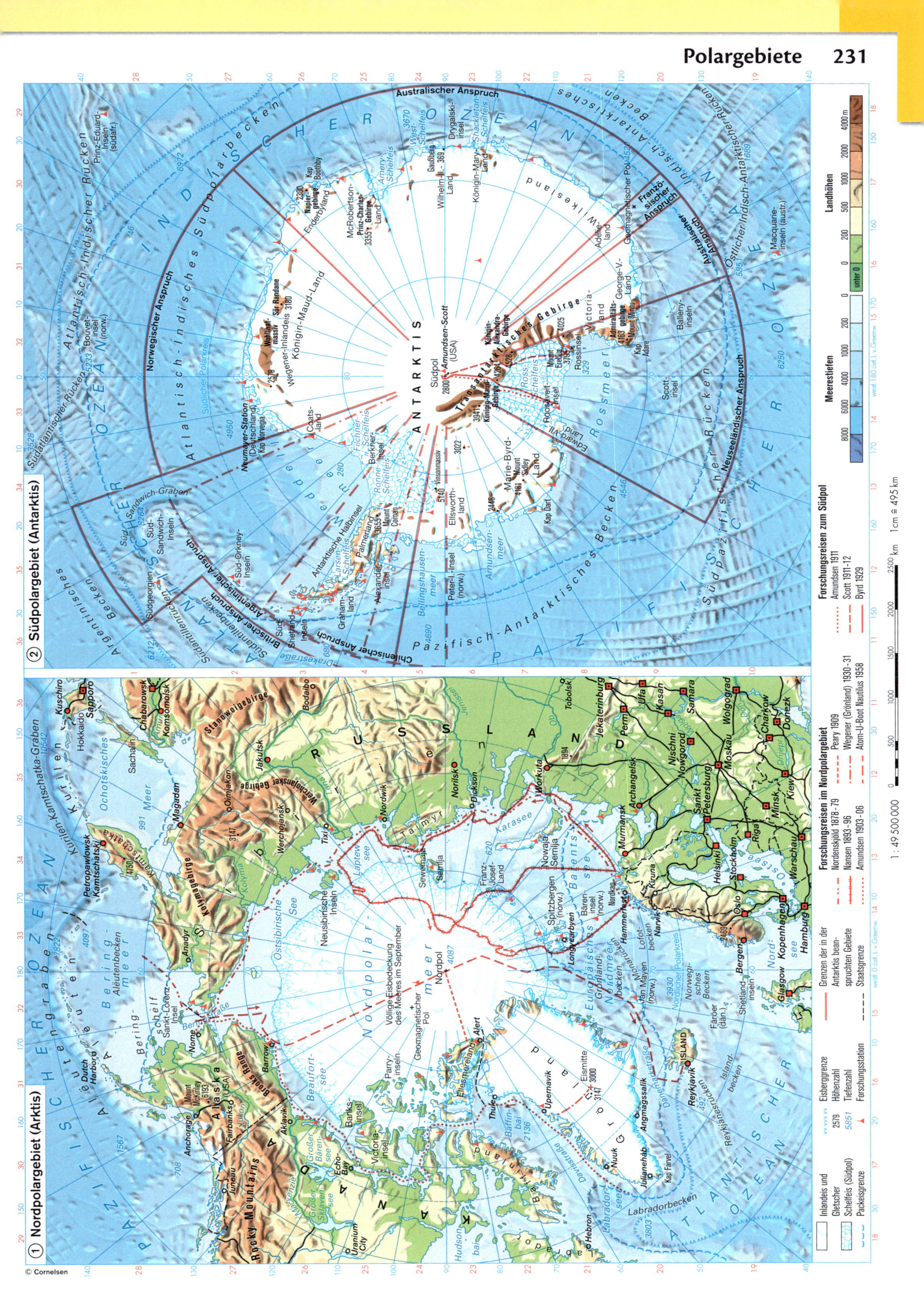

Atlasregister

A

Aachen, Stadt 212 B 3
Aalen 212 CD 4
Aar 216/217 C 4
Aarbergen 216/217 C 4
Aastenuu 215.1 C 1
Aastersil 215.1 B 1
Abadan 218/219 S 9
Aberdeen (Schottland) 218/219 HJ 4
Abruzzen 222/223 F 2
Achtubinsk 218/219 S 6
Aconcagua 230 C 7
Acre 230 CD 4/5
Adana 222/223 L 3
Addis Abeba 228/229.1 LM 5
Adelebsen 216/217 F 1
Adélieland 231.2 19
Adelsheim 216/217 E 6
Aden 226/227.1 M 5
Admiralitätsgebirge 231.2 16/17
Adrar 222/223 C 5
Adriatisches Meer 222/223 FG 2
Ägäisches Meer 222/223 HJ 2/3
Ägypten 228/229.1 L 4
Äquatorialguinea 228/229.1 K 5
Äthiopien 228/229.1 LM 5
Ätna 222/223 G 3
Afghanistan 228/229.1 N 4
Afrika 226/227.1 K-M 5
Afyonkarahisar 222/223 JK 3
Agadir 218/219 FG 9
Agger 216/217 B 3
Agha Jari 224/225 ST 9
Agrigento 222/223 F 3
Agulhasbecken 226/227.1 KL 8
Ahaggar 226/227.1 K 4
Ahlsburg 216/217 F 1
Ahnatal 216/217 E 2
Ahrenshöft 215.1 C 1
Ahrenviöl 215.1 C 1
Ahrweiler, Bad Neuenahr- 212 B 3
Ahse 216/217 C 2
Ahwas 218/219 S 9
Ajaccio 222/223 E 2
Aktau 218/219 T 7
Aktjubinsk → Aktobe
Aktobe 218/219 TU 6
Akureyri 218/219 E 2
Al-Akaba 222/223 KL 5
Al-Asnam 222/223 D 3
Al-Beida 218/219 N 9
Al-Charga 222/223 K 5
Al-Dschaghbub 222/223 H 5
Al-Dschauf (Saudi-Arabien) 224/225 QR 9/10
Al-Golea 222/223 D 4
Al-Katif 218/219 ST 10
Al-Mansura 222/223 K 4
Alaska, Halbinsel 226/227.1 AB 2
Alaska, Staat der USA 228/229.1 B 2
Albacete 222/223 C 3
Albanien, Staat 220/221.1 KL 2
Albersloh 216/217 B 1
Albersweiler 216/217 BC 6
Albstadt 214 C 4
Albufeira 222/223 B 3
Åldrop 215.1 C 1
Ålesund 224/225 JK 3
Aleüten 226/227.1 A 3
Aleütenbecken 231.1 32/33
Aleütengraben 226/227.1 AB 3
Alexanderinsel 231.2 4
Alexandria (Ägypten) 218/219 OP 9

Algarve 222/223 B 3
Algerien 228/229.1 JK 4
Algesheim, Gau- 216/217 BC 5
Algier 218/219 J 8
Alheimer 216/217 F 2
Alicante 222/223 C 3
Allendorf (an der Eder) 216/217 D 2
Allendorf (an der Lumba) 216/217 D 3
Allendorf, Bad Sooden- 216/217 F 2
Aller 212 C 2
Allgäu 212 CD 5
Almadén 224/225 GH 8
Almaty 228/229.1 NO 3
Alme, Fluss 216/217 D 1
Alme, Ortsteil 216/217 D 2
Almería 222/223 C 3
Alpen, Gebirge 218/219 KL 6/7
Alsenborn, Enkenbach- 216/217 BC 5/6
Alsenbrück-Langmeil 216/217 BC 5
Alsenz, Fluss 216/217 B 5
Alsenz, Ort 216/217 B 5
Alsfeld 216/217 E 3
Alsheim 216/217 C 5
Altai, Gebirge 226/227.1 O 3
Altefeld 216/217 G 2
Altenau, Fluss 216/217 D 1
Altenburg, Stadt (Thüringen) 212 E 3
Altenstadt 216/217 DE 4
Altiplano 230 D 5/6
Altmark, Landschaft 212 D 2
Altmühl 212 D 4
Amazonas, Bundesstaat 230 D 4
Amazonas, Fluss 230 D 4
Amazonastiefland 226/227.1 FG 6
Ambato 230 C 4
Ameland 212 A 2
Amelunxborn 216/217 EF 1
Amery-Schelfeis 231.2 25
Amiranten 228/229.1 MN 6
Amman 222/223 L 4
Amöneburg (bei Marburg) 216/217 D 3
Amrum 214 C 1
Amsterdam, Insel 228/229.1 N 7
Amsterdam, Stadt 218/219 J 5
Amu-Darja 218/219 UV 7
Amundsenmeer 231.2 7
Amur 228/229.1 Q 3
Anatolien 222/223 KL 3
Ancona 222/223 F 2
Andalusien 222/223 BC 3
Andamanen 228/229.1 O 5
Anden 230 C 3-5
Andorra, Staat 220/221.1 G 7
Andropow → Rybinsk
Angola 228/229.1 KL 6
Angolabecken 226/227.1 JK 6
Anhalt, Sachsen- 213 DE 2/3
Ankara 222/223 K 2/3
Annaba 218/219 K 8
Annweiler 216/217 B 6
Anröchte 216/217 C 1
Ansbach, Stadt 212 D 4
Anspach, Neu- 216/217 C 4
Antalya 222/223 JK 3
Antananarivo 228/229.1 M 6
Antarktis 231.2
Antarktische Halbinsel 231.2 2/3

Antigua und Barbuda 230 DE 2
Antillen, Große 230 B-D 1/2
Antofagasta 230 C 6
Antreff 216/217 E 3
Apeldoorn 212 AB 2
Apenninen 222/223 EF 2
Apenrade 212 C 1
Appalachen 226/227.1 EF 3/4
Appelland, Gröde- 215.1 B 1
Apulien 222/223 G 2
Apure 230 D 3
Ar-Raschidia 222/223 C 4
Ar-Rif 218/219 GH 8/9
Arabien 226/227.1 LM 4/5
Arabisch-Indischer Rücken 226/227.1 MN 5/6
Arabisches Becken 226/227.1 N 5
Arabisches Meer 226/227.1 N 5
Aracajú 230 G 5
Arad 222/223 H 1
Arafurasee 226/227.1 Q 6
Araguaia 230 E 5
Arak 218/219 ST 9
Aralsk 218/219 V 6
Aralsee 218/219 UV 6/7
Ararat 218/219 R 8
Arax 218/219 S 8
Arbil 218/219 RS 8
Archangelsk 218/219 RS 3
Årdal 224/225 K 3
Ardebil 218/219 S 8
Arenshausen 216/217 FG 2
Arequipa 230 C 5
Argentinien 230 CD 6-8
Argentinisches Becken 230 FG 7/8
Arica 230 C 5
Arkalyk 218/219 W 5
Arktis 231.1
Arlau 215.1 B 1
Arluu 215.1 C 1
Armawir 222/223 M 1/2
Armenien, Landschaft 218/219 RS 8
Armenien, Staat 228/229.1 M 3
Årnfjål 215.1 C 1
Arnheim 212 AB 2/3
Arnsberg, Regierungsbezirk 213 BC 3
Arnsberg, Stadt 212 C 3
Arnsburg 216/217 D 3/4
Arnstein (an der Lahn) 216/217 B 4
Arnstein (Unterfranken) 216/217 F 5
Ascension 228/229.1 J 6
Aschach (an der Fränkischen Saale) 216/217 FG 4
Aschaffenburg, Stadt 212 C 4
Ascheberg 216/217 B 1
Aschgabad 218/219 U 8
Aserbaidschan 228/229.1 M 3
Asien 226/227.1 N-Q 3
Asmara 228/229.1 L 5
Asowsches Meer 218/219 Q 6
Assamstadt 216/217 F 6
Aßlar 216/217 CD 3
Astana 228/229.1 N 3
Astrachan 218/219 ST 6
Asunción 230 E 6
Atacama 230 CD 6
Atacamagraben 230 C 5-7
Athen, Stadt 222/223 H 3
Athinä 222/223 H 3
Atlantisch-Indischer Rücken 226/227.1 KL 8

Atlantisch-Indisches Südpolarbecken 226/227.1 J-M 9
Atlantischer Ozean 230 E-H 2-9
Atlas, Gebirge 226/227.1 JK 4
Atrek 218/219 U 8
Attahöhle 216/217 B 2
Atyrau 218/219 T 6
Aub 216/217 G 5
Auckland 228/229.1 S 7
Aucklandinseln 228/229.1 S 8
Aue, Stadt 214 E 3
Auerbacher Schloss 216/217 D 5
Auf dem Acker 216/217 G 1
Augsburg, Stadt 212 D 4
Aussig 212 EF 3
Australien, Erdteil 226/227.1 P-R 7
Australien, Staat 228/229.1 QR 7
Azoren 228/229.1 H 4
Azorenschwelle 218/219 EF 8/9
Azul 230 D 7

B

Baalbek 222/223 L 4
Bååmst 215.1 C 1
Babenhausen (Hessen) 216/217 DE 5
Babol 218/219 T 8
Babylon, Ruinenstätte 218/219 R 9
Bad Arolsen 216/217 DE 2
Bad Camberg 216/217 C 4
Bad Endbach 216/217 CD 3
Bad Fredeburg 216/217 C 2
Bad Grund 216/217 G 1
Bad Hersfeld 216/217 F 3
Bad Homburg 216/217 CD 4
Bad Ischl 212 E 5
Bad Karlshafen 216/217 EF 1
Bad Kissingen, Stadt 212 CD 3
Bad Marienberg 216/217 BC 3
Bad Mergentheim 212 CD 4
Bad Münster 216/217 B 5
Bad Nauheim 216/217 D 4
Bad Neuenahr-Ahrweiler 212 B 3
Bad Orb 216/217 E 4
Bad Reichenhall 212 E 5
Bad Salzig 216/217 B 4
Bad Salzschlirf 216/217 F 3
Bad Schönborn 216/217 D 6
Bad Sobernheim 216/217 B 5
Bad Soden 216/217 CD 4
Bad Soden-Salmünster 216/217 EF 4
Bad Sooden-Allendorf 216/217 F 2
Bad Tölz 212 D 5
Bad Vilbel 216/217 D 4
Bad Wildungen 216/217 E 2
Badajoz 222/223 B 3
Baden-Baden, Stadt 212 C 4
Baden-Württemberg, Bundesland 213 C 4
Bäreninsel 228/229.1 KL 2
Baffinbai 226/227.1 F 2
Baffinland 228/229.1 EF 2
Bagdad 218/219 RS 9

Bahamas 228/229.1 F 4
Bahia 230 FG 5
Bahia Blanca 230 D 7
Bahrain 228/229.1 M 4
Bahrijaoasen 222/223 J 5
Baier 216/217 G 3
Baikonur 218/219 W 6
Baku 218/219 ST 7/8
Balakowo 218/219 ST 5
Balaton 222/223 G 1
Balduinstein 216/217 B 4
Baleares 220/221.1 D 2/3
Balıkesir 222/223 J 3
Balkan 222/223 HJ 2
Balkanabad 218/219 TU 8
Ballenyinseln 231.2 16
Balve 216/217 B 2
Balver Wald 216/217 B 2
Bamako 228/229.1 J 5
Bamberg, Stadt 212 D 4
Bammental 216/217 D 6
Bangkok 228/229.1 OP 5
Bangladesch 228/229.1 O 4
Bangui 228/229.1 K 5
Banja Luka 222/223 G 2
Bar 222/223 G 2
Barabasteppe 218/219 Y 4/5
Barabinsk 218/219 Y 4
Barbados 230 E 2
Barbuda, Antigua und 228/229.1 FG 5
Barcelona (Spanien) 222/223 D 2
Barchfeld 216/217 G 3
Barentssee 218/219 Q-S 2
Bargum 215.1 B 1
Bari 222/223 G 2
Barquisimeto 230 CD 3
Barra 230 F 5
Barranquilla 230 C 2
Basel (Schweiz) 212 B 5
Basra 218/219 S 9
Bastia 222/223 EF 2
Batman 224/225 R 8
Batna 222/223 E 3
Battenberg 216/217 D 2/3
Batumi 218/219 R 7
Bauland, Landschaft 216/217 EF 5/6
Baumbach, Ransbach- 216/217 B 4
Baunatal 216/217 E 2
Bauru 230 EF 6
Bautzen, Stadt 212 F 3
Bayerische Alpen 212 DE 5
Bayerischer Wald, Gebirge 212 E 4
Bayern, Bundesland 213 DE 4
Bayreuth, Stadt 212 D 4
Bebra 216/217 F 3
Béchar 224/225 H 9
Beckumer Berge 216/217 C 1
Beelen 216/217 C 1
Beerfelden 216/217 DE 5
Beergem 215.1 BC 1
Beerscheba 222/223 KL 4
Bega 216/217 E 1
Behringen 216/217 GH 2
Behrendorf 215.1 C 1
Beirut 222/223 KL 4
Beja (Portugal) 222/223 B 3
Belaja 218/219 TU 4
Belecke 216/217 C 2
Belém 230 F 4
Belfast 218/219 G 4/5
Belgien, Staat 220/221.1 GH 5
Belgorod 218/219 Q 5
Belgrad 222/223 GH 2
Belize, Staat 230 B 2
Bellheim 216/217 C 6
Bellingshausenmeer 231.2 5
Belmopan 230 B 2
Belo Horizonte 230 F 5

Belomorsk 218/219 P 3
Ben Nevis 218/219 GH 4
Bengasi 218/219 N 9
Beni-Abbès 222/223 C 4
Beni Mellal 222/223 B 4
Beni Suef 222/223 K 5
Benidorm 224/225 HJ 8
Benin 228/229.1 K 5
Bensheim 216/217 D 5
Beograd 222/223 GH 2
Beraun, Fluss 212 E 4
Berchtesgaden, Ort 214 E 5
Beresniki 218/219 U 4
Beresowo 224/225 V 3
Bergen (Norwegen) 218/219 JK 3
Bergland von Guayana 230 DE 3
Bergneustadt 216/217 B 2
Bergrheinfeld 216/217 G 4
Bergstraße, Landschaft 216/217 D 5
Bergtheim 216/217 FG 5
Bergufer (an der Wolga) 218/219 RS 5
Beringmeer 226/227.1 ST 3
Berka 216/217 G 3
Berknerinsel 231.2 1/2
Berlepsch 216/217 F 2
Berlin, Bundesland 213 E 2
Berlin, Stadt (Deutschland) 212 E 2
Bermudainseln 228/229.1 F 4
Bern 218/219 K 6
Bernburg, Stadt 214 D 3
Bernina 222/223 E 1
Berwartstein 216/217 B 6
Bessarabien 218/219 O 6
Bestwig 216/217 C 2
Betische Kordillere 222/223 C 3
Bever 216/217 B 1
Bevern 216/217 EF 1
Beyşehir Gölü 222/223 K 3
Bhutan 228/229.1 O 4
Biberach, Stadt (an der Riß) 212 C 4
Biblis 216/217 C 5
Bieber, Biebergemünd- 216/217 E 4
Bieberau, Groß- 216/217 D 5
Biebergemünd 216/217 E 4
Bieberstein 216/217 F 3
Biebertal 216/217 CD 3
Biebesheim 216/217 C 5
Biebrich 216/217 C 4
Biedenkopf 216/217 D 3
Bielefeld 212 C 2
Billigheim 216/217 E 6
Bilstein, Berg (Kaufunger Wald) 216/217 F 2
Bilstein, Berg (Vogelsberg) 216/217 E 4
Bilstein, Schloss (Sauerland) 216/217 BC 2
Bingen 212 B 4
Bingerbrück 216/217 B 5
Bingerwald 216/217 B 5
Birkenau 216/217 D 5
Birma → Myanmar
Birmingham (Großbritannien) 218/219 H 5
Birstein 216/217 E 4
Bischkek 228/229.1 N 3
Bischofferode (Thüringen) 216/217 GH 1/2
Bischofsheim (bei Rüsselsheim) 216/217 C 5
Biserta 216/217 KL 8
Biskra 218/219 K 9
Bitterfeld-Wolfen 214 E 3
Bjarntoorp 215.1 C 1
Blauort 215.2 E 1

ATLASREGISTER 233

Bleicherode 216/217 GH 2
Blomberg 216/217 E 1
Bloße Zelle 216/217 F 1
Bluefields 230 B 2
Blumenau 230 EF 6
Boa Vista 230 D 3
Bobenheim-Roxheim 216/217 C 5
Bochum 212 B 3
Bockenem 216/217 G 1
Bockum-Hövel 216/217 B 1
Bode, Fluss (zur Saale) 212 D 3
Bodenfelde 216/217 F 1
Bodenheim 216/217 C 5
Bodensee 212 C 5
Böhl-Iggelheim 216/217 C 6
Böhmen, Landschaft 212 EF 4
Böhmerwald 212 E 4
Bönen 216/217 B 1
Bogotá 230 C 3
Bohmstedt 215.1 C 1
Bolivien 230 D 5
Bologna 222/223 F 2
Bombay → Mumbai
Bongsieler Kanal 215.1 B 1
Boningraben 226/227.1 R 4
Bonininseln 228/229.1 R 4
Bonn 212 B 3
Boorlem 215.1 B 1
Bor 224/225 N 7
Borchen 216/217 D 1
Bordeaux 218/219 H 6/7
Bordelum 215.1 B 1
Borgentreich 216/217 E 1
Borgholz 216/217 E 1
Borgsum 215.1 A 1
Borigsem 215.1 A 1
Borken (Hessen) 216/217 E 2
Borkum, Insel 212 B 2
Borlänge 224/225 LM 3
Borna, Stadt 214 E 3
Borneo 228/229.1 P 5/6
Bornheim 216/217 B 4
Bornholm 218/219 LM 4/5
Bosnien-Herzegowina 220/221.1 K 7
Bosporus 222/223 J 2
Botsuana 228/229.1 L 7
Bottnischer Meerbusen 218/219 MN 2/3
Bottschlotter See 215.1 B 1
Bouveninsel 228/229.1 K 8
Bovenden 216/217 FG 1
Boxberg, Ort 216/217 F 6
Boyneburg 216/217 G 2
Bozen 222/223 F 1
Brackwede 216/217 C 1
Bräaklem 215.1 BC 1
Bräist 215.1 BC 1
Brahmaputra 226/227.1 O 4
Brakel (bei Höxter) 216/217 E 1
Bramwald 216/217 F 1/2
Brandenburg, Bundesland 213 EF 2
Brandenburg, Ruine 216/217 G 3
Brandenburg, Stadt 212 DE 2
Brasília 230 F 5
Brasilianisches Becken 226/227.1 HJ 6
Brasilianisches Bergland 230 EF 5
Brasilien 230 D-F 4
Brașov 222/223 J 1
Braubach 216/217 B 4
Braunfels 216/217 C 3
Braunlage 214 D 3
Braunschweig, Stadt 212 CD 2
Brdwald 212 EF 4
Brechen 216/217 C 4
Breckerfeld 216/217 AB 2
Bredelar 216/217 D 2
Breidenbach (Hessen) 216/217 C 3

Breitenworbis 216/217 GH 2
Breklum 215.1 BC 1
Bremen, Bundesland 213 C 2
Bremen, Stadt 212 C 2
Bremerhaven 212 C 2
Brend 216/217 G 4
Brensbach 216/217 D 5
Breschnew → Nabereschnyje Tschelny
Breslau 218/219 M 5
Brest (Frankreich) 218/219 GH 6
Brest (Weißrussland) 218/219 NO 5
Bretagne 218/219 H 6
Breuberg 216/217 DE 5
Breuna 216/217 E 2
Briloner Höhen 216/217 D 2
Brindisi 222/223 G 2
Brisbane 228/229.1 R 7
Bristol (Großbritannien) 218/219 H 5
Britische Inseln 218/219 FG 4/5
Brjansk 218/219 P 5
Brocken 212 D 3
Brokdorf 214 C 2
Bronnbach 216/217 F 5
Brotterode 216/217 GH 3
Bruchberg 216/217 GH 1
Bruchhauser Steine 216/217 CD 2
Bruchköbel 216/217 D 4
Brüssel 218/219 JK 5
Brüx 212 E 3
Brunei 228/229.1 P 5
Brunsbüttel 214 C 2
Bucaramanga 230 C 3
Buchenau (Hessen) 216/217 F 3
București 222/223 HJ 2
Budapest 222/223 GH 1
Budenheim 216/217 C 4/5
Budweis 212 F 4
Büdingen 216/217 E 4
Buenaventura 230 BC 3
Buenos-Aires-See 230 CD 8
Buenos Aires, Stadt 230 DE 7
Bürgstadt 216/217 E 5
Bürstadt 216/217 C 5
Büttelborn 216/217 CD 5
Bug, Fluss (zum Schwarzen Meer) 218/219 P 6
Bug, Fluss (zur Weichsel) 218/219 N 5
Bukarest 222/223 HJ 2
Bulgarien, Staat 220/221.1 LM 7
Bundesrepublik Deutschland 213
Burg Katz 216/217 B 4
Burg Maus 216/217 B 4
Burgalben, Waldfischbach- 216/217 B 6
Burgan 224/225 S 10
Burgas 222/223 J 2
Burgbernheim 216/217 G 6
Burghaun 216/217 F 3
Burghausen (Bayern) 214 E 4
Burgschwalbach 216/217 C 4
Burgsinn 216/217 F 4
Burgwald, Gebirge 216/217 D 3
Burkardroth 216/217 FG 4
Burkina Faso 228/229.1 JK 5
Bursa 222/223 J 2
Bursfelde 216/217 F 1
Burundi 228/229.1 L 6
Buschir 218/219 T 10
Buseck 216/217 D 3
Butzbach 216/217 D 4

C

Cabimas 230 CD 2
Cádiz (Spanien) 222/223 B 3
Cagliari 222/223 EF 3
Calden, Ort 216/217 E 2
Caldern 216/217 D 3
Cali 230 C 3
Callao 230 C 5
Camagüey 230 BC 1
Cametá 230 E 4
Campbellinsel 228/229.1 S 8
Campina Grande 230 G 4
Campinas 230 F 6
Campo Grande 230 E 5/6
Campos, Stadt 230 FG 6
Canberra 228/229.1 R 7
Cappel, Marburg- 216/217 D 3
Caquetá 230 C 3/4
Caracas 230 D 3
Cardiff 224/225 GH 5
Carnegieschwelle 230 B 4
Carolina 230 F 4
Cartagena (Kolumbien) 230 C 2
Cartagena (Spanien) 222/223 CD 3
Caruarú 230 G 4
Casablanca 218/219 FG 9
Casiquiare 230 D 3
Castell 216/217 G 5
Catania 222/223 G 3
Catanzaro 222/223 G 3
Cattenom 214 B 4
Cauca 230 C 3
Caxias do Sul 230 EF 6
Cayenne 230 E 3
Ceará 230 FG 4
Celebes 228/229.1 PQ 6
Celle 212 D 2
Cerro de Pasco 230 C 5
Cerro Marahuaca 230 D 3
Cerro Yaví 230 D 3
České Budějovice 212 EF 4
Ceuta 222/223 BC 3
Ceylon 226/227.1 O 5
Chabarowsk 228/229.1 QR 3
Chan-Chan 230 BC 4
Chanty-Mansijsk 218/219 W 3
Chapada Diamantina 230 F 5
Chargaoasen 222/223 K 5/6
Charkow 218/219 PQ 5/6
Chathaminseln 228/229.1 ST 8
Cheb 212 E 3
Chemnitz, Landesdirektion 213 E 3
Chemnitz, Stadt (Sachsen) 212 E 3
Chennai 228/229.1 O 5
Cherson 218/219 P 6
Chicago 228/229.1 E 3
Chiclayo 230 B 4
Chiemsee, See 212 E 5
Chile 230 CD 6-8
Chilebecken 230 BC 7
Chilenische Schwelle 230 AB 7/8
Chillán 230 C 7
Chiloé 230 C 8
Chimborazo 230 C 4
Chimbote 230 BC 4/5
China, Volksrepublik 228/229.1 OP 4
Chios, Insel 222/223 J 3
Chirripó 230 B 3
Chișinău 218/219 OP 6
Chiwa 218/219 V 7
Chomutov 212 E 3
Christenberg 216/217 D 3
Christmasinsel (Indischer Ozean) 228/229.1 P 6
Christmasinsel (Pazifischer Ozean) 226/227.1 B 5
Chubut 230 D 8
Ciudad Bolívar 230 D 3
Ciudad Guayana 230 D 3
Clarholz, Herzebrock- 216/217 C 1
Clippertoninsel 228/229.1 D 5
Cluj-Napoca 222/223 HJ 1
Coast Mountains 226/227.1 C 3

Coast Range 226/227.1 CD 3/4
Coatsland 231.2 34/35
Coburg, Stadt 212 D 3
Cochem 212 B 3
Cölbe 216/217 D 3
Coimbra 222/223 B 2
Colmar 212 B 4
Colombo 228/229.1 N 5
Colón 230 C 2/3
Comodoro Rivadavia 230 DE 8
Concepción (Chile) 230 C 7
Concepción (Paraguay) 230 E 6
Constanța 222/223 JK 2
Constantine 218/219 K 8
Copiapó 230 C 6
Córdoba (Argentinien) 230 D 7
Córdoba (Spanien) 222/223 C 3
Cork 218/219 G 5
Corrientes 230 E 6
Corumbá 230 E 5
Corvey 216/217 E 1
Cosenza 222/223 G 3
Costa Blanca 222/223 CD 3
Costa Brava 222/223 D 2
Costa del Sol 222/223 C 3
Costa Rica 230 B 2
Côte d'Ivoire 228/229.1 J 5
Cotopaxi 230 C 4
Cottbus, Stadt 212 EF 3
Crailsheim 212 D 4
Craiova 222/223 H 2
Creglingen 216/217 G 6
Cres, Insel 222/223 F 2
Creuzburg 216/217 G 2
Crottorf 216/217 B 3
Crozetinseln 228/229.1 M 8
Cruzeiro do Sul 230 CD 4
Cúcuta 230 C 3
Cuenca (Ecuador) 230 C 4
Cuiabá 230 E 5
Cumaná 230 D 3
Curaçao 230 D 2
Curitiba 230 F 6
Cuxhaven 212 C 2
Cuzco 230 C 5
Cyrenaika 218/219 N 9
Czernowitz 218/219 NO 6

D

Daaden 216/217 B 3
Dachlaoasen 222/223 J 5
Dachstein, Berg 212 E 5
Dänemark, Staat 220/221.1 HJ 4
Dagebüll 215.1 B 1
Dagebüllhafen 215.1 B 1
Dagö 218/219 N 4
Dahra 222/223 G 5
Dakar 228/229.1 HJ 5
Dalmatien, Landschaft 222/223 G 2
Damanhur 222/223 K 4
Damaskus 222/223 L 4
Damawand 218/219 T 8
Damiette 222/223 K 4
Dammersfeld 216/217 F 4
Danzig 218/219 M 5
Dardanellen 222/223 J 2/3
Daressalam 228/229.1 LM 6
Darmstadt, Regierungsbezirk 213 C 3
Darmstadt, Stadt 216/217 D 5
Darß 212 E 1
Darwasa 224/225 U 7
Dassel 216/217 F 1
Dautphetal 216/217 CD 3
Davert 216/217 B 1
Debrecen 222/223 GH 1
Dechenhöhle 216/217 B 2
Deidesheim 216/217 C 6
Delbrück 216/217 CD 1
Delfzijl 214 B 2
Delhi 226/227.1 N 4

Delligsen 216/217 F 1
Delmenhorst 212 C 2
Delphi 222/223 H 3
Demokratische Republik Kongo 228/229.1 KL 6
Denizli 222/223 J 3
Der Kanal 218/219 GH 5/6
Dermbach 216/217 G 3
Desenberg 216/217 E 1/2
Dessau-Roßlau 212 DE 3
Detmold, Regierungsbezirk 213 C 3
Detmold, Stadt 212 C 3
Dettelbach 216/217 G 5
Deutschland 213
Dhaun 216/217 B 5
Dickschied-Geroldstein 216/217 B 4
Dieburg 216/217 D 5
Diedenhofen 212 B 4
Diego Garcia 228/229.1 N 6
Diemel 216/217 E 1
Diemelsee, Ort 216/217 D 2
Diemelstadt 216/217 DE 2
Diemeltalsperre 216/217 D 2
Diepholz, Stadt 214 BC 2
Dierdorf 216/217 B 3
Dietkirchen 216/217 C 4
Dietzenbach 216/217 D 4/5
Dietzhölztal 216/217 C 3
Dijon 224/225 JK 6
Dill 216/217 C 3
Dillenburg 216/217 C 3
Dilsberg 216/217 D 6
Dinarisches Gebirge 222/223 G 1/2
Ding-Sönj 215.1 B 1
Dirmstein 216/217 C 5
Disful 218/219 S 9
Distelrasentunnel 216/217 EF 4
Distomon 224/225 N 8
Divrigi 224/225 Q 8
Diyarbakir 218/219 QR 8
Dnjepr 218/219 P 5/6
Dnjepropetrowsk 218/219 PQ 6
Dnjestr 218/219 O 6
Dobrudscha 222/223 J 1/2
Dodoma 228/229.1 L 6
Dörenschlucht 216/217 D 1
Dörnigheim 216/217 D 4
Dörzbach 216/217 F 6
Dolmar 216/217 GH 3
Dolomiten 222/223 F 1
Dominica 230 DE 2
Dominikanische Republik 230 CD 1/2
Don 218/219 R 6
Donau 218/219 M 6
Donaudelta 222/223 JK 1/2
Donez 218/219 Q 6
Donezk (Ukraine) 218/219 Q 6
Doogebel 215.1 B 1
Doogebelhuuwen 215.1 B 1
Dornburg, Berg 216/217 C 3
Dornburg, Ort 216/217 C 3/4
Dorndorf 216/217 G 3
Dornheim 216/217 C 5
Dorpat 218/219 O 4
Dortmund 212 B 3
Dortmund-Ems-Kanal 212 B 2
Dorumer Neufeld 215.2 E 2
Dossenheim 216/217 D 6
Drachenfels (Haardt) 216/217 C 6
Drakensberge 226/227.1 L 7
Drakestraße 231.2 3
Dransfeld 216/217 F 1/2
Drau 222/223 G 1
Dreieich 216/217 CD 1
Dreistelzberg 216/217 F 4
Drelsdorf 215.1 C 1

Drensteinfurt 216/217 B 1
Dresden, Landesdirektion 213 EF 3
Dresden, Stadt 212 EF 3
Drittes Baku 224/225 X 3
Drolshagen 216/217 B 2
Drygalskiinsel 231.2 23
Dschalo, Oase 222/223 H 5
Dschebel Katharina 222/223 K 5
Dschebel Tubkal 218/219 G 9
Dschelfa 222/223 D 4
Dscherba 222/223 F 4
Dschibuti, Staat 228/229.1 M 5
Dschussaly 224/225 V 6
Dublin 218/219 G 5
Dubrovnik 222/223 G 2
Dudenhofen (bei Speyer) 216/217 C 6
Düna 218/219 O 4
Dünaburg 218/219 O 4
Dünsberg 216/217 D 3
Düren, Stadt 212 B 3
Duero 218/219 G 7
Düsseldorf, Regierungsbezirk 213 B 3
Düsseldorf, Stadt 212 B 3
Duhnen, Cuxhaven- 215.2 E 2
Duingen 216/217 F 1
Duisburg 212 B 3
Duoro 222/223 B 2
Durmitor 222/223 G 2
Duschanbe 228/229.1 N 3/4
Dutch Harbor 231.1 31
Dwina 218/219 R 3

E

Ebenhausen, Oerlenbach- 216/217 G 4
Ebergötzen 216/217 G 1
Ebernburg 216/217 B 5
Eberswalde 212 E 2
Ebrach 216/217 G 5
Ebro 222/223 C 2
Ebschloh 216/217 C 3
Ebsdorfergrund 216/217 D 3
Echzell 216/217 D 4
Ecuador 230 BC 4
Edenkoben 216/217 C 6
Eder 216/217 D 2
Edermünde 216/217 E 2
Edersee, See 216/217 D 2
Edesheim 216/217 C 6
Edinburgh 218/219 H 4
Edirne 222/223 J 2
Efze 216/217 E 2
Egelsbach 216/217 D 5
Eger, Stadt (Tschechische Republik) 212 E 3
Egge 212 C 3
Ehrenberg 216/217 G 4
Ehringshausen 216/217 C 3
Eibelstadt 216/217 F 5
Eich (am Rhein) 216/217 C 5
Eichenberg 216/217 F 2
Eickelborn 216/217 C 1
Eider 212 C 1
Eifel, Gebirge 212 B 3
Einhartsbasilika 216/217 D 5
Einhorn-Höhle 216/217 G 1
Eisberg 216/217 F 2
Eisenach, Stadt 212 D 3
Eisenbach, Burg 216/217 E 3
Eisenberg, Berg (bei Korbach) 216/217 D 2
Eisenberg, Berg (Knüll) 216/217 F 3
Eisenberg, Ort (Pfalz) 216/217 C 5
Eisenhüttenstadt 214 F 2
Eiserfeld 216/217 BC 3
Eismitte 231.1 18
Eiterfeld 216/217 F 3
Ekofisk 224/225 JK 4

El Salvador, Staat 228/229.1 E 5
Elat 222/223 K 5
Elazig 222/223 L 3
Elba 222/223 EF 2
Elbbach 216/217 BC 3
Elbe (zur Eder) 216/217 E 2
Elbe (zur Nordsee) 212 D 2
Elbe-Seitenkanal 212 D 2
Elbrus 218/219 R 7
Elbursgebirge 218/219 T 8
Elde 212 D 2
Elfenbeinküste → Côte d'Ivoire
Elisabeth-Sophien-Koog 215.1 B 1/2
Ellerspring 216/217 B 5
Ellesmereland 226/227.1 EF 1/2
Elliceinseln 226/227.1 ST 6
Ellsworthland 231.2 6
Elm, Ortsteil 216/217 F 4
Elmshorn 212 CD 2
Elmstein 216/217 BC 6
Elsenz 216/217 D 6
Eltville 216/217 C 4
Elz 216/217 C 4
Elztal 216/217 E 6
Emba 218/219 U 6
Emden 212 B 2
Emmelshausen 216/217 AB 4
Emmen 212 B 2
Emmer 216/217 E 1
Ems (zur Lahn) 216/217 C 4
Ems (zur Nordsee) 212 B 2
Emsland 212 B 2
Encarnación 230 E 6
Enderbyland 231.2 27/28
Enge-Sande 215.1 B 1
Engelberg 216/217 E 5
Engels 218/219 S 5
Enkenbach-Alsenborn 216/217 BC 5/6
Ennigerloh 216/217 BC 1
Enns, Fluss 212 F 5
Enschede 212 B 2
Ense 216/217 BC 2
Entre Ríos 230 E 6/7
Ephesus, Ruinenstätte 222/223 J 3
Epinal 212 B 4
Eppenbrunn 216/217 B 6
Eppstein (bei Wiesbaden) 216/217 C 4
Erbach, Stadt (Odenwald) 216/217 E 5
Erciyas Dag 222/223 L 3
Erebus, Mount 231.2 14/15
Erfa 216/217 E 5
Erfurt, Stadt 212 D 3
Erg Schesch 222/223 C 5
Ergani 224/225 Q 8
Eritrea 228/229.1 LM 5
Eriwan 218/219 R 7
Erlangen 212 D 4
Erlensee 216/217 DE 4
Erndtebrück 216/217 C 3
Ershausen 216/217 G 2
Erzgebirge 212 E 3
Erzhausen (bei Darmstadt) 216/217 D 5
Erzurum 218/219 R 7/8
Eschenburg 216/217 C 3
Escherndorf 216/217 G 5
Eschershausen 216/217 F 1
Eschwege 216/217 FG 2
Eselshöhe 216/217 E 4
Eskişehir 222/223 JK 3
Eslohe 216/217 C 2
Esquel 230 C 8
Esseg 222/223 G 1
Essen (Ruhrgebiet) 212 B 3
Esslingen, Stadt 212 C 4
Estland 220/221.1 LM 4
Euböa 222/223 H 3
Euphrat 218/219 R 9
Euphrat, Westlicher 222/223 LM 3
Europa 218/219

Europäisches Nordmeer 218/219 G-L 2

F

Färöer 218/219 G 3
Fahretoft 215.1 B 1
Falkenau 214 E 3
Falklandinseln 230 DE 8/9
Falster 212 DE 1
Fanningrücken 226/227.1 AB 5/6
Farafraoasen 222/223 J 5
Farnroda, Wutha- 216/217 G 3
Fasanerie, Schloss (bei Fulda) 216/217 F 3
Fedderwardersiel, Butjadingen- 215.2 D 2
Feer 215.1 B 1
Fehmarn 212 D 1
Feira de Santana 230 FG 5
Felda (zur Werra) 216/217 G 3
Feldberg, Berg (Schwarzwald) 212 B 5
Felsberg, Stadt 216/217 E 2
Felsengebirge → Rocky Mountains
Fernando de Noronha 230 GH 4
Fès 218/219 GH 9
Feste Ehrenbreitstein 216/217 B 4
Feste Marienberg 216/217 F 5
Fethiye 224/225 OP 8
Feudingen 216/217 C 3
Feuerland 230 D 9
Fichtelgebirge, Gebirge 212 DE 3/4
Fidschi 228/229.1 S 6
Fidschiinseln 226/227.1 S 6
Figuig 222/223 C 4
Filchner-Schelfeis 231.2 35-1
Finnentrop 216/217 B 2
Finnische Seenplatte 218/219 NO 3
Finnischer Meerbusen 218/219 NO 3/4
Finnland, Staat 220/221.1 M 2/3
Fjäål 215.1 C 1
Fladungen 216/217 G 3
Fläming 212 E 2/3
Flammersfeld 216/217 B 3
Fleckertshöhe 216/217 B 4
Flensburg 212 C 1
Flieden 216/217 F 4
Flörsheim 216/217 C 4
Flötsbachtal 216/217 EF 4
Floh 216/217 G 3
Flonheim 216/217 C 5
Florenz 222/223 F 2
Florianópolis 230 F 6
Florstadt 216/217 D 4
Föhr 212 C 1
Foggia 222/223 G 2
Foortuft 215.1 B 1
Forst (Baden-Württemberg) 216/217 D 6
Fort Schewtschenko 218/219 T 7
Fortaleza 230 G 4
Forties 224/225 J 4
Fränkische Alb, Gebirge 212 D 4
Frammersbach 216/217 E 4
Frankenau 216/217 DE 2
Frankenberg, Schloss 216/217 G 5
Frankenberg, Stadt (an der Eder) 216/217 D 2
Frankenwald, Gebirge 212 D 3
Frankfurt, Stadt (am Main) 216/217 D 4
Frankfurt, Stadt (an der Oder) 212 F 2
Frankreich, Staat 220/221.1 FG 6
Franz-Josef-Land 228/229.1 MN 2

Französisch-Guayana 230 E 3
Frauenberg 216/217 D 3
Frauensee 216/217 D 3
Freckenhorst 216/217 BC 1
Freden 216/217 F 1
Freiberg (Sachsen) 212 E 3
Freiburg, Regierungsbezirk 213 BC 4
Freiburg, Stadt (Breisgau) 212 B 4/5
Freienohl 216/217 C 2
Freiensteinau 216/217 E 4
Freigericht 216/217 E 4
Freising, Stadt 212 D 4
Freudenberg (am Main) 216/217 E 5
Freudenberg (Siegerland) 216/217 B 3
Freudenstadt, Stadt 214 C 4
Friedewald (Westerwald) 216/217 B 3
Friedrichsdorf 216/217 D 4
Friedrichshafen 212 C 5
Friedrichskoog 215.2 E 2
Frielendorf 216/217 E 3
Fritzlar 216/217 E 2
Fröndenberg 216/217 B 2
Frohnhausen, Dillenburg- 216/217 C 3
Fronhausen 216/217 D 3
Frunse → Bischkek
Fünfkirchen 222/223 G 1
Fürstenau, Schloss 216/217 E 5
Fürstenberg (an der Weser) 216/217 EF 1
Fürstenberg (bei Paderborn) 216/217 D 1
Fürstenberg, Lichtenfels- (Waldeck) 216/217 D 2
Fürth (bei Nürnberg) 212 D 4
Fürth (Odenwald) 216/217 D 5
Füssen 214 D 5
Fulda, Fluss 216/217 F 2
Fulda, Stadt 216/217 F 3
Fuldatal 216/217 F 2

G

Gabès 218/219 KL 9
Gabun 228/229.1 K 6
Gach Saran 224/225 T 9
Gävle 224/225 M 3
Gafsa 222/223 K 9
Gahrenberg 216/217 EF 2
Gaibach 216/217 G 5
Galápagosinseln 230 AB 3/4
Galați 222/223 J 1
Galdhöpigg 218/219 K 3
Galicien, Landschaft (Spanien) 222/223 B 2
Gambach 216/217 D 4
Gambia, Staat 228/229.1 HJ 5
Gamburg 216/217 F 5
Ganges 228/229.1 O 4
Gardasee 222/223 F 1
Garmisch-Partenkirchen, Ort 212 D 5
Garonne 218/219 HJ 7
Garte 216/217 G 2
Gasan-Kuli 218/219 T 8
Gau-Algesheim 216/217 BC 5
Gau-Odernheim 216/217 C 5
Gaußberg 231.2 24
Gaza 222/223 K 4
Gaziantep 222/223 L 3
Gebaberg 216/217 G 3
Gebweiler 216/217 B 5
Gedern 216/217 E 4
Gedser 212 DE 1
Geesthacht 216/217 D 2
Geisa 216/217 FG 3
Geisenheim 216/217 BC 5
Geislingen 216/217 G 2
Geislingen (an der Steige) 214 C 4

Geismar (Thüringen) 216/217 G 2
Gelchsheim 216/217 F 5
Gelnhausen 216/217 E 4
Gelsenkirchen 212 B 3
Gelün 215.1 C 1
Gemünden (an der Felda) 216/217 E 3
Gemünden (an der Wohra) 216/217 AB 5
Gemünden (Hunsrück) 216/217 AB 5
Genf 218/219 K 6
Gensungen 216/217 EF 2
Genua, Stadt 222/223 E 2
Georgetown 230 E 3
Georgien 228/229.1 M 3
Gera, Stadt 212 DE 3
Gerau, Groß- 216/217 C 5
Gerbrunn 216/217 FG 5
Gernsheim 216/217 CD 5
Geroldstein, Dickschied- 216/217 B 4
Gersfeld 216/217 F 4
Gersprenz 216/217 D 5
Gerstungen 216/217 G 3
Gesellschaftsinseln 226/227.1 B 6
Ghana 228/229.1 J 5
Ghardaia 222/223 D 4
Giandscha 218/219 S 7
Gibraltar 222/223 BC 3
Giebelstadt 216/217 F 5
Gieboldehausen 216/217 F 2
Gießen, Regierungsbezirk 213 C 3
Gießen, Stadt 216/217 D 3
Gijón 222/223 B 2
Gilbertinseln 226/227.1 S 5
Ginsheim-Gustavsburg 216/217 C 5
Giseh, Stadt 218/219 OP 9
Gladbach 216/217 D 3
Gladenbacher Bergland 216/217 CD 3
Glauburg, Ort 216/217 E 4
Glauburg, Ruine 216/217 DE 4
Gleiberg 216/217 D 3
Gleichen 216/217 FG 2
Glenne 216/217 C 1
Gobi 226/227.1 P 3
Gochsheim 216/217 G 4
Göktaş 224/225 R 7
Göllheim 216/217 C 5
Görlitz (Polen) 212 F 3
Göteborg 218/219 L 4
Göttingen, Stadt 212 CD 3
Goiânia 230 EF 5
Goiás 230 F 5
Goldbach 216/217 E 4/5
Goldelund 215.1 C 1
Golf von Akaba 222/223 K 5
Golf von Bengalen 226/227.1 O 5
Golf von Biskaya 218/219 H 7
Golf von Darién 230 C 2/3
Golf von Iskenderun 222/223 KL 3
Golf von Mexiko 226/227.1 E 4
Golf von Panamá 230 C 3
Golf von Sues 222/223 K 5
Golf von Tarent 222/223 G 2/3
Gollach 216/217 G 5
Gomel 218/219 P 5
Gorgan 218/219 TU 8
Gorki → Nischni Nowgorod
Gorlowka 222/223 L 1
Goslar 212 D 2
Goting 215.1 A 1
Gotland 218/219 M 4
Goughinsel 228/229.1 J 8
Graben-Neudorf 216/217 CD 6
Grävenwiesbach 216/217 C 4
Grafschaft 216/217 C 2

Grahamland 231.2 3
Gran Chaco 230 DE 5/6
Gran Sasso d'Italia 222/223 F 2
Grasellenbach 216/217 D 5
Graz 218/219 M 6
Great Plains 226/227.1 DE 3/4
Grebenhain 216/217 E 4
Grebenstein 216/217 E 2
Greene 216/217 F 1
Greifenstein, Ort 216/217 C 3
Greifenstein, Ruine 216/217 C 3
Greifswald, Stadt 212 E 1
Greiz, Stadt 212 DE 3
Grenada 230 DE 2
Grettstadt 216/217 G 5
Grevenbrück 216/217 C 2
Griechenland, Staat 220/221.1 L 8
Griesheim (bei Darmstadt) 216/217 C 5
Gröde-Appelland 215.1 B 1
Grönland 228/229.1 GH 2
Grönlandbecken 231.1 14/15
Gröoe-Äpellöön 215.1 B 1
Grohnde 214 C 2
Groningen 212 B 2
Grosny 218/219 RS 7
Groß-Bieberau 216/217 D 5
Groß-Gerau, Stadt 216/217 C 5
Groß Rhüden 216/217 G 1
Groß-Umstadt 216/217 DE 5
Groß-Zimmern 216/217 D 5
Großalmerode 216/217 F 2
Großauheim 216/217 DE 4
Großbritannien, Staat 220/221.1 F 4/5
Große Australische Bucht 226/227.1 Q 7
Große Blöße 216/217 F 1
Große Niester 216/217 BC 3
Große Salzwüste 218/219 TU 9
Große Syrte 218/219 M 9
Großenlüder 216/217 EF 3
Großer Arber 212 E 4
Großer Feldberg (Taunus) 216/217 CD 4
Großer Knollen 216/217 G 1
Großer Vogelsand 215.2 E 1
Großes Meer 215.2 B 3
Großglockner 218/219 L 6
Großheubach 216/217 E 5
Großkrotzenburg 216/217 D 4
Grotenburg 216/217 D 1
Grünsfeld 216/217 F 5
Grusinien → Georgien
Guadalquivir 222/223 BC 3
Guadeloupe 230 DE 2
Guadiana 222/223 C 3
Guam 228/229.1 R 5
Guantánamo 230 C 1
Guaporé 230 D 5
Guatemala, Staat 228/229.1 E 5
Guating 215.1 A 1
Guayanabecken 230 FG 3
Guayanaschwelle 230 F 3
Guayaquil 230 B 4
Guben (Niederlausitz) 212 F 3
Gudensberg 216/217 E 2
Guebwiller 212 B 5
Güstrow, Stadt 212 E 2
Gütersloh 212 BC 3
Guinea 228/229.1 J 5
Guinea-Bissau 228/229.1 HJ 5

Guineabecken 226/227.1 J 5/6
Guineaschwelle 226/227.1 JK 5/6
Guldenbach 216/217 B 5
Guleman 224/225 QR 8
Gummersbach 214 BC 3
Gundremmingen 214 D 4
Guntersblum 216/217 C 5
Guntershausen 216/217 EF 2
Gurjew → Atyrau
Gustavsburg, Ginsheim- 216/217 C 5
Gutenfels 216/217 B 4
Guttenberg 216/217 E 6
Guyana 230 DE 3

H

Haabel 215.1 B 1
Haardt, Gebirgszug 212 BC 4
Haast 215.1 C 1
Habel 215.1 B 1
Haberlberg 216/217 FG 3
Habichtswald, Gebirge 216/217 E 2
Hachenburg 216/217 B 3
Hadamar 216/217 C 4
Häärup 215.1 C 1
Hämelschenburg 216/217 E 1
Hagen (Westfalen) 212 B 3
Hagenau, Stadt 212 B 4
Hahle 216/217 G 1
Hahnenkamm (Unterfranken) 216/217 F 5
Haibach 216/217 E 5
Haiderabad (Indien) 228/229.1 NO 5
Haifa 222/223 KL 4
Haiger 216/217 C 3
Haina 216/217 D 2
Haiti 230 C 2
Halab 222/223 L 3
Halbinsel Kanin 218/219 RS 2
Halbinsel Kola 218/219 Q 2
Halbinsel Taitao 230 C 8
Halbinsel Valdés 230 D 8
Halle, Stadt (an der Saale) 212 DE 3
Hallenberg (Sauerland) 216/217 C 3
Hallie 215.1 B 1
Halver 216/217 AB 2
Hamadan 218/219 S 9
Hamborjer Hali 215.1 B 1
Hamburg, Bundesland 213 D 2
Hamburg, Stadt 212 CD 2
Hamburger Hallig 215.1 B 1
Hamburgisches Wattenmeer, Nationalpark 215.2 CD 2
Hameln 212 C 2
Hamm (Westfalen) 212 BC 3
Hammada al-Hamra 222/223 F 5
Hammamet 224/225 L 8
Hammerfest 218/219 NO 1
Hamswehrumer Leeshaus 215.2 B 2
Hanau, Stadt 216/217 D 4
Hannover, Stadt 212 C 2
Hannoversch Münden, Stadt 216/217 F 2
Hanoi 228/229.1 P 4
Hanstein 216/217 FG 2
Harare 228/229.1 L 6
Hardberg 216/217 D 5
Hardegsen 216/217 F 1
Hardenberg, Nörten- 216/217 F 1/2
Hardenburg 216/217 C 6
Hardheim 216/217 EF 5
Harsewinkel 216/217 C 1
Harz, Gebirge 212 D 3
Hase 212 B 2
Haselund 215.1 C 1

Hassi Messaud 224/225 H 9
Haßmersheim 216/217 E 6
Hattdorf 216/217 G 1
Hattersheim 216/217 C 4
Hattstedt 215.1 C 1
Hatzfeld 216/217 D 2/3
Hauenstein 216/217 B 6
Hauke-Haien-Koog 215.1 B 1
Haune 216/217 F 3
Hauneck 216/217 F 3
Haus Assen 216/217 C 1
Haus Borg 216/217 B 1
Haus Vornholz 216/217 C 1
Haustenbach 216/217 CD 1
Havanna 228/229.1 E 4
Havel, Fluss 212 E 2
Havixbeck 216/217 A 1
Hawaii 226/227.1 B 5
Hawaii-Inseln 226/227.1 AB 4
Hawaiirücken 226/227.1 AB 4/5
Heardinsel 228/229.1 NO 8
Hebriden 218/219 G 4
Heddesheim 216/217 C 5
Heide (Holstein) 214 C 1
Heidelberg, Stadt 212 C 4
Heidelstein 216/217 FG 4
Heidenheim (an der Brenz) 212 D 4
Heidenrod 216/217 BC 4
Heidesheim 216/217 C 5
Heigenbrücken 216/217 E 4
Heilbronn, Stadt 212 C 4
Heiligenstuhl 216/217 BC 2
Heldra 216/217 G 2
Heldrastein 216/217 G 2
Helgoland 214 BC 1
Hellweg 216/217 BC 1
Helmarshausen 216/217 EF 1
Helmsand 215.2 E 1
Helmstedt, Stadt 212 D 2
Helsinki 218/219 NO 3
Hemer 216/217 B 2
Hemsbach 216/217 D 5
Hengelo 214 B 2
Henneberg 216/217 G 3/4
Henneburg 216/217 E 5
Hennetalsperre 216/217 C 2
Heppenheim 216/217 D 5
Herborn 216/217 C 3
Herbstein 216/217 E 3
Herchen 216/217 B 3
Herdorf 216/217 B 3
Herford 212 C 2
Heringen (an der Werra) 216/217 FG 3
Herkules, Denkmal (bei Kassel) 216/217 E 2
Hermannsdenkmal 216/217 D 1
Hermannstadt 222/223 HJ 1
Herrgottskirche 216/217 FG 6
Herringen 216/217 B 1
Herschbach 216/217 B 3
Herscheid 216/217 B 2
Herxheim 216/217 C 6
Herzberg, Burg (Knüll) 216/217 E 3
Herzebrock-Clarholz 216/217 C 1
Herzegowina, Bosnien- 220/221.1 K 7
Herzfeld 216/217 C 1
Hessel 216/217 C 1
Hessen, Bundesland 213 C 3
Hessenstein 216/217 D 2
Hessisch Lichtenau 216/217 F 2
Hettenleidelheim 216/217 C 5
Hettstedt 214 D 3
Heuchelheim 216/217 D 3

Heusenstamm 216/217 D 4
Heverstrom 215.1 B 2
Heyerode 216/217 G 2
Hilchenbach 216/217 C 2/3
Hilders 216/217 FG 3
Hildesheim, Stadt 212 C 2
Hilligenley 215.1 B 1
Hillscheid 216/217 B 4
Hiltrup 216/217 B 1
Himalaya 226/227.1 NO 4
Himmelstedt 216/217 F 5
Hindukusch 226/227.1 N 4
Hinterindien 226/227.1 OP 4/5
Hirschberg, Ortsteil (bei Warstein) 216/217 C 2
Hirschhorn 216/217 D 6
Hirzenhain (am Vogelsberg) 216/217 E 4
Hispaniola 230 C 2
Ho-Tschi-Minh-Stadt 228/229.1 P 5
Hochheim 216/217 C 4
Hochland der Schotts 218/219 HJ 8/9
Hochspeyer 216/217 B 6
Hochstetten, Linkenheim- 216/217 CD 6
Höchberg 216/217 F 5
Höchst, Frankfurt- 216/217 CD 4
Högel 215.1 C 1
Hönebach 216/217 F 3
Hönne 216/217 B 2
Höögel 215.1 C 1
Höpfingen 216/217 EF 5
Hörnem 215.1 A 1
Hörnumtief 215.1 A 1
Hörsel 216/217 G 3
Hörselberge 216/217 G 3
Hörup 215.1 C 1
Hösbach 216/217 E 4
Hövel, Bockum- 216/217 B 1
Hövelhof 216/217 D 1
Hof, Stadt (Franken) 212 D 3
Hofbieber 216/217 F 3
Hofgeismar 216/217 E 1/2
Hofheim (Taunus) 216/217 C 4
Hohe Bracht 216/217 BC 2
Hohe Hagen 216/217 F 2
Hohe Kanzel 216/217 C 4
Hohe Leite 216/217 G 6
Hohe Tauern 212 E 5
Hohe Wurzel 216/217 C 4
Hohenahr 216/217 CD 3
Hohenlandsberg 216/217 G 5
Hohenrodskopf 216/217 E 3
Hohensolms 216/217 CD 3
Hohenstein (Taunus) 216/217 BC 4
Hoher Atlas 218/219 G 9
Hohes Lohr 216/217 DE 2
Hohes Venn 212 AB 3
Holguín 230 C 1
Homberg (an der Efze) 216/217 E 2
Homberg (an der Ohm) 216/217 DE 3
Homburg, Burg 216/217 F 5
Homburg, Ruine 216/217 F 4
Homburg, Schloss 216/217 B 3
Homs 222/223 L 4
Honduras 230 B 2
Hongkong 228/229.1 PQ 4
Honschu 226/227.1 Q 4
Hoolme 215.1 B 1
Hoorne 215.1 B 1
Hoorst 215.1 C 1
Hornberg, Ruine (am Neckar) 216/217 E 5
Horst, Berg (Spessart) 216/217 E 4
Horstedt 215.1 C 1
Houston 228/229.1 E 4
Hoyerswerda 212 EF 3

Huancayo 230 C 5
Huascarán 230 C 4
Hudsonbai 226/227.1 E 2/3
Hülshoff 216/217 AB 1
Hünfeld 216/217 F 3
Hünfelden 216/217 C 4
Hünstetten 216/217 C 4
Hüsem 215.1 C 2
Hüsten, Neheim- 216/217 BC 2
Hüttental 216/217 BC 3
Hundheim, Offenbach- 216/217 B 5
Hunedoara 224/225 N 7
Hungen 216/217 D 4
Hunsrück, Gebirge 212 B 3/4
Hunte 212 C 2
Husum 212 C 1
Huuge 215.1 B 1
Hwangho 226/227.1 P 4

I

Iași 222/223 J 1
Ibagué 230 C 3
Ibiza, Insel 222/223 D 3
Iburg 216/217 DE 1
Içá, Fluss 230 D 4
Ica, Stadt (Peru) 230 C 5
Idar-Oberstein 212 B 4
Idstein 216/217 C 4
Iggelheim, Böhl- 216/217 C 6
Iguacú 230 E 6
Iguacúfälle 230 E 6
Ilhéus 230 G 5
Illampu 230 D 5
Iller 212 D 4
Illimani 230 D 5
Ilme 216/217 F 1
Ilmensee 218/219 OP 4
Immenhausen 216/217 EF 2
Immenstedt 215.1 C 1
In Amenas 222/223 E 5
Indalsälv 218/219 LM 3
Indien 228/229.1 NO 4
Indisch-Antarktischer Rücken 226/227.1 OP 8
Indisch-Antarktisches Becken 226/227.1 O-Q 8
Indischer Ozean 228/229.1 M-O 6/7
Indonesien 228/229.1 PQ 6
Indus 226/227.1 N 4
Ingolstadt (Oberbayern) 212 D 4
Inn 212 E 4
Innerste 216/217 G 1
Innsbruck 218/219 L 6
Inselsberg 216/217 GH 3
Inta 224/225 UV 2
Ioannina 222/223 H 3
Ionische Inseln 222/223 GH 3
Ionisches Meer 222/223 G 3
Ippesheim 216/217 G 5
Iquique 230 C 5
Iquitos 230 C 4
Irak 228/229.1 M 4
Iraklion 222/223 HJ 3
Iran 228/229.1 M 4
Irbid 222/223 L 4
Iriri 230 E 4
Irische See 218/219 GH 5
Irkutsk 228/229.1 OP 3
Irland, Staat 220/221.1 E 5
Irtysch 218/219 X 3/4
Isar 212 E 4
Ischewsk 218/219 T 4
Ischim 218/219 W 5
Ischimsteppe 218/219 WX 4/5
Isenach 216/217 C 6
Isfahan 218/219 T 9
Iskenderun 222/223 L 3
Islamabad 228/229.1 NO 4
Island 220/221.1 B-D 2
Islandbecken 218/219 D 3/4
Israel 222/223 K 4

Istanbul 222/223 J 2
Istha 216/217 E 2
Istrien 222/223 F 1/2
Itacoatiara 230 E 4
Italien, Staat 220/221.1 H-K 6/7
Itatiaia 230 F 6
Itzehoe 212 C 2
Iwano-Frankowsk 222/223 HJ 1
Iwanowo 218/219 R 4
Izmir 222/223 J 3
Izmit 222/223 JK 2

J

Jablonowygebirge 226/227.1 P 3
Jagst 212 C 4
Jakarta 228/229.1 P 6
Jalta 218/219 PQ 7
Jamaika 230 BC 2
Jamaikaschwelle 230 BC 2
Jamantau 218/219 U 5
Jan Mayen 231.1 14/15
Jangtsekiang 226/227.1 P 4
Jap 228/229.1 QR 5
Japan 228/229.1 QR 4
Japanisches Meer 226/227.1 QR 3/4
Japsand 215.1 A 1
Japsöön 215.1 A 1
Japurá 230 D 4
Jaroslawl 218/219 Q 4
Jataí 230 E 5
Java 228/229.1 P 6
Jekaterinburg 218/219 V 4
Jemen 228/229.1 M 5
Jena, Stadt 212 D 3
Jenissei 228/229.1 O 2
Jerusalem 222/223 KL 4
Jesberg 216/217 E 3
Jesd 218/219 TU 9
Ji-Paraná, Stadt 230 DE 5
João Pessoa 230 GH 4
Jöömst 215.1 C 1
Johannesburg 226/227.1 KL 7
Johannisberg 216/217 BC 4/5
Joinville 230 F 6
Joldelund 215.1 C 1
Jordanien 222/223 L 4
Jossa 216/217 F 4
Juan-Fernández-Inseln 230 BC 7
Juàzeiro 230 FG 4/5
Juàzeiro do Norte 230 FG 4
Jugenheim, Seeheim- 216/217 D 5
Juneau 228/229.1 C 3
Juruá 230 D 4

K

Kabul 228/229.1 N 4
Kachowkaer Stausee 218/219 P 6
Kahl, Fluss 216/217 E 4
Kahl, Ort 216/217 E 4
Kahler Asten 212 C 3
Kaimangraben 230 BC 2
Kaimaninseln 230 B 2
Kairo 228/229.1 L 4
Kaiserslautern, Stadt 212 B 4
Kalabrien 222/223 G 3
Kalahari 226/227.1 KL 7
Kalamä 222/223 H 3
Kalanschowüste 222/223 H 5
Kalbach (bei Fulda) 216/217 F 3
Kalefeld 216/217 FG 1
Kalinin → Twer
Kalkutta → Kolkata
Kalmit 216/217 C 6
Kalte Eiche 216/217 C 3
Kalte Herberge 216/217 B 4
Kaltennordheim 216/217 G 3
Kaluga 218/219 PQ 5
Kama 218/219 T 3/4

Kamastausee 218/219 TU 4
Kambodscha 228/229.1 P 5
Kamensk-Uralski 218/219 V 4
Kamerun, Staat 228/229.1 K 5
Kamtschatka 228/229.1 RS 3
Kanada 228/229.1 C-F 3
Kanarenbecken 226/227.1 H 4
Kanarische Inseln 218/219 F 10
Kandalakscha 218/219 PQ 2
Kanin, Halbinsel 218/219 RS 2
Kannenbäckerland 216/217 B 3/4
Kantabrisches Gebirge 222/223 BC 2
Kap Adare 231.2 15/16
Kap Agulhas 226/227.1 KL 7
Kap Arkona 212 E 1
Kap Barrow 226/227.1 B 2
Kap Blanc 222/223 E 3
Kap Bon 222/223 F 3
Kap Boothby 231.2 26/27
Kap Branco 230 GH 4
Kap Dart 231.2 9
Kap Finisterre 222/223 B 2
Kap Frio 230 F 6
Kap Gallinas 230 C 2
Kap Guardafui 226/227.1 M 5
Kap Hoorn 230 D 9
Kap Kanin Nos 218/219 R 2
Kap Norvegia 231.2 34/35
Kap Pariñas 230 B 4
Kap San Antonio (Argentinien) 230 E 7
Kap São Roque 230 G 4
Kap Tänaron 222/223 H 3
Kap Tres Puntas 230 D 8
Kap-Verde-Becken 230 FG 2
Kap-Verde-Schwelle 230 FG 2
Kap Verde, Kap 226/227.1 J 5
Kap Verde, Staat 228/229.1 H 5
Kapbecken 226/227.1 K 7
Kaprun 214 E 5
Kapstadt 228/229.1 K 7
Kapverdische Inseln 226/227.1 HJ 5
Kara-Bogas-Bucht 218/219 T 7
Karachi 228/229.1 N 4
Karakum 218/219 U 8
Karben 216/217 D 4
Karelien 218/219 P 2/3
Karibisches Meer 230 B-D 2
Karlovy Vary 212 E 3
Karlsbad (Böhmen) 212 E 3
Karlsruhe, Regierungsbezirk 213 C 4
Karlsruhe, Stadt 212 C 4
Karlstein 216/217 E 4
Karolinen 228/229.1 R 5
Karpaten 222/223 G-J 1
Karpathos 222/223 J 3
Kartaly 218/219 V 5
Kasan 218/219 S 4
Kasachstan 228/229.1 MN 3
Kaschau 222/223 GH 1
Kaspische Senke 218/219 ST 6
Kaspisches Meer 218/219 ST 6-8
Kassel, Regierungsbezirk 213 C 3
Kassel, Stadt 216/217 F 2
Kastilisches Scheidegebirge 222/223 BC 2
Kaswin 218/219 ST 8
Katalonien 222/223 D 2
Katar 222/223 M 4
Kattarasenke 222/223 J 4/5

Kattegat 218/219 L 4
Kattenhofen → Cattenom
Kattowitz 218/219 M 5
Katzenelnbogen, Stadt 216/217 B 4
Kaub, Ort 216/217 B 4
Kaufbeuren 212 D 5
Kaufungen 216/217 F 2
Kaufunger Wald 216/217 F 2
Kaukasus 218/219 Q-S 7
Kaunas 218/219 NO 4/5
Kayseri 222/223 L 3
Kebnekajse 218/219 M 2
Kefallinia 222/223 GH 3
Keilberg 212 E 3
Kelkheim 216/217 C 4
Kellerwald 216/217 E 2/3
Kelsterbach 216/217 D 4
Kempten (Allgäu) 212 D 5
Kenia, Staat 228/229.1 L 5
Kenitra 222/223 B 4
Kerguelen 228/229.1 N 8
Kerguelenrücken 226/227.1 NO 8/9
Kermadecgraben 226/227.1 T 7
Kermadecinseln 226/227.1 ST 7
Kermanschah 218/219 S 9
Kertsch 218/219 Q 6
Kerzell 216/217 F 4
Ketsch 216/217 D 6
Keula 216/217 H 2
Khartago 222/223 F 3
Khartum 228/229.1 L 5
Khuribga 224/225 G 9
Kiel 212 D 1
Kieler Bucht 212 D 1
Kierspe 216/217 B 2
Kiew 218/219 P 5
Kilimandscharo 226/227.1 L 6
Kingston (Jamaika) 230 C 2
Kinshasa 228/229.1 KL 6
Kirchen 216/217 B 3
Kirchhain 216/217 DE 3
Kirchhausen 216/217 DE 6
Kirchheim (bei Bad Hersfeld) 216/217 EF 3
Kirchheim (bei Würzburg) 216/217 F 5
Kirchhundem 216/217 C 2
Kirgisistan 228/229.1 N 3
Kirisichi 224/225 P 4
Kirkenes 224/225 OP 2
Kirkuk 218/219 RS 8
Kirow 218/219 S 4
Kirowabad → Giandscha
Kirowograd 222/223 K 1
Kirowsk 224/225 PQ 2
Kirtorf 216/217 E 3
Kiruna 218/219 N 2
Kisangani 228/229.1 L 5
Kislowodsk 222/223 M 2
Kist 216/217 F 5
Kizilirmak 222/223 K 2
Kladno 212 EF 3
Klarälv 218/219 L 3
Klatovy 212 E 4
Klattau 212 E 4
Klausenburg 222/223 HJ 1
Kleine Antillen 230 D 2
Kleine Syrte 218/219 L 9
Kleinenberg 216/217 D 1
Kleinheubach 216/217 E 5
Kleinrinderfeld 216/217 F 5
Kleve, Stadt 212 B 3
Klingenberg 216/217 E 5
Klingenmünster 216/217 C 6
Kniepsand 215.1 A 1
Knip 215.1 A 1
Knossos 222/223 J 3
Knüll 216/217 F 3
Knüllwald 216/217 E 2/3
Koblenz, Stadt 212 B 3
Köln, Regierungsbezirk 213 B 3
Köln, Stadt 212 B 3
Königheim 216/217 F 5
Königin-Alexandra-Gebirge 231.2 18-20

Königin-Mary-Land 231.2 22/23
Königin-Maud-Gebirge 231.2 10-13
Königin-Maud-Land 231.2 28-32
Königsberg, Berg (Nordpfälzer Bergland) 216/217 B 5
Königsberg, Stadt (Ostpreußen) 218/219 N 5
Königstein, Stadt (Taunus) 216/217 C 4
Königstuhl 216/217 D 6
Körner 216/217 GH 2
Köroglu daglari 222/223 K 2
Köterberg 216/217 E 1
Kokosinsel (Costa Rica) 230 B 3
Kokosinseln (Indischer Ozean) 228/229.1 O 6
Kokosschwelle 230 AB 3
Koktschetaw 218/219 WX 5
Kola, Halbinsel 218/219 Q 2
Kolgujew 218/219 S 2
Kolkata 228/229.1 O 4
Kolumbien 230 CD 3
Kolumbienbecken 230 C 2
Kolymagebirge 226/227.1 RS 2
Komoren 228/229.1 M 6
Komotau 212 E 3
Kongo, Fluss 228/229.1 KL 5/6
Kongo, Staat 228/229.1 K 5/6
Kongobecken 226/227.1 KL 6
Konoscha 218/219 R 3
Konschakowski Kamen 218/219 U 3/4
Konstanz, Stadt 212 C 5
Konstanza 222/223 JK 2
Konya 222/223 K 2
Kopenhagen 218/219 KL 4
Korallenbecken 226/227.1 R 6
Korallensee 226/227.1 RS 6
Korbach 216/217 D 2
Kordilleren 230 CD 5-7
Korfu 222/223 F 2
Korsika 222/223 E 2
Kosovo 220/221.1 L 7
Kostroma 218/219 R 4
Kostrzyn 212 F 2
Kotlas 218/219 S 3
Krähberg 216/217 E 5
Krakau, Stadt 218/219 MN 5/6
Krasnodar 218/219 Q 6
Krasnowodsk 218/219 TU 7
Krefeld 214 B 3
Kreiensen 216/217 FG 1
Krementschug 224/225 P 6
Krementschuger Stausee 218/219 P 6
Kreta 222/223 HJ 3
Krim 218/219 P 6
Kriwoi Rog 218/219 P 6
Kroatien 220/221.1 K 6
Kronau 216/217 D 6
Kronberg, Stadt 216/217 D 4
Kronstadt (Rumänien) 222/223 J 1
Kroppacher Schweiz 216/217 B 5/6
Krümmel 214 D 2
Kuba 230 BC 1
Kuban 218/219 QR 6/7
Kühkopf 216/217 C 5
Kühlsheim 216/217 E 5
Küllstedt 216/217 G 2
Kuenlun 226/227.1 O 4
Künzel 216/217 F 3
Küstenkanal 212 B 2
Küstrin 212 F 2
Kufstein 212 E 5
Kuibyschew → Samara, Stadt
Kulsary 218/219 TU 6
Kum 218/219 T 9
Kumairi 218/219 R 7
Kuopio 224/225 O 3
Kura 218/219 S 7
Kurgan 218/219 W 4
Kurilen 228/229.1 R 3
Kurilen-Kamtschatka-Graben 226/227.1 RS 3
Kursk 218/219 Q 5
Kustanai 218/219 VW 5
Kutaissi 218/219 R 7
Kuwait, Staat 228/229.1 M 4
Kuwait, Stadt 218/219 S 10
Kykladen 222/223 HJ 3

L

La Coruña 222/223 B 2
La Guaira 230 D 2
La Paz (Bolivien) 230 D 5
La Serena 230 CD 6
La Spezia 222/223 EF 2
Labrador 226/227.1 F 3
Labradorbecken 226/227.1 G 3
Ladenburg 216/217 D 6
Ladogasee 218/219 P 3
Läitjholem 215.1 BC 1
Lätj Möör 215.1 B 1
Laghuat 222/223 D 4
Lagoa dos Patos 230 EF 7
Lagos (Nigeria) 226/227.1 K 5
Lagos (Portugal) 224/225 G 8
Lahn 216/217 C 3
Lahnberge 216/217 D 3
Lahntal 216/217 D 3
Laibach 222/223 F 1
Lakkadiven 228/229.1 N 5
Lambrecht 216/217 C 6
Lambsheim 216/217 C 5
Lampertheim 216/217 CD 5
Lamspringe 216/217 G 1
Landeck 212 D 5
Landrücken 216/217 EF 4
Landshut, Stadt 212 E 4
Langelsheim 216/217 G 1
Langen, Klösterle- 216/217 D 5
Langenberg, Bergrücken 216/217 E 2
Langenberg, Ort 216/217 C 1
Langenhorn (Nordfriesland) 215.1 B 1
Langenlonsheim 216/217 BC 5
Langenselbold 216/217 E 4
Langgöns 216/217 D 3/4
Langmeil, Alsenbrück- 216/217 BC 5
Laos 218/219 P 4/5
Lappland 218/219 N-P 2
Larisa 222/223 H 3
Larsenschelfeis 231.2 2/3
Lattakia 222/223 KL 3
Laubach (Hunsrück) 216/217 AB 4
Laubach (Mittelhessen) 216/217 DE 3
Lauer 216/217 G 4
Laufach 216/217 EF 4/5
Lausitzer Neiße 212 F 3
Lautenthal 216/217 G 1
Lauter, Fluss (zum Rhein) 216/217 B 6
Lauter, Fluss (zur Glan) 216/217 B 5
Lauterbach, Stadt (Hessen) 216/217 E 3
Lauterecken 216/217 B 5
Lautertal (Odenwald) 216/217 D 5
Le Havre 218/219 HJ 6
Lech, Fluss 212 D 4
Lecker Au 215.1 B 1
Leeds 224/225 HJ 5
Leek (Leck) 215.1 BC 1
Leer (Ostfriesland) 212 B 2
Leeuwarden 212 AB 2
Leeward Islands 230 D 2
Leine 212 C 2/3
Leipzig, Landesdirektion 213 E 3
Leipzig, Stadt 212 E 3
Lemberg, Ort (Pfälzerwald) 216/217 B 6
Lemberg, Stadt 218/219 NO 5/6
Lena 228/229.1 Q 2
Lendringsen 216/217 B 2
Leninakan → Kumairi
Leningrad → Sankt Petersburg
Lenzing 214 E 5
León (Spanien) 222/223 BC 2
Leopoldshöhe 216/217 D 1
Lesbos 222/223 J 3
Lesotho 228/229.1 L 7
Leticia 230 CD 4
Lettland 220/221.1 LM 4
Leuscheid 216/217 AB 3
Leverkusen 214 B 3
Lhasa 228/229.1 O 4
Libanon, Gebirge 222/223 L 4
Libanon, Staat 222/223 KL 4
Libau 218/219 N 4
Liberec 212 F 3
Liberia 228/229.1 J 5
Libyen 228/229.1 KL 4
Lich (Hessen) 216/217 D 3
Lichtenau (Niederschlesien) 216/217 D 1
Lichtenfels (Hessen) 216/217 D 2
Liebenstein 216/217 B 4
Liechtenstein, Staat 220/221.1 HJ 6
Liesborn 216/217 C 1
Liezen 212 F 5
Ligurisches Meer 222/223 E 2
Lille 224/225 J 5
Lima (Peru) 230 C 5
Limbach (Baden) 216/217 E 6
Limburg, Klosterruine 216/217 C 6
Limburg, Stadt (an der Lahn) 216/217 C 6
Limburgerhof 216/217 CD 6
Limoges 218/219 J 6
Limón 230 B 2
Lindau (am Bodensee) 212 C 5
Lindelbrunn 216/217 B 6
Linden (bei Gießen) 216/217 D 3
Lindenfels 216/217 D 5
Lindewitt 215.1 C 1
Lindholm, Risum- 215.1 B 1
Lingen, Stadt 212 B 2
Lingenfeld 216/217 C 6
Linkenheim-Hochstetten 216/217 CD 6
Linköping 224/225 M 4
Linnau 215.1 C 1
Linsengericht 216/217 E 4
Linz (an der Donau) 212 F 4
Lipezk 218/219 QR 5
Lippe, Fluss 212 C 3
Lisboa 222/223 AB 3
Lissabon 222/223 AB 3
Litauen, Staat 220/221.1 LM 4
Littfeld 216/217 B 2
Liverpool 218/219 GH 5
Livorno 222/223 EF 2
Ljubljana 222/223 F 1
Llanos 230 CD 3
Lloret de Mar 224/225 JK 7
Lobenfeld 216/217 D 6
Łódź 218/219 M 5
Löhnberg 216/217 C 3
Lörrach, Stadt 214 BC 5
Löwenstedt 215.1 C 1
Lofotbecken 231.1 13/14
Lofotinseln 218/219 L 2
Lohfelden 216/217 F 2
Lohra 216/217 D 3
Loire 218/219 J 6
Lolland 212 D 1
Lollar 216/217 D 3
London (Großbritannien) 218/219 HJ 5
Londrina 230 E 6
Loonham, Risum- 215.1 B 1
Lorsch 216/217 D 5
Los Angeles, Stadt 228/229.1 B 2
Luanda 228/229.1 K 6
Lubumbashi 228/229.1 L 6
Ludwigsau 216/217 F 3
Ludwigsburg, Stadt (bei Stuttgart) 212 C 4
Ludwigseck 216/217 F 2/3
Ludwigshafen (am Rhein) 212 C 4
Ludwigshöhe 216/217 BC 5
Ludwigstein 216/217 F 2
Lübbenau 214 E 3
Lübeck 212 D 2
Lübecker Bucht 212 D 1/2
Lüdenscheid 214 B 3
Lüder 216/217 E 3
Lüderode, Weißenborn- 216/217 GH 1
Lügde 216/217 E 1
Lüneburg, Stadt 212 CD 2
Lüneburger Heide, Landschaft 212 CD 2
Lütjenholm 215.1 BC 1
Lützelbach 216/217 DE 5
Lugansk 218/219 QR 6
Luleå 218/219 N 2
Lumda 216/217 D 3
Lune, Fluss 215.2 E 3
Lutter (Niedersachsen) 216/217 G 1
Luxemburg, Staat 220/221.1 H 5/6
Luxemburg, Stadt 212 AB 4
Lwiw 218/219 NO 5/6
Lyon 218/219 JK 6

M

Maas 212 AB 3
Macapá 230 E 3
Macau 228/229.1 P 4
Maceió 230 G 4
Machatschkala 218/219 ST 7
Machu Picchu 230 C 5
Mackenzie 226/227.1 CD 2
Macquarieinseln 228/229.1 R 8
Madagaskar 228/229.1 M 6/7
Madagaskarbecken 226/227.1 M 7
Madeira, Fluss 230 D 4
Madeira, Insel 228/229.1 HJ 4
Madenburg 216/217 C 6
Madlem 215.1 A 1
Madras → Chennai
Madrid 222/223 C 2
Magdeburg, Stadt 212 D 2
Magellanstraße 230 CD 9
Magnetischer Pol (Süd) 231.2 19
Magnitogorsk 218/219 U 5
Maikammer 216/217 C 6
Maikop 224/225 QR 7
Mailand, Stadt 222/223 EF 1
Main 212 D 3
Mainberg 216/217 G 4
Maintal 216/217 D 4
Mainz, Stadt 212 C 3/4
Maladeta 222/223 CD 2
Málaga 222/223 C 3
Malawi 228/229.1 L 6
Malaysia 228/229.1 P 5
Malediven 228/229.1 N 5
Mali, Staat 228/229.1 JK 5
Mallorca 222/223 D 3
Malmö 218/219 LM 4
Malpelo 230 B 3
Malsfeld 216/217 EF 2
Malta, Staat 220/221.1 J 8
Mamoré 230 D 5
Managua 230 B 2
Manaus 230 D 4
Manchester (Großbritannien) 218/219 HJ 5
Mandschurei 226/227.1 Q 3
Manila 228/229.1 PQ 5
Manizales 230 C 3
Mannheim, Stadt 212 C 4
Manytschniederung 218/219 RS 6
Maputo 228/229.1 L 7
Mar del Plata 230 E 7
Marabá 230 EF 3
Maracaibo 230 CD 2
Marajó 230 EF 4
Maranhão 230 F 4
Marañón 230 C 4
Maraş 222/223 L 3
Marbach (an der Haune) 216/217 F 3
Marburg (an der Drau) 222/223 G 1
Marburg (an der Lahn) 216/217 D 3
Marianen 228/229.1 R 4/5
Marianengraben 226/227.1 R 5
Maribor 222/223 G 1
Marie-Byrd-Land 231.2 8-10
Marienfeld 216/217 C 1
Marienheide 216/217 AB 2
Marienmünster 216/217 E 1
Marienstatt 216/217 B 3
Maringá 230 E 6
Maritza 222/223 J 2
Marjupol 218/219 Q 6
Marksburg 216/217 C 4
Marksuhl 216/217 G 3
Markt Bibart 216/217 G 5
Marktbergel 216/217 G 6
Marktsteft 216/217 G 5
Marmarameer 222/223 J 2
Marnheim 216/217 C 5
Marokko 228/229.1 J 4
Marrakesch 218/219 J 4
Marsa al-Brega 222/223 GH 4
Marsala 222/223 F 3
Marseille 218/219 JK 7
Marshallinseln 226/227.1 S 5
Martinique 230 DE 2
Maskarenen 226/227.1 MN 6/7
Maßbach 216/217 G 4
Mato Grosso, Bundesstaat 230 E 5
Mato Grosso, Ort 230 E 5
Mauretanien 228/229.1 J 4/5
Mauritius 228/229.1 MN 7
Maxburg 216/217 C 6
Maxdorf 216/217 C 6
Mayrhofen 214 DE 5
Mazedonien, Staat 220/221.1 L 7
McDonald-Inseln 228/229.1 MN 8
McRobertson-Land 231.2 26/27
Meckesheim 216/217 D 6
Mecklenburg-Vorpommern, Bundesland 213 DE 2
Medebach 216/217 D 2
Medellín 230 C 3
Medscherda 222/223 E 3
Meerholz 216/217 E 4
Meinerzhagen 216/217 B 2
Meinhard 216/217 G 2
Meiningen 212 D 3
Meißen (an der Elbe) 212 E 3
Meißner, Gebirge 216/217 F 2
Mekong 226/227.1 P 5
Melanesien 226/227.1 Q-S 5/6
Melanesisches Becken 226/227.1 S 5/6
Melbourne 228/229.1 QR 7
Melibocus 216/217 D 5
Melilla 222/223 C 3
Melitopol 222/223 KL 1
Melst 215.1 C 2
Melsungen 216/217 F 2
Memel, Fluss 218/219 N 4
Memel, Stadt 224/225 N 4
Memmingen 212 D 5
Memphis, Ruinenstätte (Ägypten) 218/219 OP 10
Mendoza 230 D 7
Mengeringhausen 216/217 DE 2
Mengerskirchen 216/217 C 3
Menorca 222/223 DE 3
Meppel 212 AB 2
Merseburg 212 DE 3
Mersin 222/223 K 3
Merxheim 216/217 B 5
Merzig 212 B 4
Mesen, Fluss 218/219 S 3
Mesen, Stadt 218/219 RS 2
Meseta 222/223 BC 2/3
Mesopotamien 218/219 R 8/9
Messina (Sizilien) 222/223 G 3
Meta 230 C 3
Metz 212 B 4
Mexiko, Staat 228/229.1 DE 4/5
Mexiko, Stadt 228/229.1 DE 5
Miami, Stadt 228/229.1 E 4
Michelbach, Wald- 216/217 D 5
Michelstadt 216/217 E 5
Midlum 215.1
Miehlen 216/217 B 4
Miesenbach, Ramstein- 216/217 B 6
Mihla 216/217 G 2
Mikronesien 228/229.1 R 5
Mildstedt 215.1 C 2
Milford Haven 224/225 GH 5
Milos 222/223 H 3
Milseburg 216/217 F 3
Minas Gerais 230 F 5
Minden, Stadt 212 C 2
Minneapolis 228/229.1 DE 3
Minsk 218/219 O 5
Miskolc 222/223 H 1
Mississippi, Fluss 226/227.1 E 4
Missouri, Fluss 226/227.1 D 3
Misurata 218/219 LM 9
Mittelamerika 226/227.1 E 5
Mittelamerikanischer Graben 226/227.1 DE 4/5
Mittelfranken, Regierungsbezirk 213 D 4
Mittellandkanal 212 BC 2
Mittelmeer 222/223 E-J 3/4
Mitú 230 C 3
Möckmühl 216/217 E 6
Möhnetalsperre 216/217 C 2
Mömbris 216/217 E 4
Mömlinger 216/217 E 5
Mön 212 E 1
Mönchengladbach 212 AB 3
Mörfelden-Walldorf 216/217 D 5
Mörlen, Ober- 216/217 D 4
Mörlenbach 216/217 D 5
Mogadischu 228/229.1 M 5
Moldau, Fluss 212 F 4
Moldau, Staat 220/221.1 M 6
Mollendo 230 C 5
Molukken 228/229.1 Q 5/6

ATLASREGISTER

Monaco, Staat 220/221.1 H 7
Monarücken 231.1 14/15
Mongolei, Staat 228/229.1 OP 3
Monsheim 216/217 C 5
Montblanc 218/219 K 6
Monte Roraima 230 DE 3
Montenegro, Staat 220/221.1 K 7
Monteria 230 C 3
Monterrey (Mexiko) 226/227.1 D 4
Montes Claros 230 F 5
Montevideo 230 E 7
Monti del Gennargentu 222/223 EF 2
Montreal 228/229.1 EF 3
Moringen 216/217 F 1
Morsbach 216/217 B 3
Morsumhafen 215.1 B 2
Mosambik, Staat 228/229.1 L 6/7
Mosambikbecken 226/227.1 LM 7
Mosel, Fluss 212 B 3
Mosjöen 224/225 KL 2
Moskau, Stadt 218/219 PQ 4
Moskitoküste 230 B 2
Moskwa, Stadt 218/219 PQ 4
Most 212 E 3
Mostaganem 222/223 CD 3
Mosul 218/219 R 8
Mosyr 224/225 O 5
Motten 216/217 F 4
Mount Coman 231.2 3/4
Mount Elbert 226/227.1 D 3/4
Mount Erebus 231.2 15/16
Mount Everest 226/227.1 O 4
Mount Kosciusko 226/227.1 R 7
Mount McKinley 226/227.1 BC 2
Mount Mintu 231.2 16/17
Mount Sidley 231.2 9/10
Mudau 216/217 E 5
Mudersbach 216/217 B 3
Mücke 216/217 DE 3
Mühldorf 212 E 4
Mühlenau 215.1 C 2
Mühlenstrom 215.1 C 1
Mühlfeld 216/217 G 4
Mühlhausen (Kraichgau) 216/217 D 6
Mühlhausen (Thüringen) 212 D 3
Mühlheim (am Main) 216/217 F 4
Mühlheim-Kärlich 216/217 AB 4
Mühltal 216/217 D 5
Mühlviertel 212 EF 4
Mümling 216/217 D 5
München, Stadt 212 DE 4
Münchhausen 216/217 D 3
Münchweiler 216/217 B 6
Münden → Hannoversch Münden, Stadt
Münnerstadt 216/217 G 4
Münster-Sarmsheim 216/217 B 5
Münster, Ort (bei Dieburg) 216/217 D 5
Münster, Regierungsbezirk 213 B 3
Münster, Stadt (Westfalen) 212 B 2/3
Münsterland 212 B 3
Münsterschwarzach 216/217 G 5
Münzenberg 216/217 D 4
Müritz, See 212 E 2
Mulde, Fluss 212 E 3
Muluja 222/223 C 2
Mumbai 228/229.1 N 5
Murcia 222/223 C 3
Mureș 222/223 H 1
Murmansk 218/219 PQ 2
Murray 226/227.1 R 7

Mursukwüste 222/223 F 5/6
Mutterstadt 216/217 C 6
Myanmar 228/229.1 O 4/5

N

Naab 212 E 4
Nabereschnyje Tschelny 218/219 TU 4
Nackenheim 216/217 C 5
Nairobi 228/229.1 LM 6
Namibia 228/229.1 K 6/7
Nanking 228/229.1 P 4
Nanseiinseln 228/229.1 Q 4
Nantes 218/219 H 6
Napiergebirge 231.2 27/28
Narjan-Mar 218/219 TU 2
Narodnaja 218/219 V 2
Narvik 218/219 M 2
Nassauer Höhe 216/217 G 4
Nassau, Stadt (an der Lahn) 216/217 B 4
Natal, Stadt 230 G 4
Nauheim (bei Groß-Gerau) 216/217 CD 5
Naumburg (an der Saale) 212 D 3
Naumburg (Hessen) 216/217 E 2
Naxos, Insel 222/223 J 3
Nazcarücken 230 BC 5/6
Ndschemena 228/229.1 KL 5
Neapel, Stadt 222/223 F 2
Nebel 215.1 A 1
Nebid Dag → Balkanabad
Neckar 212 C 4
Neckarbischofsheim 216/217 D 6
Neckarelz 216/217 E 6
Neckargemünd 216/217 D 6
Neckargerach 216/217 E 6
Neckarsteinach 216/217 DE 6
Necochea 230 E 7
Nedschef 218/219 R 9
Neebel 215.1 A 1
Nees 215.1 B 1
Neftejugansk 224/225 X 3
Negev 222/223 KL 4
Neheim-Hüsten 216/217 BC 2
Neiva 230 C 3
Nentershausen 216/217 F 2
Nepal 228/229.1 O 4
Nesse, Dorfwurt 216/217 GH 2/3
Nethe 216/217 E 1
Netphen 216/217 C 3
Neu-Anspach 216/217 C 4
Neu-Delhi 228/229.1 N 4
Neu-Isenburg 216/217 D 4
Neubeckum 216/217 C 1
Neubrandenburg, Stadt 212 E 2
Neubrunn 216/217 F 5
Neudenau 216/217 E 6
Neudorf, Graben- 216/217 CD 6
Neue Hebriden 226/227.1 S 6/7
Neuenrade 216/217 B 2
Neuental 216/217 E 2
Neufundland, Insel 226/227.1 G 3
Neufundland, Provinz 228/229.1 G 3
Neufundlandbecken 226/227.1 GH 3
Neuguinea 226/227.1 QR 6
Neuhaus (im Solling) 216/217 EF 1
Neuhof (bei Fulda) 216/217 F 4
Neukaledonien 228/229.1 RS 7

Neukirchen (am Knüll) 216/217 E 3
Neulußheim 216/217 D 6
Neumayer-Station 231.2 33/34
Neumünster 212 CD 1
Neunkirchen (Siegerland) 216/217 BC 3
Neunkirchen, Stadt (Saarland) 212 B 4
Neunkircher Höhe 216/217 D 5
Neuquén 230 D 7
Neusatz 222/223 GH 1
Neuseeland, Inselgruppe 226/227.1 S 7/8
Neuseeland, Staat 228/229.1 S 7/8
Neusibirische Inseln 226/227.1 RS 2
Neustadt (an der Donau) 214 DE 4
Neustadt (Hessen) 216/217 E 3
Neustrelitz 212 E 2
Neuwied, Stadt 212 B 3
New Amsterdam 230 E 3
New Orleans 228/229.1 E 4
New York, Stadt 228/229.1 F 3
Newcastle (Großbritannien) 218/219 HJ 4/5
Niamey 228/229.1 K 5
Nicaragua 230 B 2
Nicaraguasee 230 B 2
Nidda, Fluss 216/217 D 4
Nidda, Stadt 216/217 E 4
Niddatal 216/217 E 4
Nidder 216/217 E 4
Nidderau 216/217 D 4
Nieblum 215.1 AB 1
Nieder-Ohmen 216/217 E 3
Nieder-Olm 216/217 C 5
Niederaula 216/217 EF 3
Niederbayern, Regierungsbezirk 213 E 3/4
Niedere Tauern 212 EF 5
Niederländische Antillen 230 CD 2
Niederlande, Staat 220/221.1 GH 5
Niederlausitz 212 EF 3
Niedernhausen 216/217 C 4
Niederorschel 216/217 G 2
Niedersachsen, Bundesland 213 B-D 2
Niedersächsisches Wattenmeer, Nationalpark 215.2 BC 2
Niederstetten 216/217 FG 6
Niederwald-Denkmal 216/217 BC 4/5
Niederwerrn 216/217 G 4
Nieheim 216/217 E 1
Nienburg (an der Weser) 212 C 2
Niger, Fluss 226/227.1 K 5
Niger, Staat 228/229.1 K 5
Nigeria 228/229.1 K 5
Nikel 224/225 OP 2
Nikobaren 228/229.1 O 5
Nikolajew 218/219 P 6
Nikosia 222/223 K 3/4
Nil 228/229.1 L 5
Nildelta 222/223 K 4
Nimwegen 212 AB 3
Ninive 218/219 R 8
Niš 222/223 H 2
Nischni Nowgorod 218/219 R 4
Nischni Tagil 218/219 UV 4
Niterói 230 F 6
Nizza 218/219 K 7
Njiblem 215.1 AB 1
Nördliche Sporaden 222/223 H 3
Nörten-Hardenberg 216/217 FG 1
Nollig 216/217 B 5
Noorderoog 215.1 B 1
Noorderuug Söön 215.1 A 1

Noordströön 215.1 B 1
Noorsaarep 215.1 A 1
Nord-Ostsee-Kanal 212 CD 1/2
Nordamerika 226/227.1 C-E 3
Nordamerikanisches Becken 226/227.1 FG 4
Nordatlantischer Rücken 230 FG 2/3
Norddorf 215.1 A 1
Norden 212 B 2
Nordenham 214 C 2
Norderaue 215.1 AB 1
Norderhever 215.1 B 1/2
Norderney, Insel 212 B 2
Norderoog 215.1 B 1
Norderoogsand 215.1 A 1
Nordfriesische Inseln 212 C 1
Nordfriesland, Landschaft 212 C 1
Nordhackstedt 215.1 C 1
Nordhausen, Stadt (Thüringen) 212 D 3
Nordhelle 216/217 B 2
Nordhorn 212 B 2
Nordkap (Norwegen) 218/219 O 1
Nordkirchen 216/217 AB 1
Nordkorea 228/229.1 Q 3/4
Nordmarsch-Langeneß 215.1 B 1
Nordostpazifisches Becken 226/227.1 AB 3-5
Nordpol 231.1
Nordpolarmeer 231.1
Nordrhein-Westfalen, Bundesland 213 BC 3
Nordsee 218/219 JK 4/5
Nordstrander Watt 215.1 B 2
Nordstrandischmoor 215.1 B 1
Nordwestaustralisches Becken 226/227.1 PQ 6/7
Nordwestpazifisches Becken 226/227.1 RS 3/4
Norfolkinsel 228/229.1 S 7
Norrköping 218/219 M 4
Norwegen, Staat 220/221.1 H-L 1-4
Norwegische Rinne 218/219 JK 3/4
Norwegisches Becken 218/219 HJ 2
Nova Iguaçu 230 FG 6
Novara (Oberitalien) 222/223 E 1
Novi Sad 222/223 GH 1
Nowaja Semlja 228/229.1 M 2
Nowgorod, Stadt 218/219 P 4
Noworossiisk 218/219 Q 7
Nowosibirsk 228/229.1 O 3
Nudo Coropuna 230 C 5
Nüdlingen 216/217 G 4
Nürnberg, Stadt 212 D 4
Nuhne 216/217 D 2
Nukus 218/219 UV 7
Nußloch 216/217 D 6
Nutscheid 216/217 B 2
Nuttlar 216/217 C 2
Nuuk 228/229.1 G 2
Nuurder Ia 215.1 B 1
Nyköbing 212 DE 1

O

Oase Dschalo 222/223 H 5
Ob, Fluss 218/219 Y 3
Ober-Mörlen 216/217 D 4
Ober-Ramstadt 216/217 D 5
Oberaula 216/217 EF 3
Oberbayern, Regierungsbezirk 213 DE 4
Oberdachstetten 216/217 G 6
Oberdorla 216/217 GH 2

Oberer See 226/227.1 EF 3
Oberfranken, Regierungsbezirk 213 D 3
Oberhausen-Rheinhausen 216/217 CD 6
Oberlausitz 212 F 3
Obermoschel 216/217 B 5
Obernau 216/217 E 5
Obernburg 216/217 E 5
Oberpfälzer Wald 212 E 4
Oberpfalz, Regierungsbezirk 213 DE 4
Obersinn 216/217 F 4
Oberstdorf 212 CD 5
Obertauern 214 E 5
Oberthulba 216/217 G 4
Oberursel 216/217 D 4
Obervolta → Burkina Faso
Oberwesel 216/217 B 4
Obrigheim 216/217 DE 6
Ochotskisches Meer 226/227.1 QR 3
Ockholm 215.1 B 1
Odenbel 215.1 B 2
Odenbüll 215.1 B 2
Odenwald, Landschaft 216/217 DE 5
Oder (Harz) 216/217 G 1
Oder (zur Ostsee) 218/219 M 5
Oderbruch 212 F 2
Odernheim (an der Glan) 216/217 B 5
Odernheim, Gau- 216/217 C 5
Odessa (Ukraine) 218/219 P 6
Ödersem 215.1 A 1
Oedheim 216/217 E 6
Öland 218/219 M 4
Oerlinghausen 216/217 D 1
Ösel 218/219 N 4
Österreich, Staat 220/221.1 JK 6
Östlicher Euphrat 218/219 QR 8
Östlicher Indisch-Antarktischer Rücken 226/227.1 QR 8/9
Östlicher Indischer Rücken 226/227.1 O 5-7
Oestrich-Winkel 216/217 C 4
Östringen 216/217 D 6
Offenbach (am Main) 216/217 D 4
Offenbach-Hundheim 216/217 B 5
Offenburg 212 BC 4
Oftersheim 216/217 D 6
Ohm 216/217 D 3
Ohmen, Nieder- 216/217 E 3
Ojos del Salado 230 D 6
Oka, Fluss zur Wolga 218/219 R 4
Okertalsperre 216/217 G 1
Oland 215.1 B 1
Olbia 222/223 EF 2
Oldenburg, Stadt (Oldenburg) 212 BC 2
Olderup 215.1 C 1
Oldsum 215.1 B 1
Olm, Nieder- 216/217 C 5
Olsburg 216/217 CD 2
Olymp 222/223 H 2
Olympia, Ruinenstätte (Griechenland) 222/223 H 3
Oman 228/229.1 M 4/5
Omsk 218/219 X 4/5
Oomram 215.1 A 1
Oornshaud 215.1 C 1
Oran 218/219 H 8
Ordschonikidse (Russland) → Wladikawkas
Orel, Stadt 218/219 Q 5
Orenburg 218/219 U 5
Orinoco 230 D 3
Orke 216/217 D 2
Orkneyinseln 218/219 H 4
Orléans 218/219 HJ 6
Orsk 218/219 U 5

Ortenberg 216/217 E 4
Oruro 230 D 5
Osaka 228/229.1 QR 4
Osijek 222/223 G 1
Oslo 218/219 KL 4
Osnabrück, Stadt 212 C 2
Osorno 230 C 8
Ostalpen 222/223 EF 1
Ostchinesisches Meer 226/227.1 Q 4
Oste 212 C 2
Ostenau 215.1 C 1
Osterburken 216/217 EF 6
Osterinsel 228/229.1 D 7
Ostersiel 215.1 B 1
Ostfriesische Inseln 212 B 2
Ostfriesland, Landschaft 212 B 2
Osthofen 216/217 C 5
Ostpazifischer Rücken 226/227.1 C-E 5-8
Ostsee 218/219 MN 4
Osttimor 228/229.1 Q 6
Ottawa, Stadt 228/229.1 EF 3
Ottbergen 216/217 E 1
Otterbach, Ort 216/217 B 6
Otterberg 216/217 B 5
Otzberg 216/217 D 5
Oulu 218/219 O 2

P

Paderborn, Stadt 212 C 3
Pälweerm 215.1 B 2
Pakistan 228/229.1 N 4
Palau 228/229.1 Q 5
Palermo 222/223 F 3
Palma 222/223 D 3
Palmerland 231.2 3
Palmyra 222/223 L 4
Pamir 228/229.1 N 4
Pampa 230 DE 7
Pamplona 222/223 C 2
Panama, Staat 230 BC 3
Panamá, Stadt 230 C 3
Panamakanal 230 B 2/3
Panamerican Highway 230 C 4/5
Pantanal 230 E 5
Papua-Neuguinea 228/229.1 R 6
Pará, Landschaft 230 E 4
Paraguay, Fluss 230 EG 5
Paraguay, Staat 230 DE 6
Paramaribo 230 E 3
Paraná, Bundesstaat (Brasilien) 230 E 6
Paraná, Fluss 230 E 6
Paraná, Stadt (Argentinien) 230 E 7
Paranaíba, Fluss 230 EF 5
Parchim, Stadt 212 DE 2
Paris (Frankreich) 218/219 J 6
Parma, Stadt 222/223 EF 2
Parnaíba, Fluss 230 F 4
Parnaíba, Stadt 230 FG 4
Partenstein 216/217 F 4
Passau, Stadt 212 E 4
Passo Fundo 230 E 6
Pasto 230 C 3
Patagonien 230 CD 8
Patras 222/223 H 3
Paulistana 230 FG 4
Paulo-Afonso-Fälle 230 G 4
Pazifisch-Antarktisches Becken 226/227.1 C-E 8/9
Pazifischer Ozean 230 B 3-8
Peckelsheim 216/217 E 1
Pécs 222/223 G 1
Peene 212 E 2
Peipussee 218/219 O 4
Peking 228/229.1 P 3
Peloponnes 222/223 H 3
Pelotas 230 EF 7
Pensa 218/219 RS 5
Pergamon, Ruinenstätte 222/223 J 3
Perm 218/219 TU 4
Pernambuco 230 G 4

ATLASREGISTER

Persischer Golf 218/219 ST 10
Perth (Australien) 228/229.1 P 7
Peru 230 C 4/5
Perubecken 230 B 5
Perugia 222/223 F 2
Perugraben 230 BC 4/5
Perwouralsk 218/219 U 4
Petersberg, Ort 216/217 F 3
Petropawlowsk 218/219 WX 5
Petrosawodsk 218/219 P 3
Petschora, Fluss 218/219 TU 2
Petschora, Stadt 218/219 TU 2
Pfalz, Burg 216/217 B 4
Pfeddersheim 216/217 C 5
Pforzheim, Stadt 212 C 4
Pfrimm 216/217 C 5
Pfungstadt 216/217 CD 5
Philippi 222/223 H 2
Philippinen 228/229.1 Q 5
Philippinenbecken 226/227.1 Q 5
Philippinengraben 226/227.1 Q 5
Philippsburg 216/217 C 6
Philippsthal 216/217 FG 3
Piauí 230 F 4
Pico da Bandeira 230 F 5/6
Pico da Neblina 230 D 3
Pik Pobedy 226/227.1 O 3
Pilcomayo 230 D 6
Pilsen 212 E 4
Pindos 222/223 H 3
Piombino 224/225 L 7
Pirmasens, Stadt 212 B 4
Pisa 222/223 EF 2
Písek 212 EF 4
Pitcairn 228/229.1 C 7
Piura 230 B 4
Pjatigorsk 218/219 RS 7
Plankstadt 216/217 D 6
Plateau Tademait 222/223 D 5
Plateau von Mato Grosso 230 E 5
Plattensee 222/223 G 1
Plauen (Vogtland) 212 E 3
Pleskau 218/219 OP 4
Pleven 222/223 H 2
Plöckenstein 212 EF 4
Ploiești 224/225 NO 6/7
Plovdiv 222/223 HJ 2
Po 222/223 E 1
Pohlheim 216/217 D 3
Polen, Staat 220/221.1 KL 5
Polle 216/217 E 1
Polunotschnoje 224/225 VW 3
Polynesien 226/227.1 AB 6/7
Pommersche Bucht 212 F 1
Pompeji 222/223 F 2
Pont-à-Mousson 214 B 4
Ponta Grossa 230 EF 6
Pontisches Gebirge 222/223 K-M 2
Popayán 230 C 3
Poppenhausen (Unterfranken) 216/217 G 4
Port-au-Prince 230 C 2
Port Moresby 228/229.1 R 6
Port of Spain 230 DE 2
Port Said 218/219 P 9
Porto 222/223 B 2
Porto Alegre 230 EF 7
Porto Velho 230 D 4
Portugal, Staat 220/221.1 E 7/8
Posadas 230 E 6
Posen, Stadt 218/219 M 5
Potosí 230 D 5
Potsdam, Stadt 212 E 2
Prag 218/219 L 5/6
Praha 212 F 3/4
Pressburg 218/219 M 6
Pretoria → Tshwane
Příbram 212 EF 4

Prichsenstadt 216/217 G 5
Prignitz, Stadt 212 DE 2
Prince-Charles-Gebirge 231.2 26/27
Prinz-Eduard-Inseln 228/229.1 L 8
Pripjet 218/219 O 5
Pripjetsümpfe 218/219 O 5
Pruth 222/223 J 1
Pucallpa 230 C 4
Puderbach 216/217 B 3
Puerto Deseado 230 D 8
Puerto Maldonado 230 D 5
Puerto Montt 230 C 8
Puerto Natales 230 C 9
Puerto-Rico-Graben 226/227.1 FG 4/5
Puerto Rico, Insel 230 D 2
Puno 230 D 5
Punta Arenas (Chile) 230 C 9
Purus 230 D 4
Pusan 228/229.1 Q 4
Puttgarden 212 D 1
Putumayo 230 C 4
Pyrenäen 222/223 CD 2

Q

Queich 216/217 C 6
Queidersbach 216/217 B 6
Quito 230 C 3

R

Raab, Stadt 222/223 G 1
Rabat 218/219 G 9
Ramberg, Ort 216/217 BC 6
Ramsbeck 216/217 C 2
Ramstadt, Ober- 216/217 D 5
Ramstein-Miesenbach 216/217 B 6
Randersacker 216/217 FG 5
Rangun → Yangon
Ransbach-Baumbach 216/217 C 3
Rånterem 215.1 C 2
Rantrum 215.1 C 2
Rantzauhöhe 215.1 BC 1
Ras Gharib 222/223 K 5
Ras Lanuf 224/225 M 10
Ras Tanura 224/225 ST 10
Rasdorf 216/217 F 3
Raunheim 216/217 CD 4
Rauschenberg 216/217 D 3
Ravenna 222/223 F 2
Rebianawüste 222/223 GH 5
Recife 230 G 4
Regen, Fluss 212 E 4
Regensburg, Stadt 212 E 4
Regnitz 212 D 4
Rehberg 216/217 B 6
Reichelsheim (Odenwald) 216/217 D 5
Reichelsheim (Wetterau) 216/217 D 4
Reichenbach-Steegen 216/217 B 5/6
Reichenbach, Ruine 216/217 F 2
Reichenberg (Böhmen) 212 F 3
Reichsfeld 216/217 B 3
Reinhardshagen 216/217 F 1/2
Reinhardswald 216/217 EF 1/2
Reinheim 216/217 D 5
Remiremont 212 B 5
Remlingen 216/217 F 5
Rendsburg 212 CD 1
Rengsdorf 216/217 AB 3
Rennerod 216/217 C 3
Rentwertshausen 216/217 GH 4
Rescht 218/219 S 8
Resistencia 230 DE 6
Réunion 228/229.1 M 7

Reußenköge 215.1 B 1
Reutlingen, Stadt 214 C 4
Reval → Tallinn
Revilla-Gigedo-Inseln 228/229.1 D 5
Reykjanesrücken 218/219 BC 3/4
Reykjavík 218/219 CD 3
Rhein 212 B 3
Rhein-Weser-Turm 216/217 C 2
Rheinböllen 216/217 B 4
Rheine 212 B 2
Rheinfels 216/217 B 4
Rheingaugebirge 216/217 BC 4
Rheinhausen, Oberhausen- 216/217 CD 6
Rheinhessen, Landschaft 216/217 BC 5
Rheinland-Pfalz, Bundesland 213 BC 3/4
Rheinstein 216/217 B 4/5
Rheinzabern 216/217 C 6
Rhens 216/217 B 4
Rhodopen 222/223 HJ 2
Rhodos, Insel 222/223 J 3
Rhodt 216/217 C 6
Rhön, Gebirge 216/217 FG 3/4
Rhône 218/219 J 7
Rhume 216/217 G 1
Rhumspringe 216/217 G 1
Riad 228/229.1 M 4
Ribeirão Prêto 230 EF 6
Ried, Landschaft 216/217 CD 5
Riedstadt 216/217 CD 5
Rieneck 216/217 F 4
Riesa 212 E 3
Rietberg, Stadt 216/217 C 1
Riga 218/219 N 4
Rijeka 222/223 F 1
Rila 228/229.1 H 2
Rimbach (Odenwald) 216/217 D 5
Rimberg (bei Niederaula) 216/217 F 3
Rimini 222/223 F 2
Rimpar 216/217 F 5
Ringgau, Bergrücken 216/217 G 2
Ringgau, Ort 216/217 G 2
Río Bermejo 230 DE 6
Rio Branco, Fluss 230 D 3
Rio Branco, Ort 230 D 4
Río Colorado 230 D 7
Río Cuarto 230 D 7
Rio de Janeiro, Stadt 230 FG 6
Río de la Plata 230 E 7
Río Gallegos 230 D 9
Rio Grande do Sul 230 E 6/7
Rio-Grande-Schwelle 230 GH 6/7
Rio Grande, Fluss (Brasilien) 230 F 5/6
Rio Grande, Fluss (USA) 226/227.1 D 4
Rio Grande, Stadt (Brasilien) 230 EF 7
Río Magdalena 230 C 3
Río Negro (Argentinien) 230 D 7/8
Rio Negro (Brasilien) 230 D 4
Río Negro (Uruguay) 230 E 7
Río Salado (zum Paraná) 230 D 6
Río Salado (zum Río Colorado) 230 D 7
Rio São Francisco 230 F 5
Risem-Loonham 215.1 B 1
Risum-Lindholm 215.1 B 1
Rivera 230 E 7
Riviera 222/223 E 2
Rjasan, Stadt 218/219 Q 5
Rockall 218/219 F 4
Rocky Mountains 226/227.1 BC 2-4
Rodalben 216/217 B 6
Rodgau, Landschaft 216/217 D 4

Rodgau, Stadt 216/217 D 4
Rodrigues, Insel 228/229.1 N 6
Rödbyhavn 212 D 1
Rödelsee 216/217 G 5
Rödermark 216/217 D 5
Römerberg 216/217 C 6
Römhild 216/217 GH 4
Röttingen 216/217 F 5
Rom 222/223 F 2
Roma (Italien) 222/223 F 2
Romrod 216/217 E 3
Rondônia 230 D 5
Ronhausen 216/217 F 3
Ronneburg 216/217 E 4
Rooseveltinsel 231.2 12-14
Rosario (Argentinien) 230 D 7
Rosbach 216/217 D 4
Rosdorf 216/217 F 1/2
Rosenheim (Oberbayern) 212 DE 5
Rosenthal (Neumark) 216/217 D 3
Ross-Schelfeis 231.2 13-15
Roßdorf (bei Darmstadt) 216/217 D 5
Rossinsel 231.2 15/16
Roßlau, Dessau- 212 DE 3
Rossmeer 231.2 12-15
Rostock, Stadt 212 E 1
Rostow (am Don) 218/219 QR 6
Rotenburg (an der Fulda) 216/217 F 2/3
Rotes Meer 226/227.1 LM 4/5
Rothaargebirge 212 C 3
Rothenfels, Stadt 216/217 EF 5
Rottendorf 216/217 G 5
Rotterdam 218/219 JK 5
Roxheim, Bobenheim- 216/217 C 5
Ruanda 228/229.1 L 6
Rügen, Insel 212 EF 1
Rülzheim 216/217 C 6
Rüschhaus 216/217 AB 1
Rüsselsheim 216/217 CD 5
Ruhr (zum Rhein) 212 C 3
Rumänien, Staat 220/221.1 LM 6
Rungholt 215.1 B 2
Runkel 216/217 C 4
Ruse 222/223 J 2
Russische Föderation 220/221.1 P-R 4
Russland, Staat 220/221.1 O-S 3
Rybnik 218/219 QR 4
Rybinsker Stausee 218/219 PQ 4

S

Saalburg, Kastell 216/217 CD 4
Saale, Fluss (zur Elbe) 212 D 3
Saaleck 216/217 F 4
Saalfeld 212 D 3
Saar, Fluss 212 B 4
Saarbrücken, Stadt 212 B 4
Saarburg (Lothringen) 212 B 4
Saarland, Bundesland 213 B 4
Saaruuch 215.1 B 2
Sababurg 216/217 F 1
Sabadell 222/223 D 2
Sachalin 228/229.1 R 3
Sachsen-Anhalt, Bundesland 213 DE 2/3
Sachsen, Bundesland 213 EF 3
Sachsenberg 216/217 D 2
Sachsenhausen (Waldeck) 216/217 DE 2
Sackpfeife 216/217 CD 3
Safaga 228/229.1 K 5
Safaniya 224/225 S 10
Safi 218/219 G 9

Safid 218/219 ST 8
Sahara, Land 228/229.1 J 4
Sahara, Wüste 226/227.1 J-L 4
Saharaatlas 218/219 JK 8/9
Saint-Dié 212 B 4
Saint Kitts und Nevis 230 D 2
Saint Lucia 230 DE 2
Saint-Pierre und Miquelon 228/229.1 G 3
Saint Vincent und die Grenadinen 230 DE 2
Sakarya 222/223 K 2
Sala-y-Gomez 228/229.1 DE 7
Salamanca (Spanien) 222/223 BC 2
Salar de Uyuni 230 D 5/6
Salerno 222/223 F 2
Salinas Grandes 230 D 6
Salmünster, Bad Soden- 216/217 EF 4
Salomonen 228/229.1 RS 6
Salomoninseln 226/227.1 RS 6
Saloniki 222/223 H 2
Salta 230 D 6
Salvador 230 G 5
Salz, Ort 216/217 G 4
Salzach 212 E 4/5
Salzburg, Ruine 216/217 G 4
Salzburg, Stadt 212 E 5
Salzburger Alpen 212 E 5
Salzderhelden 216/217 F 1
Salzgitter 212 D 2
Salzkammergut 212 E 5
Samara, Stadt 218/219 T 5
Sambesi 226/227.1 L 6
Sambia 228/229.1 L 6
Samos, Insel 222/223 J 3
Samsun 222/223 L 2
San Ambrosio 230 C 6
San Cristóbal 230 CD 3
San Félix 230 B 6
San Francisco 228/229.1 C 4
San José (Costa Rica) 230 B 3
San Juan (Argentinien) 230 D 7
San Juan (Puerto Rico) 230 D 2
San Marino, Staat 220/221.1 J 7
San-Matias-Golf 230 DE 8
San Remo 222/223 E 2
San Valentín 230 C 8
Sande, Enge- 215.1 B 1
Sandhausen 216/217 D 6
Sankt-Georgs-Kanal 218/219 G 5
Sankt Helena 228/229.1 J 6
Sankt Leon-Rot 216/217 D 6
Sankt-Lorenz-Insel 228/229.1 B 2
Sankt Paul, Insel (Atlantischer Ozean) 228/229.1 H 5
Sankt Paul, Insel (Indischer Ozean) 228/229.1 N 7
Sankt Petersburg 218/219 OP 4
Santa Catarina 230 EF 6
Santa Cruz, Stadt (Bolivien) 230 D 5
Santa Fe (Argentinien) 230 D 7
Santa Maria (Brasilien) 230 E 6
Santa Marta 230 C 2
Santa Rosa (Argentinien) 230 D 7
Santander 222/223 C 2
Santarém 230 E 4
Santiago (Chile) 230 C 7
Santiago (Dominikanische Republik) 230 CD 2
Santiago de Cuba 230 C 1/2

Santiago del Estero 230 D 6
Santo André 230 F 6
Santo Domingo 230 CD 2
Santorin 222/223 HJ 3
Santos 230 F 6
São Luís 230 F 4
São Paulo, Stadt 230 EF 6
São Tomé und Príncipe 228/229.1 JK 5/6
Saporoschje 218/219 Q 6
Sarajevo 222/223 G 2
Saratow 218/219 RS 5
Sardinien, Insel 222/223 E 3
Sarir 222/223 H 5
Sarmsheim, Münster- 216/217 B 5
Sarrebourg, Stadt 212 B 4
Saruug Söön 215.1 A 2
Sassari 222/223 E 3
Sassenberg 216/217 C 1
Sassnitz 212 E 1
Sathmar 222/223 H 1
Satu Mare 222/223 H 1
Saudi-Arabien 228/229.1 LM 4
Sauerland 212 BC 3
Saukna 222/223 G 5
Saulheim 216/217 C 5
Save (Balkan) 222/223 G 1/2
Schaafheim 216/217 DE 5
Schachty 218/219 R 6
Schaffhausen, Stadt 212 C 5
Schafflund 215.1 C 1
Schaflün 215.1 C 1
Schalksmühle 216/217 AB 2
Schanghai 228/229.1 Q 4
Scharzfeld 216/217 G 1
Schauenburg 216/217 E 2
Schaumburg, Schloss (bei Limburg an der Lahn) 216/217 BC 4
Schdanow → Marjupol
Scheliff 218/219 J 8
Scherfede 216/217 DE 1
Schewtschenko → Aktau
Schieder-Schwalenberg 216/217 E 1
Schiras 218/219 T 10
Schitomir 218/219 O 5
Schladen 216/217 G 1
Schlangen 216/217 D 1
Schlangenbad 216/217 BC 4
Schleswig-Holstein, Bundesland 213 CD 1/2
Schleswig-Holsteinisches Wattenmeer, Nationalp. 215.2 D 1
Schleswig, Stadt 212 C 1
Schlettstadt 212 B 4
Schlitz, Fluss 216/217 EF 3
Schlitz, Ort 216/217 EF 3
Schloss Holte-Stukenbrock 216/217 D 1
Schloss Neuhaus, Paderborn- 216/217 D 1
Schlüchtern 216/217 EF 4
Schlüttsiel 215.1 B 1
Schnellenberg 216/217 BC 2
Schobüll 215.1 C 1
Schöllkrippen 216/217 E 4
Schönburg 216/217 B 4
Schöneck 216/217 D 4
Schööbel 215.1 C 1/2
Schonungen 216/217 G 4
Schott asch-Schergi 222/223 F 4
Schott Dscherid 218/219 KL 9
Schott Melghir 222/223 E 4
Schotten 216/217 E 3
Schriesheim 216/217 D 6
Schwaben, Regierungsbezirk 213 D 4
Schwäbisch Gmünd 214 C 4
Schwäbische Alb, Gebirge 212 CD 4
Schwalenberg, Schieder- 216/217 E 1

ATLASREGISTER

Schwalm, Fluss 216/217 E 2
Schwalm, Landschaft 216/217 E 3
Schwalmstadt 216/217 E 3
Schwanberg 216/217 G 5
Schwarzbach, Fluss (zur Blies) 216/217 B 6
Schwarze Elster 212 E 3
Schwarzenborn 216/217 EF 3
Schwarzengraben 216/217 C 1
Schwarzes Meer 218/219 PQ 7
Schwarzwald, Mittelgebirge 212 BC 4/5
Schweden, Staat 220/221.1 J-L 2-4
Schwedt 212 EF 2
Schweinfurt, Stadt 212 D 3
Schweinsberg 216/217 DE 3
Schweiz, Staat 220/221.1 H 6
Schwenningen, Villingen- 212 C 4/5
Schwerin, Stadt (Mecklenburg) 212 D 2
Schwesing 215.1 C 2
Schwülme 216/217 F 1
Scottinsel 231.2 14
Seattle 228/229.1 C 3
Seckach 216/217 E 6
See von Maracaibo 230 C 2/3
Seebach, Ort 216/217 GH 3
Seeburg 216/217 G 1
Seefeld (Tirol) 214 D 5
Seeheim-Jugenheim 216/217 D 5
Seelbach, Herborn- 216/217 C 3
Seine 218/219 J 6
Selb 214 DE 3
Sélestat 212 B 4
Seligenstadt (am Main) 216/217 DE 4
Selter 216/217 F 1
Selters (Taunus) 216/217 C 4
Selters, Stadt (Westerwald) 216/217 B 3
Selz 216/217 C 5
Semnan 218/219 T 8
Senden (Münsterland) 216/217 AB 1
Sendenhorst 216/217 B 1
Senegal, Staat 228/229.1 J 5
Senftenberg 214 EF 3
Senne 216/217 D 1
Sennelager 216/217 D 1
Sennfeld 216/217 G 4
Seoul 228/229.1 Q 4
Serbien, Staat 220/221.1 L 7
Sereth 222/223 J 1
Sergejew Possad 218/219 Q 4
Serginy 218/219 V 3
Serow 218/219 V 4
Serra da Estrêla 222/223 B 2/3
Serra da Mantiqueira 230 F 6
Serra do Espinhaço 230 F 5
Setif 222/223 E 3
Seulingswald 216/217 F 3
Sevilla 222/223 B 3
Sewalan 218/219 S 8
Sewastopol 218/219 P 7
Sewernaja Semlja 228/229.1 P 1/2
Sewerodwinsk 218/219 QR 3
Seychellen 228/229.1 MN 6
Sfax 218/219 L 9
Shackleton-Schelfeis 231.2 23
Sheffield 218/219 HJ 5
Shetlandinseln 218/219 H 3
Shkodër 222/223 GH 2

Sibirien 226/227.1 O-R 2
Sibiu 222/223 H 1
Sidi-bel-Abbès 218/219 HJ 8/9
Siebenbürgen 222/223 HJ 1
Siedlinghausen 216/217 CD 2
Sieg, Fluss 212 B 3
Siegen 212 C 3
Sierra Leone 228/229.1 HJ 5
Sierra Nevada (Spanien) 222/223 C 3
Sierra Pacaraima 230 D 3
Siglufjördhur 224/225 E 2
Sillerup 215.1 C 1
Simbabwe, Staat 228/229.1 L 6/7
Simferopol 218/219 P 6/7
Simmer 216/217 A 5
Simonsberg 215.1 BC 2
Sinai 222/223 K 5
Sindelfingen 214 C 4
Sindfeld 216/217 D 1
Singapur 228/229.1 P 5
Singen 214 C 5
Sinn, Fluss 216/217 F 4
Sinn, Ort 216/217 C 3
Sinntal 216/217 F 4
Sirte 218/219 M 9
Sivas 222/223 L 3
Siwa, Ort 222/223 J 5
Sizilien, Insel 222/223 F 3
Skagerrak 218/219 L 4
Skandinavien 218/219 L-N 3/2
Skikda 222/223 E 3
Skopje 222/223 H 2
Skutari 222/223 GH 2
Slatoust 218/219 U 4
Slowakei 220/221.1 KL 6
Slowenien 220/221.1 JK 6
Smolensk 218/219 P 5
Sobral 230 F 4
Söhrewald 216/217 F 2
Söl 215.1 A 1
Söler la 215.1 B 1
Sönj, Ding- 215.1 B 1
Sönke-Nissen-Koog 215.1 B 1
Sör Randane 231.2 30
Söse 216/217 G 1
Sösetalsperre 216/217 G 1
Soester Börde 216/217 C 1
Sofia 222/223 H 2
Sofija 222/223 H 2
Soisberg 216/217 F 3
Sokotra 228/229.1 M 5
Solingen 216 B 3
Solling 212 C 3
Sollum 218/219 NO 9
Solms, Stadt 216/217 C 3
Somalia 228/229.1 M 5
Somalibecken 226/227.1 M 5
Sommerhausen 216/217 G 5
Sondershausen 214 D 3
Sontra 216/217 FG 2
Sooneck 216/217 B 4
Sorau 212 F 3
Sorpetalsperre 216/217 B 2
Sotschi 218/219 Q 7
Sousse 222/223 F 3
Southampton 218/219 H 5
Spangenberg 216/217 F 2
Spanien, Staat 220/221.1 EF 7
Sparta 222/223 H 3
Spessart, Gebirge 216/217 E 4/5
Speyerbach 216/217 C 6
Spieka Neufeld, Nordholz- 215.2 E 2
Spitzbergen 228/229.1 KL 1
Split 222/223 G 2
Spöck 216/217 CD 6
Sporaden 218/219 O 8
Sporaden, Nördliche 222/223 H 3
Sporaden, Südliche 222/223 J 3
Spree 212 F 3

Spremberg, Ort 214 F 3
Sprendlingen (Rheinhessen) 216/217 BC 5
Sri Lanka 228/229.1 O 5
Stååräm 215.1 B 1
Stade 212 C 2
Stadtallendorf 216/217 DE 3
Stadtlauringen 216/217 G 4
Stadtlengsfeld 216/217 G 3
Stadtprozelten 216/217 E 5
Stadum 215.1 C 1
Stääsönj 215.1 B 1
Stahleck 216/217 B 4
Stanley 230 E 9
Stanowoigebirge 226/227.1 Q 3
Starkenburg, Burg 216/217 D 5
Staufenberg, Berg 216/217 F 1
Staufenberg, Ort (bei Gießen) 216/217 D 3
Staufenberg, Ort (bei Kassel) 216/217 F 2
Stausee von Nischni Nowgorod 218/219 RS 4
Stausee von Samara 218/219 ST 5
Stavanger 224/225 JK 4
Stawropol 218/219 R 6
Steckelsburg 216/217 F 4
Stedesand 215.1 B 1
Steegen, Reichenbach- 216/217 B 5/6
Stegskopf 216/217 BC 3
Steigerwald, Gebirge 212 D 4
Steinach, Ort 216/217 G 6
Steinau (an der Kinzig) 216/217 E 4
Steinheim 216/217 E 1
Steinsberg 216/217 D 6
Steinsfurt 216/217 DE 6
Stendal, Stadt 212 D 2
Sterbfritz 216/217 F 4
Sterlitamak 218/219 TU 5
Sterrenberg 216/217 B 4
Stettin 218/219 LM 5
Stockholm 218/219 M 4
Stockstadt (am Main) 216/217 E 5
Stölzinger Gebirge 216/217 F 2
Stolbeerch 215.1 B 1
Stollberg, Berg 215.1 B 1
Stolzenfels 216/217 AB 4
Stoppelsberg 216/217 F 3
Stralsund, Stadt 212 E 1
Straßburg (Elsass) 218/219 K 6
Straße von Dover 218/219 J 5
Straße von Gibraltar 222/223 BC 3
Straße von Mosambik 226/227.1 LM 6/7
Straße von Otranto 222/223 G 2/3
Straße von Sizilien 222/223 F 3
Straubing 212 E 4
Stromberg, Ort (Hunsrück) 216/217 B 5
Stromberg, Ortsteil (Westfalen) 216/217 C 1
Struckum 215.1 B 1
Strükem 215.1 BC 1
Struth 216/217 G 2
Stukenbrock, Schloss Holte- 216/217 C 1
Stuppach 216/217 F 6
Stuttgart, Regierungsbezirk 213 C 4
Stuttgart, Stadt 212 C 4
Subotica 222/223 GH 1
Suchona 218/219 R 3
Suchumi 218/219 QR 7
Sucre 230 D 5
Sudan, Landschaft 226/227.1 KL 5
Sudan, Staat 228/229.1 L 5
Süd-Orkney-Inseln 231.2 36/1

Süd-Sandwich-Graben 226/227.1 H 8/9
Süd-Sandwich-Inseln 231.2 35/36
Süd-Shetland-Inseln 231.2 2/3
Südafrika, Staat 228/229.1 KL 7
Südamerika 226/227.1 FG 6
Südantillenbecken 226/227.1 GH 8
Südatlantischer Rücken 226/227.1 J 6-8
Südaustralisches Becken 226/227.1 Q 7/8
Südchinesisches Meer 226/227.1 P 5
Süderaue 215.1 AB 1
Süderoog 215.1 B 2
Süderoogsand 215.1 A 2
Südfall 215.1 B 2
Südgeorgien 230 G 9
Südkarpaten 222/223 HJ 1/2
Südkorea 228/229.1 Q 4
Südliche Sporaden 222/223 J 3
Südpazifischer Rücken 226/227.1 A-C 8/9
Südpazifisches Becken 226/227.1 BC 7/8
Südpol 231.2
Südsudan 228/229 L 5
Südwestindisches Becken 226/227.1 MN 7
Sues 218/219 P 10
Sueskanal 226/227.1 K 4
Sugenheim 216/217 G 5
Suhl, Stadt 212 D 3
Sulzbach, Ort (am Main) 216/217 E 5
Sumatra 228/229.1 OP 5/6
Sumgait 218/219 S 7
Sumy 218/219 P 5
Sundagraben 226/227.1 OP 6
Sundainseln 226/227.1 PQ 6
Sundsvall 218/219 M 3
Sunndalsöra 224/225 KL 3
Surgut 218/219 X 3
Suriname 230 E 3
Susa, Ruinenstätte 218/219 S 9
Suttrop 216/217 C 2
Swasiland 228/229.1 L 7
Swerdlowsk → Jekaterinburg
Swiasing 215.1 C 2
Swinemünde 216/217 EF 2
Świnoujście 212 EF 2
Sydney (Australien) 228/229.1 R 7
Syktywkar 218/219 T 3
Sylt 212 C 1
Syr-Darja 218/219 V 6
Syrakus (Sizilien) 222/223 G 3
Syrien 222/223 L 3/4
Syrische Wüste 218/219 QR 9
Sysran 218/219 S 5
Szczecin 212 F 2
Szeged 222/223 GH 1

T

Tabarz 216/217 GH 3
Tadschikistan 228/229.1 N 4
Täbris 218/219 S 8
Taganrog 222/223 L 1
Taimyr 226/227.1 OP 2
Taipeh 228/229.1 Q 4
Taiwan 228/229.1 Q 4
Tajo 222/223 C 2
Talca 230 C 7
Tallinn 218/219 NO 4
Tambow 218/219 R 5
Tampere 218/219 N 3
Tanger, Stadt 218/219 G 8
Tann (Rhön) 216/217 G 3
Tannenberg 216/217 F 2/3
Tansania 228/229.1 L 6
Tanta 218/219 P 9

Tapajós 230 E 4
Tarent 222/223 G 2
Tarija 230 D 6
Tarragona 222/223 D 2
Taschkent 228/229.1 N 3
Tasmanien 228/229.1 R 8
Tasmansee 226/227.1 RS 7/8
Taufstein 216/217 E 3
Taunus 216/217 B-D 4
Taunusstein 216/217 C 4
Taurus 222/223 KL 3
Tbilissi 218/219 RS 7
Tegucigalpa 230 B 2
Teheran 218/219 ST 8
Teistungen 216/217 G 2
Tejo 222/223 B 3
Tel Aviv-Jaffa 222/223 K 4
Telgte 216/217 B 1
Tellatlas 218/219 H-K 8
Temelin 214 F 4
Temesvar 222/223 H 1
Temuco 230 C 7
Teófilo Otôni 230 FG 5
Teplitz-Schönau 214 EF 3
Teresina 230 F 4
Ternopol 218/219 O 6
Tertius 215.2 E 1
Tetuan 218/219 GH 8
Teutoburger Wald 212 BC 2/3
Thailand 228/229.1 OP 5
Thaleischweiler 216/217 AB 6
Thasos, Insel 222/223 HJ 2
Theiß 222/223 H 1
Thessaloniki 222/223 H 2
Thionville, Stadt 212 B 4
Thüngen 216/217 F 5
Thüngersheim 216/217 F 5
Thüringen, Bundesland 213 D 3
Thüringer Wald 212 D 3
Tiahuanaco 230 CD 5
Tiber 222/223 F 2
Tibesti 226/227.1 KL 4/5
Tibet 228/229.1 O 4
Tidikelt 222/223 D 5
Tiefenort 216/217 G 3
Tiefland von Turan 218/219 UV 7
Tienschan 226/227.1 NO 3
Tiflis 218/219 RS 7
Tigris 218/219 RS 9
Timanrücken 218/219 ST 2/3
Timişoara 222/223 H 1
Tinduf 224/225 G 10
Tirana 222/223 GH 2
Tiraspol 222/223 JK 1
Titicacasee 230 CD 5
Titisee-Neustadt 214 C 5
Tjumen 218/219 VW 4
Tlemcen 222/223 C 4
Tobago 230 DE 2
Tobol 218/219 W 4
Tobolsk 218/219 WX 4
Tobruk 218/219 N 9
Tocantins 230 F 4
Tocopilla 230 C 6
Togliatti 218/219 S 5
Togo 228/229.1 JK 5
Tokio 228/229.1 R 4
Tongagraben 226/227.1 T 6/7
Torgau 212 E 3
Torremolinos 224/225 GH 8
Toskana, Landschaft 222/223 F 2
Tossens, Butjadingen- 215.2 D 2
Totes Meer 222/223 L 4
Toulouse 218/219 HJ 7
Trabzon 222/223 L 2
Traddelkopf 216/217 DE 2
Transamazônica 230 E 4
Transantarktisches Gebirge 231.2 8-18
Traun, Fluss (Oberösterreich) 212 EF 3
Travemünde, Lübeck- 212 D 1

Trebur 216/217 C 5
Treffurt 216/217 G 2
Trelew 230 D 8
Trendelburg 216/217 E 1
Trepca 224/225 N 7
Trier, Stadt 212 B 4
Triest 222/223 F 1
Trifels 216/217 BC 6
Trimburg 216/217 FG 4
Trindade 228/229.1 H 7
Trindaderücken 230 G 6
Trinidad und Tobago 230 DE 2/3
Trinidad, Stadt (Bolivien) 230 D 5
Tripoli 222/223 L 4
Tripolis 218/219 L 9
Trippstadt 216/217 B 6
Trischen 215.2 E 1
Tristan da Cunha 228/229.1 J 7
Trölstrup 215.1 C 1
Troisdorf 212 B 3
Troja 222/223 J 2/3
Trondheim 218/219 KL 3
Trujillo 230 BC 4
Trusetal 216/217 G 3
Tschad 228/229.1 KL 5
Tschagosinseln 228/229.1 NO 6
Tscheboksary 218/219 S 4
Tschechische Republik 220/221.1 JK 6
Tscheljabinsk 218/219 V 4/5
Tschelkar 218/219 U 6
Tscherepowez 224/225 HJ 2
Tscherkassy 222/223 JK 1
Tschernigow 218/219 P 5
Tschernobyl 224/225 OP 5
Tschernowzy 222/223 J 1
Tschita (Südsibirien) 228/229.1 P 3
Tschungking 228/229.1 P 4
Tshwane 228/229.1 L 7
Tuamotuinseln 226/227.1 BC 6/7
Tuamoturücken 226/227.1 BC 6/7
Tucumán 230 D 6
Tübingen, Regierungsbezirk 213 C 4
Tübingen, Stadt 212 C 4
Türkei 220/221.1 N-P 8
Tuggurt 224/225 K 9
Tula (Russland) 218/219 Q 5
Tunesien 228/229.1 K 4
Tunis 218/219 KL 8
Tunja 230 C 3
Turgaisenke 218/219 V 5
Turin 222/223 E 1/2
Turkmenistan 228/229.1 MN 3/4
Turku 218/219 N 3
Tuttlingen, Stadt 212 C 5
Tuz Gölü 222/223 K 3
Twer 218/219 Q 4
Twiste 216/217 E 2
Tyrrhenisches Meer 222/223 F 2/3

U

Ualöön 215.1 B 1
Uberaba 230 EF 5
Ubstadt-Weiher 216/217 D 6
Ucayali 230 C 4
Uchta 218/219 TU 3
Uckermark, Landschaft 212 EF 2
Uder 216/217 G 2
Udine 222/223 F 1
Uelzen 212 D 2
Ufa, Stadt 218/219 TU 4/5
Uganda 228/229.1 L 5/6
Ujda 222/223 C 4
Ukraine, Staat 220/221.1 M-O 6
Ulan-Bator 228/229.1 P 3
Ulfenbach 216/217 D 5/6
Ulm, Stadt 212 CD 4
Ulmea 224/225 MN 2

U

Ulrichstein 216/217 E 3
Ulster, Fluss 216/217 F 3
Umstadt, Groß- 216/217 DE 5
Ungarn, Staat 220/221.1 KL 6
Unstrut 212 D 3
Unterfranken, Regierungsbezirk 213 CD 3
Upland 216/217 D 2
Uppsala 218/219 M 3/4
Ur, Ruinenstätte 218/219 S 9
Ural, Fluss 218/219 T 6
Ural, Gebirge 218/219 U 3/4
Uralsk 218/219 T 5
Urfa 222/223 L 3
Urgentsch 218/219 UV 7
Urmia 218/219 RS 8
Urmiasee 218/219 RS 8
Uruguay, Fluss 230 E 6/7
Uruguay, Staat 230 E 7
USA → Vereinigte Staaten
Usa 216/217 D 4
Usbekistan 228/229.1 MN 3/4
Usedom, Insel 212 EF 1
Ushuaia 230 D 9
Usingen 216/217 CD 4
Uspallatapass 230 CD 7
Usseln 216/217 D 2
Ust-Urt 218/219 U 7
Utersum 215.1 A 1

V

Vacha 216/217 G 3
Vadsö 224/225 OP 1/2
Vänersee 218/219 L 4
Västerås 224/225 LM 4
Valdivia 230 C 7
Valencia (Spanien) 222/223 CD 3
Valencia (Venezuela) 230 D 2
Valladolid (Spanien) 222/223 C 2
Vallendar 216/217 B 4
Valparaíso 230 C 7
Van 218/219 R 8
Vancouver 228/229.1 CD 3
Vansee 218/219 R 8
Vatikanstadt 220/221.1 J 7
Vatnajökull 218/219 E 3
Vechta 212 C 2
Vechte 212 B 2
Vellmar 216/217 EF 2
Venedig, Stadt 222/223 F 1
Venezuela 230 D 3
Venezuelabecken 230 D 2
Venlo 212 AB 3
Verden, Stadt 212 C 2
Vereinigte Arabische Emirate 228/229.1 M 4
Vereinigte Staaten 228/229.1 DE 3/4
Verl 216/217 D 1
Verona, Stadt 222/223 F 1
Versetalsperre 216/217 B 2
Versmold 216/217 C 1
Vestfjord 218/219 L 2
Vestmannaeyjar 224/225 D-F 3
Vesuv 222/223 F 2
Victoriainsel 226/227.1 D 2
Victorialand (Antarktis) 231.2 16-18
Victoriasee 226/227.1 LM 6
Viedma 230 D 8
Viernheim 216/217 D 5
Vietnam 228/229.1 P 5
Vigo 222/223 B 2
Villamil 230 A 4
Villingen-Schwenningen 212 C 4/5
Villmar 216/217 C 4
Vilnius 218/219 O 5
Viña del Mar 230 C 7
Vinsonmassiv 231.2 6
Viöl 215.1 C 1
Vischering 216/217 AB 1
Vitória (Brasilien) 230 G 6
Vitória da Conquista 230 FG 5
Vlorë 222/223 GH 2
Vltava 212 F 4
Vöhl 216/217 D 2
Völklingen 214 B 4
Vogelsberg 216/217 E 3/4
Vogelsburg 216/217 G 5
Vogesen, Mittelgebirge 212 B 4/5
Vogler 216/217 F 1
Vogtland, Landschaft 212 DE 3
Volkach, Stadt 216/217 G 5
Volkers 216/217 F 4
Volkmarsen 216/217 E 2
Vorbach, Fluss 216/217 F 6
Vorderindien 226/227.1 NO 4
Vorpommern, Mecklenburg- 213 DE 2
Vulkaninseln 228/229.1 R 4

W

Wabern 216/217 E 2
Wachenburg 216/217 D 5
Wachenheim 216/217 C 6
Wadersloh 216/217 C 1
Wächtersbach 216/217 E 4
Waghäusel 216/217 D 6
Waha 222/223 GH 5
Wahlsburg 216/217 F 1
Waibstadt 216/217 D 6
Walachei, Landschaft 222/223 HJ 2
Wald-Michelbach 216/217 D 5
Waldböckelheim 216/217 B 5
Waldbrunn (Odenwald) 216/217 C 3
Waldeck, Landschaft 216/217 DE 2
Waldfischbach-Burgalben 216/217 B 6
Waldkappel 216/217 F 2
Waldsolms 216/217 C 4
Walfischrücken 226/227.1 K 7
Wallau, Biedenkopf- 216/217 CD 3
Walldorf (Baden-Württemberg) 216/217 D 6
Walldorf (Thüringen) 216/217 G 3
Walldorf, Mörfelden- 216/217 D 5
Wallhausen 216/217 B 5
Wanfried 216/217 G 2
Wapel 216/217 C 1
Warburg 212 C 3
Wargla 222/223 E 4
Warna 222/223 J 2
Warnemünde, Rostock- 212 DE 1
Warschau, Stadt 218/219 N 5
Warszawa 218/219 N 5
Wartburg 216/217 G 3
Washington, Stadt 228/229.1 F 4
Wasjuganje 218/219 XY 4
Wasserkuppe 216/217 F 3/4
Wasungen 216/217 G 3
Weddellmeer 231.2 35-2
Wegener-Inlandeis 231.2 30-33
Wehre 216/217 F 2
Wehretal 216/217 FG 2
Weichsel 218/219 N 5
Weidelsburg 216/217 E 2
Weiden (Oberpfalz) 212 DE 4
Weidenthal 216/217 BC 6
Weiher, Ubstadt- 216/217 D 6
Weikersheim 216/217 F 6
Weil, Fluss 216/217 C 4
Weilburg 216/217 C 4
Weilerbach 216/217 B 6
Weilmünster 216/217 C 4
Weimar (an der Lahn) 216/217 D 3
Weimar, Stadt (Thüringen) 212 D 3
Weinheim 216/217 D 5
Weinstraße 216/217 C 5/6
Weiße Elster 212 E 3
Weißenborn-Lüderode 216/217 GH 1
Weißes Meer 218/219 QR 2
Weißrussland 220/221.1 L-N 5
Weiterstadt 216/217 D 5
Wellington 228/229.1 ST 8
Wels 212 EF 4
Welver 216/217 B 1
Wendelsheim 216/217 B 5
Wenden 216/217 B 3
Wenings 216/217 E 4
Wenne 216/217 C 2
Werchojansker Gebirge 226/227.1 Q 2
Wern 216/217 FG 5
Wernigerode, Stadt 212 D 3
Wernshausen 216/217 G 3
Werra 216/217 F 2
Werre 216/217 D 1
Werse 216/217 B 1
Weschnitz, Fluss 216/217 CD 5
Wesel 212 B 3
Weser, Fluss (Norddeutschland) 212 C 2
West-Schelfeis 231.2 24
Westalpen 222/223 E 1/2
Westaustralisches Becken 226/227.1 OP 7
Wester-Ohrstedt 215.1 C 1
Westerland 212 C 1
Westerwald 212 BC 3
Westerwinkel 216/217 B 1
Westeuropäisches Becken 218/219 E-G 6
Westhofen (bei Dortmund) 216/217 B 2
Westhofen (Pfalz) 216/217 C 5
Westindien 226/227.1 FG 4/5
Westirian 228/229.1 Q 6
Westlicher Euphrat 222/223 LM 3
Westlicher Indischer Rücken 226/227.1 MN 7/8
Westrich 216/217 AB 6
Westsibirisches Tiefland 218/219 W-Z 3/4
Wettenberg 216/217 D 3
Wetter, Fluss 216/217 D 3
Wetter, Ort (Hessen) 216/217 D 3
Wetterau 216/217 DE 4
Wetzlar 216/217 CD 3
Wewelsburg 216/217 D 1
Wewer 216/217 D 1
Weyerbusch 216/217 B 3
Wied, Fluss 216/217 B 3
Wien 218/219 M 6
Wiesbaden, Stadt 216/217 C 4
Wiesentheid 216/217 G 5
Wiesenufer (an der Wolga) 218/219 S 5
Wik 215.1 B 1
Wildeck 216/217 FG 3
Wildemann 216/217 G 1
Wildenberg 216/217 E 6
Wildenburg 216/217 E 5
Wildewiese 216/217 BC 2
Wildflecken 216/217 F 4
Wilhelmshaven 212 B 2
Wilhelmsthal, Ort 216/217 E 2
Wilkesland 231.2 19-21
Willebadessen 216/217 E 1
Willingen 216/217 D 2
Willingshausen 216/217 E 3
Wilna → Vilnius
Wilnsdorf 216/217 C 3
Windeck 216/217 B 3
Windhuk 228/229.1 K 7
Windward Islands 230 D 2
Winkel, Oestrich- 216/217 C 4
Winnert 215.1 C 2
Winningen 216/217 AB 4
Winnipeg 228/229.1 DE 3
Winniza 218/219 OP 6
Winnweiler 216/217 B 5
Winterberg, Stadt (Sauerland) 214 C 3
Winterthur 212 C 5
Wirges 216/217 B 4
Wismar, Stadt 212 D 1
Wisper 216/217 B 4
Wissen 216/217 B 3
Witebsk 218/219 P 4
Witjdün 215.1 A 1
Wittbek 215.1 C 2
Wittenberg, Stadt 212 E 3
Wittenberge 212 DE 2
Wittgenstein, Landschaft 216/217 C 3
Wittgenstein, Schloss 216/217 C 3
Witzenhausen 216/217 F 2
Wjatka 218/219 S 4
Wladikawkas 218/219 RS 7
Wladimir 218/219 QR 4
Wladiwostok 228/229.1 QR 3
Wölfersheim 216/217 D 4
Wöllstadt 216/217 D 4
Wöllstein 216/217 BC 5
Wörrstadt 216/217 C 5
Wörth (am Main) 216/217 E 5
Wohlthatmassiv 231.2 31/32
Wohra 216/217 D 3
Wolbeck 216/217 B 1
Wolfen, Bitterfeld- 214 E 3
Wolfhagen 216/217 E 2
Wolfsburg 212 D 2
Wolfstein 216/217 B 5
Wolga 218/219 Q 4
Wolgograd 218/219 R 6
Wollin, Insel 212 F 1/2
Wologda 218/219 QR 4
Wolschski 218/219 RS 6
Wolynien 218/219 O 5
Woronesch 218/219 QR 5
Woroschilowgrad → Lugansk
Würgassen 214 C 3
Würzburg, Stadt 212 CD 4
Wulften 216/217 G 1
Wuppertal 212 B 3
Wutha-Farnroda 216/217 G 3
Wytschegda 218/219 T 3

X

Xian 228/229.1 P 4
Xingu 230 E 5

Y

Yangon 228/229.1 O 5
Yucatánbecken 230 B 1/2
Yukon 226/227.1 B 2

Z

Zabelstein 216/217 G 5
Zagora 222/223 BC 4
Zagreb 222/223 G 1
Zagrosgebirge 218/219 ST 8/9
Zapala 230 CD 7
Zaragoza 222/223 CD 2
Zard-Kuh 218/219 T 9
Zell (am Main) 216/217 F 5
Zell am See 212 E 5
Zellingen 216/217 F 5
Zentralafrikanische Republik 228/229.1 KL 5
Zentralindischer Rücken 226/227.1 N 6/7
Zentralindisches Becken 226/227.1 NO 6/7
Zentralmassiv 218/219 J 6/7
Zentralpazifisches Becken 226/227.1 ST 5
Zerka 222/223 L 4
Ziegelhausen 216/217 D 6
Ziegenhain, Schwalmstadt- 216/217 E 3
Zierenberg 216/217 E 2
Zighan 222/223 H 5
Zimljansker Stausee 218/219 RS 6
Zimmern, Groß- 216/217 D 5
Zittau 212 F 3
Zonguldak 222/223 K 2
Zürich, Stadt 218/219 K 6
Züschen 216/217 E 2
Zugspitze 212 D 5
Zweites Baku 224/225 T 5
Zwickau 212 E 3
Zwingenberg (Odenwald) 216/217 CD 5
Zwingenberg, Burg 216/217 E 6
Zwolle 212 B 2
Zypern, Staat 220/221.1 N 8